Excel 在
会计中的运用

The Application of Excel in Accounting

陈君涛　展金梅　主编

冯所伟　刘　琳　田　飞　副主编

覃　艳　黄　茹　林秋明　肖　坤　参编

ZHEJIANG UNIVERSITY PRESS
浙江大学出版社
·杭州·

图书在版编目(CIP)数据

Excel 在会计中的运用/陈君涛,展金梅主编. —
杭州:浙江大学出版社,2023.8
ISBN 978-7-308-24122-9

Ⅰ.①E··· Ⅱ.①陈··· ②展··· Ⅲ.①表处理软件—应
用—会计 Ⅳ. ①F232

中国国家版本馆 CIP 数据核字(2023)第 158161 号

Excel 在会计中的运用

主　编　陈君涛　展金梅
副主编　冯所伟　刘　琳　田　飞

责任编辑　王元新
责任校对　徐　霞
封面设计　春天书装
出版发行　浙江大学出版社
　　　　　(杭州市天目山路 148 号　邮政编码 310007)
　　　　　(网址:http://www.zjupress.com)
排　　版　杭州星云光电图文制作有限公司
印　　刷　杭州宏雅印刷有限公司
开　　本　787mm×1092mm　1/16
印　　张　24.5
字　　数　578 千
版 印 次　2023 年 8 月第 1 版　2023 年 8 月第 1 次印刷
书　　号　ISBN 978-7-308-24122-9
定　　价　69.00 元

前　言

Excel 是 Microsoft Office 系列软件中一种功能强大的电子表格处理软件,能为人们在解决各种问题的过程中提供极大的帮助。它不仅具有强大的制表功能,还内嵌了丰富的数学、财务、统计、日期和时间、文本、工程等多种函数,同时也提供了丰富的绘图工具,方便数据管理和分析。

本教材将会计基础知识与计算机知识有机结合起来,立足教学实际,合理安排知识内容,展现较为完整的内容体系,并注重实用性。

第 1 章介绍了 Excel 2016 的启用、工作界面,以及相关设置,包括单元格设置、行列设置、工作表自动格式、窗口操作和批注使用等。

第 2 章介绍了 Excel 的创建与编辑,包括文件操作、工作表操作、区域选取和表示、数据输入、数据填充和单元格编辑,还介绍了公式与函数的使用。

第 3 章介绍了 Excel 高级功能中的数据管理和图表制作,包括创建数据列表、数据排序、数据筛选、分类汇总、透视表生成、图表创建、编辑和格式化等。

第 4 章介绍了会计凭证的用途和类别,重点介绍了会计科目表的编制,包括建立会计科目表,修改、美化和创建明细科目表等;还介绍了记账凭证表的编制,包括凭证表的结构设置,凭证"年""月""字""号"设置,会计摘要输入、科目名称自动录入、借贷方向设置和单元格信息提示等。

第 5 章详细介绍了编制会计账簿的意义与分类,通过实例操作,介绍了科目汇总表、现金日记账、银行存款日记账、科目余额表和总分类账的编制过程。

第 6 章详细介绍了财务报表的用途、分类、编制过程,在资产负债表、利润表、现金流量表的编制过程中,还介绍了表格格式的设计、公式的设计。

第 7 章介绍了固定资产的特征、分类与核算;实例演示了固定资产卡片的建立、固定资产清单的编制和固定资产折旧费用分配表的编制、记账凭证清单的编制,以及相关格式设计和公式设计。

第 8 章介绍了员工工资福利表格编制、格式设计、公式设计和工资条的制作,还介绍了工资数据查询的方法。

第 9 章介绍了应收账款的设置,以及应收账款清单和应收账款账龄分析表、坏账提取表、应收账款客户明细表、应收账款业务员明细表和催款通知函的制作过程。

第 10 章介绍了进销存管理中采购管理、销售管理和库存管理三个环节中相关表格的设计与制作,包括采购申请单、采购记录表、销售记录单、商品代码表、出入库单据以及入库信息、出库信息设置等操作。

第11章介绍了会计凭证、员工工资条、会计报表的打印操作,包括页面设置、打印区域设置、多张工作表打印等。

本教材由多年从事一线教学工作、具有丰富实践经验的老师共同撰写,陈君涛、展金梅担任主编,负责大纲的拟定、全书的校审,冯所伟、刘琳、田飞担任副主编,覃艳、黄茹、林秋明、肖坤参与编写。在本教材的编写过程中,得到了厦门网中网科技有限公司和纳瓴蓝图(海南)科技有限公司的大力支持,也参考了一些相关著作和文献,得到了其他高校同行的支持,在此一并深表感谢。由于作者水平有限,书中难免有不足之处,欢迎广大读者批评指正。

本教材的电子课件、习题答案和实例源文件随书提供。

作者

2023 年 6 月

目　录

第 1 章　Excel 2016 电子表格

1.1　Excel 2016 功能简介

Excel 是微软公司出品的 Microsoft Office 系列办公软件中的重要组件之一。Excel 是一款功能强大、技术先进、使用方便灵活的电子表格软件,可以用来制作电子表格,完成复杂的数据运算,进行数据的处理、统计、分析和预测,并且具有强大的图表制作及网络功能等。Excel 电子表格软件有多种不同的版本,目前最新的 Excel 电子表格软件是 Excel 2019 版,而最流行的 Excel 电子表格软件是 Excel 2016 版。因此,本章主要以 Excel 2016 为蓝本来介绍该类型软件的应用。

1.1.1　功能简介

Excel 2016 是微软公司办公自动化软件 Office 2016 的重要成员,其主要功能是能够方便地制作出各种电子表格。Excel 2016 可以使用公式和函数对数据进行复杂的运算,并把数据以各种统计图表的形式表现得直观明了,甚至可以进行一些数据统计、分析和处理等工作。因其具有友好的人机界面和强大的计算功能,已成为国内外广大用户在人事管理、财务管理、数据统计和投资分析中制作各种专业化表格的得力助手。

Excel 2016 的主要功能有:Excel 文件管理功能、Excel 数据记录与整理功能、Excel 数据统计分析功能、Excel 加工处理功能、Excel 数据图形与报表功能等。

Excel 2016 的新增功能如下。

1.更多的 Office 主题

Excel 2016 的主题不再是 Excel 2010 版本中单调的灰白色,新增彩色和中灰色,有更多主题颜色可供选择。在主题、颜色和底纹色等功能设置上提供了更多选择。

2.TellMe 功能

在功能区中最后一项"告诉我您想要做什么"的文本框,就是"TellMe"搜索栏。可以通过"TellMe"功能快速检索 Excel 功能按钮,用户在"TellMe"框中直接搜索就可以快速定位。

3.快速填充数据

"快速填充"会根据数据中自主识别的模式,一次性输入剩余的数据。例如,通过填充柄选择将姓名的姓和名直接分列。

4. 即时数据分析

选中数据后,利用右下角"快速分析"工具,可以在很少的步骤内将数据转换为图表或表格。预览使用条件的数据格式化、图表、汇总、表格或迷你图。

5. 推荐的图表

在"插入图表"功能框中,新增了"推荐的图表"选项。通过"推荐的图表",能够综合用户所选的数据展示出最适合用户的图表,供用户做出选择。

6. 6 种类型的图表

Excel 2016 中新增了树状图、旭日图、直方图、排列图、箱形图与瀑布图类型的图表。

7. 获取和转换功能

Excel 2016 新增了"获取和转换"组,其中有"新建查询""显示查询""从表格""最近使用的源"4 个按钮,用于数据的获取和转换。

除此之外,Excel 2016 还增强和改进了数据透视表、数据透视图、筛选和条件格式的功能,提高了 Excel 函数的准确性等。

1.1.2 启动和退出

1. 启动 Excel 2016 应用程序

在 Windows 10 界面下,启动 Excel 电子表格处理系统一般有如下 3 种方法:
(1)选择"开始"→"Excel"命令。
(2)双击桌面上的 Excel 快捷方式图标。
(3)双击 Excel 文件。此时,系统自动启动 Excel 应用程序,然后打开 Excel 文件。

2. 退出 Excel 应用程序

退出 Excel,应用程序即关闭 Excel 应用程序窗口,常用方法有如下 4 种:
(1)选择"文件"选项卡,选择"退出"选项。
(2)单击 Excel 应用程序上的关闭按钮"✕"。
(3)在 Excel 应用程序标题栏左上角的图标上单击鼠标右键,在弹出的快捷菜单中选择"关闭"菜单命令。
(4)按组合键"Alt+F4"。

在退出 Excel 系统时,如果用户没有保存修改的 Excel 文件(下称工作簿),系统将打开如图 1-1 所示的保存提示框,如单击"保存"按钮则保存文件后退出系统;单击"不保存"则不保存文件并退出系统;单击"取消"按钮则取消退出操作。

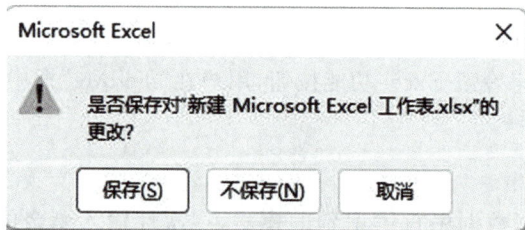

图 1-1　"保存"提示框

1.2　Excel 2016 窗口界面

Excel 应用程序启动后，其窗口如图 1-2 所示。它由 Excel 2016 应用程序窗口和 Excel 文件窗口两部分组成。

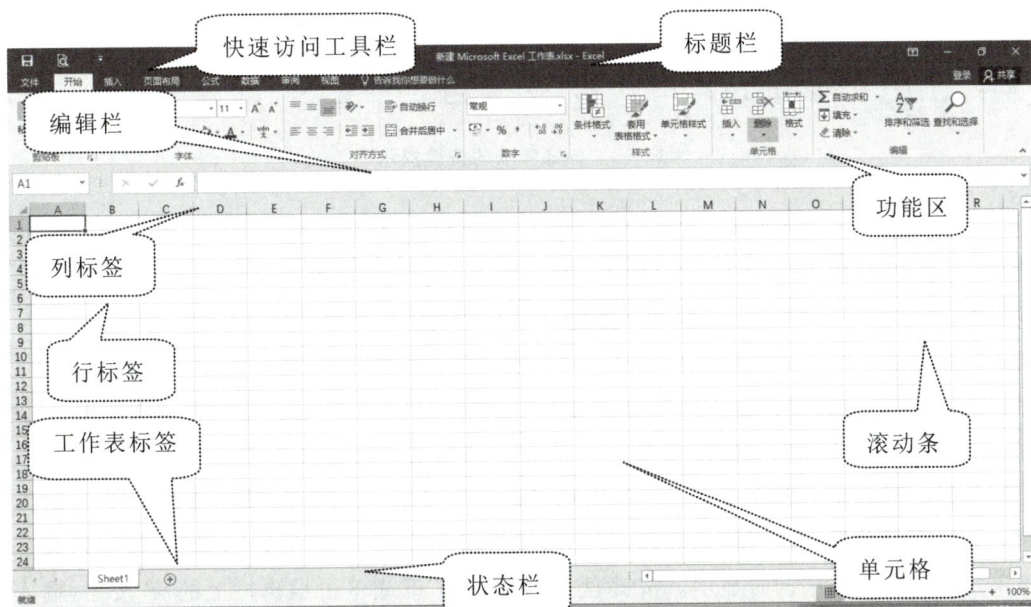

图 1-2　Excel 2016 窗口界面

1.2.1　Excel 2016 应用程序窗口组成

1.标题栏

标题栏是指 Excel 应用程序窗口的第 1 行，包括控制按钮图标、应用程序标题名称、最小化按钮、最大化或还原按钮、关闭按钮等。双击标题栏可以将窗口在最大化和还原大小状态之间切换，当窗口处于还原状态时，可拖动标题栏来移动窗口的位置。

2.快速访问工具栏

快速访问工具栏位于标题栏的左侧，该工具栏中集合了多个常用命令，通常默认情况下只显示 3 个常用命令。快速访问工具栏上显示的工具是可选的，通过点击工具栏右侧的倒三角按钮 ，将添加或取消显示在快速访问工具栏中的常用命令按钮。

3.功能区

标题栏的下方是选项卡，包括"文件""开始""插入""页面布局""公式""数据""审阅""视图"等。

功能区包含了某一类选项卡下所涵盖的功能按钮，其最大特点是将常用功能或命令以按钮、图标或下拉列表的形式分门别类地显示出来。用户可通过鼠标对功能区的选项卡及按钮进行操作,也可以通过键盘访问功能区,使用快捷键进行操作。

Excel的功能区附带新的快捷方式,称为按键提示。按下 Alt 键可显示各选项卡的按键提示,如图1-3所示。

图1-3　各选项卡的按键提示

若要在功能区上显示某个选项卡中各命令的按键提示,则按对应于该选项卡的按键,例如,对于"插入"选项卡,按字母"N",则显示该选项卡各命令的按键提示。在Excel功能区的右上角还有"功能区显示选项",其按钮为 ，通过此选项可设置是否显示功能区和选项卡。

4.编辑栏

编辑栏又称编辑行,它位于工作簿窗口上部,包括名称框(或地址框)、编辑框和公式框3个部分。名称框用于显示当前选中单元格的地址或当前选取区域的名称等。编辑框用于显示当前单元格的数据内容,用户可以在框中输入或修改单元格的相关数据内容。若要在某个单元格内输入数据,首先需要单击此单元格,然后输入数据,数据将会在该单元格和编辑框中同时显示。按键盘上的"Enter"键或单击编辑栏上的 ✔ 按钮,输入的数据便成功插入到当前单元格中;在完成输入数据之前,如果需要取消输入的数据,只需单击编辑栏上的 A1 ✕ ✔ fx 19 按钮或按键盘上"Esc"键。如 ✕ ,表示当前活动单元格为 A1,单元格 A1 中录入的内容为 19。

5.状态栏

状态栏位于应用程序窗口的底部,用于显示键盘操作状态、系统状态、自动计算结果、视图模式和缩放比例。

1.2.2　Excel 文件窗口

Excel 文件也称 Excel 工作簿,其窗口界面组成包括:标题栏、全选框、行号、竖表线、列号、横表线、滚动条、单元格、工作表标签、工作表移动按钮、标签拆分线等。

(1)标题栏:在窗口的最上一行,当程序启动时,Excel 标题栏显示"工作簿",这是系统自动生成的临时文件,如果进行保存操作,它将被新的文件名替代。将文件窗口最大化时,应用程序窗口和工作簿窗口合二为一,此时标题显示"工作簿1－Microsoft Excel"。

(2)全选框:位于文件窗口的左上角,用于选择当前窗口工作簿的所有单元。

(3)行号:行的编号,顺序为 1、2、3、…、1048576,共 1048576 行。

(4)列号:列的编号,顺序为 A、B、…、Z,AA、…、AZ,AAA、…、XFD,共有 16384 列。

(5)滚动条:有水平滚动条和垂直滚动条,分别位于工作表的右下方和右侧。当工作表内容在屏幕上显示不下时,可通过它们来使工作表水平或垂直移动。

（6）工作表标签：即工作表名称，位于文件窗口的左下方，初始系统默认只有一个"Sheet1"，用户可以对工作表进行重命名、创建、移动等操作。

（7）工作表移动按钮：位于文件窗口左下方的 3 个图标按钮： ◂ ▸ ⋯ ，当工作表较多时，用于移动工作表标签的显示。

（8）标签拆分线：位于标签栏和水平滚动条之间的小竖块，用于调整标签栏和水平滚动条的长度。

1.2.3　基本概念

在开始使用 Excel 之前，先介绍一些有关工作簿和工作表的基本概念。Excel 的基本信息元素包括工作簿、工作表、单元格、单元格区域等。

1. 工作簿

Excel 是以工作簿为单元来处理工作数据和存储数据文件的。在 Excel 中，数据和图表都是以工作表的形式存储在工作簿文件中。一个工作簿就是一个 Excel 文件，其扩展名为".xlsx"。一个工作簿可以由多张工作表组成，新建的工作簿默认有 1 张名为"Sheet1"工作表。

2. 工作表

Excel 工作表是一张由行和列组成的巨大的二维表，通常称作电子表格。在 Excel 系统中一张工作表共有 1048576 行 16384 列，行表示为：1、2、…、1048576；列表示为：A、B、…Z，AA、…、AZ，…，AAA、…、XFD。一个工作簿最少要有一张工作表，在操作中可以进行增加、删除工作表等操作。工作表是通过工作表标签来标识的，工作表标签显示于工作簿窗口的底部，用户可以单击不同的工作表标签在不同的工作表之间切换。在使用工作表时，只有一个工作表是当前活动状态的，在工作表标签处显示为白色，其余未活动工作表标签显示为灰色。

3. 单元格

单元格是工作表中的小方格，由行和列交汇点构成。一张工作表共有 1048576×16384 个单元格。单元格是工作表的基本元素，也是 Excel 中独立操作的最小单位，用户可以向单元格中输入文字、数据、公式，也可以对单元格进行各种不同格式效果的设置，如对齐、字体、边框、填充等。

单元地址由列号和行号组成，是某个单元格在工作表中的位置。因此单元格的定位是通过它所在的行号和列号来确定的，如 A3 单元格是第 A 列和第 3 行交汇处的小方格。

当前单元格也称活动单元，指当前正在操作的单元格，由绿色线框住。当前单元格一般在名称框中显示出来。

单元格的大小可以改变，当鼠标移到两行或两列的分隔线时，鼠标指针会变成双箭头，单击并拖动鼠标，可改变单元格的高度或宽度。

4. 单元格区域

单元格区域是一组被选中的相邻或分离的单元格。单元格区域被选中后，所选范围内的单元格都会以灰色显示，取消时又恢复原样。对一个单元格区域的操作是对该区域内的所有单元格执行相同的操作。要取消单元格区域的选择，只需在所选区域外单击即可。单元格或单元格区域可以以一个变量的形式引入公式参与计算。为便于使用,通常需要给单元格或单元格区域起个名称,这就是单元格的命名或引用。

1.3 Excel 2016 设置

建立好工作表之后,在确保内容准确无误的前提下,还可以对工作表进行格式化设置,以使工作表中各项数据便于工作与阅读,并使工作表更加美观。

1.3.1 单元格设置

在 Excel 中一般使用"开始"选项卡中的命令按钮来完成设置文本和单元格格式的工作。简单的格式化操作可以直接通过使用"开始"选项卡中"字体"组、"对齐方式"组、"数字"组中的各命令按钮来完成,如图 1-4 所示;或者通过在单元格、单元格区域单击鼠标右键,在弹出的快捷菜单中单击相应的按钮,如图 1-5 所示。其操作简单,易于掌握。

图 1-4 "开始"选项卡的格式化工具组

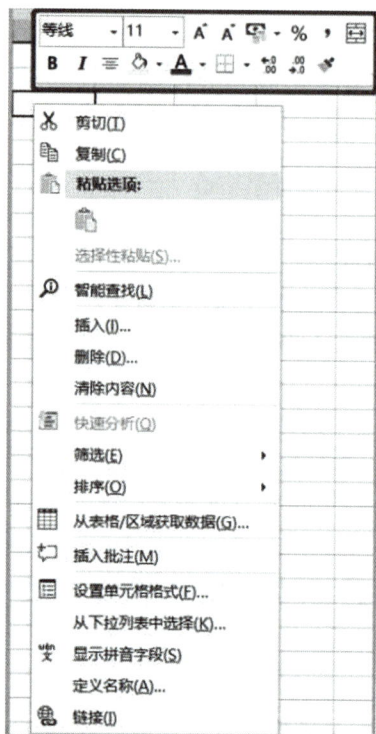

图 1-5 快捷菜单中的格式化工具栏

图 1-6 "设置单元格格式"对话框

通过单击"开始"选项卡中"字体"组、"对齐方式"组、"数字"组的右下方按钮 ⬛ 可以设置比较复杂的格式。

操作步骤如下：

(1)选定需要设置格式的单元格或者单元格区域。

(2)选择单击"开始"选项卡中"字体"组、"对齐方式"组或"数字"组的右下方按钮 ⬃，或者在单元格、单元格区域单击鼠标右键，在弹出的快捷菜单中选择"设置单元格格式"命令，打开如图 1-6 所示的"设置单元格格式"对话框。

(3)在图 1-6 所示对话框中包含有"数字""对齐""字体""边框""填充""保护"共 6 个选项卡，可以设置用户需要的格式。

(4)单击"确定"按钮完成格式设置。

1.设置数字格式

输入数据后，数字默认为"常规"格式。当用户在工作表中输入数字时，数字以整数、小数或科学记数方式显示。此外，Excel 还提供了多种数字显示格式，如数值、货币、会计专用、日期格式和自定义等。在"设置单元格格式"对话框中选择"数字"选项卡即可看到这些数字格式。其中，对话框左侧窗格列出了数字格式的种类，右侧窗格列出了左侧指定的某种类型的具体数字格式选项。

例如，在工作表中将选定数值格式设置为货币格式数字。

操作步骤如下：

(1)选定需要设置货币格式的单元格或单元格区域。

(2)单击"开始"选项卡中"数字"组的右下方按钮 ⬃，弹出"设置单元格格式"对话框，打开"数字"选项卡。

(3)在"数字"选项卡的"分类"列表中选择"货币"选项，然后在对话框右侧的"小数位置"文本框中输入 2，接着在"货币符号"下拉列表中选择"￥"选项，如图 1-7(a)图所示。

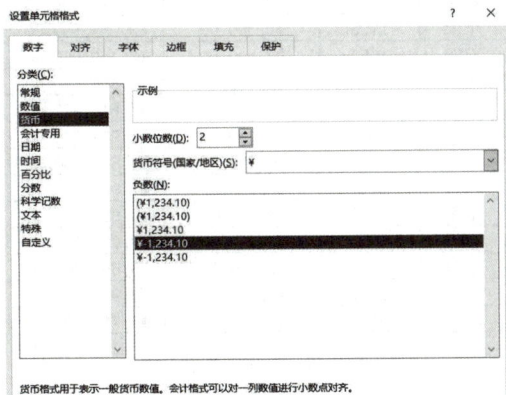

	A	B	C	D
1	品牌	数量	价格	金额
2	华为	1631	￥3,400.00	￥5,545,400.00
3	VIVO	1032	￥3,000.00	￥3,096,000.00
4	小米	1725	￥2,300.00	￥3,967,500.00
5	VIVO	1050	￥3,000.00	￥3,150,000.00
6	小米	1682	￥2,300.00	￥3,868,600.00
7	华为	1711	￥3,400.00	￥5,817,400.00
8	小米	1701	￥2,300.00	￥3,912,300.00
9	华为	1432	￥3,400.00	￥4,868,800.00
10	VIVO	962	￥3,000.00	￥2,886,000.00
11	小米	1668	￥2,300.00	￥3,836,400.00
12	VIVO	1030	￥3,000.00	￥3,090,000.00
13	华为	1666	￥3,400.00	￥5,664,400.00
14	小米	1714	￥2,300.00	￥3,942,200.00
15	华为	1680	￥3,400.00	￥5,712,000.00

(a)　　　　　　　　　　　　(b)

图 1-7　设置数字格式

(4)单击"确定"按钮，则得到的货币格式效果如图 1-7(b)所示。

Excel 使用规则中，当单元格中输入＋123、00123 时默认省略数字前正号和所有的数字 0，且当输入数字长度超过 12 位后以科学记数法显示，如果用户需要按原格式显示数字＋123、00123、987654321012345，只需先选中需要输入数据的单元格或单元格区域，在"设置单元格格式"对话框中"数字"选项卡的"分类"列表中选择"文本"选项，再重新输入数据即可。

2.设置对齐格式

在 Excel 中，所谓对齐是指单元格中的内容在显示时，相对单元格上下左右的位置。默认情况下，单元格中的文本靠左对齐，数字靠右对齐，逻辑值和错误值居中对齐。此外，Excel 还允许用户为单元格中的内容设置其他对齐格式，如合并及居中、旋转单元格中的内容等。

对于简单的对齐工作，可以直接通过单击"开始"选项卡中"对齐方式"组中的各命令按钮来实现。如果对齐工作比较复杂，可以使用"设置单元格格式"对话框中的"对齐"选项卡来完成。

例如，设置效果如图 1-8 所示表格中 A1 单元格的对齐方式。

操作步骤如下：

(1)选定要设置格式的单元格或单元格区域，本例选中 A1 到 D1 单元格。

(2)单击"开始"选项卡中"对齐方式"组的右下方按钮 ，打开"设置单元格格式"对话框，选择"对齐"选项卡。

(3)选择需要使用的对齐选项，其中"水平对齐"下拉列表框中包括："常规""靠左""居中""靠右""填充""两端对齐""跨列居中""分散对齐"；"垂直对齐"下拉列表框中包括："靠上""居中""靠下""两端对齐""分散对齐"。

(4)在"文本控制"选项组中，"自动换行"复选框可以使 Excel 根据单元格列宽把文本换行，并自动设置单元格的高度，使全部内容都能显示在该单元格上；"缩小字体填充"复选框可以自动缩减单元格中字符的大小，以确保数据的宽度与列宽一致；若选中"合并单元格"复选框，则将多个相邻单元格合并为一个单元格，合并后的单元格引用为合并前左上角单元格的引用。

(5)在"方向"选项组中，可以使用鼠标拖动文本指针或单击微调按钮的上下箭头，任意调整单元格中字符的角度。

(6)单击"确定"按钮，完成设置单元格对齐的操作。图 1-8 所示为设置对齐后的效果，其中 A1 到 D1 单元格区域合并成为一个单元格。

	A	B	C	D
1	销售情况表			
2	品牌	数量	价格	金额
3	华为	1631	¥3,400.00	¥5,545,400.00
4	VIVO	1032	¥3,000.00	¥3,096,000.00
5	小米	1725	¥2,300.00	¥3,967,500.00
6	VIVO	1050	¥3,000.00	¥3,150,000.00
7	小米	1682	¥2,300.00	¥3,868,600.00
8	华为	1711	¥3,400.00	¥5,817,400.00
9	小米	1701	¥2,300.00	¥3,912,300.00
10	华为	1432	¥3,400.00	¥4,868,800.00
11	VIVO	962	¥3,000.00	¥2,886,000.00
12	小米	1668	¥2,300.00	¥3,836,400.00
13	VIVO	1030	¥3,000.00	¥3,090,000.00
14	华为	1666	¥3,400.00	¥5,664,400.00
15	小米	1714	¥2,300.00	¥3,942,200.00
16	华为	1680	¥3,400.00	¥5,712,000.00

图 1-8　设置对齐格式

3.设置字体格式

简单的设置可以通过单击"开始"选项卡中"字体"组中用于字体设置的按钮来完成。首先选定要设置的单元格或单元格区域，根据需要设置单元格字体，直接单击"开始"选项卡中"字体"组中相应的格式按钮即可。

如果对字体格式设置有更高要求,可以使用"字体"选项卡,操作方法是:在工作表中选定要设置字体的单元格或单元格区域,按照前面介绍的"对齐"方法打开"设置单元格格式"对话框,然后单击"字体"选项卡打开,在该选项卡中按照需要进行字体、字形、字号等设置。

4. 设置边框

默认情况下,Excel 并不为单元格设置边框,工作表中的框线在打印时并不显示出来。但一般情况下,用户在打印工作表或突出显示某些单元格时,都需要添加一些边框以使工作表更美观和容易阅读。用户可以在单元格的四周加上边框,或在某些单元格下面添加单线条或双线条以产生更突出的视觉效果。

对于简单的单元格边框设置,在选定了要设置的单元格或单元格区域后,直接单击"开始"选项卡中"开始"组中"边框"按钮右侧的下拉三角按钮 ⊞ ▾,然后在打开的下拉列表中选择所需边框线即可。

如果要改变线条的样式、颜色等,可在前面方法所打开的"边框"下拉列表中选择"其他边框"命令。其操作方法为:在选定要设置的单元格或单元格区域后,选择单击"开始"选项卡中"字体"组的右下方按钮 ↘,在打开的"设置单元格格式"对话框中单击"边框"选项卡,打开"边框"选项卡。

在"边框"选项卡中,根据需要进行设置,完成后单击"确定"按钮。

(1)在"直线"选项组中的"样式"列表框中选择线条样式,在"颜色"下拉列表框中选择边框颜色,为边框应用不同的线条和颜色。

(2)单击"预置"选项组中的"外边框"和"内部"按钮将应用于单元格的内外边界边框;"无"按钮删除所选单元格的边框。

(3)单击"边框"选项组中相应的边框按钮添加或删除边框,然后在预览框中查看边框应用效果。

5. 设置底纹

应用底纹和应用边框一样,都是对工作表进行形象美化设计。使用底纹为特定的单元格加上色彩和图案,不仅可以突出显示重点内容,还可以美化工作表的外观。

操作步骤如下:

(1)选择要设置背景色的单元格或单元格区域。

(2)单击"开始"选项卡中"字体"组的右下方按钮 ↘,打开"设置单元格格式"对话框,单击"填充"选项卡。

(3)在"背景色"列表中选择所需的颜色。

(4)在"图案颜色"下拉列表中,选择所需的图案样式和颜色。

(5)在"示例"区域中预览效果,感到满意后,单击"确定"按钮。

6. 单元格的保护

提供锁定、隐藏功能的设置,但只有在保护工作表的情况下才生效。

1.3.2　行和列设置

向单元格中输入文字或数据时,常常会出现这样的现象:有的单元格中的文字只显示一半,有的单元格中显示的是一串"♯"号,而在编辑栏中却能看见对应单元格中完整的数据。原因在于单元格的宽度或高度不够,不能将这些字符正确显示。因此,需要对工作表中的单元格高度和宽度进行适当的调整。

1.调整行高

Excel 工作表中默认任意一行的所有单元格的高度总是相等的,所以要调整某一单元格的高度,实际上就是调整了这个单元格所在行的行高,并且单元格的高度会随字体而自动变化。

要设置行高,可以先将鼠标指向某行行号下框线,当鼠标指针变为上下双向箭头时,拖动鼠标指针上下移动,直到合适的高度为止。拖动时在工作表中有一根横向虚线,释放鼠标时,该虚线就成为该行调整后的下框线。另外,在 Excel 中还可以通过菜单命令来精确调整行高。

操作步骤如下:

(1)选定需要调整行高的行标签或该行中的任意单元格。

(2)选择"开始"选项卡,在功能区的"单元格"组中单击"格式"按钮,在弹出的下拉菜单中选择"行高"命令,则打开如图 1-9 所示的"行高"对话框,按照需要在文本框中输入准确的行高值,单击"确定"按钮;如果没有固定要求,则选择"开始"选项卡,在功能区的"单元格"组中单击"格式"按钮,在弹出的下拉菜单中选择"自动调整行高"命令,
Excel 自动将该行高度调整为最适合的高度。

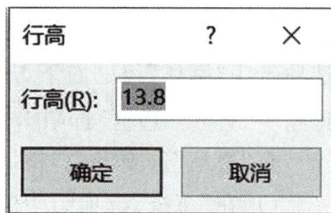

图 1-9 "行高"对话框

如果需要调整多行的行高,直接选中要设置的所有行标签,重复上面第(2)步,或者选中需要设置行高的所有行标签后单击右键,选择"行高"命令,也会打开"行高"对话框,依照要求输入相应行高值完成设置。

2.调整列宽

工作表中的列和行有所不同,Excel 默认单元格可知的列宽为固定值,并不会根据数据的长度而自动调整列宽。当输入单元格中的数值型数据因列宽不足而显示不下时,则显示一串"♯"号;如果输入的是字符型数据,当右侧相邻单元格为空时,则蔓延到右侧空间显示。否则,只显示当前宽度能容纳的字符。因此,此时需要调整列宽来显示全部内容。要调整列宽,可先将鼠标指向某列列标的右框线,当鼠标指针变为左右双向箭头时,拖动鼠标指针左右移动,直到合适的宽度为止。拖动时在工作表中有一根纵向虚线,释放鼠标时,这根虚线就成为该列调整后的右框线。

同样,Excel 可以通过菜单命令来精确调整列宽。

操作步骤如下:

(1)选定需要调整列宽的列标签或选定该列中的任意一个单元格。

(2)选择"开始"选项卡,在功能区的"单元格"组中单击"格式"按钮,在弹出的下拉菜单中选择"列宽"命令,则出现"列宽"对话框,按照需要在文本框中输入准确的列宽值,单击"确定"按钮;如果没有固定要求,则选择"开始"选项卡,在功能区的"单元格"组中单击"格式"按钮,在弹出的下拉菜单中选择"自动调整列宽"命令,Excel 自动将该列宽度调整为最适合的宽度。

如果需要调整多列的列宽,直接选中要设置的所有列标签,重复上面第(2)步,或者

选中需要设置列宽的所有列标签后单击右键,选择"列宽"命令,也会打开"列宽"对话框,依照要求输入相应列宽值完成设置。

3.行和列的隐藏

在 Excel 中也可以隐藏或显示工作表的行或列。隐藏工作表的行或列时,首先要选定需要隐藏的行或列,然后选择"开始"选项卡,在功能区的"单元格"组中单击"格式"按钮,在弹出的下拉菜单中选择"隐藏和取消隐藏"→"隐藏行"或"隐藏列"命令。如果需要取消隐藏工作表的行或列时,首先需要选择被隐藏行(列)的至少上下两行(左右两列),也可以选择包含被隐藏行(列)在内的多行(多列),选择"开始"选项卡,在功能区的"单元格"组中单击"格式"按钮,在弹出的下拉菜单中选择"隐藏和取消隐藏"→"取消隐藏行"或"取消隐藏列"命令即可。

通过选中需要隐藏的行标签或者列标签,单击右键,选择下拉列表中的"隐藏"命令,可以实现行或列的隐藏;通过选中包含需要隐藏的多行或多列,单击右键,选择下拉列表中的"取消隐藏"命令,可以实现行或列取消隐藏。

1.3.3　工作表自动格式化

1.突出显示数据

在 Excel 中应用条件格式可以让符合特定条件的单元格中的数据以醒目的方式突出显示出来,便于更好地对工作表中的数据进行分析。突出显示单元格中的数据可以通过设置显示条件和选择图标样式两种方式来实现。

(1)设置条件突出显示数据

设置条件突出显示是当规定单元格中的数据在满足某一项预先设定的条件时,该单元格中的数据将以设定好的格式突出显示出来。

操作步骤如下:

①选定要设置条件格式的单元格或单元格区域。

②选择"开始"选项卡,在功能区的"样式"组中单击"条件格式"按钮 ,在弹出的"条件格式"下拉列表中选择"突出显示单元格规则"命令,如图 1-10 所示。

图 1-10　"条件格式"菜单列表

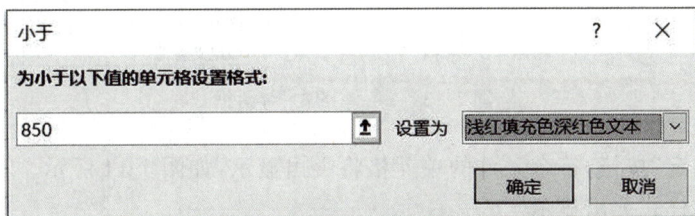

③ 选择所需的命令,如"小于"、"介于"或"文本包含"等,则打开相应命令的对话框,如图 1-11 所示为"小于"对话框。

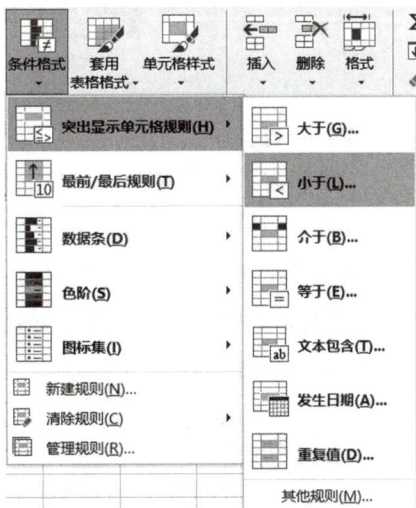

图 1-11　"小于"对话框

④在该对话框中输入要使用的值和设置格式选项,单击"确定"按钮。

例如,使用条件格式功能突出显示图 1-12 所示的单元格中小于 850 的数据。

图 1-12　选定单元格区域图

操作步骤如下:

①选定要设置条件格式的单元格区域,如图 1-12 所示。

②选择"开始"选项卡,在功能区的"样式"组中单击"条件格式"按钮，在弹出的"条件格式"下拉列表中选择"突出显示单元格规则"→"小于"菜单命令,打开"小于"对话框,在该对话框中对条件进行设置,单击"设置为"组合框右侧倒三角按钮，在下拉列表中选择格式设置,如图 1-13 所示。

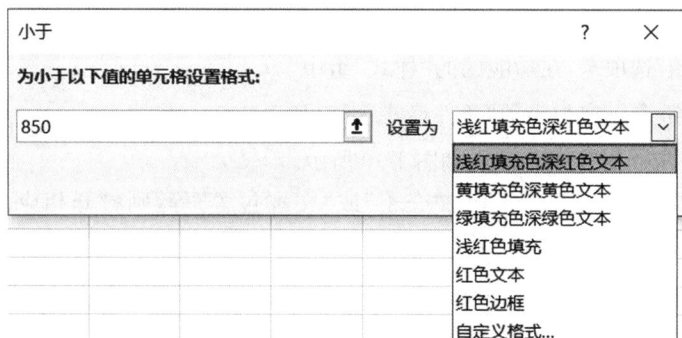

图 1-13　"条件格式"对话框

③单击"确定"按钮,符合条件的单元格将突出显示,如图 1-14 所示。

(2)以图标样式突出显示

Excel 提供了数据条、色阶和图标集 3 种图标样式来突出显示单元格中的数据。

数据条可以体现某个单元格中数据的大小，数据条的长度代表单元格中的值，数据条越长，表示值越高，数据条越短，表示值越低。在观察大量数据（如销售表中最畅销和最滞销的商品）中的较高值和较低值时，数据条效果尤为显著。

色阶作为一种直观的指示，可以帮助用户了解数据分布和数据变化。三色刻度使用三种颜色的渐变来帮助用户比较单元格区域，颜色的深浅代表数值的高、中、低缓慢变化。例如，在绿色、黄色和红色的三色刻度中，可以通过"其他规则"设定最小值、中间值、最大值的颜色依次以红色、黄色、绿色渐变呈现。

▲	A	B	C	D
1	\multicolumn{4}{c|}{2021年销售情况}			
2	序号	日期	类型	数量
3	1	2021/1/1	手机	888
4	2	2021/1/2	手机	906
5	3	2021/1/3	手机	818
6	4	2021/1/4	手机	886
7	5	2021/1/5	手机	846
8	6	2021/1/6	手机	999
9	7	2021/1/7	手机	823
10	8	2021/1/8	手机	828
11	9	2021/1/9	手机	876
12	10	2021/1/10	手机	846
13	11	2021/1/11	手机	940
14	12	2021/1/12	手机	825
15	13	2021/1/13	手机	917
16	14	2021/1/14	手机	952
17	15	2021/1/15	手机	960
18	16	2021/1/16	手机	871
19	17	2021/1/17	手机	897
20	18	2021/1/18	手机	992

图 1-14　突出显示符合条件的单元格

使用图标集可以对数据进行注释，并可以按阈值将数据分为 3～5 个类别。每个图标代表一个值的范围。例如，在三色旗图标样式中，绿色旗子代表较高值，黄色旗子代表中间值，红色旗子代表较低值。

操作步骤如下：

①选定要设置条件格式的单元格或单元格区域。

②选择"开始"选项卡，在功能区的"样式"组中单击"条件格式"按钮，在弹出的"条件格式"下拉列表中选择所需格式样式（数据条、色阶或图标集）。

③在所选图标样式突出方式的子菜单中选择所需样式。

若要清除数据的突出显示，其方法是：在工作表中选定要清除条件格式的单元格或单元格区域，选择"开始"选项卡，在功能区的"样式"组中单击"条件格式"按钮，弹出"条件格式"下拉列表，选择"清除规则"→"清除所选单元格规则"菜单命令。

2.使用格式刷

使用格式刷可以把设置好的单元格格式，应用到其他的单元格或单元格区域上。

操作步骤如下：

（1）选取设置好格式的单元格。

（2）单击"开始"选项卡上"剪贴板"组中的格式刷按钮。

（3）选取目标单元格（即要设置的单元格）或单元格区域。

这时，原单元格的格式将应用到选取的目标单元格上，其功能与 Word 文档中功能一致，使用非常方便。

3.应用样式

在 Excel 中，用户可以直接利用 Excel 内置的多种单元样式，快速为选择的单元格或单元格区域应用不同效果，也可以根据需要新建自定义单元格样式。用户使用 Excel 内置样式的操作步骤如下：①选择要应用样式的单元格。②选择"开始"选项卡，在功能区的"样式"组中单击"单元格样式"按钮▼，在下拉列表中根据需要选择一种样式，如图1-15所示，就可以将其快速应用到所选的单元格或单元格区域中。

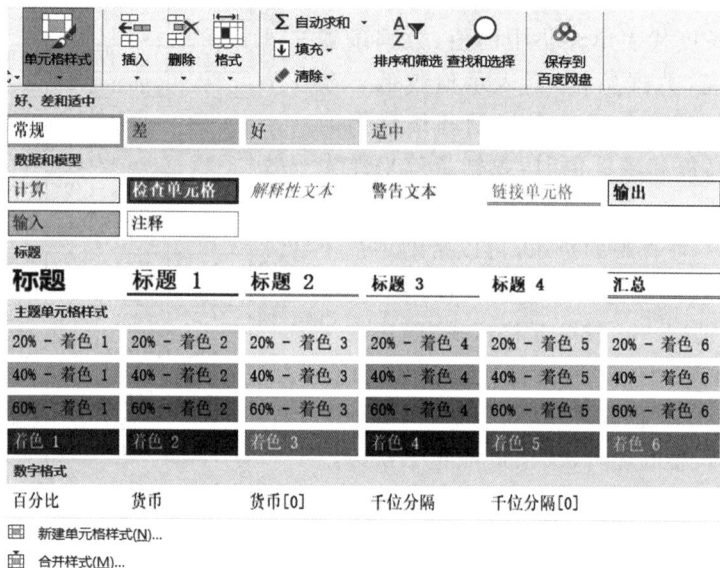

图1-15　"单元格样式"的列表

用户还可以创建自定义样式，通常有两种方法。

（1）使用含有格式的单元格创建自定义样式或自定义创建新的样式格式。

操作步骤如下：

①选定一个单元格，该单元格中要包含新样式需要的格式组合。

②选择"开始"选项卡，在功能区的"样式"组中单击"单元格样式"按钮▼，在列表中选择"新建单元格样式"命令，打开如图1-16所示的"样式"对话框。

③在"样式名"文本框中键入新样式的名称，在"包含样式"栏中设置符合要求的选项。

④单击"确定"按钮。

（2）自定义指定的格式。

操作步骤如下：

①选择"开始"选项卡，在功能区的"样式"组中单击"单元格样式"按钮，在文本框中选择"新建单元格样式"命令，打开如图1-16所示的"样式"对话框。

②在"样式名"文本框中键入新建样式的名称。

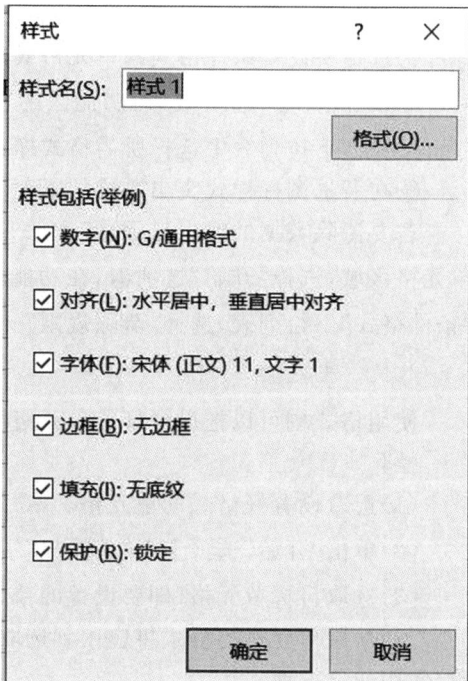

图1-16　"样式"对话框

③单击"格式"按钮打开"设置单元格格式"对话框,在对话框中选择需要的格式,单击"确定"按钮。

④清除"包括样式"选项中不需要的格式类型的复选框。

⑤单击"确定"按钮。

创建自定义样式后,选择要应用样式的单元格,通过选择"开始"选项卡,在功能区的"样式"组中单击"单元格样式"按钮在列表找到自定义的样式并选择,可将所选自定义的样式快速应用到所选的单元格或单元格区域中。

如果要删除不再需要的样式,可以选择"开始"选项卡,在功能区的"样式"组中单击"单元格样式"按钮找到"样式名"下拉列表中要删除的样式,并在样式名上单击鼠标右键,在弹出的快捷菜单中选择"删除"命令。

4. 套用表格格式

Excel 内置了大量的工作表格式,这些格式中组合了数字、字体、对齐方式、边界、模式、列宽、行高等属性,套用这些格式,既可以美化工作表,又可以大大提高用户的工作效率。

操作步骤如下:

(1)选定需要自动套用格式的单元格区域。

(2)选择"开始"选项卡,在功能区的"样式"组中单击"套用表格格式"按钮,在打开的下拉列表中选择所需的表格样式,如图 1-17 所示。

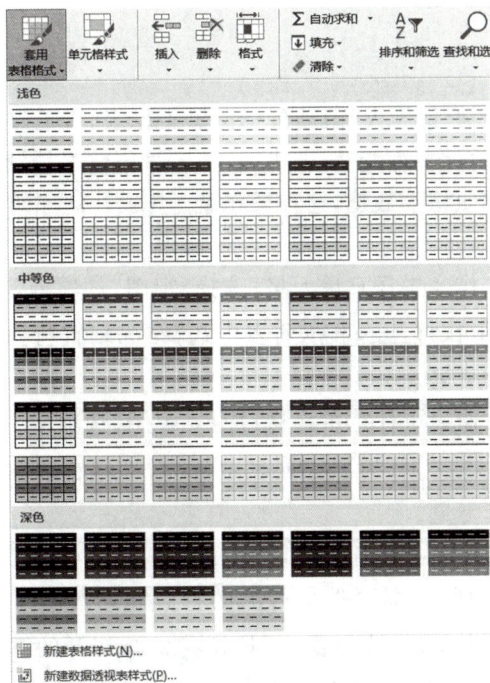

图 1-17 "套用表格格式"列表

③ 在打开的"套用表格式"对话框中确认需设置格式的单元格区域。若要更改所选

15

区域,则单击"表数据的来源"文本框右侧的按钮■,重新进行区域选择;如果默认所选区域包括已经合并后的标题行,需要更改所选区域将合并后的标题行排除在外,如图 1-18所示。

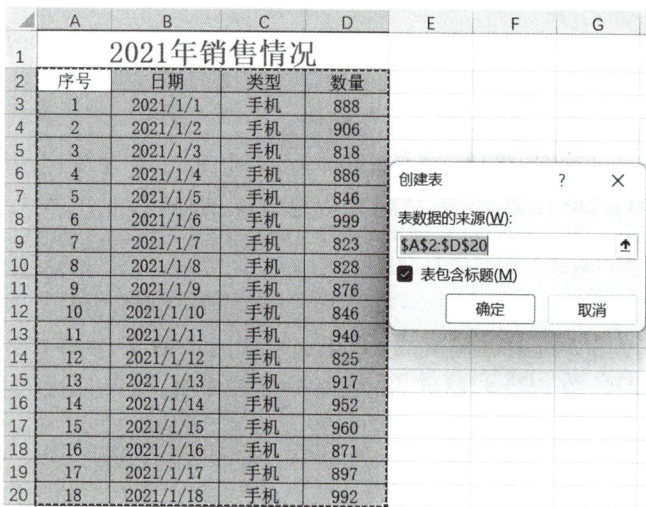

图 1-18 "套用表格式"对话框

④确认无误后单击"套用表格式"对话框中的"确定"按钮完成设置。

1.3.4 窗口操作

1.冻结窗格

当 Excel 工作表中数据量庞大,滚动鼠标浏览工作表时,工作表的某一部分如行标题或列标题会随着工作表的翻页而消失,如果需要某部分数据持续可见,可以将它固定在窗口的上部或左边,以方便识别数据,这种操作就是 Excel 的冻结窗格。

(1)冻结方式。

①冻结首行:选择工作表中任意单元格;选择"视图"选项卡,在功能区的"窗口"组中单击"冻结窗格"按钮■,在打开的下拉列表中选择"冻结首行"命令。当滚动工作表其余部分时,保持首行持续可见。

②冻结首列:选择工作表中任意单元格;选择"视图"选项卡,在功能区的"窗口"组中单击"冻结窗格"按钮■,在打开的下拉列表中选择"冻结首列"命令。当滚动工作表其余部分时,保持首列持续可见。

③冻结窗格:若要保持多行多列同时可见,首先需要选择一个关键的单元格;此单元格上方的行数和左侧的列数与需要保持可见的行数和列数相等,然后选择"视图"选项卡,在功能区的"窗口"组中单击"冻结窗格"按钮■,在打开的下拉列表中选择"冻结窗格"命令。例如,若要冻结图 1-19 中的两行两列,需要首先选中 C3 单元格,再选择"冻结窗格"命令。

图 1-19　冻结窗格

（2）撤销冻结：选择"视图"选项卡，在功能区的"窗口"组中单击"冻结窗格"按钮，在打开的下拉列表中选择"取消冻结窗格"命令。

2. 窗口的拆分

窗口的拆分是指将工作表拆分成几个窗口，每个窗口都显示同一张工作表。

（1）拆分方式：

①水平拆分：选择拆分线的下面一行；选择"视图"选项卡，在功能区的"窗口"组中单击"拆分"按钮。

②垂直拆分：选择拆分线的右侧一列；选择"视图"选项卡，在功能区的"窗口"组中单击"拆分"按钮。

③水平和垂直拆分：与冻结窗格一样，首先选择一个关键的单元格，此单元格上方的行数和左侧的列数与需要拆分的行数和列数相等，选择"视图"选项卡，在功能区的"窗口"组中单击"拆分"按钮。

（2）撤销拆分窗口：在当前窗口已拆分状态下，选择"视图"选项卡，在功能区的"窗口"组中单击"拆分"按钮。

1.3.5　批注使用

1. 添加批注

批注可以对单元格进行注释。可以为单元格添加批注，也可以为单元格区域添加批注，要添加的批注一般都是简短的提示性文字。为某个单元格中添加批注后，会在该单元格的右上角出现红色三角形，当鼠标指针移动到该单元格时，批注的内容会自动显示，效果如图 1-20 所示。

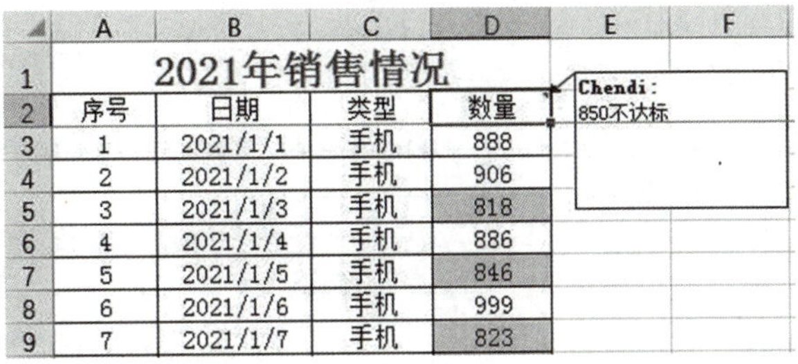

图 1-20　在单元格中添加批注内容

操作步骤如下：

(1)选定需要添加批注的单元格或单元格区域。

(2)选择"审阅"选项卡,在功能区的"批注"组中单击"新建批注"按钮🏷,或者单击鼠标右键,在弹出的快捷菜单中选择"插入批注"命令,则在该单元格的旁边出现一个批注框。

(3)在出现的批注框中输入批注内容。

(4)完成文本输入后,单击批注框外的区域,关闭批注框。

若要对批注内容进行再次编辑,首先选中被批注的单元格,选择"审阅"选项卡,在功能区的"批注"组中单击"编辑批注"按钮🖊,或者单击鼠标右键,在弹出的快捷菜单中选择"编辑批注"命令。

2. 设置批注格式

添加批注后,Excel对批注的显示采用默认的格式,即在添加有批注的单元格的右上角显示一个红色三角形。当鼠标指向加有批注的单元格时,将显示该单元格的批注。但是这种显示方式可能满足不了用户的一些特殊需要,因此可以对批注添加一些必要的修饰,如修改批注的字体和字号等。

操作步骤如下：

(1)用鼠标右键单击包含批注的单元格,从弹出的快捷菜单中选择"编辑批注"命令,进入批注编辑状态,可以重新输入批注的内容。

(2)双击批注框的边框,或者右击批注框的边框,打开如图1-21所示的"设置批注格式"对话框。

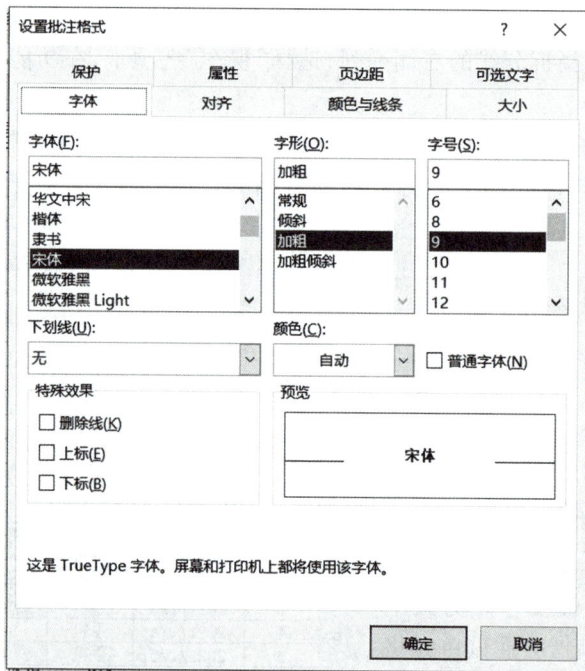

图1-21 "设置批注格式"对话框

(3)根据需要在对话框中设置批注格式的各选项,如批注显示时的字体、对齐格式、属性等,设置完毕后,单击"确定"按钮。

3.删除批注

当不再需要单元格的批注时,可以将其删除。删除单元格批注时,选定包含批注的单元格,然后选择"审阅"选项卡,在功能区的"批注"组中单击"删除"按钮即可。该单元格右上角的红色三角形随之消失,表示此单元格中的批注已被删除。

Excel 中也可以一次性删除工作表中所有批注。首先选择工作表表格区域的左上角的全选按钮,将整个工作表选中后,选择"审阅"选项卡,在功能区的"批注"组中单击"删除"按钮,即可删除工作表中所有批注。

【课外思政】

华为励志故事

今天,提起任正非,相信没有几个国人会不知道。他和他带领的华为,俨然是我国民族企业的标杆和学习榜样! 可以说,任正非就是改革开放至今中国经济崛起的企业家杰出代表。

简单看几个里程碑事件。

1988 年,任正非以 21000 元创办了一家小得不能再小的公司,这家公司只有 6 名员工。

2007 年,华为凭借着 125.6 亿美元的收入,超过北电,一举成为全球第五大电信设备经销商。

2011 年,任正非以 11 亿美元的身价首次进入福布斯富豪榜,排名全球第 1056 名,中国第 92 名。

2018 年 8 月,华为研发出了麒麟 980 芯片,让中国有了"芯片自主权"。

2019 年 1 月,华为发布了全球最强大的 5G 基带芯片,震惊全球。

然而,大多数人都不知道,这位创办华为、带领华为冲出国际的商界大佬任正非,44 岁才开始了自己的艰辛创业之路。

不同于那些天才型选手,拿着一手上天给的"好牌",44 岁的任正非一无所有。在经营中被骗了 200 万元,被南油集团除名,婚姻破裂,他一个人带着老爹、老娘、弟弟、妹妹 9 口人的大家庭在深圳住棚屋,创办华为。没有资本、没有人脉、没有资源、没有技术、没有市场经验,看谁都比他强的一个人,却成就了一代传奇。这恰恰是任正非最让人敬仰,也最值得我们学习的地方! 试想,在同样的境遇下,你能做得到吗? 想要深刻认识任正非,我们不妨从回顾他的经历开始。相信会有太多触动我们心灵的东西。

1.4　习　题

一、单选题

(1)Excel 的 3 个重要概念是　　　　　　　　　　　　　　　　　　　　　(　　)

    A. 表格、工作表和工作簿　　　　　B. 工作簿、工作表和单元格

    C. 行、列和单元格　　　　　　　　D. 桌面、文件夹和文件

（2）Excel 工作表单元格中，系统默认的数据对齐是 　　　　　　　　　　　　（　　）

    A. 数值数据、文本数据均为右对齐

    B. 数值数据、文本数据均为左对齐

    C. 数值数据为右对齐、文本数据为左对齐

    D. 数值数据为左对齐、文本数据为右对齐

（3）Excel 中，下列是正确的区域表示法的是 　　　　　　　　　　　　　　　（　　）

    A. A1：D4　　　　　B. A1♯B4　　　　　C. A1..D4　　　　　D. A1＞D4

（4）在某学生成绩表中，求有多少学生参加考试，采用的函数应该是 　　　　　（　　）

    A. COUNT　　　　　B. SUM　　　　　C. ROUND　　　　　D. AVERAGE

（5）若在 A2 单元格中输入"＝8ˆ2"，则显示结果为 　　　　　　　　　　　　（　　）

    A. 10　　　　　　　B. 1　　　　　　　C. 64　　　　　　　D. 8ˆ2

二、判断题

（1）构成工作表的最小单位是单元格。 　　　　　　　　　　　　　　　　　　（　　）

（2）在 Excel 工作簿中，至少应含有的工作表个数是 3。 　　　　　　　　　　（　　）

（3）Excel 中 A1 单元格设定其数字格式为整数，当输入 33.51 时，显示 ERROR。

　　　　　　　　　　　　　　　　　　　　　　　　　　　　　　　　　　　（　　）

（4）在 Excel 工作表，单元格区域 A2：B4 所包含的单元格个数是 8。 　　　　（　　）

（5）Shift 键是实现多个不连续单元格的选取时必需的。 　　　　　　　　　　（　　）

三、填空题

（1）Excel 中，公式都是以　　　　　　　符号开始的，后面由操作数和运算符构成。

（2）Excel 的函数中，　　　　　　　函数可以计算总值。

（3）Excel 单元格中输入文本型数据，默认的对齐方式是　　　　　　　。

（4）Excel 单元格中输入数值型数据，默认的对齐方式是　　　　　　　。

（5）在分类汇总前必须对要分类的字段进行　　　　　　　，否则分类无意义。

（6）Excel 中表示单元格地址时，工作表与单元格之间必须使用　　　　　　　符号分隔。

四、简述题

（1）列举 Excel 的主要功能。

（2）Excel 2016 应用程序窗口由哪几部分组成？

（3）简述工作簿、工作表、单元格之间的关系。

（4）在 Excel 2016 中数据清除和数据删除的区别是什么？

（5）如何为工作表重新命名？

（6）如何设置工作表的隐藏和显示？

（7）如何选择不相邻的单元格？

（8）如何在多个单元格内容里填充序列数据？

第 2 章　Excel 2016 基本操作

2.1　Excel 创建与编辑

2.1.1　文件操作

使用 Excel 的目的是对工作簿进行处理。在操作之前，应该创建一个新的工作簿来保存要处理的内容。Excel 文件也称 Excel 工作簿，Excel 工作簿与 Word 文档操作方法相类似。

1. 创建新的 Excel 工作簿

（1）启动 Excel 时，系统会自动创建一个新的工作簿，工作簿内包含 1 个名为 Sheet1 的空工作表。

（2）Excel 启动后，如果用户需要创建新的工作簿，可使用以下方法：

①选择"文件"选项卡，在左侧窗格选择"新建"选项，在中间窗格的"可用模板"选项组中单击选择"空白工作簿"选项如图 2-1 所示。

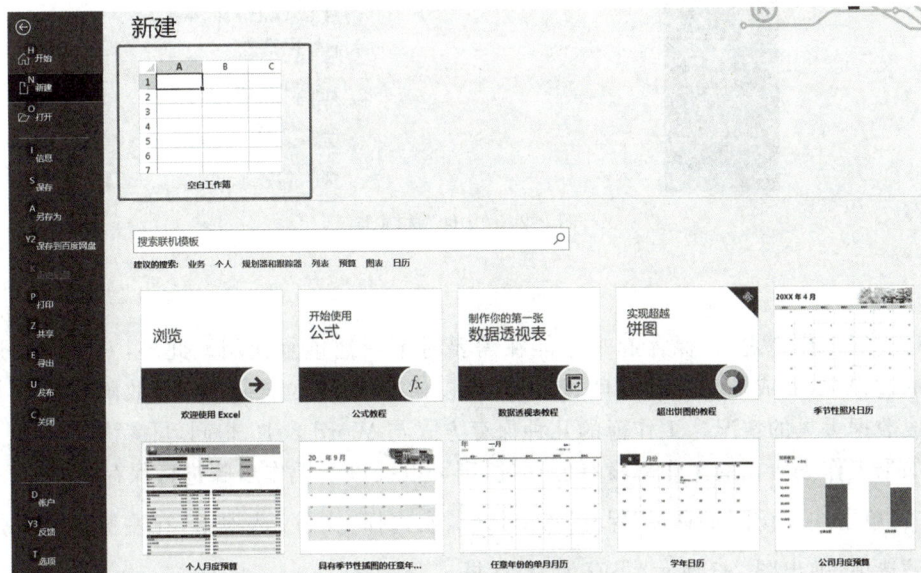

图 2-1　"新建"对话框

②单击快速访问工具栏上的"新建"按钮。

③键盘命令操作:〈Ctrl〉+〈N〉组合键。

2.打开已有 Excel 文件

可以使用以下方法打开已有 Excel 文件:

(1)选择"文件"选项卡,在左侧窗格中选择"打开"选项,打开"打开"对话框,按文件名选择已有 Excel 文件。

(2)单击快速访问工具栏上的"打开"按钮。

(3)键盘命令操作:〈Ctrl〉+〈O〉组合键。

(4)打开新近关闭的文件:选择"文件"选项卡,在左侧窗格中选择"开始"选项,在打开的"最近"列表中选择需要打开的文件名,如图 2-2 所示。

图 2-2 "文件"选项卡

3.保存文件

建立好工作簿之后,保存起来才能在需要时不断地重复使用。此外,对工作表进行处理的过程中,养成随时保存的良好习惯,可以避免因误操作或计算机故障等突发状况而造成数据丢失的情况。工作簿的几种保存方式与 Word 2016 相同,可参考。

如果工作表所在的工作簿没有保存过,则可以按以下操作步骤进行保存:

(1)单击快速访问工具栏"保存"按钮 ,或选择"文件"选项卡,在左侧窗格中选择"保存"选项,弹出图 2-3 所示"另存为"对话框。

(2)在"保存位置"下拉列表框中,选择要保存的文件夹。如果要将工作簿保存到新

图 2-3　"另存为"对话框

文件夹中,单击"新建文件夹"按钮来建立一个新文件夹。

(3)在"文件名"文本框中,键入工作簿的文件名,如输入工作簿名为 Excel1,然后单击"保存"按钮即可。

如果工作簿已经保存过,那么单击快速访问工具栏的"保存"按钮 时,就不会弹出"另存为"对话框,而是直接进行保存,工作簿的文件名和保存位置都不会改变。用户在处理工作簿的过程中,一般经常采用这种方法来保存工作簿,以防丢失数据。

如果以新名称来保存已命名过的工作簿,可以选择"文件"选项卡,在左侧窗格中单击"另存为"按钮,打开"另存为"对话框,指定新文件名或保存位置,再单击"保存"按钮。这种方法一般在修改过工作簿而又要保留原来的工作簿时使用,类似于建立工作簿副本。

4.关闭文件

关闭工作簿就是将工作簿从内存中清除,并关闭当前使用工作簿的工作簿窗口。要关闭一个工作簿,可以单击工作簿窗口右上角的关闭按钮,或者使用快捷键〈Alt〉+〈F4〉,还可以选择"文件"选项卡,选择左侧窗格中"关闭"选项关闭工作簿。

如果所编辑的工作簿已被修改,在关闭前系统将提示"是否保存该工作簿所做的修改"提示框。如果要保存修改过的工作簿,单击"保存"按钮;反之,单击"不保存"按钮。若要放弃当前系统提示的这一操作,单击"取消"按钮即可,如图 2-4 所示。

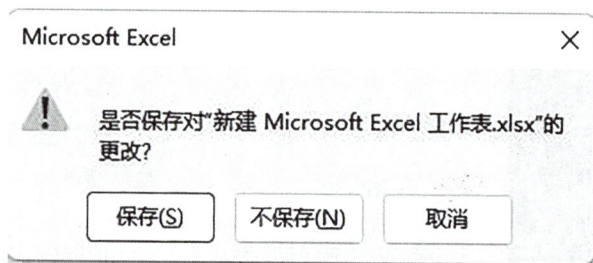

图 2-4　"系统提示"对话框

在某些情况下,用户打开了多个工作簿时,如果要同时关闭这些工作簿,选择"文件"选项卡后,按下〈Shift〉键并单击"退出"按钮,系统会逐个提示工作簿是否保存所做的修改,用户可根据自己的需要进行选择,然后依次关闭所有的工作簿。当单击"全部保存"按钮,则保存当前已打开的多个工作簿,并同时关闭这些工作簿。

5. 文件打印及预览

通过选择"文件"选项卡,在左侧窗格中选择"打印"选项,或者单击快速访问工具栏中的"打印预览和打印"进入打印及预览的显示模式。

打印文件的操作步骤如下:

(1)在"页面布局"选项卡中选择并设置要打印的表格区域,如没有选择则默认为当前工作表非空的单元格区域。

(2)选择"文件"选项卡,在左侧窗格中选择"打印"选项,设置"打印"选项参数后单击"打印"按钮,如图 2-5 所示。

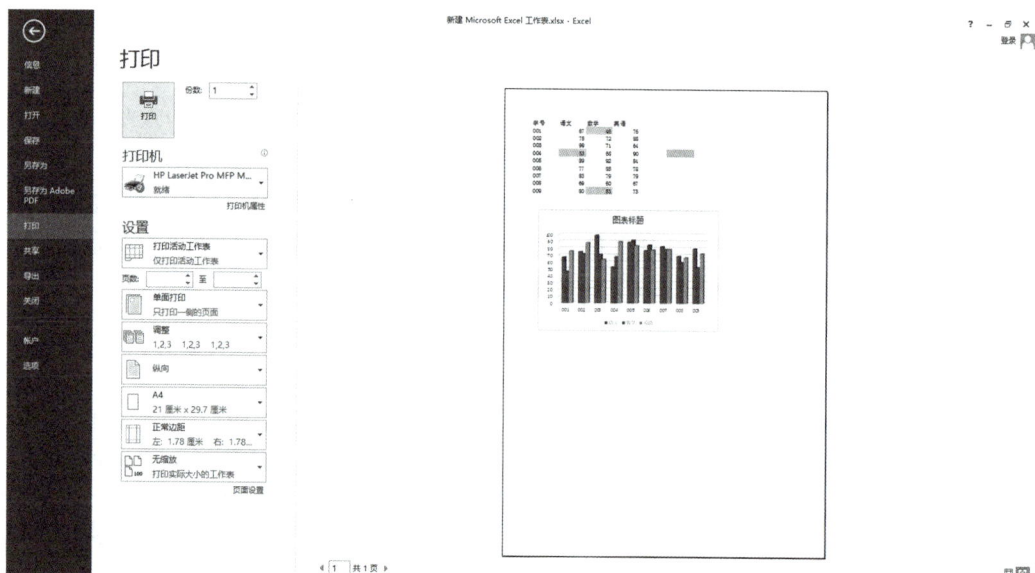

图 2-5　"打印"对话框

"打印"选项主要参数作用说明如下:

"打印"栏。"份数"数值框:设置当前需打印的工作表的数量。

"打印机"栏。在该栏下拉列表框中可选择打印此表格的打印机,一般来说最近一次安装的打印机便是默认准备就绪的打印机。

(3)"设置"栏。在该栏中从上至下的参数设置为:设置打印区域、设置打印页数、设置打印单双面、设置打印方向、设置纸张尺寸、设置页边距、设置打印缩放比例等。其中打印范围、打印页数和打印缩放设置在下面特别指出,而其他打印设置的方法和效果与页面设置中相应的设置操作相同。

①"打印范围"的参数说明:

❖打印活动工作表:只打印当前工作表。

❖打印整个工作簿:打印当前工作簿的所有工作表。

❖打印选定区域:只打印选定的区域。

②"打印页数"的参数说明:

当工作表有多页时,设定要打印的当前工作表的页码范围,留空表示打印工作表的所有页面。

③"打印缩放"的参数说明:

❖无缩放:打印实际大小的工作表。

❖将工作表调整为一页:缩减打印输出比例,以便将所有工作表所有内容显示在一个页面上。

❖将所有列调整为一页:缩减打印输出比例,使所有列集中显示在一个页面宽。

❖将所有行调整为一页:缩减打印输出比例,使所有行集中显示在一个页面高。

2.1.2　工作表操作

工作表是由多行和多列构成的一个平面二维表格,或者说,由多个单元格组成的一个平面整体。在利用 Excel 进行数据处理的过程中,对于单元格的操作是最常使用的,但是很多情况下也需要对工作表进行适当的处理,如工作表的插入、删除、重命名、移动或复制、调整工作表标签颜色、隐藏等。通过功能区的选项卡中相关命令按钮的选择可以完成对工作表的各项操作,也可以利用工作表快捷菜单操作完成。建议结合工作表快捷菜单操作来完成,其效率更高。

操作步骤如下:

(1)鼠标指向工作表标签,选择工作表。

(2)单击右键,弹出快捷菜单,如图 2-6 所示。

(3)选择相应的菜单选项。

1. 工作表的插入、删除、重命名

要想熟练地使用 Excel 处理数据,掌握工作表的基本操作是非常必要的。基本操作包括插入、删除、重命名等。

(1)插入新工作表

图 2-6　工作表操作快捷菜单

在首次创建一个新工作簿时,默认情况下该工作簿包括了 1 个工作表。但是在实际应用中,有时需要向工作簿添加一个或多个工作表。

选择"开始"选项卡,在功能区的"单元格"组单击"插入"按钮,在弹出的下拉列表中选择"插入工作表"菜单项,即可插入一个新的工作表。插入的新工作表的名称由 Excel 自动命

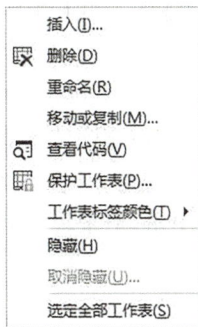

名,默认情况下第一个插入的工作表为 Sheet2,以后依次是 Sheet3、Sheet4、…。

也可以选定当前活动工作表后,将鼠标光标指向该工作表标签,单击鼠标右键,在弹出快捷菜单中选择"插入"菜单命令,打开如图 2-7 所示的"插入"对话框。在该对话框中可根据需要选择不同的模板插入不同格式的新工作表。

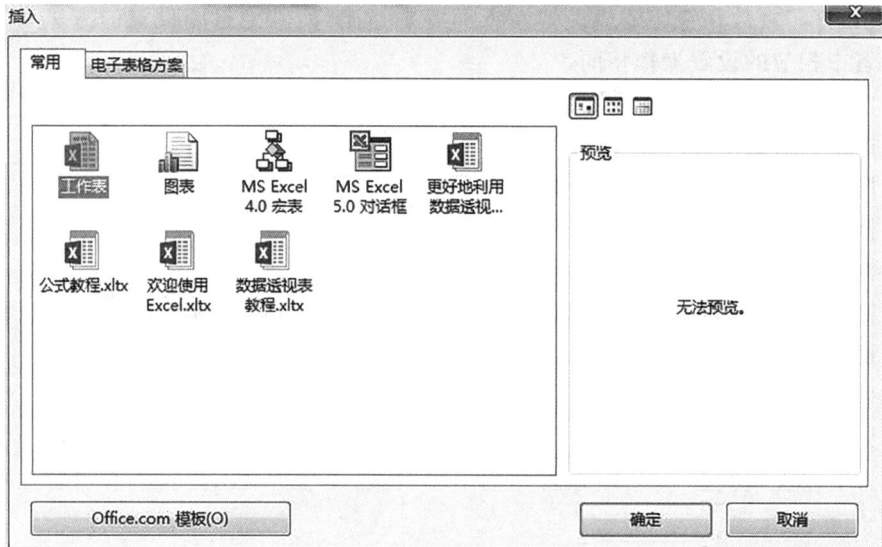

图 2-7 "插入"对话框

另外,还可以单击工作表标签所在的"切换工具条"中的"插入工作表" ⊕ 按钮。

(2)删除工作表

有时根据实际工作的需要,需要从工作簿中删除不再需要的工作表。删除工作表与插入工作表的方法一样,只不过选择的命令不同而已。

删除工作表时,首先单击工作表标签来选定该工作表,选择"开始"选项卡,在功能区的"单元格"组中单击"删除"按钮,在下拉列表中选择"删除工作表"菜单项,则选中的工作表被删除,同时和它相邻的后面的工作表变成了当前的活动工作表。

另外,用户也可以在要删除的工作表的工作表标签上单击鼠标右键,在弹出的快捷菜单中选择"删除"菜单命令来删除选定工作表。

在用户删除工作表前,系统会询问用户是否确定要删除,并告知用户,一旦删除将不能恢复,如图 2-8 所示。如果确认删除,则单击"删除"按钮即可;如果误操作,此时想返回,则单击"取消"按钮。

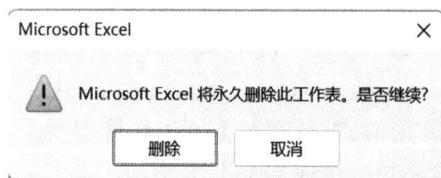

图 2-8 确认删除对话框

（3）重命名工作表

Excel 在创建一个新的工作簿时，所有的工作表都是以 Sheet1、Sheet2、…来命名的，这在实际工作中，很不方便记忆和进行有效的管理。用户可以通过改变这些工作表的名称来进行有效的管理。要改变工作表的名称，只需双击选中的工作表标签，这时用户会看到工作表标签以反白显示，在其中输入新的名称并按下〈Enter〉键，新的名称已经出现在工作表标签中。

2. 工作表的复制或移动

要创建多个风格相同且内容相似的工作表，可以使用移动和复制的方法进行，即在创建了第 1 个工作表后复制此工作表，再在复制的工作表中进行修改。

操作步骤如下：

（1）若要将工作表移动或复制到其他工作簿，首先需要打开用于接收工作表的工作簿。

（2）切换到包含需要移动或复制的工作表的工作簿，再选定工作表。

（3）选择"开始"选项卡，在功能区的"单元格"组中单击"格式"按钮，在弹出的下拉菜单中选择"移动或复制工作表"菜单项，打开"移动或复制工作表"对话框，如图 2-9 所示。

（4）在该对话框的"工作簿"下拉列表框中，单击选定用来接收工作表的工作簿。若要将所选工作表移动或复制到新工作簿中，应选择"（新工作簿）"。

（5）在"下列选定工作表之前"列表框中，单击要在其前面插入移动或复制的工作表的工作表。

图 2-9　"移动或复制工作表"对话框

（6）若要复制而非移动工作表，应选中"建立副本"复选框，最后单击"确定"按钮。

另外，也可以在用户要移动或复制的工作表的工作表标签上单击鼠标右键，在弹出的快捷菜单中选择"移动或复制"菜单项，以此来移动或复制选定工作表。

3. 工作表的隐藏或显示

在某些特定情况下，用户可以有选择地隐藏一个或多个工作表。工作表一旦被隐藏，将无法显示其内容，工作表标签也将隐藏。

操作步骤如下：

（1）选定需要隐藏的工作表。

（2）选择"开始"选项卡，在功能区的"单元格"组中单击"格式"按钮，在弹出的下拉菜单中选择"隐藏或取消隐藏"→"隐藏工作表"菜单命令，这样选中的工作表将隐藏。

对隐藏的工作表，用户不可以进行任何编辑操作。在一个工作簿中至少有一个可见的工作表，不允许隐藏工作簿的所有工作表。要隐藏整个工作簿，选择"视图"选项卡，在功能区的"窗口"组中单击"隐藏"按钮就可以实现。另外，用户也可以在用户要隐藏的工作表的工作表标签上单击鼠标右键，在弹出的快捷菜单中选择"隐藏"菜单项，隐藏选定工作表。

当工作表被隐藏后，要对其修改和编辑时，需要首先取消其隐藏。

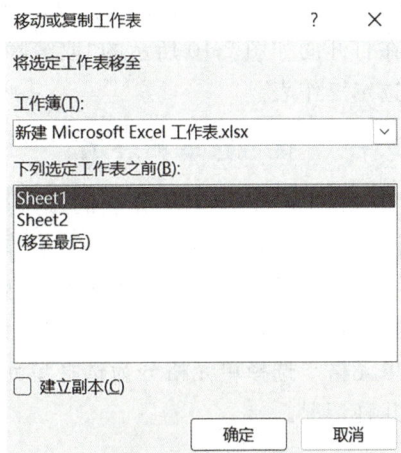

操作步骤如下：

（1）选择"开始"选项卡，在功能区的"单元格"组中单击"格式"按钮，在弹出的下拉菜单中选择"隐藏或取消隐藏"→"取消隐藏工作表"菜单命令。

（2）在打开的如图2-10所示的"取消隐藏"对话框中，选择要显示的工作表。

（3）单击"确定"按钮。

这样选中的工作表就会显示出来，将其选中后就可以进行编辑操作了。用户也可以在任一

图 2-10 "取消隐藏"对话框

工作表的工作表标签上单击鼠标右键，在弹出的快捷菜单中选择"取消隐藏"菜单命令，在打开的如图2-10所示的"取消隐藏"对话框中，选择要显示的工作表的名称，取消隐藏选定工作表。

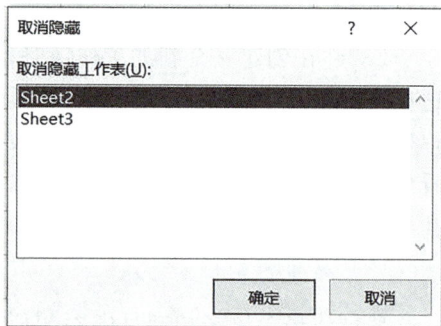

2.1.3　区域选取和表示

在Excel中，对工作表的操作是通过对单元格或者单元格区域的各种操作来实现的，因此对当前打开的工作表进行操作时，首先要选定单元格或者单元格区域。

数据录入是制作电子表格最基本的操作，选中输入数据的单元格是输入数据的前提。打开工作簿后，用鼠标单击要编辑的工作表标签即可打开并成为当前工作表，选择单元格。选择单元格分为选择单元格和选择单元格区域两种方式，具体来说又分为以下几种情况。

1.选择一个单元格

选择某个单元格，最简单的方法就是用鼠标单击该单元格，或者移动键盘上的方向键。单元格被选中后，表格左上方的"编辑栏"上的"名称框"中将显示该单元格的名称。如果要选中的单元格没有显示在窗口中，可以移动滚动条使其显示在窗口中，然后再进行选择。

此外，还可使用"定位"对话框选择单元格。

操作步骤如下：

（1）选择"开始"选项卡，在功能区的"编辑"组中单击"查找和选择"按钮，在弹出的下拉菜单中选择"转到"命令，或者使用快捷键〈Ctrl〉＋〈G〉，打开"定位"对话框，如图2-11所示。

（2）在"引用位置"文本框中输入要选择的单元格名称。

（3）单击"确定"按钮完成对单元格的选择。

2.选择相邻的单元格区域

用户可以同时选中相邻的多个单元格进行操作。例如，要选中如图2-12所示的 A3:E10 矩

图 2-11 "定位"对话框

形框中的单元格的操作方法如下：

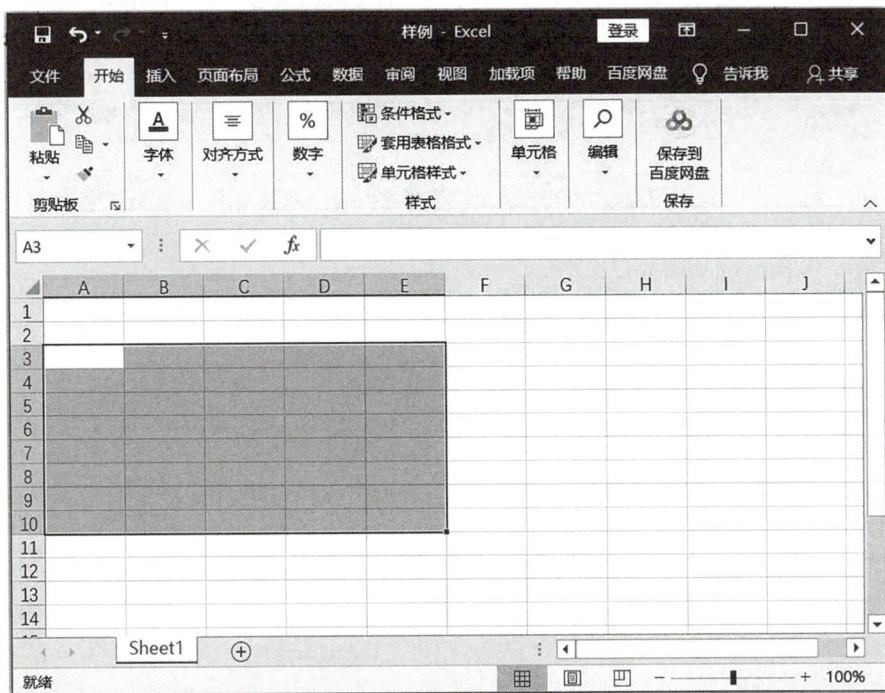

图 2-12　选择相邻的单元格区域

（1）利用鼠标拖曳选择相邻区域

①将鼠标移动到要选中区域的左上角，如 A3，此时"名称框"里显示单元格的名称。

②按下鼠标不放，并拖动到单元格区域的对角线单元格，如 E10，鼠标经过的单元格被选中。

③释放鼠标，此时 A3:E10 的单元格区域则被选中。

（2）利用〈Shift〉键选择相邻区域的单元格

①选中区域左上角的单元格。

②按下〈Shift〉键的同时单击右下角的单元格。

③释放〈Shift〉键后即可选中单元格区域。

另外还可以利用"定位"对话框来选择相邻的单元格区域。在"引用位置"文本框中输入左上角和右下角的单元格名称，并用"："分开，单击"确定"按钮即可选中相邻的单元格区域。

3. 选择不相邻的单元格

用户选择不相邻的几个单元格时，需要借助〈Ctrl〉键来完成。

先选取一个或一部分连续的单元格，按下〈Ctrl〉键不松手，单击另外的单元格或连续的单元格区域。在按下〈Ctrl〉键不放的情况下继续单击选择所需要的单元格或单元格区域，选择完成后释放〈Ctrl〉键，则完成对几个不相邻的单元格或单元格区域的选择，如图 2-13 所示。

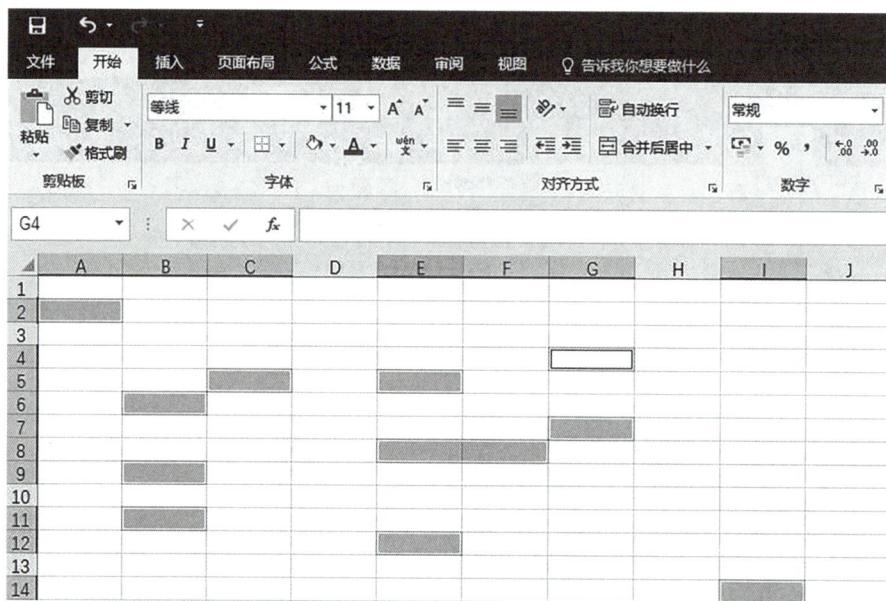

图 2-13　选择不相邻的单元格

4.选择整行或整列

在工作表中选择整行或者整列的方法很简单。选择整行时,可将鼠标移至该行的行号,此时鼠标会变成向右的箭头,单击即可选择整行,如图 2-14 所示。

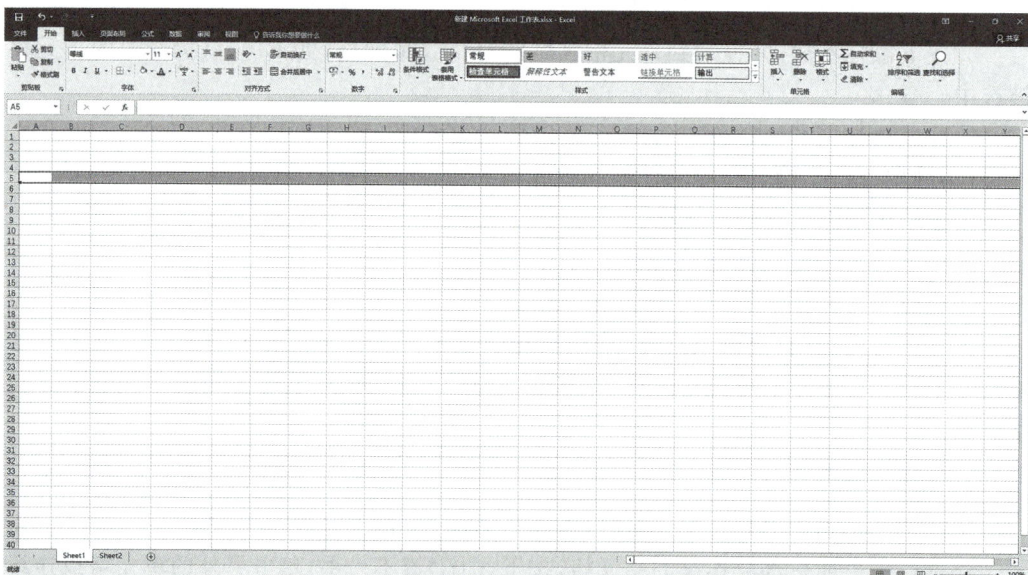

图 2-14　选择整行

选择整列的方法与选择整行的方法大致一样,只是当鼠标移至该列的列号时呈向下的箭头,此时单击即可选择整列,如图 2-15 所示。

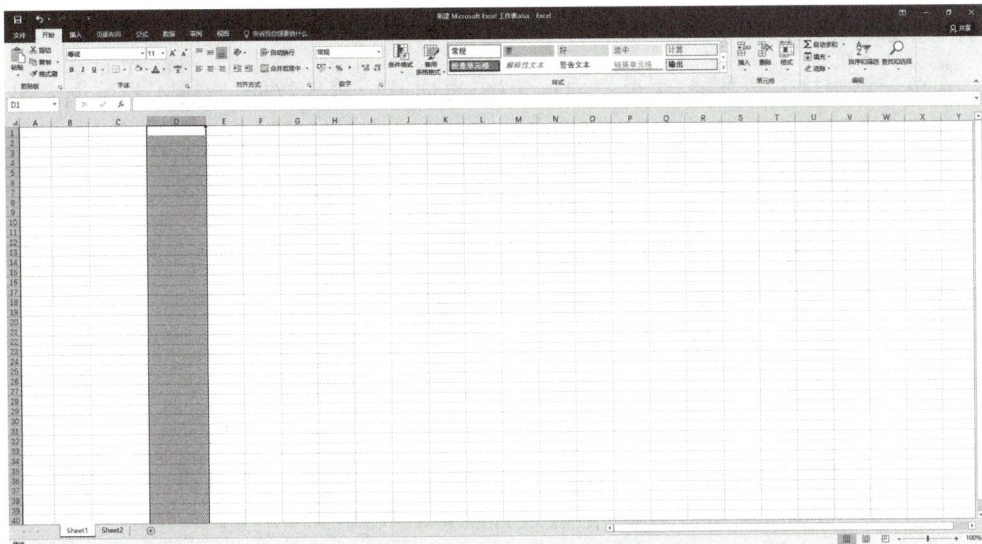

图 2-15　选择整列

当在工作表中选择整行或整列时，可以使用 Shift 键来选择多个相邻的整行或整列，使用〈Ctrl〉键来选择不相邻的整行或整列。

5.选择整张工作表

当鼠标移至工作表表格区域的左上角时，鼠标会变成"＋"形状，该按钮称作"全选按钮"。欲选择整张工作表，只要单击全选按钮即可。整张工作表被选中后，单元格将全部变成选中状态，如图 2-16 所示。

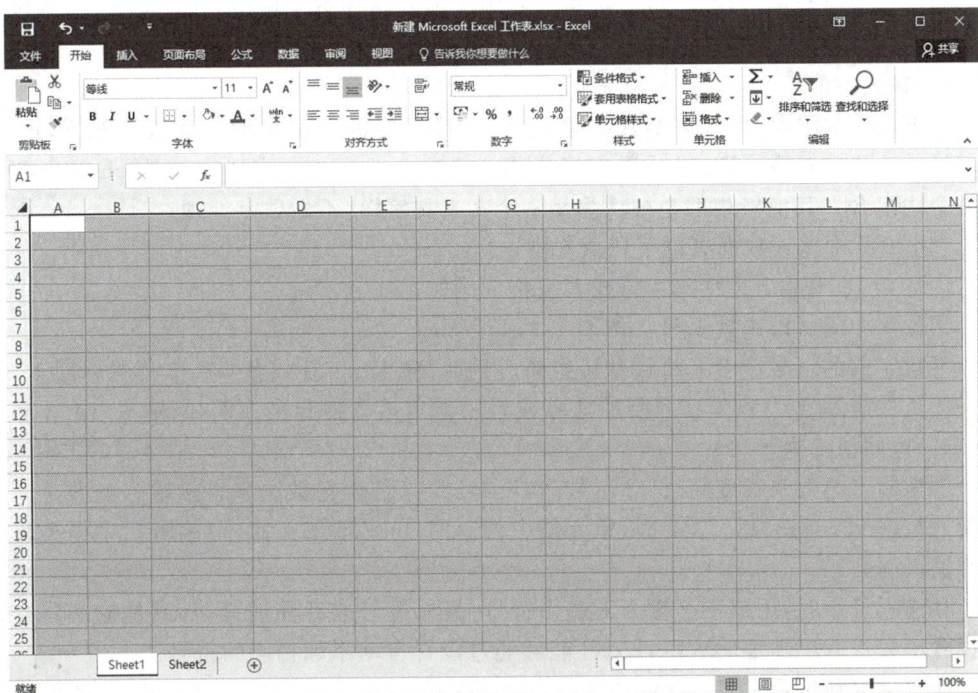

图 2-16　选择整张工作表

2.1.4 数据输入

在单元格中输入数据时,需要选中单元格,再向其中输入数据,所输入的数据会出现在公式栏和单元格中。在 Excel 工作表单元格中可以输入的数据包括文本、数字、日期和公式等。用户可以用以下 3 种方法进行单元格输入:

(1)直接单击单元格,完成选择,然后输入数据,按下〈Enter〉键确认。

(2)用鼠标选定单元格,用鼠标在"编辑栏"中的内容框中单击,并在其中输入数据,单击"输入"按钮 ✔ 或"取消"按钮 ✖ 确认或取消输入。

(3)双击单元格,在单元格内出现了插入书写光标,在特定的位置进行输入,此方法主要用于修改工作。

1. Excel 数据的分类

(1)数值型数据:可以进行运算的数据,包括数字、数值、公式、函数、日期等十多种形式。

(2)正文型数据或字符型数据:不能进行运算的数据,如 HDTYUCXB、"班级"、"张小明"等。

2. 数据的输入

(1)输入文本

Excel 的文本通常是指字符或者任何数字和字符的组合。输入到单元格内的任何字符集,只要不被系统解释成数字、公式、日期、时间或者逻辑值,则 Excel 一律将其视为文本,作为可直接输入数据的内容。在 Excel 中输入文本时,系统默认的对齐方式是单元格内靠左对齐。

在 Excel 中,对于全部由数字组成的字符串,比如:身份证号码、电话号码等,为了避免被系统认为是数值型数据,可通过在这些输入项前添加英文单引号"'"的方法,来区分是"数字字符串"而非数值型数据。

(2)输入数值

在 Excel 工作表中,数值型数据是最常见、最重要的数据类型。默认情况下,Excel 将其沿单元格右对齐。Excel 中数字通常指 0～9、＋、－、＊、/、.、(、)、,、%、E 和 e 等字符的合法组合。其他格式都会被认为是一个文本文字串,不做数字处理。

在 Excel 中输入数据有以下几点规则:

①在 0～9 不能出现特殊字符或者空格。例如 123789 等。

②数字中间可以出现逗号。例如 123,45,789。

③数字前的正号或者 0 将被默认省略。例如,输入＋123 或者 00123 都将返回 123。

④负数表示方法为在数字前加减号或者用半角括号括起来。例如,输入－123 和输入(123)返回值都为－123。

⑤当输入的数字长度超过 12 位数时,Excel 将以科学记数法来表示输入的数字。例如输入数据 987654321012345 时,单元格中将返回 9.87654E＋14,但编辑栏中仍会显示全部输入的数字。

在输入货币时,用户不必输入人民币符号、美元符号或者其他符号,或是输入具有自动设置小数点或尾随零的数字,Excel 能够通过设置自动添加相应的符号。

操作步骤如下:

①单击需要输入数值的单元格或单元格区域,选择"开始"选项卡"字体"组中"字体"

按钮,打开"字体"对话框。

　　②选择"数字"选项卡。如果在单元格中输入的是一般数值,则在"分类"列表中选择
"数值"选项,如图 2-17(a)图所示,在"小数位数"微调框中输入所需的小数位。如果在单
元格中输入的是货币数值,则在"分类"列表中选择"货币"选项,如图 2-17(b)所示,然后
在"货币符号"下拉列表中选择"￥"选项,在"小数位数"微调框中输入所需的小数位。

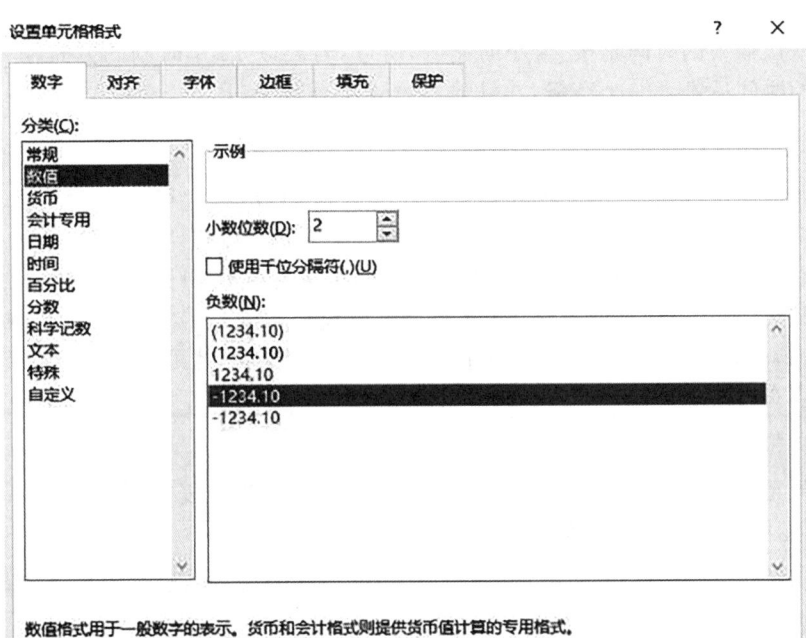

（a）

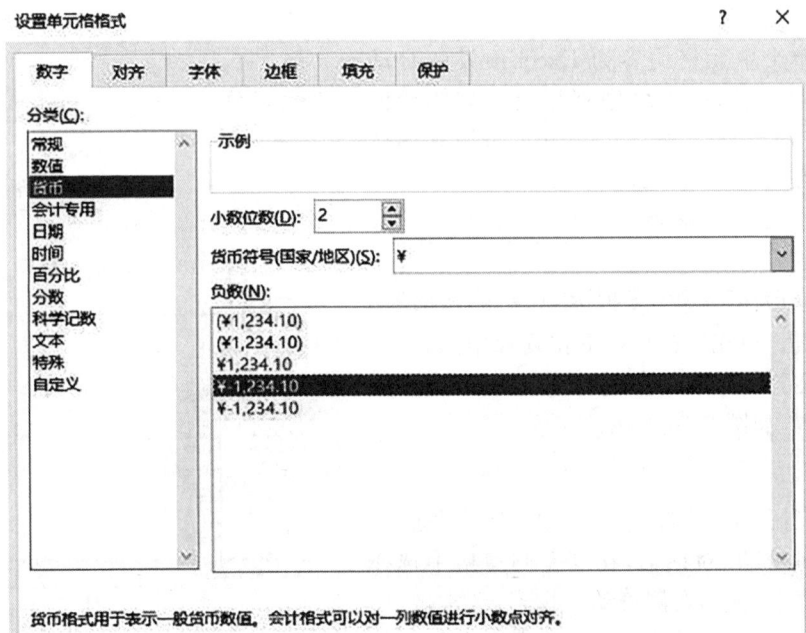

（b）

图 2-17　"数字"选项卡

③单击"确定"按钮,此时在当前单元格区域中输入数值即可。

（3）输入日期和时间

在 Excel 中,当在单元格中输入系统可识别的时间和日期数据时,单元格的格式就会自动转换为相应的"时间"或者"日期"格式,而不需要去设定该单元格为"时间"格式或"日期"格式。输入的日期在单元格内采取右对齐的方式。如果是不能识别的日期,则输入的内容将被视为文本,并在单元格中左对齐。

系统默认输入的时间是按 24 小时制的,所以,若要以 12 小时制的方式输入时间,就要在输入的时间后键入一个空格,并且输入 AM、PM 或 A、P。

2.1.5 数据填充

可以考虑使用数据自动填充功能来输入有规律的数据,它可以方便快捷地输入等差、等比、系统预定义的数据填充序列以及用户自定义的新序列。

自动填充是根据初始值决定以后的填充项,将鼠标点住初始值所在单元格的右下角,鼠标指针变为实心十字形时按下鼠标左键,拖曳至填充的最后一个单元格后松开鼠标,即可完成自动填充。拖曳可以由上往下或由左往右拖动,也可以反方向进行。

自动填充有以下 3 种方式:

1.填充相同的数据

单个单元格内容为纯字符、纯数字或公式时,填充相当于复制数据。选中一个单元格,直接拖曳填充柄向水平或垂直方向拖曳。

2.填充序列数据

如果单个单元格内容为文字数字混合体,填充时文字不变,最右边的数字递增,如初始值为 A1,填充为 A2、A3、…。

如果单个单元格内容为 Excel 预设的自动填充序列中一员,按预设序列填充。如初始值为一月,自动填充二月、三月、…。如果有连续单元格存在等差关系,如 1,3,5,…或 A1,A3,A5,…,则先选中该区域,再自动填充其余的等差值。

用户可选择"开始"选项卡,在功能区的"编辑"组中单击"填充"按钮,在下拉列表中选择"序列"选项,在打开的"序列"对话框进行有关序列选项的设置,如图 2-18 所示。

图 2-18 "序列"对话框

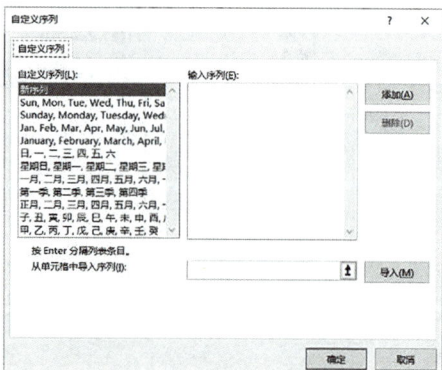

3.填充系统或用户自定义序列数据

通过使用"文件"选项卡,选择"选项"选项,打开"Excel 选项"对话框,在其左侧窗格中选择"高级"选项卡,拖动右侧滚动条找到级"常规"栏中的"编辑自定义列表"按钮并单击。在打开的"自定义序列"对话框中选择添加新序列或修改系统已提供的序列,如图 2-19 所示。

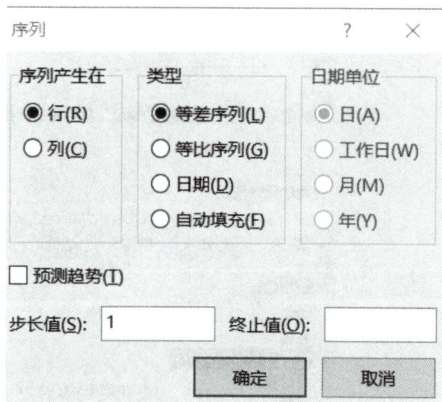

图 2-19 "自定义序列"对话框

2.1.6　单元格编辑

在编辑工作表的过程中需要进行删除和更改单元格内容、移动和复制单元格数据、插入和删除单元格、行和列等操作。除了可以通过功能区的选项卡中相关命令按钮的选择完成单元格的编辑操作外，还可以利用单元格操作快捷菜单完成。对常用的单元格操作，建议使用快捷菜单来完成，该方法效率更高。

操作步骤如下：

（1）选择单元格区域。

（2）鼠标指向单元格区域并单击右键，打开快捷菜单，如图 2-20 所示。

（3）选择相应操作命令选项。

1. 单元格内容的删除、清除和更改

当在单元格中输入错误数据，或者要改变原单元格中的数据时，则需要对数据进行编辑。用户可以方便地删除单元格中的内容，并用新的数据替换原数据，或者对原数据进行一些适当的变动。

（1）删除和清除单元格数据

删除单元格或者单元格区域中数据最简单的方法就是选中单元格或者单元格区域，然后按

图 2-20　单元格操作快捷菜单

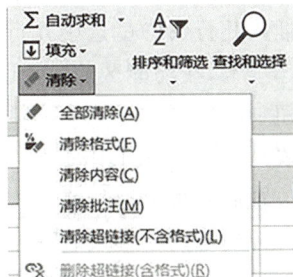

下〈Delete〉键删除。该方法只能删除单元格的数据，而不能删除单元格的格式等其他属性。彻底删除单元格可通过使用"清除"命令来实现。

操作步骤如下：

①选中要清除的单元格或者单元格区域。

②依次选择"开始"选项卡，在功能区的"编辑"组中单击"清除"按钮，如图 2-21 所示。

③在"清除"下拉列表中选择相应的命令即可。

"清除"下拉列表中各项命令的作用如下：

❖"全部清除"命令：彻底清除单元格中的全部内容、格式和批注。

❖"清除格式"命令：删除格式，保留单元格中的数据。

图 2-21　"清除"下拉列表

❖"清除内容"命令：删除单元格中的内容，保留其他的属性。

❖"清除批注"命令：删除单元格附带的注释。

❖"清除超链接（不含格式）"命令：删除单元格附带的超链接。

（2）更改单元格数据

要更改单元格中数据首先需要单击选中要更改数据的单元格，使其处于编辑活动状态，然后输入新的数据，这样单元格中的内容就直接被新输入内容取代了。

若单元格中内容为大量的字符或复杂的公式，而用户只需要更改一部分，可以使用以下两种方法编辑：

①激活单元格，单击公式栏，在公式栏中直接进行编辑。

②双击单元格，或者单击单元格时按下〈F2〉键，在单元格中进行编辑。

2. 单元格的插入和删除

选定单元格或者单元格区域后，用户可以对单元格或者单元格区域进行各种操作，包括在已经输入数据的工作表里插入或者删除行、列和单元格。

（1）插入行、列和单元格

如果需要在已输入数据的工作表中插入一行，可按如下步骤进行：

①选定要插入行的任一单元格，或者单击行标签选择整行。

②选择"开始"选项卡，在功能区的"单元格"组中单击"插入"按钮，打开如图 2-22 所示的下拉列表，选择"插入工作表行"命令，即在当前位置插入一行，原有的行自动下移，或者单击行标签选中整行后，继续在行标签上单击右键，选择"插入"命令，也可以完成插入行操作。

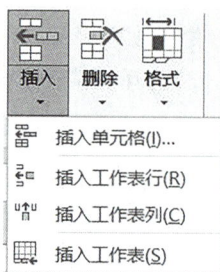

图 2-22 "插入"下拉列表

同样的，如果选择"插入工作表列"命令，可在已输入数据的工作表中输入一列。在当前位置插入一整列后，原有的列自动右移。

在 Excel 中，还可以在工作表中插入多行或多列，只需先选定需插入多行或列的单元格区域，或选定区域所在的所有行标签或列标签，要插入几行（列）就选中几行（列），然后选择"开始"选项卡，在功能区的"单元格"组中单击"插入"按钮，在打开的"插入"下拉列表中选择"插入工作表行"或"插入工作表列"命令，即可在当前区域位置插入多个空行或空列，原来区域所在的所有行或列自动下移或右移。同理，在拖动选中几行（几列）的标签后，继续在任意行标签处单击右键，选择"插入"命令，也可以完成插入多个空行或者空列，如图 2-23 所示。

如果需要在工作表中插入单元格或单元格区域，可按如下步骤进行：

①在要插入单元格的位置选定单元格或单元格区域。

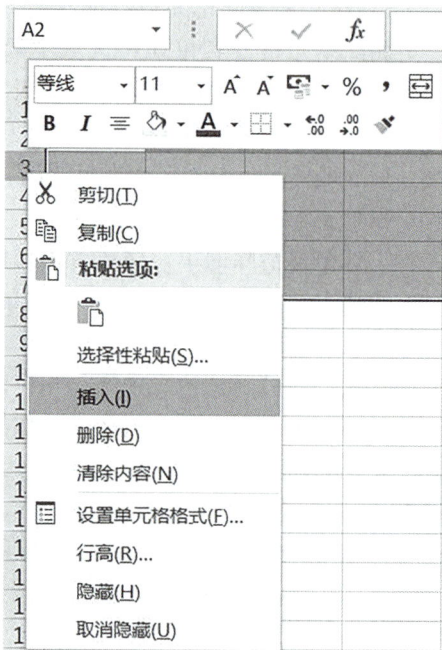

图 2-23 插入多行

②选择"开始"选项卡,在功能区的"单元格"组中单击"插入"按钮,在打开的"插入"下拉列表中选择"插入单元格"命令,打开"插入"对话框。

③在"插入"对话框中有 4 个选项供用户选择,选择需要的选项后,单击"确定"按钮。

❖"活动单元格右移"单选按钮:插入的单元格出现在所选择单元格的左边。

❖"活动单元格下移"单选按钮:插入的单元格出现在所选择单元格的上方。

❖"整行"单选按钮:在选定的单元格上面插入一行,如果选定的是单元格区域,则选定单元格区域包括几行就插入几行。

❖"整列"单选按钮:在选定的单元格左面插入一列,如果选定的是单元格区域,则选定单元格区域包括几列就插入几列。

此外,选定对应的内容后,单击鼠标右键,在弹出的快捷菜单中选择"插入"选项,也可以插入行、列或者单元格。

(2)删除行、列和单元格

当工作表的某些数据及其位置不再需要时,可以将它们删除。这里的删除与按下〈Delete〉键删除单元格或单元格区域的内容不一样,按〈Delete〉键仅清除单元格内容,其空白单元格仍保留在工作表中,而删除行、列、单元格或单元格区域,其内容和单元格将一起从工作表中消失,空的位置由周围的单元格补充。

当需要在当前工作表中删除某行(列)时,单击要删除的某行标签(列标签),选择一整行(列),然后选择"开始"选项卡,在功能区的"单元格"组中单击"删除"按钮,打开如图 2-24 所示的下拉列表,选择"删除工作表行"命令,则被选择的行(列)将从工作表中消失,其下(右)各行(列)自动上(左)移,或者单击行标签(列标签)选中整行(列)后,继续在行标签(列标签)上单击右键,选择"删除"命令,也可以完成同上功能一样的删除行(列)操作。

图 2-24　"删除"下拉列表

在 Excel 中,也可以在工作表中删除多行或多列,只需先选定需删除多行或多列的单元格区域,或选定区域所在的所有行标签或列标签,要删除几行(列)就选中几行(列),然后选择"开始"选项卡,在功能区的"单元格"组中单击"删除"按钮,在打开的"删除"下拉列表中选择"删除工作表行"或"删除工作表列"命令,即可在当前区域位置删除多行或多列,原来区域所在的所有行或列自动上移或左移。同理,在拖动选中几行(几列)的标签后,继续在任意行(列)标签处单击右键,选择"删除"命令,也可以完成同上功能一样的删除多行或者多列。

需要在当前工作表中删除一个单元格或单元格区域时,选择要删除的单元格或单元格区域,选择"开始"选项卡,在功能区的"单元格"组中单击"删除"按钮,在打开的"删除"下拉列表中,选择"删除单元格"命令,弹出"删除"对话框。在"删除"对话框中有 4 个选项供用户选择,如下所示,选择需要的选项后,单击"确定"按钮。

①"右侧单元格左移"单选按钮:选定的单元格或区域右侧已存在的数据将补充到该位置。

②"下方单元格上移"单选按钮:选定的单元格或区域下方已存在的数据将补充到该位置。

③"整行"单选按钮:选定的单元格或区域所在的行被删除。

④"整列"单选按钮:选定的单元格或区域所在的列被删除。

此外,选定要删除单元格的内容后,单击鼠标右键,在弹出的快捷菜单中选择"删除"选项,也可以进行删除操作。

3. 单元格内容的移动、复制和粘贴

移动单元格数据是指将输入在某些单元格中的数据移至其他单元格中;复制单元格或单元格区域数据是指将某个单元格或单元格区域数据复制到指定位置,原位置数据仍然存在。

在 Excel 中,不但可以复制整个单元格,而且还可以复制单元格中的指定内容。例如,可以复制公式的计算结果而不复制公式,或者只复制公式等。用户将内容已复制后,选择"开始"选项卡,在功能区的"剪贴板"组中单击"粘贴"按钮,打开其下拉列表,在其中选择"选择性粘贴"命令,打开如图 2-25 所示"选择性粘贴"对话框设置选择性粘贴方式,也可以通过单击粘贴区域右下角的"粘贴选项"来变换单元格中要粘贴的部分。

图 2-25　"选择性粘贴"对话框

移动或复制单元格或单元格区域数据的方法基本相同。选中单元格数据后,选择"开始"选项卡,在功能区的"剪贴板"组中单击"剪切"按钮或"复制"按钮;然后单击要粘贴数据的位置,选择"开始"选项卡,单击在功能区的"剪贴板"组中的"粘贴"按钮,即可将单元格数据移动或复制至新位置。复制的数据会在粘贴数据下面显示"粘贴选项"按钮,单击该按钮,将会显示粘贴选项列表,如图 2-26 所示,或让用户可选择如何将信息粘贴到文档中。移动的数据下面不显示"粘贴选项"按钮。

图 2-26　"粘贴选项"列表

4. 单元格内容的查找和替换

选择"开始"选项卡,在功能区的"编辑"组中单击"查找和选择"按钮,在打开的下拉列表中的"查找"命令可打开"查找和替换"对话框,单击"选项"命令可进行相应设置,如图 2-27 和图 2-28 所示。

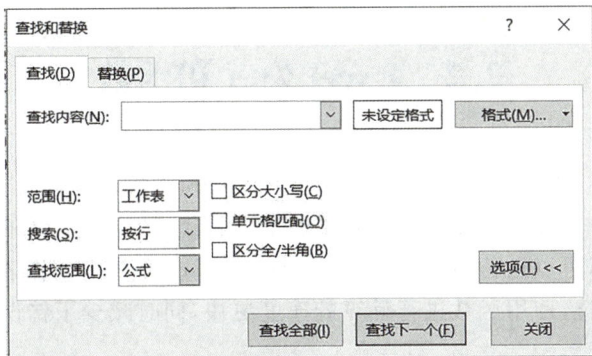

图 2-27　"查找和替换"对话框——查找

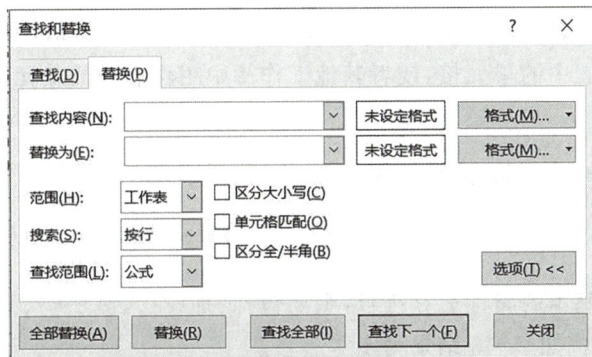

图 2-28　"查找和替换"对话框——替换

"查找"和"替换"所需数据有以下几种方式:

(1)仅查找完整单元格:在"查找和替换"对话框中的"查找"或"替换"选项卡中输入需要查找内容,选中查找单元区域,单击"查找全部"命令,将呈现出指定区域内与查找内容模糊匹配的所有单元格,如果需要精确匹配,单击"选项"命令,选中"单元格匹配"复选框,单击"查找全部"命令,将展示出与查找内容完全一致的所有内容。若选择"查找下一个"命令,则逐个显示查找匹配内容。

(2)查找整张工作表:Excel 的"查找"和"替换"命令可以搜索选定的单元格区域。如果要对整张工作表进行搜索,在使用"查找"或"替换"命令之前,单击工作表上的任意单元格,以取消选定的活动区域。若要在整个工作簿中查找指定内容,选择"范围"下拉列表框下单击"工作簿"选项即可。

(3)检查公式和批注:当查找的字符为常数或公式结果,请在"查找"对话框的"查找范围"下拉列表框中,单击"值"选项。当指定字符包含在公式或单元格批注中,请单击"查找范围"下拉列表框中的"公式"或"批注"。

（4）隐藏特殊字符：如果星号（＊）、脱字号（ˆ）、双引号（""）或反斜线（\）出现在编辑栏而非工作表单元格中，说明这些字符为格式代码。因为这些字符并不是实际的数据，因此不能用"查找"和"替换"命令来查找。如果要隐藏这些字符，单击"文件"选项卡，在左侧窗格中选择"选项"选项，打开"Excel 选项"对话框，选择对话框左侧的"高级"选项，再拖动右侧滚动条选择"Lotus 兼容性"栏，取消"Lotus 1-2-3 常用键"复选框的选中。

2.2　Excel 公式和函数

分析和处理 Excel 工作表中的数据，离不开公式和函数。公式是函数的基础，它是单元格中的一系列值、单元格引用、名称或运算符的组合，可以生成新的值。函数是 Excel 预定义的内置公式，可以进行数学、文本、逻辑的运算或者查找工作表的信息，与直接使用公式进行计算相比，使用函数进行计算的速度更快，同时减少了错误的发生。

2.2.1　公式

公式是工作表中对数据进行分析与计算的等式。使用公式可以对工作表中的数值进行加法、减法、乘法和除法等运算。公式还可以引用同一工作表中的其他单元格、同一工作簿里不同工作表中的单元格，或者其他工作簿中工作表中的单元格。

1. 公式中的运算符

公式中可使用的运算符包括：算数运算符、关系运算符、字符连接运算符和引用运算符。

（1）算数运算符

算数运算符是基本的属性运算符号，主要包括：加（＋）、减（－）、乘（＊）、除（/）、取余（％）和乘方（ˆ）等。例如，7％3 结果为 1。

（2）关系运算符

关系运算符用于比较符号左右两边的数值，返回布尔型，其值只有逻辑真（1 或TRUE）和逻辑假（0 或 FALSE），主要包括：＝、＞、＜、≥（大于等于）、≤（小于等于）、＜＞（不等于）。

（3）字符连接运算符

字符连接运算符 & 可以将两个或多个文本字符串连接起来生成新的文本值，其操作数可以是带引号的文字，也可以是单元格地址。例如，"good"&"bye"，结果为"goodbye"。

（4）引用运算符

引用运算符可以实现单元格区域的合并计算，主要包括：（连续区域引用）、（单个单元格引用）。

2. 公式中的运算顺序

当多个运算符同时出现在公式中时，Excel 对运算符的优先级作了严格规定，算数运算符从高到低分 3 个级别：取余和乘方、乘除、加减。关系运算符优先级相同。其中数学运算符最高，字符运算符次之，最后是关系运算符。优先级相同时，按从左到右的顺序计算。

3. 输入与编辑公式

公式的输入操作类似于输入文字数据，但是输入的公式要以一个等号“＝”作为开始，然后才是公式的表达式。

操作步骤如下：

(1)选定输入公式的单元格。

(2)输入“＝”后输入由各种所需运算符和数据所在单元格地址名称组成的公式。

(3)输入完成后按〈Enter〉键，或者单击编辑栏上的✔按钮结束编辑，完成后单元格的公式内容显示在编辑栏中，计算结果显示在选定的单元格中。如图 2-29 所示为“＝B3＋C3＋D3”，或可以为“＝3A1＋4B1”。

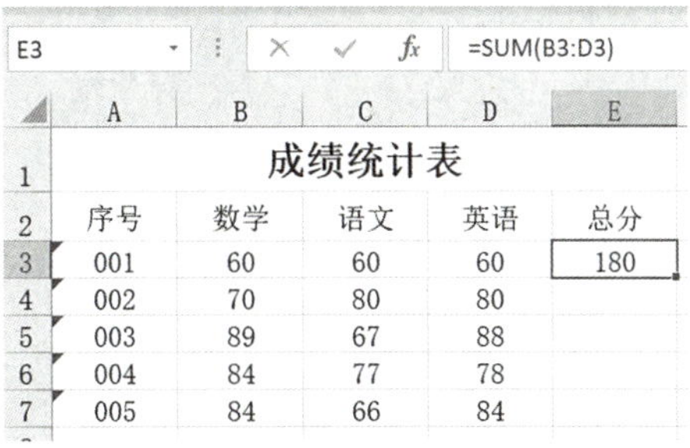
E3　=SUM(B3:D3)

	A	B	C	D	E
1	成绩统计表				
2	序号	数学	语文	英语	总分
3	001	60	60	60	180
4	002	70	80	80	
5	003	89	67	88	
6	004	84	77	78	
7	005	84	66	84	

图 2-29　输入公式进行计算

4. 单元格的引用

引用单元格就是在公式和函数中使用引用来表示单元格数据。引用单元格，可以在一个公式中使用不同的单元格或单元格区域，也可以引用另一个工作表或工作簿中的单元格或单元格区域；或者在多个公式中使用同一个单元格中的数据。根据处理的需求，单元格引用可以分为相对引用、绝对引用和混合引用。

(1)相对引用

相对引用是指公式中的单元格位置将随着公式的位置改变而改变。如图 2-29 所示，在单元格 E3 中使用求和公式“＝B3＋C3＋D3”或如图 2-30 所示，使用公式“＝SUM(B3:D3)”，单击✔按钮或按〈Enter〉键，输出结果 180。

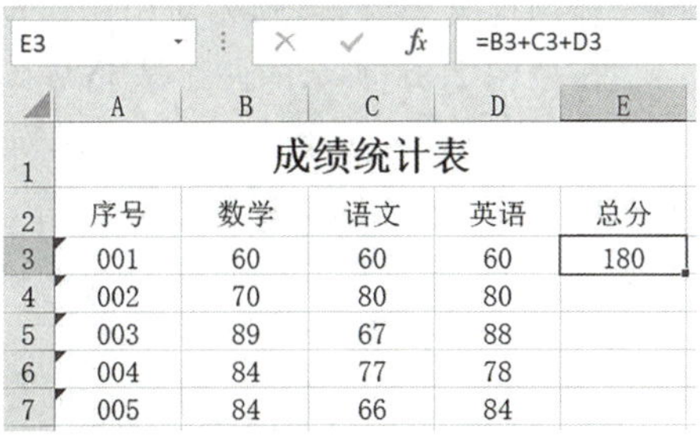
E3　=B3+C3+D3

	A	B	C	D	E
1	成绩统计表				
2	序号	数学	语文	英语	总分
3	001	60	60	60	180
4	002	70	80	80	
5	003	89	67	88	
6	004	84	77	78	
7	005	84	66	84	

图 2-30　公式输入示意图

将 E3 中的公式复制到 E4 中，则单元格 E4 直接显示应用求和公式后的结果 230，此时编辑栏显示“＝B4＋C4＋D4”或“＝SUM(B4:D4)”，如图 2-31 所示。

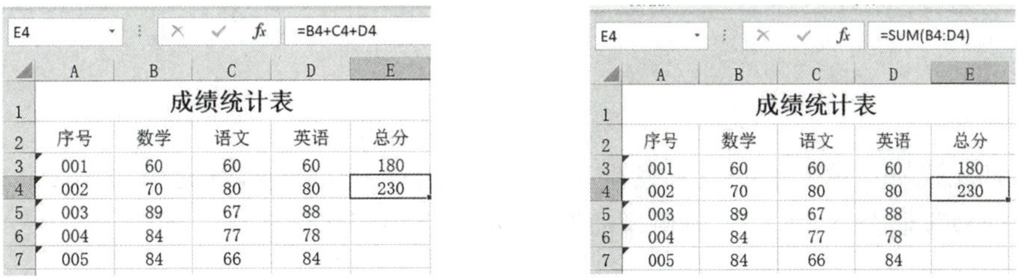
E4　=B4+C4+D4

	A	B	C	D	E
1	成绩统计表				
2	序号	数学	语文	英语	总分
3	001	60	60	60	180
4	002	70	80	80	230
5	003	89	67	88	
6	004	84	77	78	
7	005	84	66	84	

(a)

E4　=SUM(B4:D4)

	A	B	C	D	E
1	成绩统计表				
2	序号	数学	语文	英语	总分
3	001	60	60	60	180
4	002	70	80	80	230
5	003	89	67	88	
6	004	84	77	78	
7	005	84	66	84	

(b)

图 2-31　相对引用示意图

又如将公式“B3＋C5”从 F4 复制到 G7 时，即列相对右移 1 列，行相对下移 3 行，则 G7 单元格的公式为：C6＋D8。

(2)绝对引用

绝对引用是指公式和函数中的单元格位置是固定不变的。使用绝对引用时，无论公式被复制到什么位置,公式的结果固定不变。使用绝对引用时要在单元格的列标和行号前面加上符号"$"。

在图 2-32 中,若单元格 E3 的公式为"＝$B$3＋$C$3＋$D$3",显示结果为 180。将 E3 中的公式复制到 F4 中,单元格 F4 直接显示应用公式后的结果仍为 180,此时编辑栏显示"＝$B$3＋$C$3＋$D$3"。

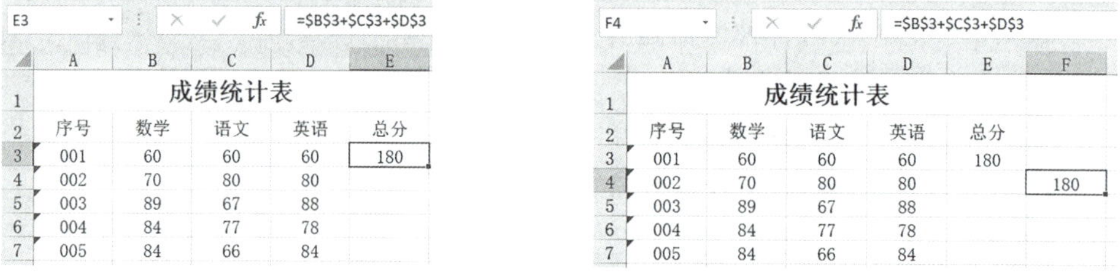

(a)　　　　　　　　　　　　　　(b)

图 2-32　绝对引用示意图

(3)混合引用

混合引用是指在同一个单元格中,既有相对引用又有绝对引用,即混合引用具有绝对列和相对行,或是相对列和绝对行。绝对引用列采用$A1、$B1 等形式表达,绝对引用行采用 A$1、B$1 等形式表达。

如果公式所在单元格的位置发生了变化,则相对引用改变,绝对引用不变。如果多行或多列地复制公式,则相对引用自动调整,绝对引用不作调整。

在如图 2-33 所示的两个表格中,可以看到在单元格 E3 中使用了混合引用。在 E3 的公式使用中,对于单元格 B3 来说列标是绝对引用,行号是相对引用;对于单元格 D3 来说列标是相对引用,行号是绝对引用,当公式被复制到单元格 F4 中引用时,B3 列标保持不变,但行号改变;D3 行号保持不变,但列标改变。

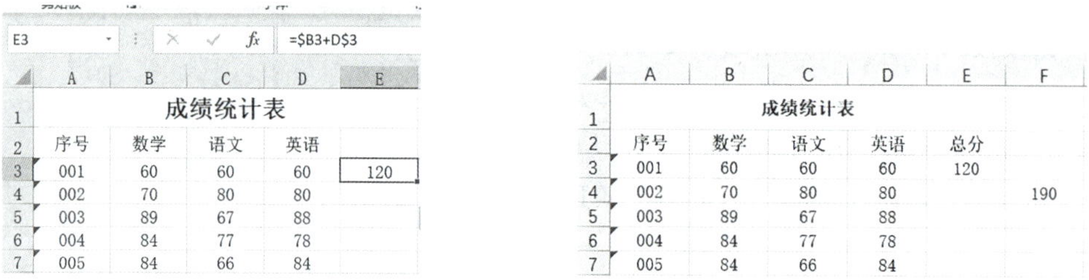

(a)　　　　　　　　　　　　　　(b)

图 2-33　混合引用示意图

如果公式所在单元格的位置发生了变化,则相对引用改变,绝对引用不变。如果多行或多列地复制公式,则相对引用自动调整,绝对引用不作调整。

2.2.2　函数

1.函数的语法

函数是一些预定义的公式,通过使用一些成为参数的特定数值来按特定的顺序或结构执行计算。在 Excel 中,函数是一个已经提供给用户的公式,并且具有一个描述性的总称。Excel 的内部函数包括财务函数、逻辑函数、文本函数、日期和时间函数、查找与引用函数、数学与三角函数、统计函数、数据库函数、查找与引用函数、兼容性函数、工程函数、多维数据集函数和信息函数和 web 函数等,一般形式为:函数名(参数 1,参数 2,…)。

函数的语法与公式的语法一致,使用时需注意以下几点。

(1)函数是一种特殊的公式,因此所有的函数都要以"="开始。

(2)函数与公式不同。公式是在工作表中对数据进行分析处理的等式,可以引用同一工作表中的其他单元格、同一工作簿中不同工作表中的单元格,以及其他工作簿中工作表中的单元格。函数是预定义的内置公式,使用被称为参数的特定数值,并且按照被称为语法的特定顺序进行计算。

(3)函数名与括号之间没有空格,括号要紧跟在函数之后,参数之间要用逗号隔开,逗号和参数之间也不要插入空格或者其他字符。

(4)每一个函数都包含一个语法行。

(5)如果一个函数的参数行后面跟有省略号(……),表明可以使用多个该种数据类型的参数。

(6)名称后带有一组空格号的函数不需要任何参数,但是使用时必须带括号,以使 Excel 能够识别。

2.输入函数

输入函数有以下几种方法。

(1)公式记忆式插入

①在单元格中输入"="和函数的开始字母,将在单元格下方显示包含该字母开头的所有有效函数的动态下拉列表。注意此处录入字母时应采用英文输入法。

②从下拉列表中双击选择所需函数即可将函数插入到单元格中。如:

=SUM(A1:B6)

=WEEKDAY(B3:B23,2)

(2)使用"函数库"功能组

①选择"公式"选项卡,在功能区的"函数库"组中单击"插入函数"按钮,打开"插入函数"对话框,如图 2-34 所示。

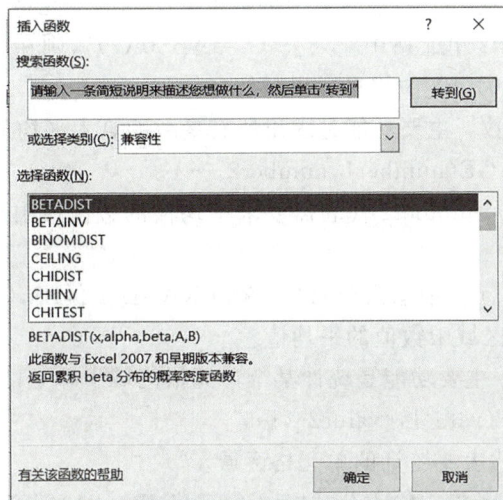

图 2-34　"插入函数"对话框

②选择函数,单击"确定"按钮后进入"函数参数"提示框,如图 2-35 所示。

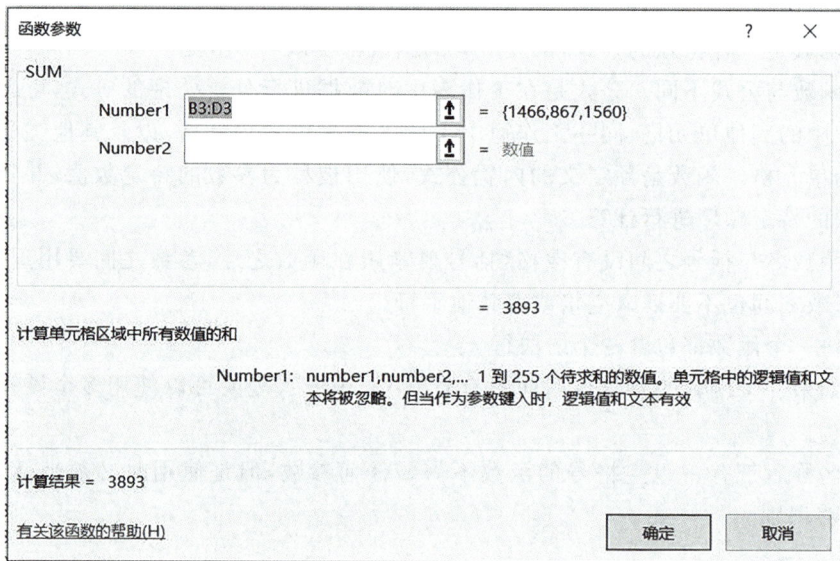

图 2-35　函数参数提示框

③输入或选择函数的参数。

④单击"确定"按钮

(3)使用工具栏中的按钮。

①单击"编辑"组中的"插入函数"按钮 fx,打开"插入函数"对话框。

②后续操作方法同(2)步骤一致。

3. 常用函数

(1)ABS 函数。主要功能是求出相应数字的绝对值。

使用格式:ABS(number)

参数说明:number 代表需要求绝对值的数值或引用的单元格。

应用举例:如果在 B2 单元格中输入公式"=ABS(A2)",则在 A2 单元格中无论输入正数(10)还是负数(−10),B2 中均显示出正数(10)。

(2)AVERAGE 函数。主要功能是求出所有参数的算术平均值。

使用格式:AVERAGE(number1,number2,…)

参数说明:number1,number2 代表需要求平均值的数值或引用单元格(区域),参数不超过 30 个。

应用举例:在 B9 单元格中输入公式"=AVERAGE(B1:B8,C1:C8)",确认后,即求出 B1:B8 区域、C1:C8 区域中数值的平均值。

(3)COUNT 函数。主要功能是统计某个单元格区域中单元格数目。

使用格式:COUNT(value1,[value2],…)

参数说明:Value1 代表要统计的单元格区域。

应用举例:在 C7 单元格中输入公式"=COUNT(B3:B13)",确认后,即可统计出 B3~B13 单元格区域中单元格数目为 11。

(4)COUNTIF 函数。主要功能是统计某个单元格区域中符合指定条件的单元格数目。

使用格式：COUNTIF(Range,Criteria)

参数说明：Range 代表要统计的单元格区域；Criteria 表示指定的条件表达式。

应用举例：在 C7 单元格中输入公式"=COUNTIF(B3:B13,">=1300")"，确认后，即可统计出 B3～B13 单元格区域中，数值大于等于 1300 的单元格数目。

(5)COUNTIFS 函数。主要功能是统计某个单元格区域中符合多个指定条件的单元格数。

使用格式：COUNTIFS(Rangel,Criterial,Rangea2,Criterin2)

参数说明：Range 代表要统计的单元格区域；Criteria 表示指定的条件表达式。

应用举例：在 C7 单元格中输入公式"=COUNTIFS(B3:B13,">=1300",B3:B13,"<=1900")"，确认后即可统计出 B3:B13 之间有多少个单元格满足数值大小在 1300～1900(不包括 1300 和 1900)。

(6)DATE 函数。主要功能是给出指定数值的日期。

使用格式：DATE(year,month,day)

参数说明：year 为指定的年份数值(小于 9999)；month 为指定的月份数值；day 为指定的天数。

应用举例：在 C7 单元格中输入公式"=DATE(2020,12,13)"，确认后，显示出 2020-12-13。

(7)DAY 函数。主要功能是求出指定日期或引用单元格中的日期的天数。

使用格式：DAY(Serial_number)

参数说明：serial_number 代表指定的日期或引用的单元格。

应用举例：输入公式"=DAY(2020-12-13)"，确认后，显示出 13。

(8)IF 函数。主要功能是根据对指定条件逻辑判断的真假结果，返回相对应的内容。

使用格式：=IF(Logical,[Value_if_true],[Value_if_false])

参数说明：Logical 代表逻辑判断表达式；Value_if_true 表示当判断条件为逻辑"真(TRUE)"时的显示内容，如果忽略返回"TRUE"；Value_if_false 表示当判断条件为逻辑"假(FALSE)"时的显示内容，如果忽略返回"FALSE"。

应用举例：在 C7 单元格中输入公式"=IF(B7>=1800"，"符合要求"，"不符合要求")确认以后，如果 B7 单元格中的数值大于或等于 1800，则 C7 单元格显示"符合要求"字样，反之返回"不符合要求"。

(9)INT 函数。主要功能是将数值向下取整为最接近的整数。

使用格式：INT(number)

参数说明：number 表示需要取整的数值或包含数值的引用单元格。

应用举例：输入公式"=INT(13.19)"，确认后显示出 13。

(10)LEFT 函数。主要功能是从一个文本字符串的第一个字符开始，截取指定数目的字符。

使用格式：LEFT(text,[num_chars])

参数说明：text 代表要截字符的字符串；num_chars 代表给定的截取数目。

应用举例：假定 A7 单元格中保存了"goodbye"字符串，在 C7 单元格中输入公式"=

LEFT(A7,4)",确认后即显示出"good"的字符串。

（11）LEN函数。主要功能是统计文本字符串中的字符数目。

使用格式：LEN(text)

参数说明：text表示要统计的文本字符串。

应用举例：假定A7单元格中保存了"goodbye"的字符串，在C7单元格中输入公式"＝LEN(A7)"，确认后显示出统计结果"7"。

（12）MAX函数。主要功能是求出一组数中的最大值。

使用格式：MAX(number1,[number2],…)

参数说明：number1,number2,…代表需要求最大值的数值或引用单元格（区域）参数个数不超过30个。

应用举例：输入公式"＝MAX(B3:C13,9,19)"，确认后即可显示出B3:C13单元格区域数值和9,19中的最大值。

（13）MID函数。主要功能是从一个文本字符串的指定位置开始，截取指定数目的字符。

使用格式：MID(text,start_num,num_chars)

参数说明：text代表一个文本字符串；startnum表示指定的起始位置；num_chars代表要截取的数目。

应用举例：假定A7单元格中保存了"goodbye"字符串，在C7单元格中输入公式MID(A7,5,2)"，确认后显示出"by"的字符串。

（14）MIN函数。主要功能是求出一组数中的最小值。

使用格式 MIN(number1,[number2],…)

参数说明：number1,number2,…代表需要求最小值的数值或引用单元格（区域）。参数不超过30个。

应用举例：输入公式"＝MIN(B3:C13,9,19)"，确认后即可显示出B3:C13单元格区域数值和9,19中的最小值。

（15）MONTH函数。主要功能是求出指定日期或引用单元格中日期的月份。

使用格式：MONTH(serial_number)

参数说明：serial_number代表指定的日期或引用的单元格。

应用举例：输入公式"＝MONTH(2020-12-13)"，确认后，显示出12。

（16）NOW函数。主要功能是给出当前系统日期和时间。

使用格式：NOW()

参数说明：该函数不需要参数。

应用举例：输入公式"＝NOW()"，确认后即可显示当前系统的日期和时间。如果系统时间发生了改变，单击F9功能键，即可让其随之改变。

（17）RANK函数。主要功能是返回某一数值在一列数值中相对于其他数值的排名。

使用格式：RANK(Number,ref,[order])

参数说明：Number代表需要排序的数值；ref代表排序数值所处的单元格区域；order代表排序方式（如果为"0"或者忽略，则按降序排列，即数值越大排名结果数值越小；如果为非"0"值，则按升序排名，即数值越大排名结果数值越大）。

应用举例：如在C3单元格中输入公式"＝RANK(B3,$B$3:$B$13,0)"，确认后即可得出 B3 单元格中的值在 B3:B13 单元格区域中的降序排名结果。

(18)RIGHT 函数。主要功能是从一个文本字符串的最后一个字符开始,截取指定数目的字符。

使用格式:RIGHT(text,[num_chars])

参数说明:text 代表要截字符的字符串;num-chars 代表指定的截取数目。

应用举例:假定 A7 单元格中保存了"goodbye"字符串,在 C7 单元格中输入公式"＝RIGHT(A7,3)",确认后即显示出"bye"的字符串。

(19)SUM 函数。主要功能是计算所有参数值的和。

使用格式:SUM(Number1,Number2,…)

参数说明:Number1,Number2,…代表需要计算的值,可以是具体的数值、引用的单元格(区域)、逻辑值等。

应用举例:SUM(B3:B13)是将单元格 B3:B13 中的所有数值相加;SUM(B3:B13,B19)是将单元格 B3～B13 和 B19 中的数值相加。

(20)SUMIF 函数。主要功能是计算符合指定条件的单元格区域内的数值和。

使用格式:SUMIF(Range,Criteria,[Sum_Range])

参数说明:Range 代表条件判断的单元格区域;Criteria 为指定条件表达式;Sum-Range 代表需要计算的数值所在的单元格区域。

应用举例:使用公式"＝SUMIF(B3:B13,"彩电",D3:D13)"时,该函数仅对单元格区域 B3:B13 中值为"彩电"的选项对应单元格区域 D3:D13 中的数值求和。

(21)TODAY 函数。主要功能是计算并返回系统日期。

使用格式:TODAY()

参数说明:该函数不需要参数。

应用举例:输入公式"＝TODAY()",确认后即可显示出系统的日期和时间。如果系统的日期和时间发生了改变,按键盘 F9 功能键可让时间随之改变。

(22)VLOOKUP 函数。主要功能是在数据表的首列查找指定的数值,并由此返回数据表当前行中指定列处的数值。

使用格式:VLOOKUP(lookup_value,table_array,col_index_num,[range_lookup])

参数说明:lookup_value 代表需要查找的数值;table_array 代表需要查找的单元格;col_index_num 为在 tablearray 区域中待返回的匹配值的列序号(当 col_index_num 为 2 时,返回 table_array 第 2 列中的数值;为 3 时,返回第 3 列的值;…);range_lookup 是一个逻辑值,如果为 TRUE 或省略,则返回近似匹配值,也就是说,如果找不到精确匹配值,则返回小于 lookup_value 的最大数值;如果为 FALSE,则返回精确匹配值,如果找不到,则返回错误值♯N/A。

(23)WEEKDAY 函数。主要功能是计算并返回指定日期对应的星期数。

使用格式:WEEKDAY(serial_number,[return_type])

参数说明:serial_number 代表指定的日期或引用含有日期的单元格;return_type 代表星期的表示方式,当 Sunday(星期日)为 1、Saturday(星期六)为 7 时,该参数为 1;当 Monday(星期一)为 1、Sunday(星期日)为 7 时,该参数为 2(这种情况符合中国人习惯);当 Monday(星期一)为 0、Sunday(星期日)为 6 时,该参数为 3。

应用举例:输入公式"＝WEEKDAY(TODAY( ),2)",确认后即给出系统日期的星期数。

4.使用公式和函数处理数据

在图 2-36 所示的学生成绩表中使用公式(函数)分别计算出总成绩、平均成绩、单科最高分、单科最低分、名次等结果。

	A	B	C	D	E	F	G	H	I	J	K	L
1	序号	学号	姓名	班级	数学	英语	计算机	语文	总分	平均分	排名	备注
2	001	09120101	杜雷	一班	67	90	60	78				
3	002	09120102	庞娟	一班	76	87	87	80				
4	003	09120103	廖红	一班	89	88	78	67				
5	004	09120104	李成儒	一班	84	78	67	77				
6	005	09120105	刘锦华	一班	84	84	75	66				
7	006	09120106	董洁	一班	67	93	78	89				
8	007	09120107	邓旭飞	一班	90	66	43	91				
9	008	09120201	吴玉莲	二班	66	77	49	87				
10	009	09120202	余志伟	二班	89	95	81	91				
11	010	09120203	吴启华	二班	93	97	80	88				
12	011	09120204	李明浩	二班	78	83	67	86				
13	012	09120205	张峰	二班	75	90	77	88				
14	013	09120206	刘昊	二班	60	45.5	89	37				
15	014	09120207	王嘉	二班	87	85	84	88				
16	015	09120208	李新江	二班	78	94	84	67				
17	016	09120301	郭晓英	三班	67	69	67	78				
18	017	09120302	刘晓芬	三班	75	45	97	35				
19	018	09120303	王金科	三班	67	90	83	78				
20	019	09120304	李东慧	三班	45	56	90	43				
21	020	09120305	张宁	三班	34	53	89	49				
22			最高分									
23			最低分									

图 2-36 学生成绩表

(1)利用公式求总成绩

操作步骤如下:

①选择需要输入公式的单元格 I2。

②在编辑栏单击"插入函数"按钮 fx ,弹出"插入函数"对话框,选择"常用函数"类别,选择用 SUM 函数求和,如图 2-37 所示。

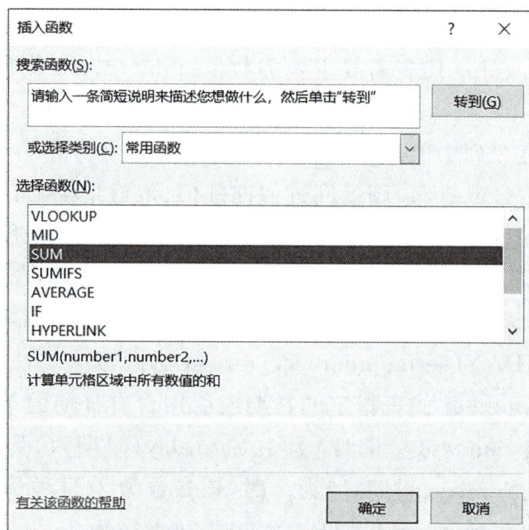

图 2-37 "插入函数"对话框

③选择函数,单击"确定"按钮后进入"函数参数"提示框,输入或选择函数的参数。如图 2-38 所示。

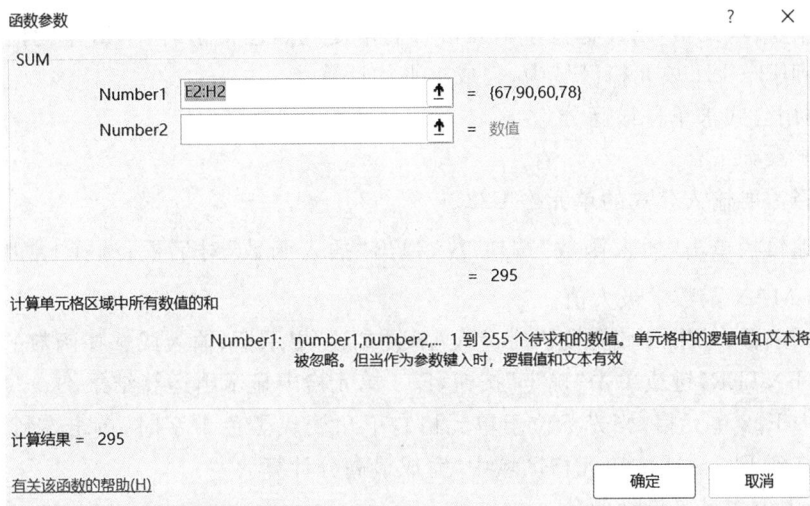

图 2-38　设置 SUM 函数参数

④按〈ENTER〉键或单击"确定"按钮,I2 单元格中显示出运算结果。

⑤选中 I2 单元格,当光标位于单元格右下角变成黑色十字时,单击左键拖动鼠标将公式填充到 I3～I21 单元格区域中,完成求和计算。计算结果如图 2-39 所示。

	A	B	C	D	E	F	G	H	I	J	K	L
1	序号	学号	姓名	班级	数学	英语	计算机	语文	总分	平均分	排名	备注
2	001	09120101	杜雷	一班	67	90	60	78	295			
3	002	09120102	庞娟	一班	76	87	87	80	330			
4	003	09120103	廖红	一班	89	88	78	67	322			
5	004	09120104	李成儒	一班	84	78	67	77	306			
6	005	09120105	刘锦华	一班	84	84	75	66	309			
7	006	09120106	董洁	一班	67	93	78	89	327			
8	007	09120107	邓旭飞	一班	90	66	43	91	290			
9	008	09120201	吴玉莲	二班	66	77	49	87	279			
10	009	09120202	余志伟	二班	89	95	81	91	356			
11	010	09120203	吴启华	二班	93	97	80	88	358			
12	011	09120204	李明浩	二班	78	83	67	86	314			
13	012	09120205	张峰	二班	75	90	77	88	330			
14	013	09120206	刘昊	二班	60	50	89	37	236			
15	014	09120207	王嘉	二班	87	85	84	88	344			
16	015	09120208	李新江	二班	78	94	84	67	323			
17	016	09120301	郭海英	三班	67	69	67	78	281			
18	017	09120302	刘晓芬	三班	75	45	97	35	252			
19	018	09120303	王金科	三班	67	90	83	78	318			
20	019	09120304	李东慧	三班	45	56	90	43	234			
21	020	09120305	张宁	三班	34	53	89	49	225			
22				最高分								
23				最低分								

图 2-39　运算结果

(2)利用公式求平均成绩

操作步骤如下:

①选择需要输入公式的单元格 J2。

②在编辑栏单击"插入函数"按钮 fx,弹出"插入函数"对话框,选择"常用函数"类

别,选择用 AVERAGE 函数求平均值。

③选择函数,单击"确定"按钮后进入"函数参数"提示框,输入或选择函数的参数。

④按〈ENTER〉键或单击"确定"按钮,I2 单元格中显示出运算结果。

⑤选中 J2 单元格,当光标位于单元格右下角变成黑色十字时,单击左键拖动鼠标将公式填充到 J3～J21 单元格区域中,完成求平均计算。

（3）利用公式求单科最高分

操作步骤如下:

①选择需要输入公式的单元格 E22。

②在编辑栏单击"插入函数"按钮 fx,弹出"插入函数"对话框,选择"常用函数"类别,选择用 MAX 函数求最大值。

③选择函数,单击"确定"按钮后进入"函数参数"提示框,输入或选择函数的参数。

④按〈ENTER〉键或单击"确定"按钮,E22 单元格中显示出运算结果。

⑤选中 E22 单元格,当光标位于单元格右下角变成黑色十字时,单击左键拖动鼠标将公式填充到 F22～H22 单元格区域中,完成最高分计算。

（4）利用公式求单科最低分

操作步骤如下:

①选择需要输入公式的单元格 E23。

②在编辑栏单击"插入函数"按钮 fx,弹出"插入函数"对话框,选择"常用函数"类别,选择用 MIN 函数求最小值。

③选择函数,单击"确定"按钮后进入"函数参数"提示框,输入或选择函数的参数,注意此处默认参数不符合题意,需手动选择 E2～E21 区域。

④按〈ENTER〉键或单击"确定"按钮,E23 单元格中显示出运算结果。

⑤选中 E22 单元格,当光标位于单元格右下角变成黑色十字时,单击左键拖动鼠标将公式填充到 F23～H23 单元格区域中,完成最低分计算。

（5）利用 RANK 函数计算每位学生在班级中的名次（按总成绩降序排名）。

操作步骤如下:

①选择需要输入公式的单元格 K2。

②在编辑栏单击"插入函数"按钮 fx,弹出"插入函数"对话框,在"搜索函数"框内输入 RANK,单击"转到",选择符合题目要求的 RANK 函数,如图 2-40 所示,单击"确定"后弹出 RANK 函数的"函数参数"对话框。

③设置"函数参数",输入并选择函数的参数,对 Ref 区设置绝对引用,

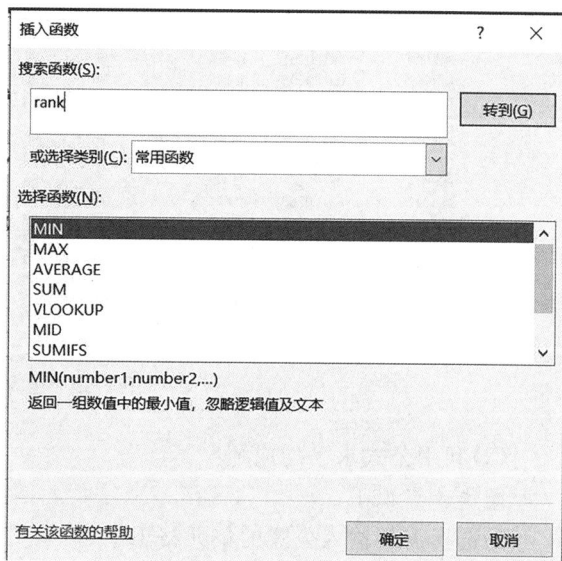

图 2-40　搜索 RANK 函数

Order 降序设置为空或 0。如图 2-41 所示。

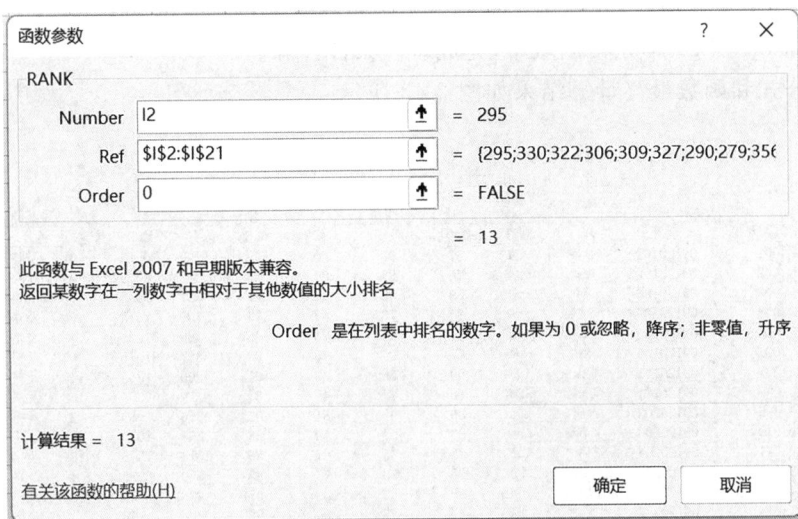

图 2-41　设置 RANK 函数参数

④按〈ENTER〉键或单击"确定"按钮，K2 单元格中显示出运算结果。

⑤选中 K2 单元格，当光标位于单元格右下角变成黑色十字时，单击左键拖动鼠标将公式填充到 K3～K21 单元格区域中，完成名次计算。

（6）利用 IF 函数在备注区根据条件返回适当值（平均分大于或等于 60 分，返回"及格"，反之返回"不及格"）。

操作步骤如下：

①选择需要输入公式的单元格 L2。

②在编辑栏单击"插入函数"按钮 fx，弹出"插入函数"对话框，选择"常用函数"类别，选择用 IF 函数。

③选择函数，单击"确定"按钮后进入"函数参数"提示框，设置函数的参数值，如图 2-42 所示。

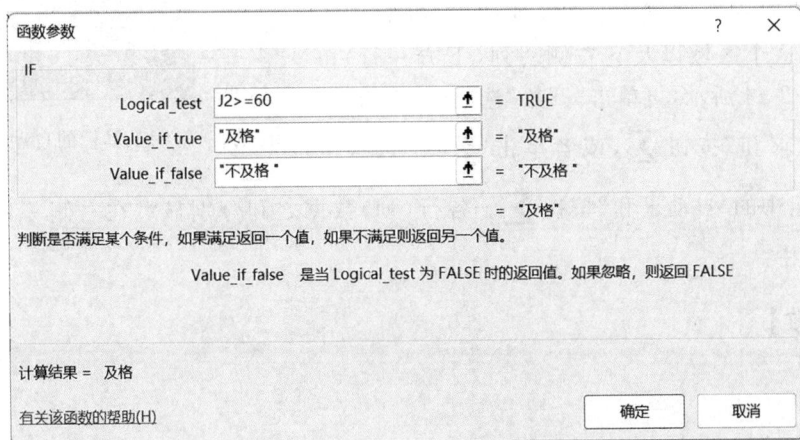

图 2-42　设置 IF 函数参数

④按〈ENTER〉键或单击"确定"按钮,L2单元格中显示出运算结果。

⑤选中L2单元格,当光标位于单元格右下角变成黑色十字时,单击左键拖动鼠标将公式填充到L3~L21单元格区域中,完成备注条件计算。

所有公式和函数最终计算结果如图2-43所示。

	A	B	C	D	E	F	G	H	I	J	K	L
L2				fx	=IF(J2>=60,"及格","不及格 ")							
1	序号	学号	姓名	班级	数学	英语	计算机	语文	总分	平均分	排名	备注
2	001	09120101	杜雷	一班	67	90	60	78	295	73.75	13	及格
3	002	09120102	庞娟	一班	76	87	87	80	330	82.5	4	及格
4	003	09120103	廖红	一班	89	88	78	67	322	80.5	8	及格
5	004	09120104	李成儒	一班	84	78	67	77	306	76.5	12	及格
6	005	09120105	刘锦华	一班	84	84	75	66	309	77.25	11	及格
7	006	09120106	董洁	一班	67	93	78	89	327	81.75	6	及格
8	007	09120107	邓旭飞	一班	90	66	43	91	290	72.5	14	及格
9	008	09120201	吴玉莲	二班	66	77	49	87	279	69.75	16	及格
10	009	09120202	余志伟	二班	89	95	81	91	356	89	2	及格
11	010	09120203	吴启华	二班	93	97	80	88	358	89.5	1	及格
12	011	09120204	李明浩	二班	78	83	67	86	314	78.5	10	及格
13	012	09120205	张峰	二班	75	90	77	88	330	82.5	4	及格
14	013	09120206	刘昊	二班	60	50	89	37	236	59	18	不及格
15	014	09120207	王嘉	二班	87	85	84	88	344	86	3	及格
16	015	09120208	李新江	二班	78	94	84	67	323	80.75	7	及格
17	016	09120301	郭海英	三班	67	69	67	78	281	70.25	15	及格
18	017	09120302	刘晓芬	三班	75	45	97	35	252	63	17	及格
19	018	09120303	王金科	三班	67	90	83	78	318	79.5	9	及格
20	019	09120304	李东慧	三班	45	56	90	43	234	58.5	19	不及格
21	020	09120305	张宁	三班	34	53	89	49	225	56.25	20	不及格
22				最高分	93	97	97	91				
23				最低分	34	45	43	35				

图2-43　最终计算结果

2.2.3　自动计算功能

Excel提供自动计算功能,利用它可以自动计算选定单元格的总和、平均值、最大值等。其默认计算为求总和。

求和是Excel中最常用的函数之一,Excel提供了一种自动求和功能,可以快捷地输入SUM函数。

如果要对一个区域中各行(各列)数据分别求和,可选择这个区域以及它右侧一列(下方一行)单元格,如图2-44所示,再单击"开始"选项卡"编辑"组中的"自动求和"按钮 ∑,或者单击"公式"选项卡

	A	B	C	D	E
1		成绩统计表			
2	序号	数学	语文	英语	
3	001	60	60	60	
4	002	70	80	80	
5	003	89	67	88	
6	004	84	77	78	
7	005	84	66	84	
8	006	67	69	67	
9	007	75	45	97	
10	008	67	90	83	
11	009	45	56	90	
12	010	34	53	89	

图2-44　常用工具栏的自动求和功能

"函数库"组中的"自动求和"按钮 ∑。各行(列)数据之和分别显示在右侧一列(下方一行)单元格中。

【课外思政】

感动中国的女排精神

中国女排的每一次夺冠,无不是因为她们团结合作,同舟共济。下面是她们团结夺冠的事例:

1981 年首夺世界杯

1981 年中国女排以亚洲冠军的身份,参加了在日本举行的第三届世界杯女子排球赛。比赛采用单循环制,经过了 7 轮 28 场激烈的比赛,1981 年 11 月 16 日,中国队以 7 战全胜的成绩首次夺得世界杯赛冠军。袁伟民获"最佳教练奖",孙晋芳获"最佳运动员奖""最佳二传手奖""优秀运动员奖",郎平获"优秀运动员奖"。

1982 年秘鲁世锦赛再度登顶

带着一场败绩进入复赛,形势十分严峻。主教练袁伟民果断起用年轻队员梁艳、郑美珠,替下周晓兰、陈招娣,结果以 3 比 0 轻取古巴,赢得了扭转战局的关键一役。此后中国女排又以 3 比 0 战胜苏联队,杀入四强,并最终在与东道主秘鲁队的冠亚军决战中以 3 比 0 完胜,获得本届世锦赛冠军。

1984 年折桂洛杉矶

8 月 3 日预赛最后一场对美国队的比赛中,中国队以 1 比 3 失利。半决赛中国队以 3 比 0 轻取日本后,8 月 8 日的中美决战,中国女排以 3 比 0 完胜对手,取得了"三连冠"。

1985 年再夺世界杯

在这次世界大赛中,中古之战是世人瞩目的焦点。赛前双方均以 3 比 0 击败了实力雄厚的苏联队,最后中国女排以 3 比 1 获胜。邓若曾获"优秀教练员奖";郎平获"最佳选手奖"及"优秀选手奖";杨锡兰获"最佳二传奖"及"优秀选手奖";郑美珠获"优秀选手奖"。

1986 年荣膺五连冠

当年 9 月,在捷克斯洛伐克举行的第十届世界女排锦标赛上,中国队在极为困难的情形之下出征,克服了重重困难,最终以 8 战 8 胜的出色战绩,蝉联冠军,成为世界排球史上第一支获得"五连冠"的队伍。在本届锦标赛上,张蓉芳获得"最佳教练员奖",杨锡兰获得"最佳运动员奖"和"最佳二传手奖",杨晓君获得"最佳一传奖"。

2004 年雅典奥运会

在 2004 年雅典奥运会上,中国女排在先失 2 局的情况下重新找回了勇气和士气,完全将局势扭转,最终在决胜局击溃了俄罗斯女排。赛后双方的感情对比非常明显,中国女排放声大哭为艰难获得冠军而庆祝,而痛失好局的俄罗斯女排只有默默哭泣。

(资料来源:http://tc.wangchao.net.cn/zhidao/detail_2355899.html,2022-8-03)

2.3　习　题

一、单选题

(1)用相对地址引用的单元在公式复制中目标公式会　　　　　　　　　　(　　)

　　A.列地址变化　　　　B.不变　　　　　　C.变化　　　　　　　　D.行地址变化

(2)Excel 工作表中,单元格 A1、A2、B1、B2 的数据分别是 11、12、13、"x",函数 SUM(A1:A2)的值是　　　　　　　　　　　　　　　　　　　　　　　　　(　　)

　　A.20　　　　　　　　B.18　　　　　　　C.0　　　　　　　　　　D.23

(3)Excel 工作表中,单元格 A1、A2、B1、B2 的数据分别是 5、6、7、"AA",函数

AVERAGE(A1:B2)的值是 （　）

A. 3 　　　　B. 5 　　　　C. 4 　　　　D. 7

(4)Excel 工作表中,单元格 A1、A2、B1、B2 的数据分别是 5、6、7、"AA",函数 COUNT(A1:B2)的值是 （　）

A. 3 　　　　B. 5 　　　　C. 4 　　　　D. 7

(5)Excel 工作表中,单元格 A1、A2、B1、B2 的数据分别是 5、6、7、"AA",函数 SUM (A1:B2)的值是 （　）

A. 3 　　　　B. 5 　　　　C. ♯ERF 　　　　D. 18

(6)Excel 函数 MIN(5,0,"BBB",10,28)的值是 （　）

A. 5 　　　　B. 0 　　　　C. BBB 　　　　D. 28

(7)Excel 函数的参数可以有多个,相邻参数之间可用的分隔号是 （　）

A. 空格 　　　　B. 逗号 　　　　C. 分号 　　　　D. /

(8)Excel 应用程序中,以下关于公式在复制过程中的变化情况,正确的说法是 （　）

A. 公式引用的相对地址相应地发生改变,其结果将改变

B. 公式引用的相对地址相应地发生改变,其结果不变

C. 公式引用的绝对地址相应地发生改变,其结果将改变

D. 公式在复制过程中,其引用的所有数据也相应地改变,其结果也改变

(9)Excel 中,已知 A1 中有公式"=D2∗$E3",在 D 列和 E 列之间插入一空列,在第 2 行和第 3 行之间插入一空行,则 A1 的公式调整为 （　）

A. D2∗$F4 　　　　B. D2∗$E3 　　　　C. D3∗$F4 　　　　D. 都不对!

(10)Excel 中,在一个单元格中输入一个公式时,应先输入 （　）

A. ＜ 　　　　B. = 　　　　C. ＞ 　　　　D. √

二、判断题

(1)若要按照多个条件对数据进行排序,采用的排序方法是高级排序。 （　）

(2)在 Excel 中,对数据列表分类汇总之前,必须进行数据筛选操作。 （　）

(3)用相对地址引用的单元在公式复制中目标公式会改变。 （　）

(4)Excel 中比较运算符公式返回的计算结果为 TRUE 或 FALSE。 （　）

(5)在 Excel 工作表中,若要选择一个工作的所有单元格,应单击表标签。 （　）

三、填空题

(1)Excel 单元格中输入数值型数据,默认的对齐方式是_____。

(2)Excel 2016 工作簿文件的扩展名是_____。

(3)在 Excel 的函数中,_____函数可以计算总值。

(4)在 Excel 中,新建立的工作簿的名字在默认情况下是_____,它显示在标题栏上。

(5)Excel 中,选中状态的单元格称为_____单元格。

(6)在 Excel 中,选定第 4～6 行,单击鼠标右键,在弹出的快捷菜单中选择"插入"命令后,插入了_____行。

(7)在 Excel 工作表的单元格 D6 中有公式"=$B$2+C6",将 D6 单元格的公式复制到 C7 单元格内,则 C7 单元格的公式为_____。

（8）在 Excel 工作表中，单元格 D5 中有公式"＝＄B＄2＋C4"，删除第 A 列后 C5 单元格中的公式为＿＿＿＿＿＿。

（9）如果要删除分类汇总的显示结果，应在"分类汇总"对话框中单击＿＿＿＿＿＿按钮即可删除分类汇总。

（10）一个工作簿由多张工作表组成，新建的工作簿默认有＿＿＿＿＿＿张工作表。

（11）欲选择整张工作表，只要单击全选按钮即可。"全选按钮"位于工作表表格区域的＿＿＿＿＿＿。

（12）"设置单元格格式"对话框中包含有＿＿＿＿＿＿、"对齐"、"字体"、"边框"、"填充"和"保护"共 6 个选项卡。

四、简答题

（1）如何为工作表重新命名？

（2）如何设置工作表的隐藏和显示？

（3）如何选择不相邻的单元格？

（4）如何在多个单元格内容里填充序列数据？

（5）某一单元格内数值格式选项设置为"♯,♯♯0.000"，其含义是什么？

（6）如何调整表格中某行的行高和某列的列宽？

第 3 章　Excel 2016 高级操作

3.1　Excel 数据管理

电子表格不仅具有简单数据计算处理的能力,也具有一定的数据分析管理能力。它可对数据进行排序、筛选、分类汇总等操作。其操作方便、直观、高效,比一般数据库系统更胜一筹,淋漓尽致地发挥了它在表格处理方面的优势,也使电子表格得到了广泛应用。

3.1.1　数据列表

1.什么是数据列表

数据列表又称数据清单,是由工作表中单元格构成的矩形区域,即一张二维表,它与前面介绍的工作表中数据有所不同,特点如下:

(1)与数据相对应,二维表中的一列为一个字段,一行为一条记录,第 1 行为表头,由若干个字段名组成。

(2)表中不允许有空行或空列(会影响 Excel 检测和选定数据列表);每一列必须是性质相同、类型相同的数据,如字段是姓名,则该列存放的必须全部是姓名;不能有完全相同的两行内容。

数据列表可像一般工作表一样直接进行建立和编辑,如图 3-1 所示。

	A	B	C	D	E	F	G	H	I	J
1	序号	学号	姓名	班级	数学	英语	计算机	语文	总分	平均分
2	001	09120101	杜雷	一班	67	90	60	78	295	73.75
3	002	09120102	庞娟	一班	76	87	87	80	330	82.5
4	003	09120103	廖红	一班	89	88	78	67	322	80.5
5	004	09120104	李成儒	一班	84	78	67	77	306	76.5
6	005	09120105	刘锦华	一班	84	84	75	66	309	77.25
7	006	09120106	董洁	一班	67	93	78	89	327	81.75
8	007	09120107	邓旭飞	一班	90	66	43	91	290	72.5
9	008	09120201	吴玉莲	二班	66	77	49	87	279	69.75
10	009	09120202	余志伟	二班	89	95	81	91	356	89
11	010	09120203	吴启华	二班	93	97	80	88	358	89.5
12	011	09120204	李明浩	二班	78	83	67	86	314	78.5
13	012	09120205	张峰	二班	75	90	77	88	330	82.5
14	013	09120206	刘昊	二班	60	50	89	37	236	59
15	014	09120207	王嘉	二班	87	85	84	88	344	86
16	015	09120208	李新江	二班	78	94	84	67	323	80.75
17	016	09120301	郭海英	三班	67	69	67	78	281	70.25
18	017	09120302	刘晓芬	三班	75	45	97	35	252	63
19	018	09120303	王金科	三班	67	90	83	78	318	79.5
20	019	09120304	李东慧	三班	45	56	90	43	234	58.5
21	020	09120305	张宁	三班	34	53	89	49	225	56.25
22										
23										

图 3-1　数据列表示意图

3.1.2　数据排序

电子表格可以根据一列或多列的数据按升序或降序对数据列表进行排序。英文字母可按字母次序(默认大小写不区分)、汉字可按笔画或拼音排序。

1.简单排序

简单排序是指单一字段按升序或降序排列,一般直接单击要排序的数据列中任意数据单元格,利用"数据"选项卡中的"排序和筛选"组的升序按钮 $\overset{A}{\underset{Z}{\downarrow}}$、降序按钮 $\overset{Z}{\underset{A}{\downarrow}}$ 快速地实现;也可通过选择"开始"选项卡,在功能区的"编辑"组中单击"排序和筛选"按钮 $\overset{A}{\underset{Z}{\nabla}}$,在下拉列表中选择" $\overset{A}{\underset{Z}{\downarrow}}$ 升序"、" $\overset{Z}{\underset{A}{\downarrow}}$ 降序"命令来实现。

2.高级排序

数据的高级排序是指按照多个条件对数据进行排序,主要是针对简单排序后仍然有相同数据的情况进行的又一种排序。这可通过"数据"选项卡中的"排序和筛选"组的排序按钮 来实现;也可通过选择"开始"选项卡,在功能区的"编辑"组中单击"排序和筛选"按钮 ,在打开的下拉列表中选择"自定义排序 "命令来实现。

操作步骤如下:

(1)选择位于需排序的数据列表中的任意单元格。

(2)选择"数据"选项卡,在功能区的"排序和筛选"组中单击"排序"按钮 ,打开"排序"对话框,如图 3-2(a)图所示。

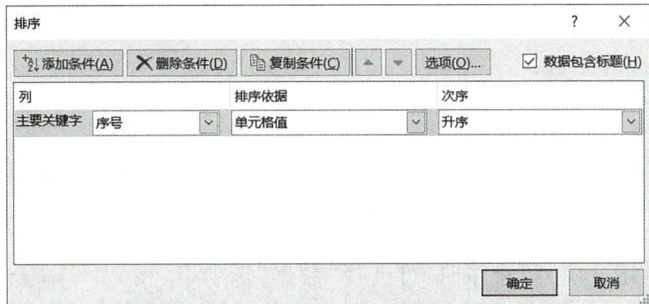

(a)

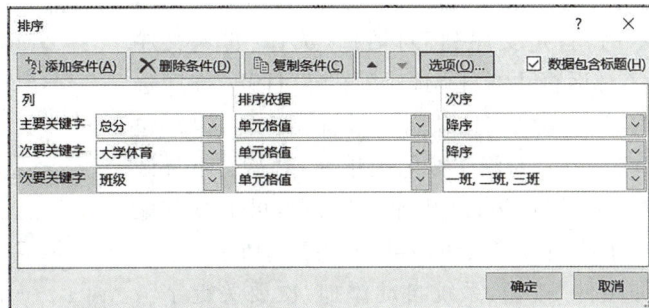

(b)

图 3-2　"排序"对话框

(3)在"主要关键字"下拉列表框中选择"排序数据",在右侧的"排序依据"下拉列表框中选择"排序依据",在"次序"下拉列表中选择"排序方式"。

Excel 2016中提供了一些常用的序列,当系统自带的序列不能满足实际需求时,则可利用Excel提供的自定义排序功能,快速创建需要的数据排序方式,以便将其应用到需要的数据列表中。

(4)在"次序"下拉列表中选择"自定义排序"选项,打开"自定义序列"对话框,如图3-3所示,在"输入序列"列表框中输入新序列值,字符间按〈ENTER〉键或输入",",隔开,单击对话框右侧的"添加"按钮,输入的新序列将显示在"自定义序列"列表框中;点击"确定"按钮返回"排序"对话框,最后点击"确定"按钮。

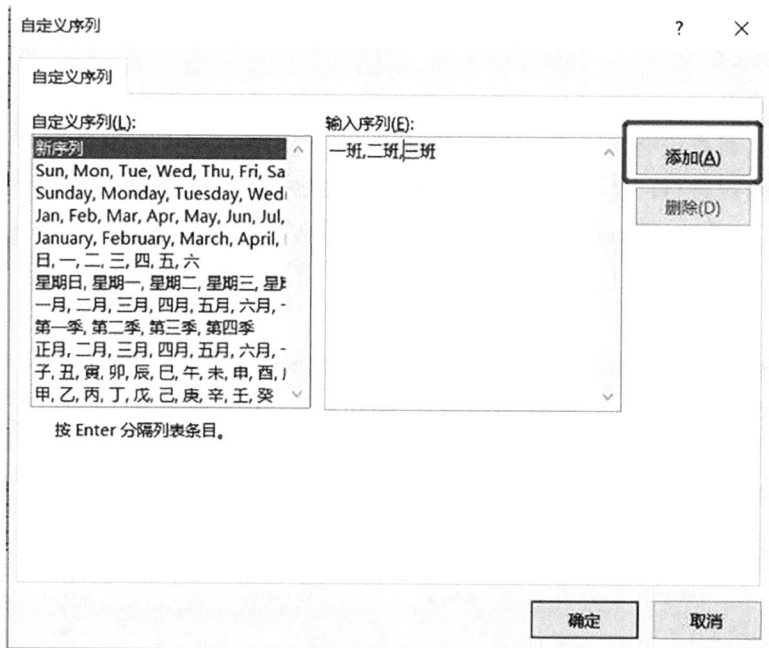

图3-3 "自定义序列"对话框

用户使用"自定义序列"排序时,可选择"数据"选项卡,在功能区的"排序和筛选"组中单击"排序"按钮,打开"排序"对话框,在排序关键字的"次序"下拉列表中选择"自定义序列",打开如图3-3所示的"自定义序列"对话框,选择"自定义序列";返回到"排序"对话框中单击"选项"按钮,打开"排序选项"对话框,在"方向"和"方法"选项组中设置相应的选项,包括改变排序的方向(按行)、对汉字按笔画排列、对英文字母区分大小写。单击"确定"按钮返回"排序"对话框,可继续其他设置。设置完成后单击"确定"按钮即可,如图3-4所示。

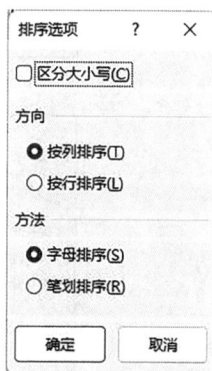

图3-4 "排序选项"对话框

(5)点击"添加条件"按钮,系统自动添加"次要关键字",按"主要关键字"的设置方法对其进行设置。

(6)若要对多个字段排序,则继续点击"添加条件"按钮并进行相应设置,完成后点击"确定"按钮。

例如,对学生成绩按总分为第一关键字降序排列,对总分相同的按体育成绩降序排列,若总分、体育成绩均相同,则按班级自定义顺序排列。所要求排序的对话框的设置如图 3-2(b)所示。

3.1.3　数据筛选

数据筛选可将数据列表中满足条件的数据显示出来;不满足条件的数据暂时隐藏起来(但没有被删除);当筛选条件被删除,隐藏的数据又恢复显示。

筛选有自动筛选和高级筛选两种方式。自动筛选是对单个字段建立筛选,多字段之间的筛选是逻辑与的关系,操作简便,能满足大部分人的要求;高级筛选是对复杂条件建立筛选,要建立条件区域。

1.自动筛选

操作步骤如下:

(1)选择需要筛选的数据列表中任意单元格。

(2)选择“数据”选项卡,在功能区的“排序和筛选”组中单击“筛选”按钮,或者选择“开始”选项卡,在功能区的“编辑”组中单击“排序和筛选”按钮,在打开的下拉列表中选择“筛选”命令,此时每个列标题右侧将显示一个下拉箭头。

(3)单击某一列标题右侧的下拉箭头,将打开列筛选器,如图 3-5 所示,在其中选择所需的筛选条件后,表格中将只显示符合条件的记录,此时下拉箭头将变为形状。

图 3-5　在筛选器中筛选“班级”

例如,要筛选出学生成绩表中一班和二班学生总分介于 290 分到 340 分之间,并且计算机成绩大于等于 85 分的学生。这里通过 3 个字段筛选,因为前 2 个字段总分、计算机分数在一定范围内,必须通过筛选器中“数字筛选”的子菜单选择。在打开的“自定义自动筛选方式”对话框中按要求设置筛选的条件,最后直接在班级字段筛选器中选中“一班、二班”即可,如图 3-6 和图 3-7 所示。

若重新显示表格中所有记录,则可单击字段右侧形状的按钮,在打开的列筛选器中选中"全选"复选框,然后单击"确定"按钮即可。此时数据恢复显示,但筛选箭头并不消失。如果想取消自动筛选功能,就选择"数据"选项卡,在功能区的"排序和筛选"组中单击"筛选"按钮 ▼,则所有列标题右侧的筛选箭头消失,所有数据恢复显示。

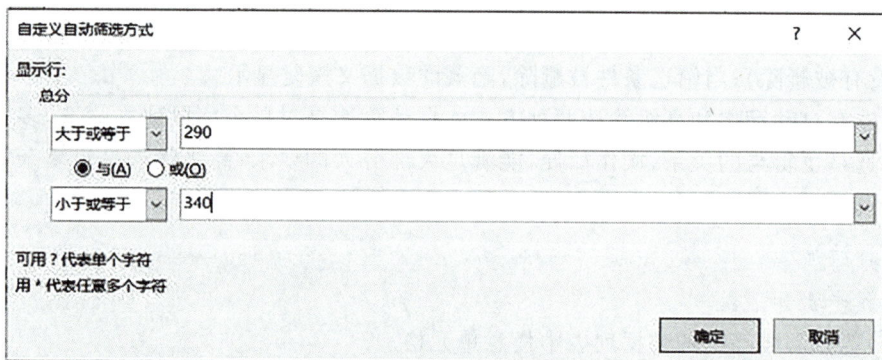

图 3-6　设置"总分"筛选的条件

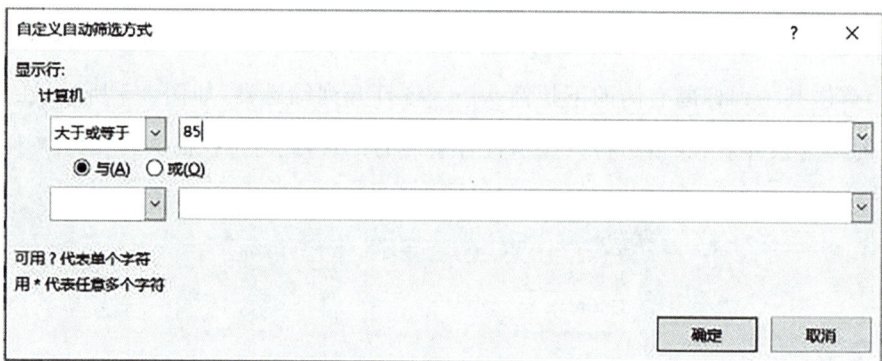

图 3-7　设置"数学"筛选的条件

2.高级筛选

利用自动筛选对各字段的筛选就是逻辑与的关系,即同时满足各个条件。若要实现更复杂条件的数据筛选,需借助高级筛选。

使用高级筛选除了在数据列表区域内,还可以在数据列表以外的任何位置建立条件区域。条件区域至少是两行,且首行是与数据列表相应字段精确匹配的字段。同一行上的条件关系为逻辑与,不同行之间为逻辑或。筛选的结果可以在原数据列表位置显示,也可以在数据列表以外的位置显示。

例如,要在"二班"中找到数学成绩小于 70 分、计算机成绩大于等于 85 分两个条件同时满足的学生。首先在数据列表以外的位置建立条件区,输入条件;然后选择"数据"选项卡,在功能区的"排序和筛选"组中单击 ▼ 按钮,在弹出的"高级筛选"对话框内进行数据区域和条件区域的选择。对话框设置与筛选结果如图 3-8 所示。

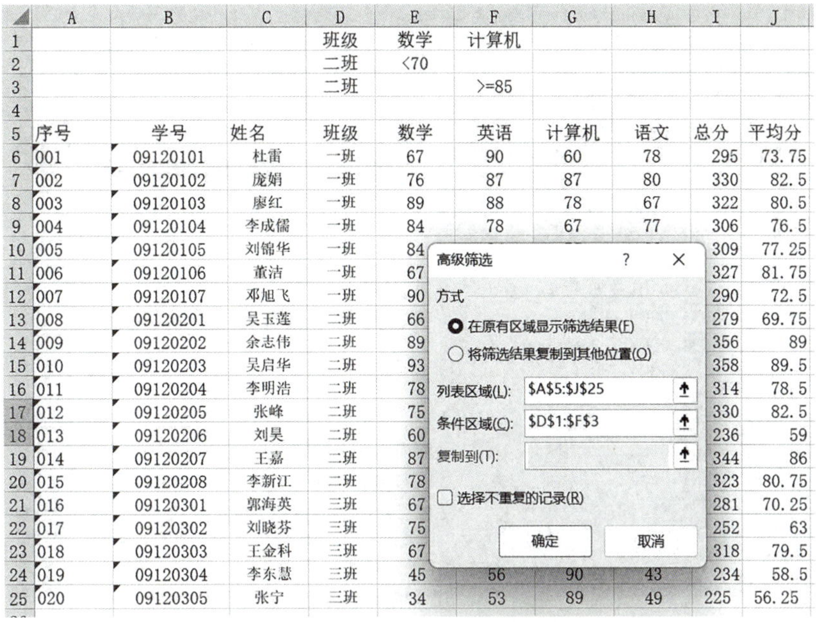

	A	B	C	D	E	F	G	H	I	J
1				班级	数学	计算机				
2				二班	<70					
3				二班		>=85				
4										
5	序号	学号	姓名	班级	数学	英语	计算机	语文	总分	平均分
6	001	09120101	杜雷	一班	67	90	60	78	295	73.75
7	002	09120102	庞娟	一班	76	87	87	80	330	82.5
8	003	09120103	廖红	一班	89	88	78	67	322	80.5
9	004	09120104	李成儒	一班	84	78	67	77	306	76.5
10	005	09120105	刘锦华	一班	84				309	77.25
11	006	09120106	董洁	一班	67				327	81.75
12	007	09120107	邓旭飞	一班	90				290	72.5
13	008	09120201	吴玉莲	二班	66				279	69.75
14	009	09120202	余志伟	二班	89				356	89
15	010	09120203	吴启华	二班	93				358	89.5
16	011	09120204	李明浩	二班	78				314	78.5
17	012	09120205	张峰	二班	75				330	82.5
18	013	09120206	刘昊	二班	60				236	59
19	014	09120207	王嘉	二班	87				344	86
20	015	09120208	李新江	二班	78				323	80.75
21	016	09120301	郭海英	三班	67				281	70.25
22	017	09120302	刘晓芬	三班	75				252	63
23	018	09120303	王金科	三班	67				318	79.5
24	019	09120304	李东慧	三班	45	56	90	43	234	58.5
25	020	09120305	张宁	三班	34	53	89	49	225	56.25

高级筛选对话框内容:

高级筛选

方式
- ● 在原有区域显示筛选结果(F)
- ○ 将筛选结果复制到其他位置(O)

列表区域(L): $A$5:$J$25
条件区域(C): $D$1:$F$3
复制到(T):

☐ 选择不重复的记录(R)

[确定] [取消]

图 3-8　"高级筛选"对话框及筛选结果

3.1.4　分类汇总

分类汇总就是对数据列表按某个字段进行分类,将字段值相同的连续记录作为一类,进行求和、平均、计数等汇总运算,针对同一个分类字段,可进行多种汇总。

要注意的是在分类汇总前首先必须对要进行分类的字段排序,否则分类将无意义;其次在分类汇总时要区分清楚对哪个字段分类、对哪些字段汇总、汇总的方式是怎样的,这在"分类汇总"对话框中要逐一设置。

1.简单分类汇总

操作步骤如下:

(1)打开要进行数据分类汇总的数据列表。

(2)对需要进行分类汇总的字段进行排序,使相同的记录集中在一起。

(3)选定需要分类汇总的数据列表。

(4)选择"数据"选项卡,在功能区的"分级显示"组中单击"分类汇总"按钮 ，打开"分类汇总"对话框,如图 3-9 所示。

(5)在"分类字段"下拉列表中,选择需要用来分类汇总的字段。

(6)在"汇总方式"下拉列表中,选择所需的分类汇总的函数。

(7)在"选定汇总项"列表框中,选定需要对其计算的数值列对应的复选框。

(8)选中"替换当前分类汇总"和"汇总结果显示在数据下方"复选框。

(9)单击"确定"按钮即可得到分类汇总的结果,效果如图 3-10 所示。

若要显示分类汇总和总计汇总,可以单击行数值旁的分级显示符号 [1] [2] [3] ,使用 [+] 和 [−] 符号来显示或隐藏单个分类汇总的明细数据行。

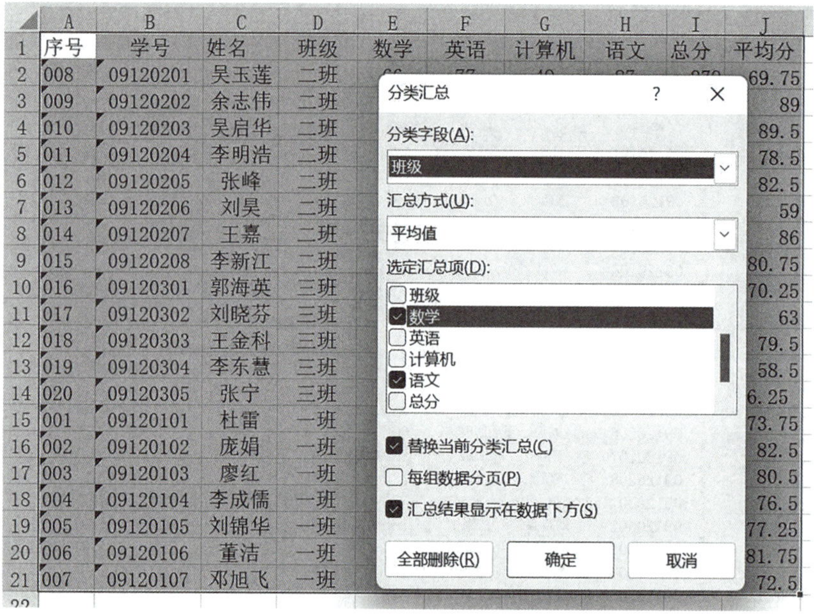

图 3-9 "分类汇总"对话框

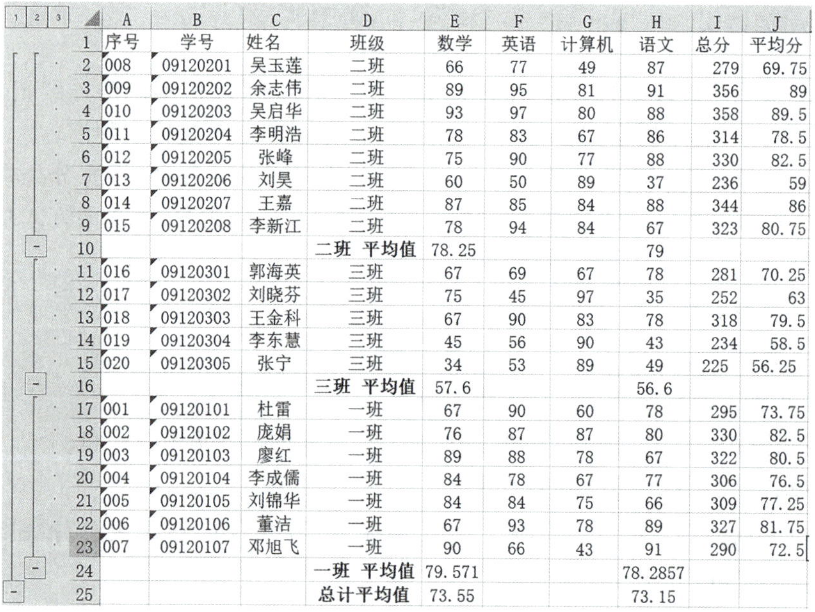

图 3-10 分类汇总结果

2.嵌套分类汇总

对同一字段进行多种方式的汇总,称为嵌套汇总。如要在求出各班学生各门课程的平均成绩基础上,还要统计各班人数,则可分两次进行嵌套汇总。可以先求平均分,再统计人数,也可以互换顺序,这时不能选中"分类汇总"对话框内的"替换当前分类汇总"复选框。

3. 删除分类汇总

如果要删除分类汇总的显示结果,恢复到数据列表的原始状态,则需要选定分类汇总数据列表中的任一单元格,然后选择"数据"选项卡,在功能区的"分级显示"组中单击"分类汇总"按钮,在打开的"分类汇总"对话框中单击"全部删除"按钮即可删除分类汇总。

删除分类汇总时,Excel 也将删除分级显示以及随分类汇总一起插入到列表中的所有分页符。

3.1.5　数据验证

在 Excel 中,可以使用"数据验证"特性来验证单元格中是否是单元格可接受的数据类型。使用这种特性就可以有效地减少和避免输入数据的错误。例如,限定为特定的类型、特定的取值范围,甚至特定的字符及输入的字符数。

(1)指定数据类型。指定单元格的数据有效性规则时,先选中要制定规则的单元格,然后选择"数据"选项卡在功能区的"数据工具"组,单击"数据验证"选项,打开"数据验证"对话框,默认打开"设置"选项卡,如图 3-11 所示。在"允许"下拉列表中选择单元格可接受的数据类型,有"任何值""整数""小数""序列""日期""时间""文本长度""自定义"多个选项可供选择。以单元格只可输入大于 0 并小于 100 的整数为例,其设置如图 3-11 所示。

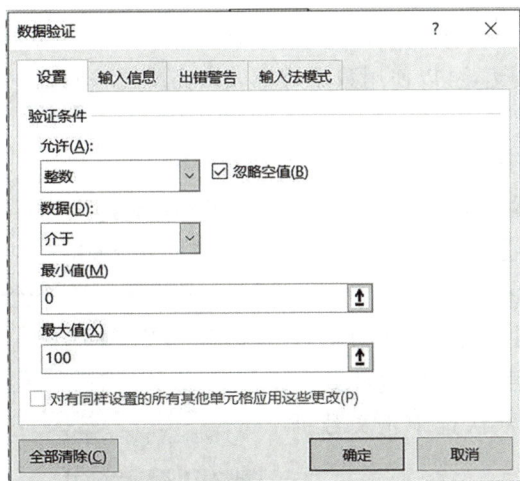

图 3-11　"数据验证"对话框

(2)数据输入时显示信息。在 Excel 中,可以设置当选中已建立有效性规则的单元格时显示提示信息,这样用户就可以知道该单元格已建立了怎样的有效性规则,避免输入错误的信息。以前面设置有效规则的单元格区域为例,设置数据输入时显示信息如图 3-12所示。

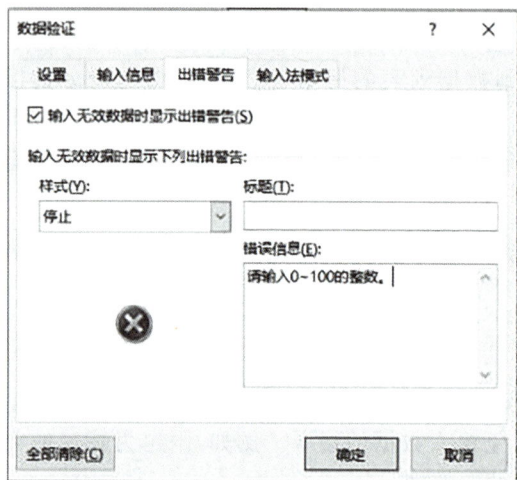

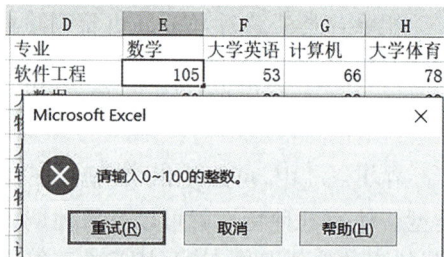

(a)　　　　　　　　　　　　　(b)

图 3-12　"出错警告"对话框与效果

3.1.6　透视表

分类汇总适合于对一个字段进行分类,对一个或多个字段进行汇总。如果用户要求按多个字段进行分类并汇总,则用分类汇总就很难实现。Excel 为此提供了一个非常有效的工具——数据透视表来解决问题。数据透视表是一种对大量数据快速汇总和建立交叉列表的动态工作表。

如用户要统计各季度不同产品的销量,此时既要按日期分类,又要按产品类别分类,若分类汇总难以清晰表达,可以使用数据透视表来完成这一问题。

操作步骤如下:

(1)单击数据列表中任一单元格。

(2)选择"插入"选项卡,在功能区的"表格"组中单击"数据透视表"按钮,在下拉列表中选择"数据透视表"命令。

(3)打开如图 3-13 所示"创建数据透视表"对话框,在该对话框的"请选择要分析的数据"栏中 Excel 默认选中正文数据列表区域。

(4)在"选择放置数据透视表的位置"栏中选择"新工作表"或"现有工作表",会在新建的工作表中生成数据透视表框架;如选择"现有工作表",需确认放置透视表的位置,点击"确定"按钮生成数据透视表框架。

(5)在"数据透视表字段列表"窗格的"选择要添加到报表的字段"列表框中,选中对应字段的复选框,根据需要移动字段

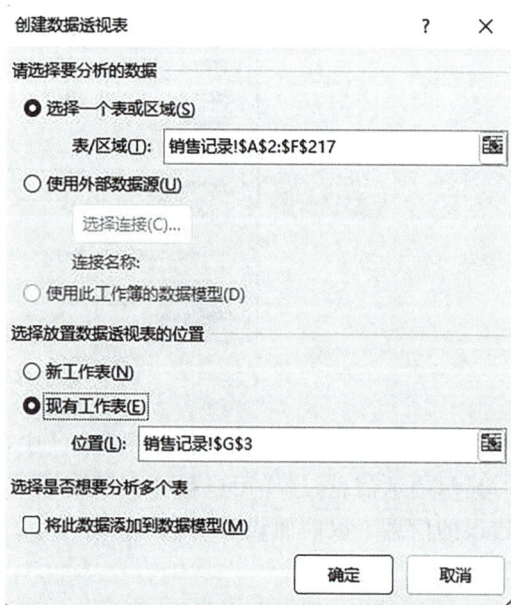

图 3-13　"创建数据透视表"对话框

到相应区域。(数据透视表中有筛选、列标签、行标签和值 4 个区域。字段移动这些区域可以通过拖动鼠标和选择命令两种方式实现。拖动鼠标:鼠标单击需移动的字段,按住鼠标左键不放并拖动至所需区域时再释放鼠标。选择命令:单击需移动字段右侧的按钮,在弹出的下拉列表中选择目标区域)即可在左侧的数据透视表区域显示出相应的数据信息,并且这些字段会存放在窗格的相应区域中,如图 3-14 所示。

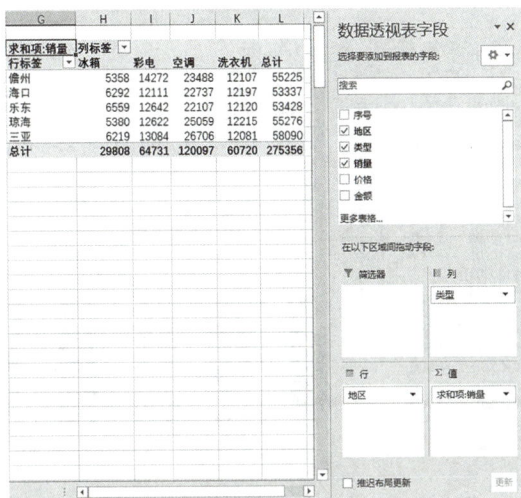

图 3-14　“数据透视表字段列表”窗格

(6)单击在上述的区域中需设置字段右侧的倒三角按钮,在弹出的下拉列表中选择“值字段设置”命令,打开“值字段设置”对话框,对名称、值汇总方式和值显示方式等进行设置,单击“确定”按钮。

(7)单击数据透视表区域外的任一单元格,关闭“数据透视表字段列表”窗格。

在数据透视表中位于“行标签”“列标签”上的每个字段名右侧均带有一个倒三角按钮列标签 ▼,单击该按钮即可筛选得到选定项的数据透视表。例如,单击图中“列标签”右侧的倒三角按钮,在弹出的下拉列表框中选择“彩电”项,取消其他选项,然后单击“确定”按钮,即可得到关于选定项“彩电”的数据透视表,如图 3-15 所示。

求和项:销量	列标签	
行标签	彩电	总计
儋州	14272	14272
海口	12111	12111
乐东	12642	12642
琼海	12622	12622
三亚	13084	13084
总计	64731	64731

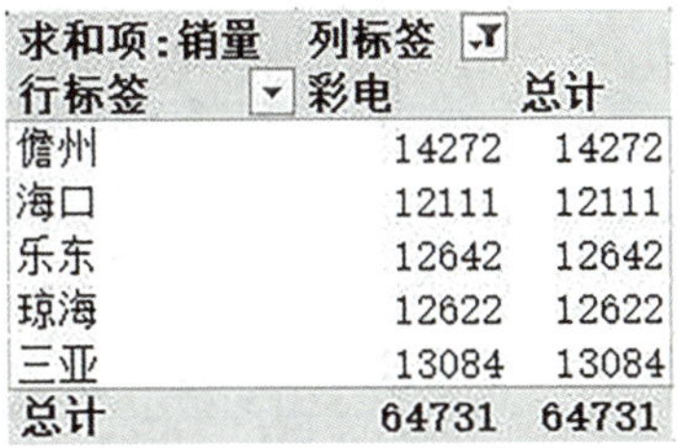

图 3-15　选定项“彩电”的数据透视表

数据透视表建好以后并不是一成不变了。用户可以根据自己的需要进行修改,单击数据透视表中任意单元格,重新打开“数据透视表字段列表”窗格,可以在“数据透视表字段列表”窗格中添加新的字段或删除不需要的字段,以改变数据表。

3.2　Excel 2016 图表

电子表格除了强大的计算功能外,还可以将数据或统计结果以各种统计图表的形式展示,使数据能更加形象、直观地反映其变化规律和发展趋势,最终为决策分析做铺垫。

当工作表中的数据源发生变化时,图表中对应项的数据也会自动更新。

3.2.1 图表基本组成

在 Excel 中,有两种形式的图表:嵌入式图表和图表工作表。

嵌入式图表就是将图表看作是一个图形对象,并作为工作表的一部分进行保存。它在与工作表数据一起显示或打印一个或多个图表时使用,如图 3-16 所示。

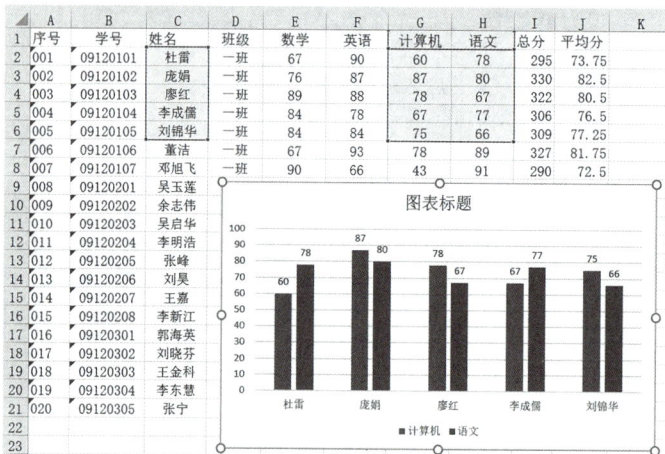

图 3-16　嵌入式图表示意图

图表工作表是工作簿中具有特定工作表名称的独立工作表,主要用在独立于工作表数据查看或编辑大而复杂的图表,以便节省工作表上的屏幕空间,如图 3-17 所示。但无论是建立哪一种图表,创建图表的依据都是工作表中的数据。当工作表中的数据发生变化时,图表便会更新。

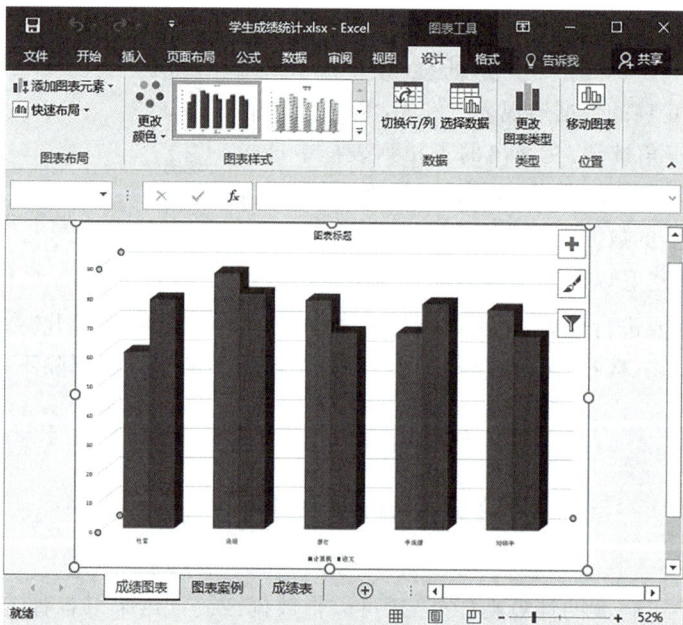

图 3-17　图表工作表示意图

　　图表的类型有很多种,Excel 2016 中提供了柱形图、折线图、饼图、条形图、面积图、XY 散点图、股价图、曲面图、雷达图、树状图、旭日图、直方图、箱形图、瀑布图和其他图 15 种。无论是哪种类型图表,它们的基本结构大多是由图表区域、绘图区、图表标题、数据系列、网格线、图例等组成的,如图 3-18 所示展示了三维簇状柱形图的基本构成。

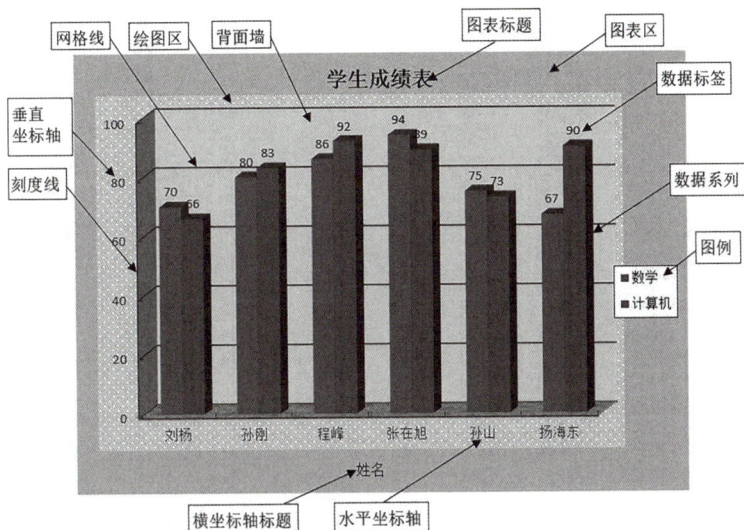

图 3-18　图表的基本构成

　　(1)图表区域:在 Excel 中,图表区域指的是包含绘制的整张图表及图表中元素的区域。如果用户要复制或移动图表,必须先选定图表区域。

　　(2)绘图区:图表中的整个区域。二维图表和三维图表的绘图区有一点不同。在二维图表中,绘图区是以坐标轴为界并包括全部数据系列的区域。在三维图表中,绘图区是以坐标轴为界并包含数据系列、分类名称、刻度线和坐标轴标题的区域。

　　(3)图表标题:图表标题是图表性质的大致概括和内容的总结,相当于一篇文章的标题,并用它来定义图表的名称。它可以自动与坐标轴对齐或居中排列于图表的顶端。

　　(4)数据系列:在 Excel 中,数据系列又称为分类,它指的是图表上的一组相关数据点。在 Excel 图表中,每个数据系列都用不同的颜色和图案加以区别。每一个数据系列分别来自于工作表的某一行或某一列。在同一张图表中(除饼图外)用户可以绘制多个数据系列。

　　(5)网格线:是图表中从坐标轴刻度线延伸并贯穿整个绘图区的可选线条系列。网格线的形式有多种:水平的、垂直的、主要的、次要的,还可以对它们进行组合。网格线使得对图表中的数据进行观察和估计更为准确和方便。

　　(6)图例:在图表中,图例是包围图例项和图例项表示的方框,每个图例项左边的图例项标示和在图表中相应数据系列的颜色及图案一致。

　　(7)坐标轴标题:位于图表的下方和左侧,它标记的是坐标轴和数值轴的名称。

3.2.2　创建图表

　　使用 Excel 提供的图表功能,可以方便、快速地建立一个标准类型或自定义类型的图表。而且,图表的各部分创建完成后继续修改,以使整个图表趋于完善。下面通过实例说明建立图表的操作方法,如图 3-19 所示为某班学生成绩表,现根据前 6 位学生数学和计算机成绩数据建立一个三维簇状柱形图。

	A	B	C	D	E	F	G	H	I	J
1	序号	学号	姓名	班级	数学	英语	计算机	语文	总分	平均分
2	001	09120101	杜雷	一班	67	90	60	78	295	73.75
3	002	09120102	庞娟	一班	76	87	87	80	330	82.5
4	003	09120103	廖红	一班	89	88	78	67	322	80.5
5	004	09120104	李成儒	一班	84	78	67	77	306	76.5
6	005	09120105	刘锦华	一班	84	84	75	66	309	77.25
7	006	09120106	董洁	一班	67	93	78	89	327	81.75
8	007	09120107	邓旭飞	一班	90	66	43	91	290	72.5
9	008	09120201	吴玉莲	二班	66	77	49	87	279	69.75
10	009	09120202	余志伟	二班	89	95	81	91	356	89
11	010	09120203	吴启华	二班	93	97	80	88	358	89.5
12	011	09120204	李明浩	二班	78	83	67	86	314	78.5
13	012	09120205	张峰	二班	75	90	77	88	330	82.5
14	013	09120206	刘昊	二班	60	50	89	37	236	59
15	014	09120207	王嘉	二班	87	85	84	88	344	86
16	015	09120208	李新江	二班	78	94	84	67	323	80.75
17	016	09120301	郭海英	三班	67	69	67	78	281	70.25
18	017	09120302	刘晓芬	三班	75	45	97	35	252	63
19	018	09120303	王金科	三班	67	90	83	78	318	79.5
20	019	09120304	李东慧	三班	45	56	90	43	234	58.5
21	020	09120305	张宁	三班	34	53	89	49	225	56.25

图 3-19　某班学生成绩表

操作步骤如下:

(1)选择数据列表中前 6 位学生的姓名、语文、计算机成绩列(按 Ctrl 可选择不连续多列数据),注意选择数据时务必选择数据标题值。

(2)选择"插入"选项卡,单击"图表"组中想要的图表类型按钮,若查看所有可用的图表类型,则单击"图表"组右下方按钮⭢,在打开的"插入图表"对话框中"所有图标"选项中选择图表类型中"柱形图"下"三维簇状柱形图",如图3-20所示,单击"确定"按钮插入所选图表。

默认情况下,图表作为嵌入图表放在工作表上。如果要将图表放在单独的图表工作表中,则可以通过执行下列操作来更改其位置。

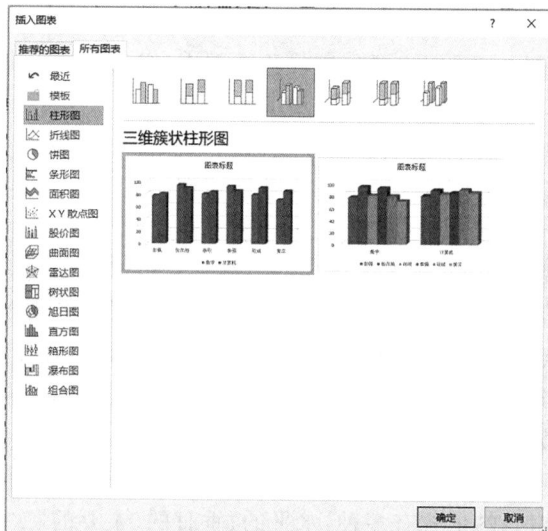

图 3-20　"插入图表"对话框

操作步骤如下:

①单击嵌入图表中的任意位置以将其激活,此时将显示"图表工具",其上增加了"设计"和"格式"两个选项卡。

②在"设计"选项卡上的"位置"组中,单击"移动图表"按钮,再打开"移动图表"对话框,确定图表的位置,选择新工作表或嵌入工作表。

3.2.3　编辑图表

1.图表的缩放、移动、复制和删除

图表的缩放、移动、复制和删除与 Word 的图形操作相同,首先选择图表,然后进行操作。例如,图表的移动操作可采用如下方法:先单击待改变位置的图表,使图表处于激活状态。按下鼠标的左键并拖动到合适的位置,然后松开鼠标左键,适当调整图表行高列宽符合要求即可。若要求将图表移动到工作表 A23~I39 单元格区域,如图 3-21 所示。

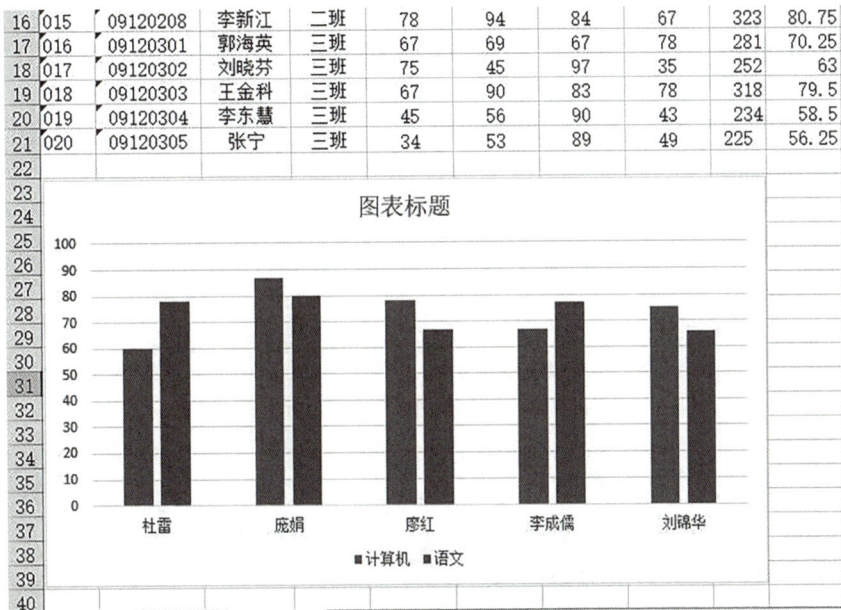

图 3-21　移动图表到指定位置

图表编辑是指更改图表类型及对图表中各个对象的编辑,包括数据的增加、删除等。一般通过选择图表的快捷菜单的相应命令来完成。

当选中图表的时候,功能区会出现"图表工具"工具,其中包括 2 个选项卡:"设计"和"格式"。可以通过它们进行图表中各个元素和各区域的设置。

2.图表类型的改变

操作步骤如下:

(1)单击要更改类型的图表,使之处于被激活状态。

(2)选择"图表工具"的"设计"选项卡,在功能区的"类型"组中单击"更改图表类型"按钮,打开如图 3-22 所示的对话框。

(3)在"图表类型"对话框左侧列表框中选择"所有图表"要更换的图表类型,右侧列表框中选择合适图样。

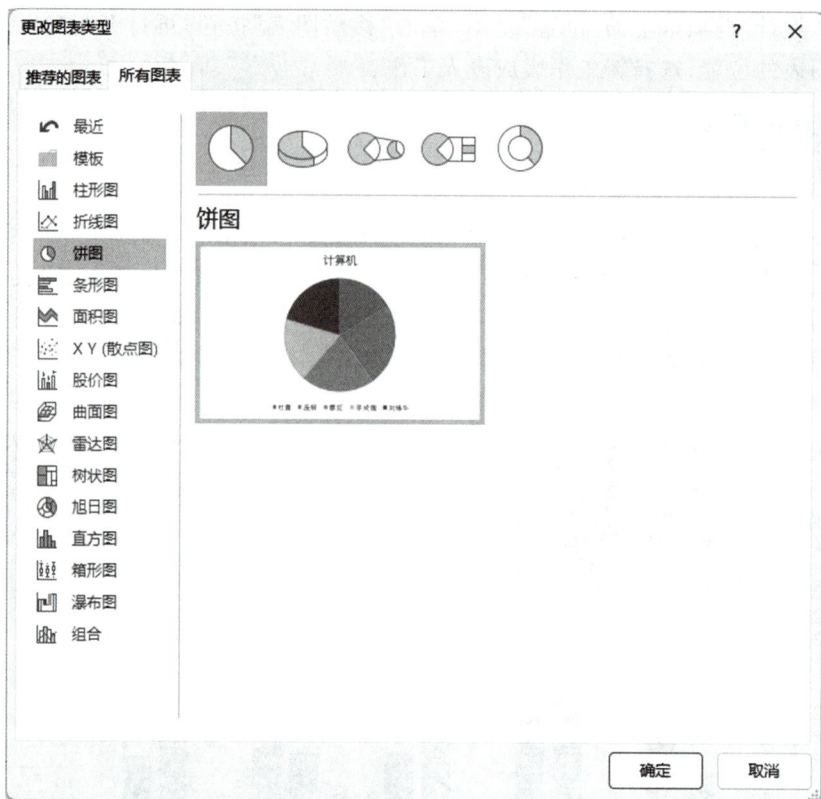

图 3-22　"更改图表类型"对话框

3. 图表的布局和样式改变

创建图表后,可立即更改它的外观。可以快速向图表应用预定义布局和样式,而无须手动添加或更改图表元素或设置图表格式。

(1)图表的布局改变

操作步骤如下:

①单击要更改布局的图表,使之处于被激活状态。

②选择"图表工具"的"设计"选项卡,在功能区的"图表布局"组中单击下方的下拉按钮 ▼ ,在打开的"快速布局"列表中选择要使用的布局。

(2)图表的样式改变

操作步骤如下:

①单击要更改样式的图表,使之处于被激活状态。

②选择"图表工具"的"设计"选项卡,在功能区的"图表样式"组中单击右侧的下拉按钮 ▼ ,在打开的"图表快速样式"列表中,选择要使用的样式,如图 3-23 所示。

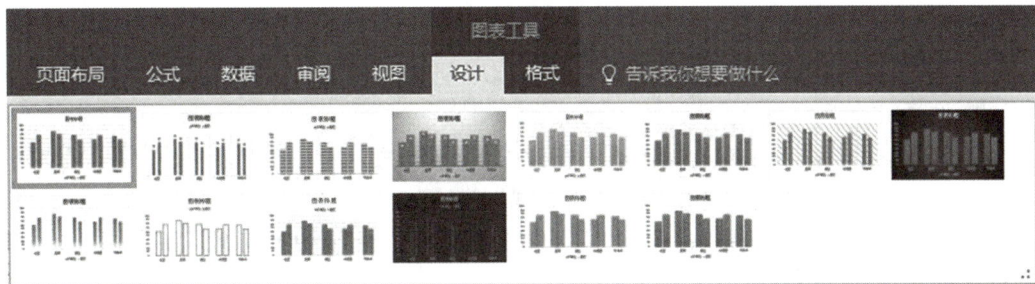

图 3-23　"图表样式"列表

4.添加或删除图表元素

为了使图表内容更丰富,可以添加如图表标题、坐标轴标题等元素。

(1)添加或删除图表标题

操作步骤如下:

①单击欲添加图表标题的图表中任意位置,使图表处于被激活状态。

②选择"设计"选项卡下功能区"图表布局"组中的"添加图表元素"按钮,在打开的下拉列表中,选择"图表标题"选项下"居中覆盖标题"或"图表上方"命令。

③在图表中显示的"图表标题"文本框中键入所需文本,若要设置文本的格式,则选择文本后在"浮动工具栏"上单击所需的格式选项或在"开始"选项卡下设置文本格式。

④如果需要对图表标题做其他设置,选择"设计选项卡"下功能区"图表布局"组中的"添加图表元素"按钮,在打开的下拉列表中,选择"更多标题选项"命令。设置此命令后弹出"设置图表标题格式"功能区,此处可以设置标题填充与线条、效果、大小与属性功能。如图 3-24 所示。

⑤如果需要删除图表标题,选择"设计"选项卡下功能区"图表布局"组中的"添加图表元素"按钮,在打开的下拉列表中,选择"图表标题"选项下"无"命令即可。

图 3-24　"设置图表标题格式"功能区

(2)添加坐标轴

操作步骤如下:

①单击欲添加坐标轴的图表中任意位置,使图表处于被激活状态。

②选择"设计"选项卡下功能区"图表布局"组中的"添加图表元素"按钮,在打开的下拉列表中,选择"坐标轴"选项下"主要横坐标轴"或"主要纵坐标轴"命令,在对应打开的下一级子菜单中选择所需选项。

③如果需要对坐标轴做其他设置,选择"设计选项卡"下功能区"图表布局"组中的"添加图表元素"按钮,在打开的下拉列表中,选择"更多轴选项"命令。设置此命令后弹出"设置坐标轴格式"功能区,此处可以设置对应坐标轴填充与线条、效果、大小与

属性▦和标签选项▮▮功能。

（3）添加或删除坐标轴标题

操作步骤如下：

①单击欲添加坐标轴标题的图表中任意位置，使图表处于被激活状态。

②选择"设计"选项卡下功能区"图表布局"组中的"添加图表元素"按钮，在打开的下拉列表中，选择"坐标轴标题"选项下"主要横坐标轴"或"主要纵坐标轴"命令，在对应打开的下一级子菜单中选择所需选项。

③在图表中显示的"坐标轴标题"文本框中键入所需文本，若要设置文本的格式，则选择文本后在"浮动工具栏"上单击所需的格式选项或在"开始"选项卡下设置文本格式。

④如果需要对坐标轴标题做其他设置，选择"设计选项卡"下功能区"图表布局"组中的"添加图表元素"按钮，在打开的下拉列表中，选择"更多轴标题选项"命令。设置此命令后弹出"设置坐标轴标题格式"功能区，此处可以设置对应坐标轴标题填充与线条◈、效果⬠、大小与属性▦功能。

⑤如果需要删除横或纵坐标轴标题，选择"设计"选项卡下功能区"图表布局"组中的"添加图表元素"按钮，在打开的下拉列表中，选择"坐标轴标题"选项下"无"命令即可。

（4）添加或删除数据标签

操作步骤如下：

①单击欲添加数据标签的图表中任意位置，使图表处于被激活状态。

②选择"设计"选项卡下功能区"图表布局"组中的"添加图表元素"按钮，在打开的下拉列表中，选择"数据标签"选项下"数据标注"命令。

③如果需要对数据标签做其他设置，选择"设计选项卡"下功能区"图表布局"组中的"添加图表元素"按钮，在打开的下拉列表中，选择"其他数据标签选项"命令。设置此命令后弹出"设置数据标签格式"功能区，此处可以设置数据标签填充与线条◈、效果⬠、大小与属性▦和标签选项▮▮功能。

④如果需要删除数据标签，选择"设计"选项卡下功能区"图表布局"组中的"添加图表元素"按钮，在打开的下拉列表中，选择"数据标签"选项下"无"命令即可。

（5）添加或删除数据表

操作步骤如下：

①单击欲添加数据表的图表中任意位置，使图表处于被激活状态。

②选择"设计"选项卡下功能区"图表布局"组中的"添加图表元素"按钮，在打开的下拉列表中，选择"数据表"选项下"显示图例项标示"或"无图例项标示"命令。

③如果需要对数据表做其他设置，选择"设计选项卡"下功能区"图表布局"组中的"添加图表元素"按钮，在打开的下拉列表中，选择"其他模拟运算表选项"命令。设置此命令后弹出"设置模拟运算表格式"功能区，此处可以设置模拟运算表填充与线条◈、效果⬠和标签选项▮▮功能。

④如果需要删除数据表，选择"设计"选项卡下功能区"图表布局"组中的"添加图表元素"按钮，在打开的下拉列表中，选择"数据表"选项下"无"命令即可。

（6）添加网格线

操作步骤如下：

①单击欲添加网格线的图表中任意位置，使图表处于被激活状态。

②选择"设计"选项卡下功能区"图表布局"组中的"添加图表元素"按钮，在打开的下拉列表中，选择"网格线"选项下"主轴主要水平网格线"、"主轴主要垂直网格线"、"主轴次要水平网格线"或"主轴次要垂直网格线"命令，在对应打开的下一级子菜单中选择所需选项。

③如果需要对主要网格线做其他设置，选择"设计选项卡"下功能区"图表布局"组中的"添加图表元素"按钮，在打开的下拉列表中，选择"更多网格线选项"命令。设置此命令后弹出"设置主要网格线格式"功能区，此处可以设置对应网格线填充与线条◇和效果⬠功能。

（7）添加或删除图例

操作步骤如下：

①单击欲添加数据标签的图表中任意位置，使图表处于被激活状态。

②选择"设计"选项卡下功能区"图表布局"组中的"添加图表元素"按钮，在打开的下拉列表中，选择"图例"选项下"右侧""顶部""左侧""底部"命令。

③如果需要对图例做其他设置，选择"设计选项卡"下功能区"图表布局"组中的"添加图表元素"按钮，在打开的下拉列表中，选择"更多图例选项"命令。设置此命令后弹出"设置图例格式"功能区，此处可以设置图例填充与线条◇、效果⬠和标签选项▮▮功能。

④如果需要删除图例，选择"设计"选项卡下功能区"图表布局"组中的"添加图表元素"按钮，在打开的下拉列表中，选择"图例"选项下"无"命令即可。

5. 图表中数据的编辑

创建图表后，图表和创建图表的工作表的数据源之间建立了联系，如果工作表中的数据源发生变化时，图表中的对应数据会自动更新。

①删除数据系列：选定所需删除的数据系列，按〈Del〉键即可把整个数据系列从图表中删除，不影响工作表中的数据源。

②添加数据系列：选中图表，选择"图表工具"的"设计"选项卡，在功能区的"数据"组中单击"选择数据"命令，打开"选择数据源"对话框，点击"添加"按钮，在"编辑数据系列"对话框中进行设置。也可以通过将需要添加的数据复制后，粘贴到图表实现添加数据系列。

3.2.4　格式化图表

图表的格式化是指对图表的各个元素的格式进行设置，包括文字和数值的格式、颜色、外观等。不同的元素有不同的格式设置选项，可通过指向要格式化的对象，利用右键快捷菜单对应的格式命令，打开相对应的元素格式设置功能区来实现。

要对坐标轴进行格式化，对应的格式功能区为"设置坐标轴格式"。要对数据标签格式化，对应的格式功能区为"设置数据标签格式"。

【课外思政】

中国天眼之父南仁东

建造一个属于中国的大型射电望远镜,是他,也是所有中国天文学界人士长久以来的梦想。广阔的视野与崇高的使命感,让他咬定大型射电望远镜不放松。四处游说,直至国家立项。

为了追寻这份梦想,1994年起,南仁东带着300多幅卫星遥感图,跋涉在中国西南的大山里,走遍了贵州大山里的上百个窝凼,有的荒山野岭连条小路也没有,当地农民走着都费劲。在考察洼地时,他差点被山洪冲下山、跌下悬崖,幸亏被小树挡住了身体。这样的艰险,在12年的选址中时刻伴随着南仁东。当身边人都听得目瞪口呆、吓出一身冷汗时,南仁东却对这些艰难一笑而过。

选址最终确定在贵州省黔南州平塘县克度镇大窝凼后,南仁东又带领团队克服了无数技术难关。FAST所克服的索网疲劳关键技术,成就了世界上跨度最大、精度最高的索网结构,还成功应用到港珠澳大桥和平塘特大桥等重大工程之中。

2016年9月25日,世界最大单口径球面射电望远镜在贵州平塘落成启用,南仁东也因此在2017年获得全国创新争先奖。颁奖礼上,罹患肺癌、在术中伤及声带的南仁东先生,用嘶哑的声音,描绘着最伟大的事业。

南仁东先生说过:"人类之所以脱颖而出,就是因为有一种对未知的探索精神。"他矢志不渝铸造大国重器,克服重重困难,其中的艰辛岂是三言两语描述得出来的。春风化雨,润物无声,这种工匠精神是我们后辈的必修课。

(资料来源:节选自《缅怀中国天眼之父南仁东! 这是一个你应该了解的人物!》https://baijiahao.baidu.com/s? id=16779541647747768616&wfr=spider&for=pc,2022-8-3)

3.3 习　题

一、单选题

(1)在 Excel 中,对数据列表分类汇总之前,必须进行的操作是　　　　　　　(　　)

　　A.单元格式化　　　　　　　　　　B.数据筛选

　　C.排序　　　　　　　　　　　　　D.数据透视表的建立

(2)在一个数据列表中,为查看满足部分条件的数据内容,最有效的方法是　(　　)

　　A.采用数据筛选工具　　　　　　　B.选中相应的单元格

　　C.采用数据透视表工具　　　　　　D.通过宏来实现

(3)某单位要统计各科室人员工资情况,要按工资从高到低排序,若工资相同,以工龄降序排列,则以下做法正确的是　　　　　　　　　　　　　　　(　　)

　　A.主关键字为"工龄",次关键字为"工资",第三关键字为"科室"

　　B.主关键字为"科室",次关键字为"工资",第三关键字为"工龄"

C. 主关键字为"工资",次关键字为"工龄",第三关键字为"科室"

D. 主关键字为"科室",次关键字为"工龄",第三关键字为"工资"

(4) 为了取消分类汇总的操作,必须　　　　　　　　　　　　　　　　(　　)

A. 在"分类汇总"对话框中单击"全部删除"按钮

B. 选择"开始"选项卡,在功能区的"单元格"组中单击"删除"按钮

C. 按〈Delete〉键

D. 以上都不可以

(5) 以下不是数据列表的特点　　　　　　　　　　　　　　　　　　(　　)

A. 表中不允许有空行或空列

B. 表中每一列必须是性质相同、类型相同的数据

C. 表中不能有完全相同的两行内容

D. 表中要加边框和底纹

(6) 若要按照多个条件对数据进行排序,则采用的排序方法是　　　　(　　)

A. 简单排序　　　　　　　　　　　B. 高级排序

C. 自定义排序　　　　　　　　　　D. 以上都可以

(7) 在进行两次嵌套汇总时,关键的是　　　　　　　　　　　　　(　　)

A. 第 2 次汇总时不能选中"分类汇总"对话框内的"替换当前分类汇总"复选框

B. 第 2 次汇总时先单击"升序"或"降序"按钮排序

C. 第 2 次汇总时先把第 1 次的汇总结果拷贝出来

D. 第 1 次汇总时先单击"升序"或"降序"按钮排序

(8) 在 Excel 中,若要将工作表中某列上大于某个值的记录挑选出来,应执行　(　　)

A. 排序命令　　　　　　　　　　　B. 筛选命令

C. 分类汇总命令　　　　　　　　　D. 合并计算命令

(9) 对于 Excel 的数据图表,下列说法中正确的是　　　　　　　　(　　)

A. 独立式图表是将工作表数据和相应图表分别存放在不同的工作簿中

B. 独立式图表与数据源程序工作表毫无关系

C. 独立式图表是将工作表和图表分别存放在不同的工作表中

D. 当工作表中的数据变动时,与它相关的独立式图表不能自动更新

(10) 在 Excel 中,能够很好地通过扇形反映每个对象的一个属性值在总值当中比重大小的图表类型是　　　　　　　　　　　　　　　　　　　　　(　　)

A. 柱形图　　　　B. 折线图　　　　C. 饼图　　　　D. XY 散点图

二、判断题

(1) 在 Excel 中,能很好地表现一段时期内数据变化趋势的图表类型是雷达图。(　　)

(2) 在 Excel 中,函数 Average(3,5,7,,5) 的值是 4。(　　)

(3) 为了实现多字段的分类汇总,Excel 提供的工具是数据透视表。(　　)

(4) 数据清单的分类汇总最多可用 3 个关键字。(　　)

(5) Excel 函数 MIN(−5,0,"A",10,28) 的值是 0。(　　)

三、填空题

(1) 公式中可使用的运算符包括数学运算符、_____ 和文字运算符。

（2）Excel 2016 工作簿文件的扩展名是_____。

（3）在 Excel 的函数中，_____函数可以计算平均值。

（4）在 Excel 中，新建立的工作簿的名字在默认情况下是_____，它显示在标题栏上。

（5）在 Excel 工作表中，单元格 D5 中有公式＝"＄B＄2＋C4"，删除第 A 列后，C5 单元格中的公式为_____。

四、简答题

（1）如何设置行和列的隐藏和显示？

（2）"条件格式"的功能是什么？如何使用？

（3）Excel 中为什么需要冻结标题？如何冻结和撤销冻结？

（4）请列举出 Excel 中的运算符类型。

（5）根据处理的需求，单元格的引用有哪几种？它们之间的区别是什么？

（6）在 A7 单元格内输入"＝AVERAGE(A1:A6)"，请问是什么意思？

（7）在一个单元格内输入公式或者函数时，应在单元格前键入什么符号？

第 4 章　Excel 在会计凭证编制中的运用

4.1　会计凭证概述

会计凭证是会计核算的起点,也是会计账务处理的依据。在处理任何经济业务时,企业都必须依法取得相关凭证,以书面形式记录和证明所发生的经济业务,并在凭证上签字、盖章,用于对经济业务的合法性、正式性和正确性予以证明,明确有关单位和人员的责任。

4.1.1　认识会计凭证的用途

填制和审核会计凭证,既是会计工作的开始,也是对经济业务进行监督的重要环节,会计凭证在会计核算中具有十分重要的用途,主要表现在以下几个方面。

1.监督、控制经济活动

通过会计凭证的审校,可以检查经济业务的发生是否符合相关的法律、制度,是否符合业务经营、财务收支的方针和计划及预算的规定,以确保经济业务的合理、合法和有效性。

2.提供记账依据

会计凭证是记账的依据,通过会计凭证的填制审核,按照一定方法对会计凭证及时传递,确保经济业务适时、准确地记录。

3.加强经济责任制

经济业务发生后,须取得或填制适当的会计凭证,证明经济业务已经发生或完成;同时由经办人员在凭证上签字、盖章,明确业务责任人。通过会计凭证的填制和审核,使有关责任人在职权范围内各负其责,并利用凭证填制、审核的制度进一步完善经济责任制。

4.1.2　认识会计凭证的类别

按照会计凭证的填制程序和用途,记账凭证一般可以分为原始凭证和记账凭证两大类。

1.原始凭证

原始凭证是记录经济业务已经发生、执行或完成,用以明确经济责任,作为记账依据的最初的书面证明文件,如出差乘坐的车船票、采购材料的发货单、仓库领料的领料单等,都是原始凭证。原始凭证是在经济业务发生的过程中直接产生的,是经济业务发生的最初证明,在法律上具有证明效力,所以也可以叫作"证明凭证"。原始凭证按其取得的来源不同,可以分为自制原始凭证和外来原始凭证。

(1)自制原始凭证

自制原始凭证是指在经济业务发生、执行或完成时,由本单位的经办人员自行填制的原始凭证,如收料单、领料单、产品入库单等。自制原始凭证按其填制手续不同,又可分为一次凭证、累计凭证、汇总原始凭证和记账编制凭证四种。

(2)外来原始凭证

外来原始凭证是指在与外单位发生经济往来关系时,从外单位取得的凭证。外来原始凭证都是一次凭证。如企业为购买材料、商品时,从供货单位取得的发货单,就是外来原始凭证。

原始凭证按照使用的范围,可以分为通用凭证和专用凭证两类。通用凭证在一定范围内具有统一的格式和使用方法,如增值税发票等;专用凭证是指一些单位根据自身业务内容和特点自制的凭证,不同单位格式可以不同。

2.记账凭证

记账凭证是会计人员根据审核无误的原始凭证或汇总原始凭证,用来确定经济业务应借、应贷的会计科目和金额而填制的,作为登记账簿直接依据的会计凭证。为了将类别繁多、数量庞大、格式不一的原始凭证,按照反映的不同经济业务进行归类和整理,需要填制具有统一格式的记账凭证,确定会计分录,并将相关的原始凭证附在后面。

记账凭证按适用的经济业务,分为专用记账凭证和通用记账凭证两类。

(1)专用记账凭证

专用记账凭证是用来专门记录某一类经济业务的记账凭证。专用记账凭证按其所记录的经济业务与现金和银行存款的收付有无关系,又分为收款凭证、付款凭证和转账凭证三种。

①收款凭证:是用来记录现金和银行存款等货币资金收款业务的凭证,它是根据现金和银行存款收款业务的原始凭证填制的。

②付款凭证:是用来记录现金和银行存款等货币资金付款业务的凭证,它是根据现金和银行存款付款业务的原始凭证填制的。

收款凭证和付款凭证是用来记录货币收付业务的凭证,它们既是登记现金日记账、银行存款日记账、明细分类及总分类账等账簿的依据,也是出纳人员收、付款项的依据。出纳人员不能依据现金、银行存款支付业务的原始凭证收付款项,必须根据会计主管人员或指定人员审核批准的收票凭证和付款凭证收付款项,以加强对货币资金的管理,有效地监督货币资金的使用。

③转账凭证:是用来记录与现金、银行存款等货币资金收付款业务无关的转账业务的凭证,它是根据有关转账业务填制的。转账凭证是登记总分类账及有关明细类的依据。

(2)通用记账凭证

通用记账凭证的格式不再分为收款凭证、付款凭证和转账凭证,而是以一种格式记录全部经济业务。通用记账凭证又简称为记账凭证。

记账凭证的基本内容一般包含以下几个方面:记账凭证的名称及填制记账凭证的单位名称、凭证填制的日期和编号、经济业务的摘要、会计分录、记账标记、附件张数、有关人员签章等。

为了简化会计核算的填制工作,会计信息系统中一般采用如图 4-1 所示的通用记账凭证格式,并在凭证编号中用现、银、转来区分特定的经济业务类型。

通用记账凭证　　　　　出纳编号

摘要	结算方式	票号	借方科目		贷方科目		亿	千	百	十	万	千	百	十	元	角	分
			总账科目	明细科目	总账科目	明细科目											
附单据		张			合	计											

年　月　日　　　　凭证编号

图 4-1　记账凭证格式

4.2　编制会计科目表

会计凭证表是将企业每日发生的或完成的经济业务,按时间的先后顺序登记完整的工作表。在会计处理和管理系统中,会计凭证表是一个非常重要的工作表,是形成会计凭证和各种账簿及报表的核心信息资料,即建立企业账务处理的源数据库。下面介绍利用 Excel 进行会计凭证表制作的具体方法和步骤。

4.2.1　会计凭证编号

会计凭证编号是会计人员在用会计凭证记录经济业务时,对每笔经济业务进行的编号,以便查找和以后的核对。用 Excel 进行会计凭证表编制时,可以利用 CONCATE-NATE 函数,以"年＋月＋日＋当日顺序号"自动生成会计凭证的编号。

操作步骤如下:

(1)打开"第 4 章.xlsx"工作簿的"会计凭证表"。

(2)选取单元格区域 A:B 整列并单击右键,在弹出的快捷菜单中选择"设置单元格格式"命令,在弹出的对话框中打开"数字"选项卡,选择"常规"选项,单击"确定"按钮。

(3)选取 E4 单元格,单击编辑栏左侧的"插入函数" fx 按钮,执行"插入函数"命令,在"或选择类别"中选择"文本"类别函数,在"选择函数"列表框中选择 CONCATENATE 函数,单击"确定"按钮,如图 4-2 所示。

注:CONCATENATE 函数的功能是将几个文本字符串合并为一个文本字符串。

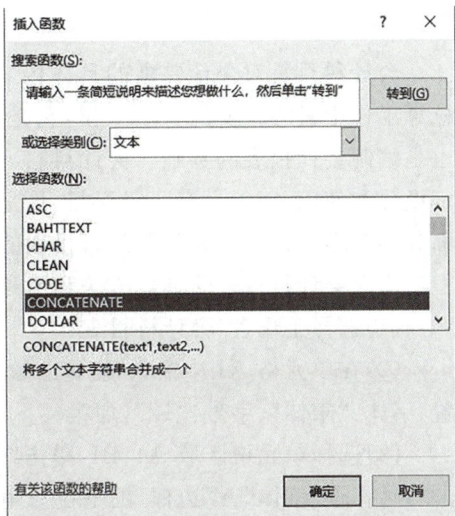

图 4-2　"插入函数"对话框

（4）在CONCATENATE"函数参数"对话框分别输入参数"A4""B4""C4""D4"，即在"函数参数"界面内输入"年""月""日""序号"，如图4-3所示。

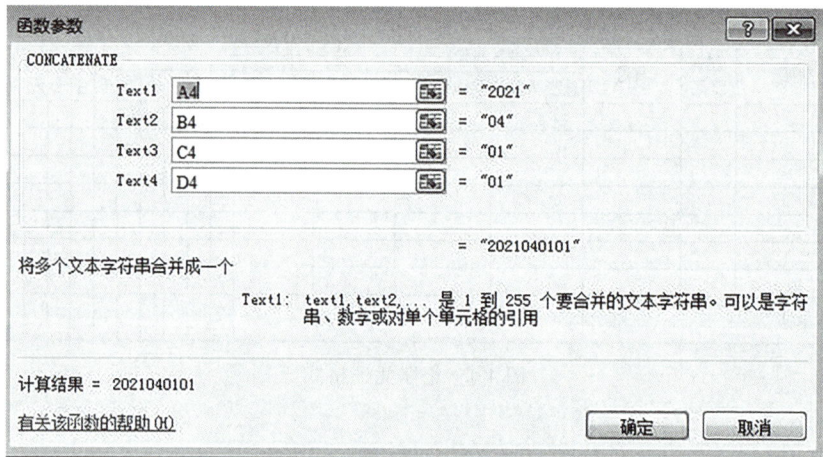

图4-3 "函数参数"对话框

（5）单击"确定"按钮，得到所需要的格式，如图4-4所示。

图4-4 设置CONCATENATE函数后显示结果

（6）选取E4单元格，单击"常用"工具栏上的复制按钮。

（7）选取E5：E30单元格，单击"常用"工具栏上的粘贴按钮，这样E5：E30将套用E4的函数。

4.2.2 建立会计科目表

会计科目是对会计要素的具体内容进一步分类的项目名称。设置会计科目是会计核算工作中极为重要的一项工作，它是填制会计凭证、设置账户、进行账务处理的依据，也是编制会计报表的基础。会计科目必须根据企业会计准则和国家统一会计制度的规定设置和使用，一般设有一级科目（即总账科目）、二级科目（即子科目）和明细科目。下面分别介绍会计科目表和明细科目表的设置方法。

建立会计科目表的具体方法和步骤如下：

（1）选择工作表"会计科目表"。

（2）在单元格A1中输入"麦德香食品有限责任公司会计科目表"，并将其作为如下设置：字体："宋体"、字号："12"，加粗。

（3）选择单元格区域A1：B1，单击"开始"→"对齐方式"→"合并后居中"命令按钮，单击"开始"→"字体"→"边框"的下拉三角按钮，在边框列表中选择"粗底框线"。

（4）选择单元格A2和B2，分别输入"科目编号"和"科目名称"。

(5)在单元格 D1 中输入"科目总数量",在单元格 E1 中输入公式"＝COUNTA(B：B)－1",用来统计会计科目表中会计科目的个数。

注：COUNTA 函数的功能是计算单元格区域或数组中包含数据(即非空白单元格)的单元格个数。

(6)单击 A 列的列标,选中 A 列,单击"开始"→"单元格"中的"格式"命令,打开"单元格格式"对话框,单击"数字"选项卡,在"分类"中选取"文本"(见图 4-5),单击"确定"按钮,关闭"单元格格式"对话框。

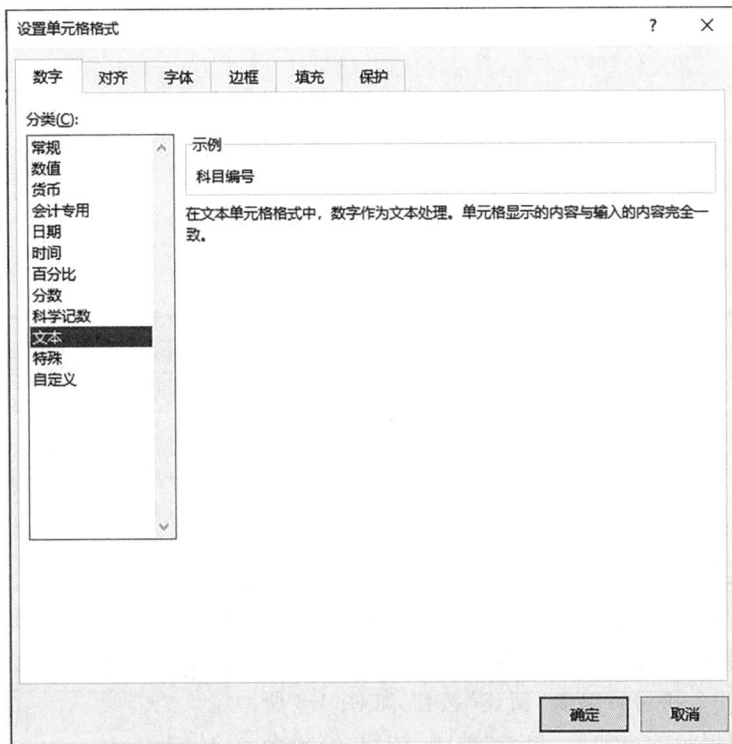

图 4-5　设置 A 列单元格的"文本"格式

(7)从第 3 行开始,在 A、B 两列分别按顺序输入所有会计科目代号和会计科目名称,如图 4-6 所示。

数据的录入方法有两种：一种方法是直接在对应的单元格中输入数据；另一种方法是在"记录单"中录入数据。采用在"记录单"中录入数据的方法便于新建、删除及查找会计科目。

操作步骤如下：

首先单击"文件"→"选项",在"Excel 选项"中单击"快速访问工具栏",在"从下列位置选择命令"列表中选择"不在功能区中的命令",在其下方选中"记录单",然后单击"添加"按钮,将"记录单"功能添加到"快速访问工具栏"中,单击"确定"按钮,如图 4-7 所示。

A	B
麦德香食品有限责任公司会计科目表	
科目编号	科目名称
1000	资产类
1001	库存现金
1002	银行存款
1101	交易性金融资产
1121	应收票据
1122	应收账款
1123	预付账款
1221	其他应收款
1231	坏账准备
1401	材料采购
1403	原材料
1405	库存商品
1501	持有至到期投资
1511	长期股权投资
1601	固定资产
1602	累计折旧
1603	在建工程
1701	无形资产
1801	长期待摊费用
1901	待处理财产损溢

图 4-6　输入数据后的会计科目表

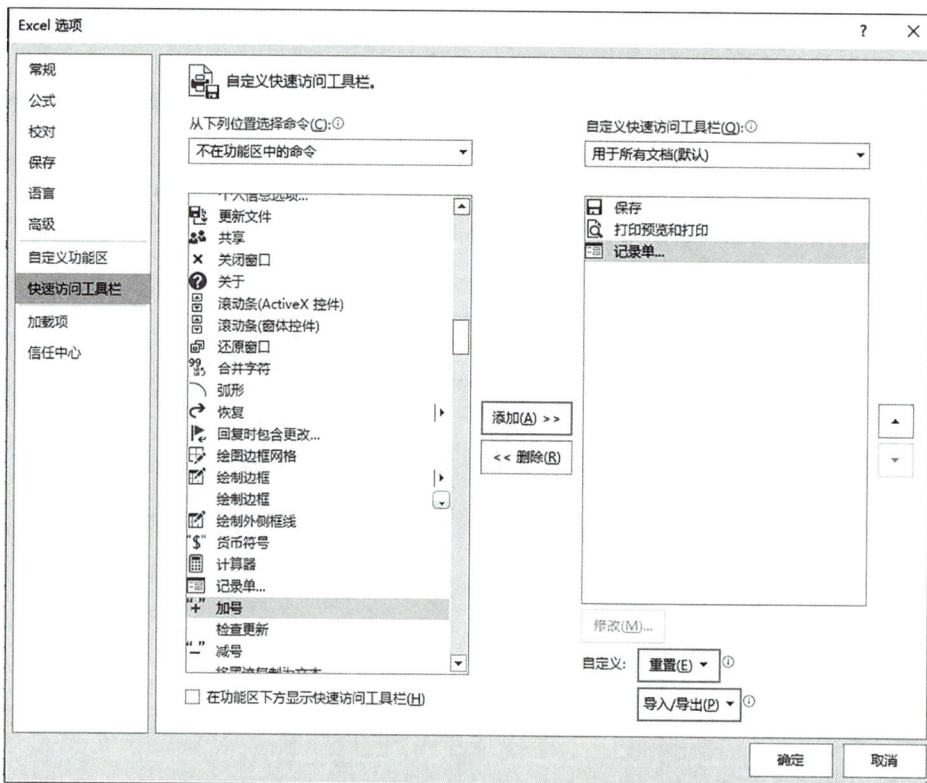

图 4-7　添加"记录单"到"快速访问工具栏"中

选定 A2∶B2 区域,再单击"快速访问工具栏"中"记录单"命令,打开"记录单"对话框,分别在"科目代号"和"科目名称"文本中输入具体的科目代号和科目名称,每完成一个科目后单击"新建"按钮,如图 4-8 所示。完成全部记录的添加后,单击"关闭"按钮,完成会计科目表的输入。

(8)将光标移至列标 A 和 B 中间,单击并拖动,将 A 列调整到合适的宽度,用同样方法将其他列也调整到合适的宽度。

4.2.3　修改会计科目表

企业会计科目的设置应保持相对稳定,但并非一成不变,需要根据社会经济环境、会计准则与会计制度及本企业业务发展的需要,对会计科目进行修改、补充或删除。

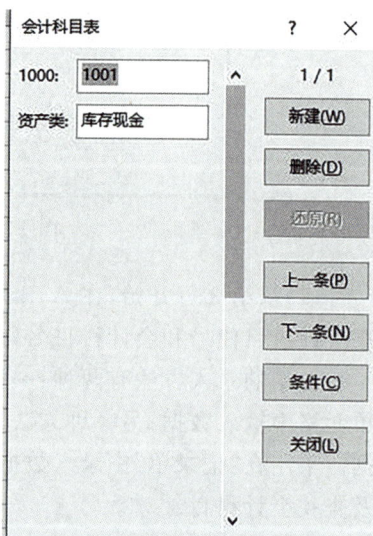

图 4-8　添加会计科目

具体步骤如下:

(1)单击需要修改的会计科目所在的单元格,对科目代号或科目名称进行修改。

(2)右击选中需要添加科目的单元格,在弹出的列表中单击"插入"命令,如图 4-9 所示。在出现的空行中输入相应的科目代号和科目名称。

（3）选中并右击要删除的科目所在的单元格，在弹出的列表中单击"删除"命令，在打开的"删除"对话框中选择有关的选项按钮，即"整行"按钮，单击"确定"按钮，如图 4-10 所示。

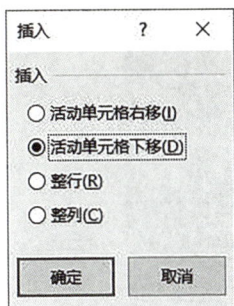

图 4-9　插入行的对话框　　　　图 4-10　删除单元格对话框

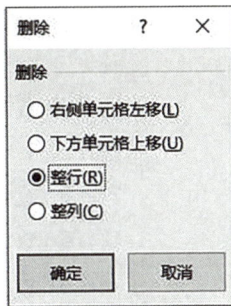

4.2.4　美化会计科目表

前面完成了会计科目表的基本操作，接下来可以对会计科目表进行填充颜色、设置字体等操作。

操作步骤如下：

（1）打开"会计科目表"，选取整张工作表。

（2）单击"开始"→"字体"功能区中的"填充颜色"按钮右侧的下拉三角按钮，在调色板上选择"深蓝，文字 2，淡色 80％"，单击后整张工作表都填满淡蓝色。

（3）选择 A1 单元格，单击"字体"→"字体颜色"右侧的下拉三角按钮，在调色板上选择"紫色"，单击后会计科目表标题字体颜色变成紫色。

（4）选择 A1 单元格，单击"字体"功能中的加粗按钮，则标题的字体变粗。

（5）选择 A3：B3 单元格，按住〈CTRL〉键，继续选取 A5：B5 单元格及 A7：B7 单元格。

（6）释放〈CTRL〉键，此时前面选中的 6 个单元格同时被选定。

（7）单击"字体"功能区中的"填充颜色"按钮右侧的下拉三角按钮，在调色板上选择"浅绿"，单击后，表格中行与行之间颜色分明，如图 4-11 所示。

	A	B
1	麦德香食品有限责任公司会计科目表	
2	科目编号	科目名称
3	1000	资产类
4	1001	库存现金
5	1002	银行存款
6	1101	交易性金融资产
7	1121	应收票据
8	1122	应收账款

图 4-11 进行颜色设置的会计科目表

（8）选择 A3：B8 单元格，单击"格式"工具栏上的"格式刷"按钮。

（9）按住鼠标左键拖动指针选取 A3：B8 单元格以下的所有单元格，释放鼠标，整张会计科目表变成了一张行间色彩分明的工作表，如图 4-12 所示。

图 4-12 完成美化后的会计科目表

4.2.5 创建明细科目表

明细科目是指对会计科目所反映的经济内容进一步详细分类的会计科目,是对会计科目更为详细的补充说明。有些企业在会计科目和明细科目之间还设置二级科目,其设置方法可以比照明细科目,在此不再赘述。

明细科目是由企业依据国家统一规定的会计科目和要求,根据自身经营管理的需要自行设置的。建立明细科目表的具体方法和步骤如下:

(1)激活"明细科目表"。

(2)单击"会计科目表"工作表,单击左上角"全选按钮",选取整张表,单击鼠标右键选择"复制"。

(3)返回"明细科目表",单击"全选按钮",单击鼠标右键选择"粘贴"。

(4)在 A1 单元格,将标题改为"麦德香食品有限责任公司明细科目表"。

(5)在单元格 C2 中输入"明细科目代号",在单元格 D2 中输入"明细科目名称",并设置其格式。

(6)从第 3 行开始,在 C、D 两列分别顺序输入所有会计科目所属的明细科目代号和明细科目名称。

(7)按照"会计科目表"进行格式设计,这里不再赘述。

(8)最终设计出"明细科目表",如图4-13 所示。

图 4-13 制作完成的明细科目表

4.3　记账凭证表的编制

4.3.1　会计凭证表的结构设置

会计凭证表的结构主要包括日期、序号、凭证号码、摘要、科目代号、总账科目、明细科目、方向、借方、贷方、制单人、审核人、附件等要素。

操作步骤如下：

(1)打开"第 4 章.xlsx"工作簿的"会计凭证表"工作表。

(2)选取 A1:M1 单元格，单击"开始"→"对齐方式"功能区中的"合并及居中"按钮，在合并的单元格中输入"会计凭证表"标题。单击"对齐方式"中的"居中"和"垂直对齐"命令，将字体设置为"隶书"，字号设置为"20"，字体颜色设置为"紫色"，将下划线设置为"双底框线"。

(3)选取 A2:M2 单元格，单击"开始"→"对齐方式"功能区中的"合并及居中"按钮，在合并的单元格中输入时间"2018 年 4 月 1 日"。右键单击选取 A2 单元格，在弹出的快捷菜单中选择"设置单元格格式"命令，在对话框中打开"数字"选项卡，选择"自定义"选项，在"类型"文本框中输入格式"yyyy'年'mm'月'dd'日'"，单击"确定"按钮，如图 4-14 所示。

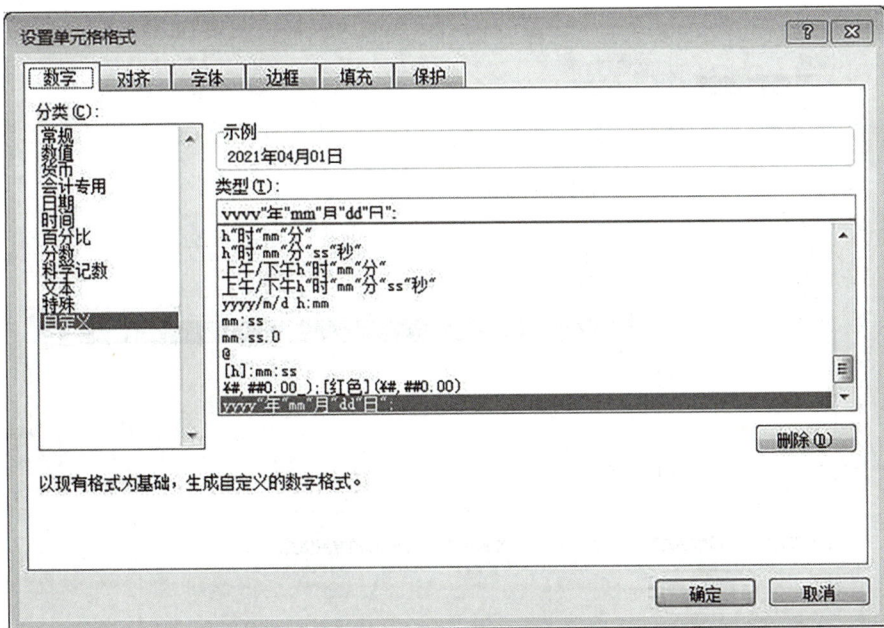

图 4-14　自定义日期格式

(4)分别选择 B3 至 M3 单元格，输入"年"、"月"、"日"，"序号"、"凭证号码"、"摘要"、

"类型"、"科目编号"、"科目名称"、"方向"、"借方"、"贷方"、"制单人"、"审核人"、"附件",并选中 B3:M3 单元格,单击"开始"→"对齐方式"功能区中的"合并及居中"按钮⊞。选择 A3:M14 区域,单击"开始"→"字体"→"边框"指令,在"边框"列表中选择"所有框线",如图 4-15 所示。

图 4-15 输入会计凭证表表头

(5)调整各列的宽度至合适的数值。

(6)选取 I 列和 J 列整列单元格并单击右键,在弹出的快捷菜单中选择"设置单元格格式"命令,在对话框中打开"数字"选项卡,选择"会计专用"选项,在"小数位数"文本框中输入"2",如图 4-16 所示,单击"确定"按钮,将"借方"和"贷方"设置为数值格式。

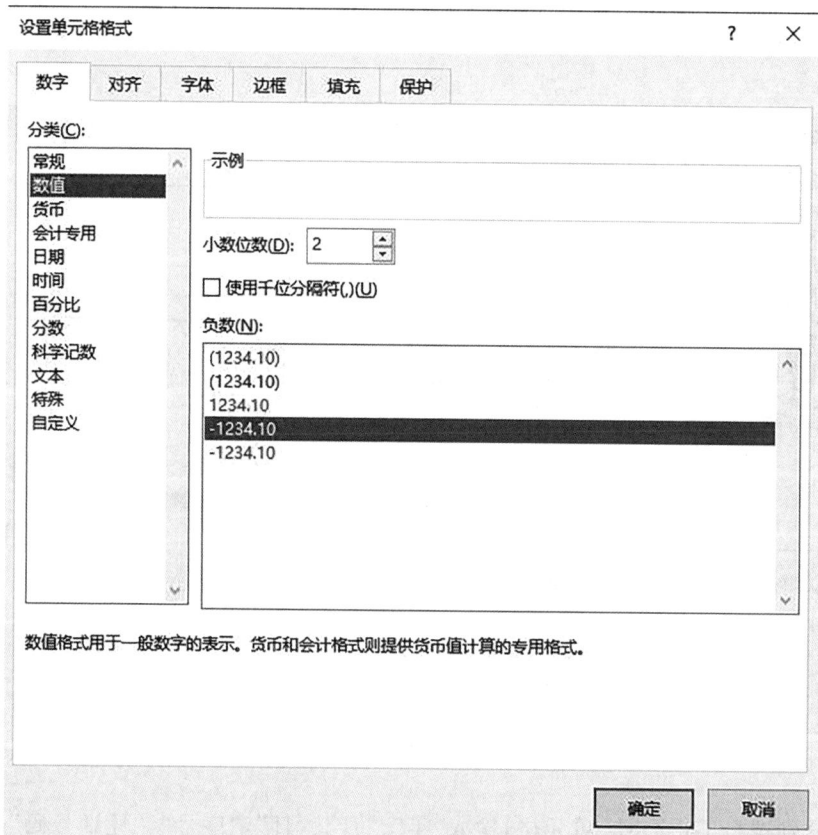

图 4-16 "设置单元格格式"对话框

4.3.2 "年""月"信息设置

用户输入日期之后,可通过以下方式自动显示年份和月份。

(1)选中单元格 A4,在公式栏中输入"＝YEAR($A$2)",如图 4-17 所示,其意义是如果本行的日期值不为空,则返回单元格 A2 日期所对应的年份。

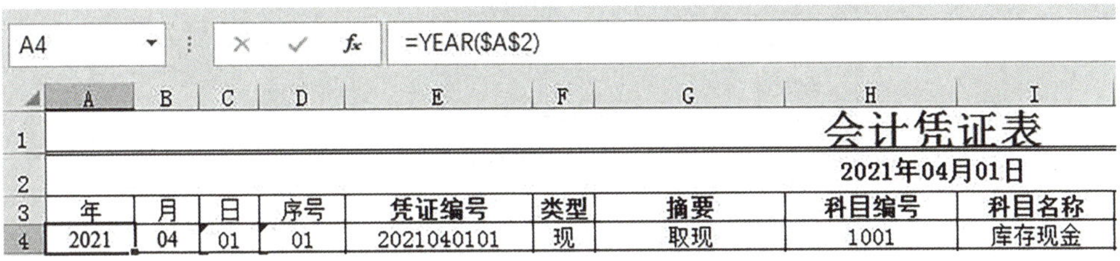

图 4-17　年自动填充公式

(2)选中单元格 B4,在公式栏中输入"＝TEXT(MONTH($A$2),"00")",其意义是如果本行的日期值不为空,则返回单元格 A2 日期所对应的月份,月份按 2 位数显示,如图 4-18 所示。

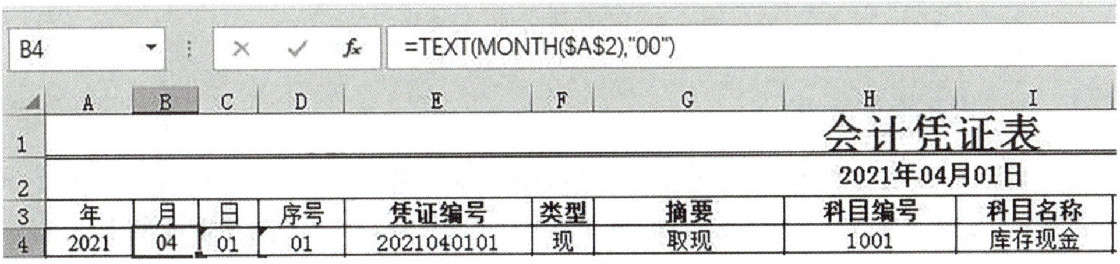

图 4-18　月自动填充公式

4.3.3 凭证"字""号"设置

根据发生的经济业务是否涉及现金、银行存款科目,可以将记账凭证分为"现"字凭证、"银"字凭证和"转"字凭证三类。依据每种类型的凭证发生的次数,为每类凭证依次编号。

凭证类型的输入可以通过设置数据验证,创建如图 4-19 所示的下拉列表,

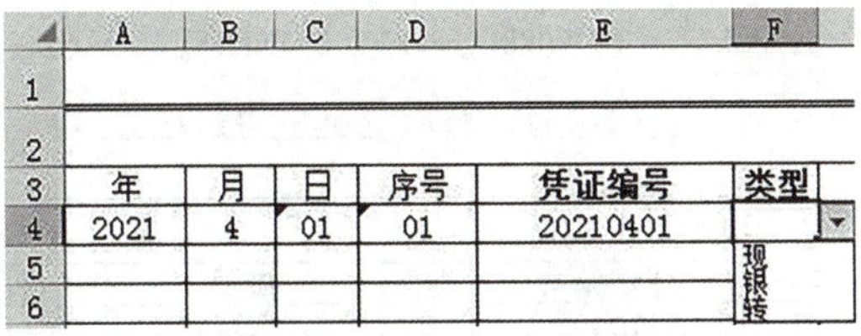

图 4-19　创建"类型"下拉列表

操作步骤如下:

(1)选中单元格 F4,选择"数据"→"数据工具"→"数据验证"→"数据验证"命令,打开

"数据验证"对话框。

(2)转到"设置"选项卡,在"允许"下拉列表中选择"序列",如图 4-20 所示,在"来源"文本框中输入"现,银,转",单击"确定"按钮即可。

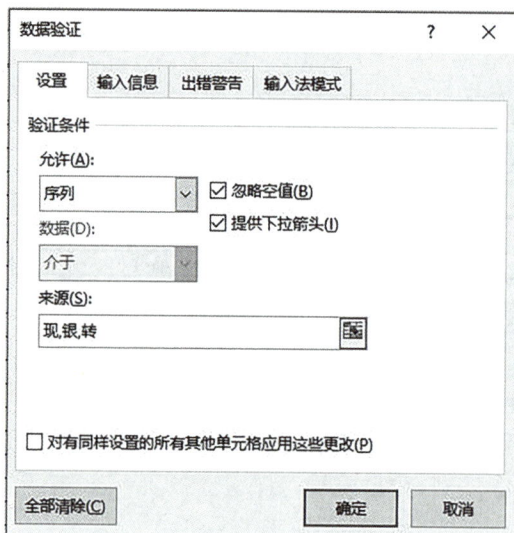

图 4-20　"数据验证"对话框

4.3.4　会计摘要信息输入

用户输入凭证发生的日期及凭证字号后,接下来就需要输入"摘要"内容。为了节约时间,在输入每笔凭证第一条记录的摘要后,可以使用公式在同一笔凭证的其余行内自动填充摘要信息。选中 G5,在公式栏中输入如下公式,如图 4-21 所示:

= IF（OR（ISBLANK（E5），ISBLANK（F5）)," ", IF（AND（E5 = E4, F5 = F4),G4,""))

公式说明:使用 ISBLANK 函数判断凭证的年、月、日、凭证字号等单元格内容(区域 E5:F5)是否为空,如果为空,则摘要栏内容也为空,否则判断凭证字号是否与上一行的记录相同;如果相同,返回上一行中的摘要信息,否则返回空值,等待输入下一记录的摘要信息。

图 4-21　摘要录入公式

4.3.5　会计科目名称自动录入及显示

为了减轻工作量,提高工作效率,用户在输入科目代码后,会计科目和明细科目可通过公式编辑来自动显示。

操作步骤如下:

(1)定义"会计科目表"名称。

激活"会计科目表"的工作表,选取 A2:B56 单元格区域,按〈CTRL〉+〈F3〉组合键,打开"名称管理器"对话框,单击"新建名称"按键,弹出"新建名称"对话框,在如图4-22所示的"名称"文本框中输入"会计科目",范围默认为"工作簿",单击"确定"按钮,返回"名称管理器"对话框,单击"关闭"按钮,返回工作表界面,完成会计科目表的名称定义。

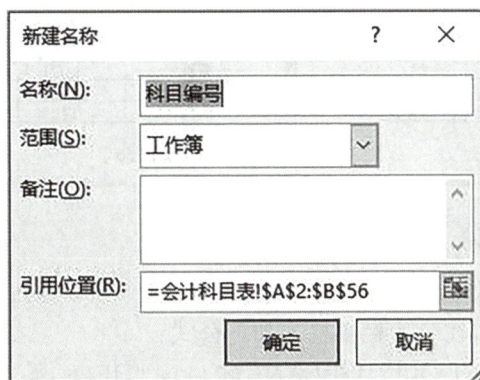

图 4-22　"新建名称"对话框

(2)选择单元格 I4,在公式栏中输入如下公式:

=IF(ISBLANK(H4),"",VLOOKUP(VALUE(LEFT(H4,4)),会计科目,2,FALSE))

公式说明:在公式中,ISBLANK 函数检验单元格是否为空,如果科目代码为空,则会计科目返回空值,否则用 LEFT 函数选取科目代码的前 4 位,用 VLOOKUP 函数,在"会计科目"中查找精确匹配值,并返回表中该值所在行第 2 列(科目名称列)所对应的值,如图 4-23 所示。

图 4-23　科目名称录入公式

(3)为了避免科目编号输入长度不足 4 位造成科目名称的读取错误,添加科目编号长度的判断机制。选择单元格 I6,在公式栏中输入如下公式:

=IF(ISBLANK(H6),"",IF(LEN(H6)<4,"",VLOOKUP(VALUE(LEFT(H6,4)),会计科目,2,FALSE)))

公式说明:在公式中,ISBLANK函数检验单元格是否为空,如果科目代码为空,则会计科目返回空值,否则用LEN函数计算科目代码的位数;如果科目代码长度为小于4,说明该总账科目没有明细科目,返回空值;如果科目代码长度大于或等于4,则用VLOOK-UP函数,在"会计科目"中查找精确匹配值,并返回表中该值所在行第2列(科目名称列)所对应的值,如图4-24所示。

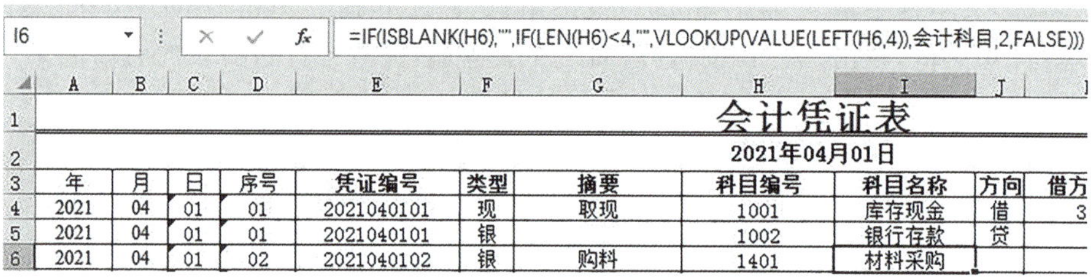

图4-24　科目名称录入公式

4.3.6　借贷方向设置

用户在"借方金额"列或"贷方金额"列输入数值后,可以通过公式自动显示金额的发生方向。选中单元格J4,在公式栏中输入如下公式:

=IF(AND(ISBLANK(K4),ISBLANK(L4)),"",IF(K4<>0,"借","贷"))

公式说明:使用ISBLANK公式判断借方金额和贷方金额所在格(K4,L4)是否为空,如果为空,则返回空值,如果借方金额所在单元格中输入的值大于0,返回"借",否则返回"贷",如图4-25所示。

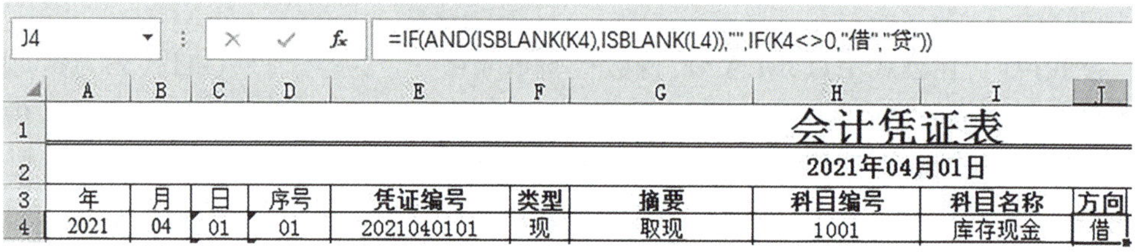

图4-25　借贷方向录入公式

4.3.7　单元格信息提示的设置

为了在用户输入数据时能够提示其输入数据的类型,可以对有些单元格的数据验证进行设置,即设置有关的提示信息。

操作步骤如下:

(1)选择G列,单击菜单"数据"→"数据验证",打开"数据验证"对话框,在"输入信息"选项卡的"输入信息"中输入"输入摘要",单击"确定"按钮,关闭"数据验证"对话框,如图4-26所示。当光标移动到G列的单元格时,在单元格的右下方将出现"输入摘要"的提示信息。

图 4-26　"数据验证"对话框→"输入信息"设置

（2）选择 H 列，单击菜单"数据"→"数据验证"，打开"数据验证"对话框，在"输入信息"选项卡的"输入信息"中输入"输入科目代号"；在"输入法模式"选项卡中的"输入法模式"中选择"关闭（英文模式）"，单击"确定"按钮，关闭"数据验证"对话框，如图 4-27 所示。当光标移动到 H 列的单元格时，在单元格的右下方出现输入科目编号提示信息的同时，将把输入法自动切换到英文状态，可以保证输入的文字为半角的英文。

图 4-27　"数据验证"对话框→"输入法模式"设置

（3）选择 K 列，设置"数据验证"的"输入信息"为"输入借方金额"，设置"输入法模式"为"关闭（英文模式）"。

（4）选择 L 列，设置"数据验证"的"输入信息"为"输入贷方金额"，设置"输入法模式"为"关闭（英文模式）"。

（5）选择 M 列，设置"数据验证"的"输入信息"为"输入制单人"，设置"输入法模式"为"打开"。

（6）选择 N 列，设置"数据验证"的"输入信息"为"输入审核人"，设置"输入法模式"为"打开"。

（7）选择 O 列，设置"数据验证"的"输入信息"为"输入附件张数"，设置"输入法模式"为"关闭（英文模式）"。

4.3.8　会计凭证表的备份与保护

1.会计凭证表的备份

在期末，应当将该期的会计凭证表进行备份，以便保存。备份数据的具体步骤如下：

（1）选择需要进行数据备份的单元格区域。

（2）按〈CTRL〉+〈C〉组合键。

（3）打开一个新的工作簿。

（4）单击要复制数据的起始单元格。

（5）右击选取的单元格区域，在弹出的快捷菜单中选择"选择性粘贴"→"选择性粘贴"命令，打开"选择性粘贴"对话框，选择"值和数字格式"选项按钮，如图 4-28 所示。

（6）单击"确定"按钮，则将数据和数字格式全部进行了复制。

（7）将新的工作簿以一个直观的名字命名，进行保存，便于以后的查考。

图 4-28　"选择性粘贴"对话框

2.会计凭证表的保护

工作表中有很多格式设置和计算公式，并且部分单元格也不需要输入数据，对工作表进行保护，可防止用户不小心对单元格格式和计算公式进行修改。操作步骤如下：

（1）单击工作表左上角的"全选"按钮，选中整张工作表，按〈CTRL〉+〈L〉组合键，弹出"设置单元格格式"对话框，转到"保护"选项卡，选择"锁定"和"隐藏"复选框，如图4-29所示。单击"确定"按钮，关闭对话框，返回工作表界面。

（2）选择区域 A1:O1 和"日"列、"类型"列、"号"列、"摘要"列、"科目代码"列、"借方金额"列、"贷方金额"列、"附件"列，按〈CTRL〉+〈L〉组合键，弹出"设置单元格格式"对话框。单击"保护"选项卡，选择"锁定"复选框，单击"确定"按钮，关闭对话框，返回工作表界面。

（3）选择"审阅"→"更改"→"保护工作表"命令，如图 4-30 所示，弹出"保护工作表"对话框，勾选"选定未锁定单元格"复选框，并在"取消工作表保护时使用的密码"的文本框中输入密码，如图 4-31 所示。单击"确定"按钮，返回工作表界面。

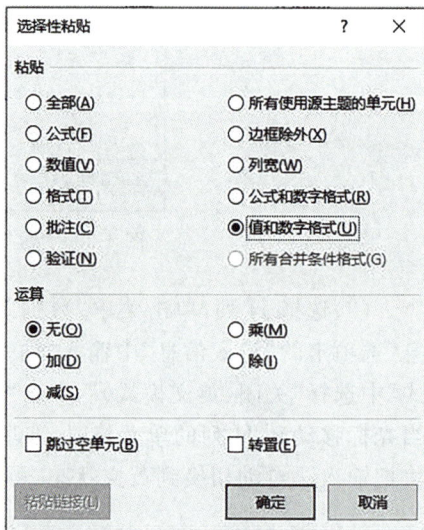

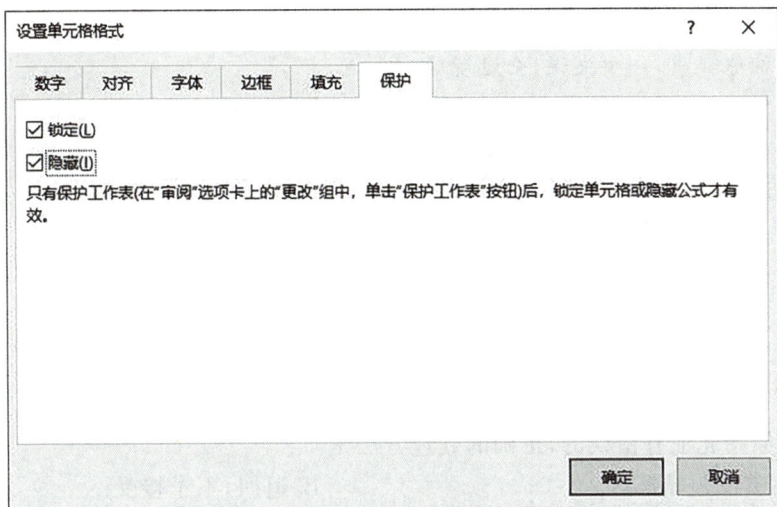

图 4-29　锁定和隐藏

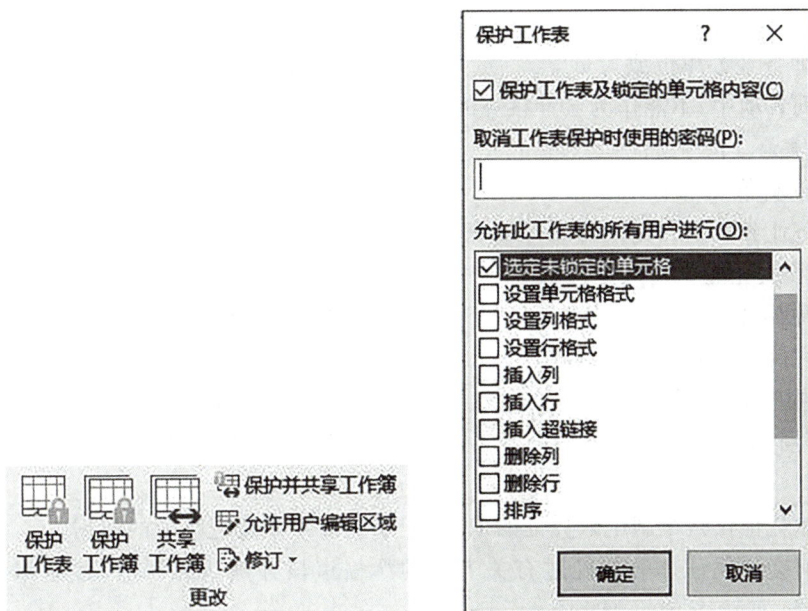

图 4-30　保护工作表命令

图 4-31　保护工作表

【课外思政】

人生哲理的警句

1.每个人都有很艰难的时候,熬过去后你会觉得那些当时快要了你的命的事情,那么多你觉得快要撑不过去的境地,都会慢慢好起来。

2.生命不是一场赛跑,而是一次旅行。比赛在乎终点,而旅行在乎沿途风景。

3.大多数人做事没有成功,根本的原因是缺少做的魄力,缺少奋力拼搏的勇气。魄力,沉睡在人体内,一旦被唤醒,会做出许多神奇的事情来。你不要受自筑藩篱或禁闭的思想影响,而放弃追寻理想的魄力。

4.人生就像弈棋,一步失误,全盘皆输。

5.爱不能用你等的时间来衡量,而是你对自己等待的原因了解多少。

6.如果有人拿你不当回事,没必要因此生气。更别鼓足了劲儿去表现,非要证明自己多出色。这样做会累死你,最好的办法是谁不在乎你,你也不必在乎他。

4.4 习 题

一、单选题

(1)发现原始凭证有错误的,正确的处理方法是 （　　）

    A.向单位领导报告　　　　　　　　B.退回,不予接受

    C.由出具单位重开或更正　　　　　D.本单位代为更正

(2)原始凭证取得或填制的人员是 （　　）

    A.出纳人员　　　　　　　　　　　B.会计主管

    C.业务经办单位或人员　　　　　　D.总账会计

(3)下列各项中,不能作为会计核算的原始凭证的是 （　　）

    A.发票　　　　　　　　　　　　　B.入库单

    C.领料单　　　　　　　　　　　　D.合同书

(4)经济业务发生和完成时取得或填制的凭证是 （　　）

    A.收款凭证　　　　　　　　　　　B.转款凭证

    C.原始凭证　　　　　　　　　　　D.收款凭证

(5)下列属于原始凭证的是 （　　）

    A.银行对账单　　　　　　　　　　B.购货合同

    C.生产计划　　　　　　　　　　　D.增值税专用发票

二、判断题

(1)原始凭证仅是填制记账凭证的依据,记账凭证才是登记账簿的依据。 （　　）

(2)任何会计凭证都必须经过有关人员的严格审核并确认无误后,才能作为记账的依据。 （　　）

(3)自制原始凭证必须由单位会计人员自行填制。 （　　）

(4)原始凭证不得外借,其他单位如因特殊需要使用原始凭证时,会计人员可以为其复制。 （　　）

(5)保管期满的原始凭证,单位可以自行销毁。 （　　）

三、多选题

(1)下列不能作为原始凭证的是 （　　）

    A.购货合同　　　　　　　　　　　B.车间派工单

    C.材料请购单　　　　　　　　　　D.工资表

(2)收款凭证的贷方科目可能是 （　　）

    A.现金　　　　　　　　　　　　　B.银行存款

  C. 短期借款   D. 主营业务收入

（3）外来原始凭证是   （ ）

  A. 从企业外部取得   B. 由会计人员填制

  C. 一次凭证   D. 加盖填制单位公章

（4）属于原始凭证必须具备的内容的有   （ ）

  A. 记账符号

  B. 经办人员的签名或者盖章

  C. 交易或事项的内容、数量、单价和金额

  D. 接受凭证单位的名称

（5）属于原始凭证审核内容的有   （ ）

  A. 原始凭证的真实性   B. 原始凭证的合法性

  C. 原始凭证的完整性   D. 原始凭证的合理性

四、简述题

（1）请描述一下 VLOOKUP 函数中四个参数的含义。

（2）请简述 CONCATENATE 函数的功能。

第 5 章　Excel 在会计账簿编制中的运用

5.1　会计账簿概述

会计账簿是以会计凭证为依据,对全部经济业务进行全面、系统、连续、分类地记录和核算的簿籍,是由专门格式并以一定形式联结在一起的账页所组成的。

由于会计凭证数量很多,又很分散,并且每张凭证只能记载个别经济业务的内容,所提供的信息不能全面、连续、系统地反映和监督一个经济单位在一定时期内某一类和全部经济业务活动的情况,而且不便于日后查阅。因此,为了提供系统的会计核算资料,各单位都必须在会计凭证的基础上设置和运用登记账簿的方法,将大量分散在会计凭证上的会计核算资料加以集中和归类整理,生成有用的会计信息,从而为编制会计报表、进行会计分析以及审计提供主要依据。

5.1.1　会计账簿的分类

设置和登记会计账簿,是重要的会计核算基础工作,是连接会计凭证和会计报表的中间环节,做好这项工作,对于加强经济管理具有十分重要的意义。会计账簿的分类方法很多,按用途来分,可以分为序时账簿、分类账簿和备查账簿。按账页格式分类,可以分为两栏式账簿、三栏式账簿、多栏式账簿、数量金额式账簿、横线登记式账簿;按外形特征来分,可以分为订本式账簿、活页式账簿、卡片式账簿。具体介绍如下:

(1)序时账簿,又称日记账,是按照经济业务发生时间的先后顺序逐日、逐笔登记的账簿。序时账簿按其记录的内容,可分为普通日记账和特种日记账。

(2)分类账簿,是按照会计要素的具体类别而设置的分类账户进行登记的账簿。账簿按其反映经济业务的详略程度,可分为总分类账簿和明细分类账簿。

(3)备查账簿,又称辅助账簿,是对某些在序时账簿和分类账簿等主要账簿中都不予登记或登记不够详细的经济业务事项进行补充登记时使用的账簿。它可以对某些经济业务的内容提供必要的参考资料。

(4)两栏式账簿,只有借方和贷方。普通日记账通常采用此种。

(5)三栏式账簿,设有借方、贷方和余额。适用于只进行金额核算的资本、债权、债务明细账。

(6)多栏式账簿,是在账簿的两个基本栏目借方和贷方按照需要分设若干个专栏的账簿。适用于收入、成本、费用、利润和利润分配明细账。

（7）数量金额式账簿，这种账簿的借方、贷方和余额三个栏目内，都分设数量、单价和金额三小栏，以反映财产物资的实物数量和价值量。

（8）横线登记式账簿，在同一张账页的同一行，记录某一项经济业务从发生到结束的相关内容。

5.1.2　会计账簿的意义

会计账簿在会计核算中具有十分重要的意义，主要表现在：

（1）可以为经济管理提供连续、全面、系统的会计信息；

（2）通过账簿的设置和登记，可以记载、储存会计信息；

（3）通过账簿的设置和登记，可以分类、汇总会计信息；

（4）便于企业单位考核成本、费用和利润计划的完成情况；

（5）可以为编制会计报表提供资料。

5.2　科目汇总表的建立

科目汇总表是将一定期间内的所有经济业务，根据相同的会计科目进行归类，定期汇总出每一个会计科目的本期借方发生额合计数和贷方发生额合计数的一种表格。科目汇总表在会计账务核算过程中起着承上启下的作用。一方面，将一定期间发生的经济业务分门别类地进行汇总；另一方面，为编制会计报表提供数据。科目汇总表的格式如图 5-1 所示。

	A	B	C	D
1	编制单位：	年　　月　　日		单位：元
2	科目代码	科目名称	借方本期发生额	贷方本期发生额
3				
4				
5	合　　计			

图 5-1　科目汇总表格式

5.2.1　科目汇总表账务处理概述

在会计核算方法中，科目汇总表是应用较为广泛的一种账务处理程序，是总分类账登记的依据。这种账务处理程序的优点是：可以利用科目汇总表的汇总结果用于账户发生额的试算平衡；大大减轻登记总分类账的工作量。在科目汇总表账务处理程序下，可根据科目汇总表上有关账户的汇总发生额，在月中定期或月末一次性地登记总分类账，可以使登记总分类账的工作量大为减轻。科目汇总表核算程序一般适用于生产规模比较大、业务比较多的单位。

5.2.2　科目汇总表的创建及美化

科目汇总表建立在凭证（日记账）基础之上，其数据也来源于凭证。由于已经在凭证（日记账）的基础上生成了分类汇总，科目汇总表建立只需要对分类账进行修改变动即可。

操作步骤如下：

(1)打开"会计凭证表"工作表。

(2)选择 A3：O33 单元格区域，单击菜单"插入"→"数据透视表"命令，在弹出的"创建数据透视表"对话框中选择"选择一个表或区域"，表/区域的值为"会计凭证表！＄A＄3：＄O＄33"，勾选"现有工作表"并单击 Q3 单元格，单击"确定"按钮。如图 5-2 所示。

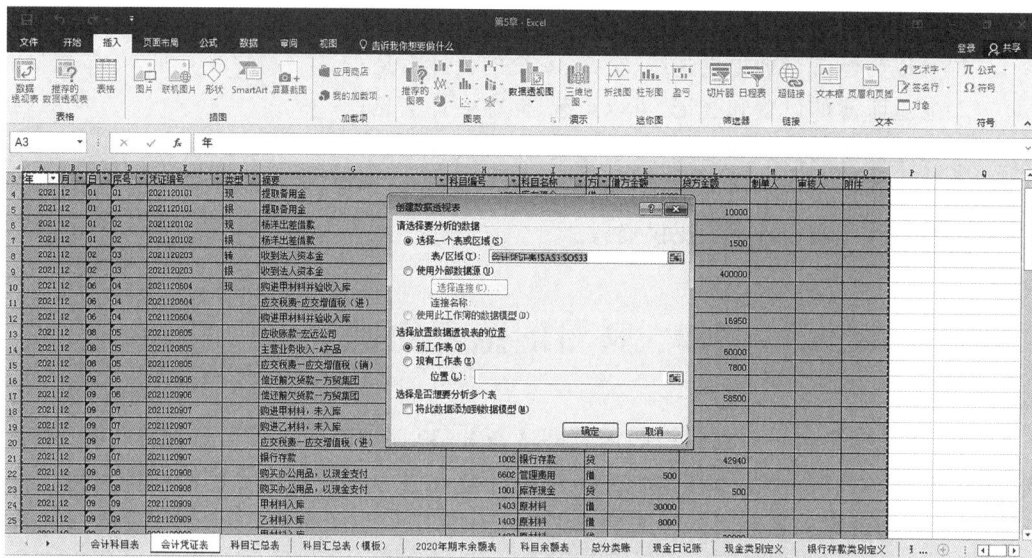

图 5-2　创建数据透视表

(3)在"数据透视表字段"对话框中选中"年"、"月"、"科目名称"、"借方金额"和"贷方金额"选项，如图 5-3 所示。

(4)将"年""月"拖至"筛选器"区域，"借方金额"和"贷方金额"拖至"值"区域，"行"区域内保留"科目编号"和"科目名称"，如图 5-4 所示。

图 5-3　选择字段

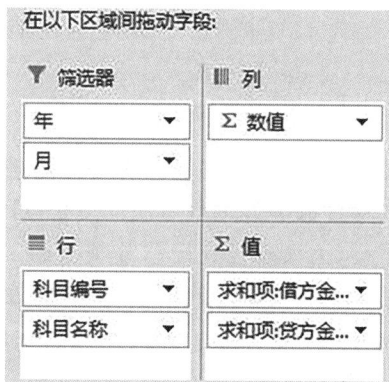

图 5-4　字段设置

(5)选择"数据透视表工具"中"设计"选项，选择"分类汇总"选项，在弹框中选择"不显示分类汇总"命令，如图 5-5 所示。

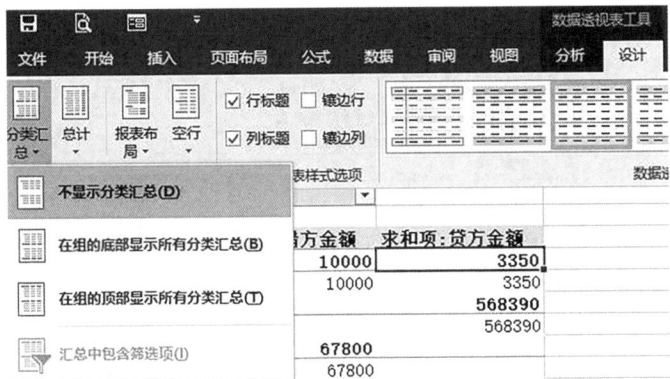

图 5-5 选择"不显示分类汇总"命令

（6）选择"数据透视表工具"中"设计"选项，选择"分类汇总"选项，在弹框中选择"以表格形式显示"命令，如图 5-6 所示。

图 5-6 选择"以表格形式显示"命令

（7）科目表变为如图 5-7 所示的格式，即为科目汇总表。

科目编号	科目名称	求和项:借方金额	求和项:贷方金额
1001	库存现金	60000	3350
1002	银行存款	146900	587790
1122	应收账款	67800	67800
1221	其他应收款	1500	1500
1403	原材料	91000	163000
1405	库存商品	150000	44000
1602	累计折旧		6250
2202	应付账款	58500	
2211	应付职工薪酬	40000	40000
2221	应交税费	6890	39900
2232	应付股利		275600
4001	实收资本	400000	
4101	盈余公积		68900
4103	本年利润	712000	180000
4104	利润分配	777000	1033500
5001	生产成本	150000	150000
5101	制造费用	15000	15000
6001	主营业务收入	110000	110000
6051	其他业务收入	20000	20000

图 5-7 生成科目汇总表

（8）单击"月"字段旁的下拉列表按钮，选择科目汇总表编制的月份，如图5-8所示。

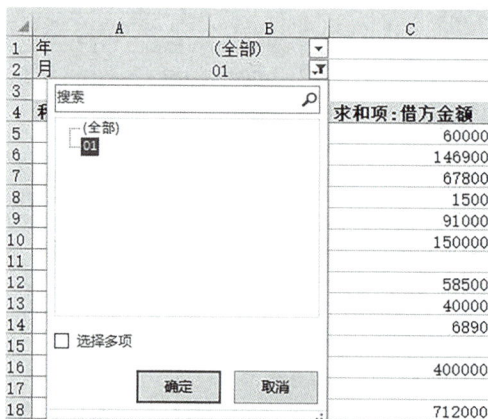

图5-8　所需月份的科目汇总表的选择

（9）单击"确定"按钮，即可生成该月的科目汇总表。

5.2.3　科目汇总表自动更新数据

生成的数据透视表中的数据，不能随意进行修改和变动，只能随着数据源数据的更新而更新。具体步骤如下：

（1）在"会计凭证表"工作表中删除一笔业务（两条记录），如图5-9所示。

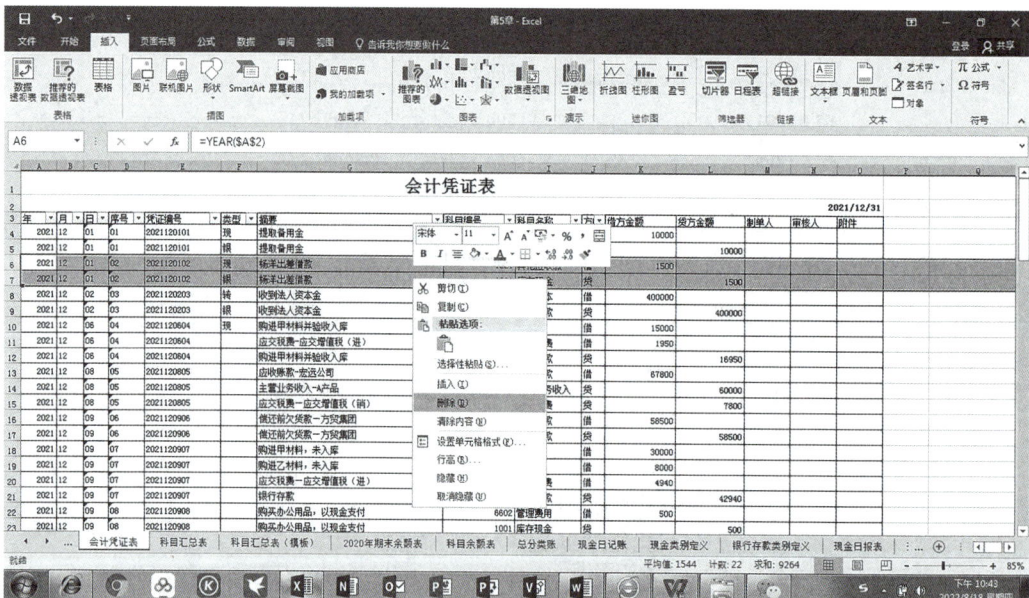

图5-9　修改数据源数据

（2）切换至"科目汇总表"工作表。

（3）单击鼠标右键，在弹出的快捷菜单中选择"刷新"命令，如图5-10所示。

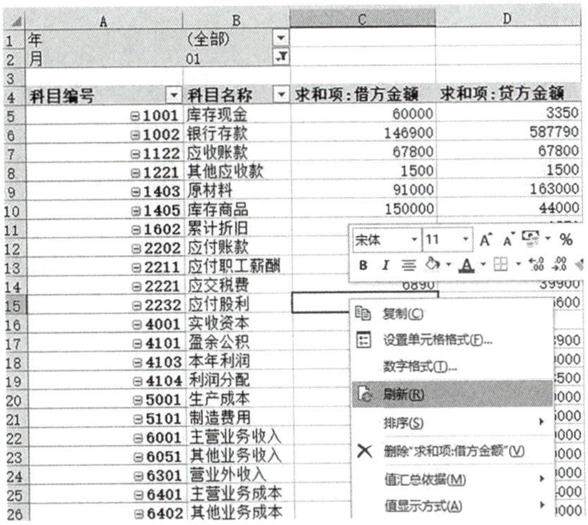

	A	B	C	D
1	年	(全部)		
2	月	01		
3				
4	科目编号	科目名称	求和项:借方金额	求和项:贷方金额
5	1001	库存现金	60000	3350
6	1002	银行存款	146900	587790
7	1122	应收账款	67800	67800
8	1221	其他应收款	1500	1500
9	1403	原材料	91000	163000
10	1405	库存商品	150000	44000
11	1602	累计折旧		
12	2202	应付账款		
13	2211	应付职工薪酬		
14	2221	应交税费	6890	39900
15	2232	应付股利		
16	4001	实收资本		
17	4101	盈余公积		
18	4103	本年利润		
19	4104	利润分配		
20	5001	生产成本		
21	5101	制造费用		
22	6001	主营业务收入		
23	6051	其他业务收入		
24	6301	营业外收入		
25	6401	主营业务成本		
26	6402	其他业务成本		

图 5-10　执行“刷新”数据命令

(4)在弹出的对话框中单击“确定”按钮。“科目汇总表”的数据便自动进行更新，如图 5-11 所示，并且在此基础上建立的数据透视表均自动更新。

	A	B	C	D
1	年	(全部)		
2	月	12		
3				
4	科目编号	科目名称	求和项:借方金额	求和项:贷方金额
5	1001	库存现金	60000	1850
6	1002	银行存款	146900	587790
7	1122	应收账款	67800	67800
8	1221	其他应收款		1500
9	1403	原材料	91000	163000
10	1405	库存商品	150000	44000
11	1602	累计折旧		6250
12	2202	应付账款	58500	
13	2211	应付职工薪酬	40000	40000
14	2221	应交税费	6890	39900
15	2232	应付股利		275600
16	4001	实收资本	400000	
17	4101	盈余公积		68900

图 5-11　更新后的科目汇总表

5.3　现金日记账管理

5.3.1　现金日记账的建立

现金日记账是由出纳人员根据审核后的现金收、付款记账凭证和银行付款凭证，逐日逐笔按顺序登记和反映现金增减变动情况的一种特种日记账。每笔业务发生后，需要计算余额；在每日收付款项逐笔登记完毕后，应分别计算现金收入和现金支出的合计数及账面余额，并与库存现金实存数相核对，以此检查每日现金收支和结存情况，最终形成如图 5-12 所示的现金日记账簿。

现金日记账

2021年 月	日	凭证编号	类别	摘要	借方	贷方	余额
				期初余额			3500
4	3		营业款	收到营业款	40000		43500
4	3		费用报销	李某差旅费报销		450	43050
4	3		退还保证金	退还B供应商保证金		25000	18050
4	3		营业额	收回营业额	35000		53050
4	3		取款	从银行取款采购货物	60000		113050
4	3		其他支出	采购货物		35000	78050
4	3		存款	存入银行		30000	48050
4	3		个人还款	张某还款	3500		51550
				本日合计	138500	90450	51550
				本月累计	138500	90450	51550
4	4		费用报销	王某招待费报销		3400	48150
4	4		营业额	收到营业款	35000		83150
4	4		个人借款	王总借款		5600	77550
				本日合计	35000	9000	77550
				本月累计	173500	99450	77550

图 5-12　现金日记账簿

1.现金日记账结构设计

设计如图 5-12 所示的现金日记账工作表格式的具体步骤如下：

（1）打开工作簿"第 5 章.xlsx"，选择工作表"现金日记账"。

（2）在单元格 B2 中输入"现金日记账"，选取单元格区域 B2:I2，单击"开始"→"字体"功能区中的"合并及居中"按钮，再单击菜单"开始"→"单元格"→"格式"→"设置单元格格式"，打开"单元格格式"对话框，单击"字体"选项卡，将"字体"设置为"楷体"，将"字号"设置为"18"，将"下划线"设置为"双下划线"，将"颜色"设置为"绿色"，如图 5-13 所示。单击"确定"按钮，关闭"单元格格式"对话框。

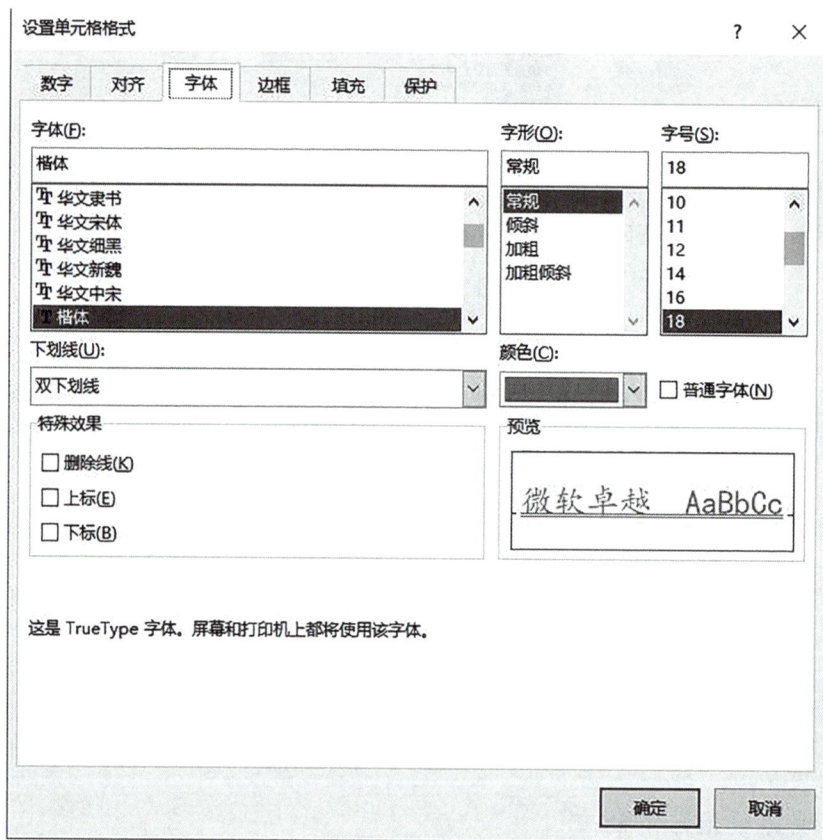

图 5-13　"单元格格式"——设置字体

（3）在单元格 B3 中输入公式"＝YEAR（TODAY（））&"年""，用于自动显示年份。选择单元格 B3:C3，单击"格式"工具栏的"合并及居中"按钮。

（4）在单元格 B4、C4 中分别输入"月""日"。

（5）在单元格 D4、E4、F4、G4、H4、I4 中分别录入"凭证编号""类别""摘要""借方""贷方""余额"。

（6）分别选择单元格区域 D3:D4、E3:E4、F3:F4、G3:G4、H3:H4、I3:I4，单击"开始"→"字体"功能区中的"合并及居中"按钮，结果如图 5-14 所示。

图 5-14　设置现金日记账表头

（7）选中第 3、4 行，单击菜单"开始"→"单元格"→"格式"→"设置单元格格式"，打开"单元格格式"对话框，单击"对齐"选项卡，设置"水平对齐""垂直对齐"均为居中，如图 5-15 所示；单击"字体"选项卡，将"字体"设置为"宋体"，将"字形"设置成"加粗"，将"字号"设置为"12"，将"颜色"设置为"绿色"，如图 5-16 所示；单击"确定"按钮，关闭"单元格格式"对话框。

（8）选择单元格区域 B3：L70，单击菜单"开始"→"单元格"→"格式"→"设置单元格格式"，打开"单元格格式"对话框，单击"边框"选项卡，设置"线条颜色"为"绿色"，设置"线条样式"为"粗实线"，单击"上边框"和"下边框"；设置"线条样式"为"细实线"，单击"内部边框"，如图 5-17 所示；单击"确定"按钮，关闭"单元格格式"对话框。

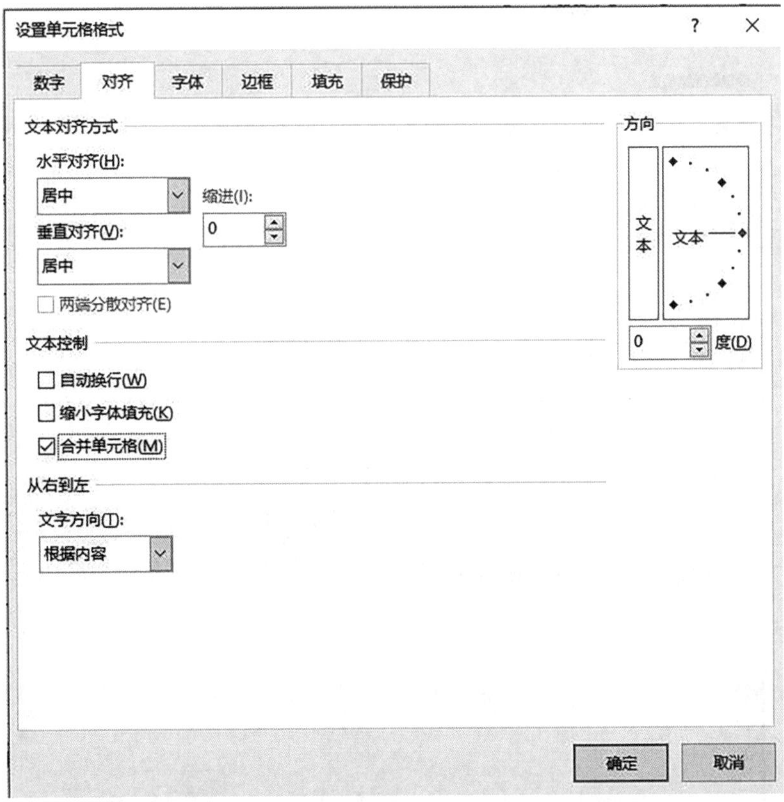

图 5-15　"单元格格式"对话框——对齐

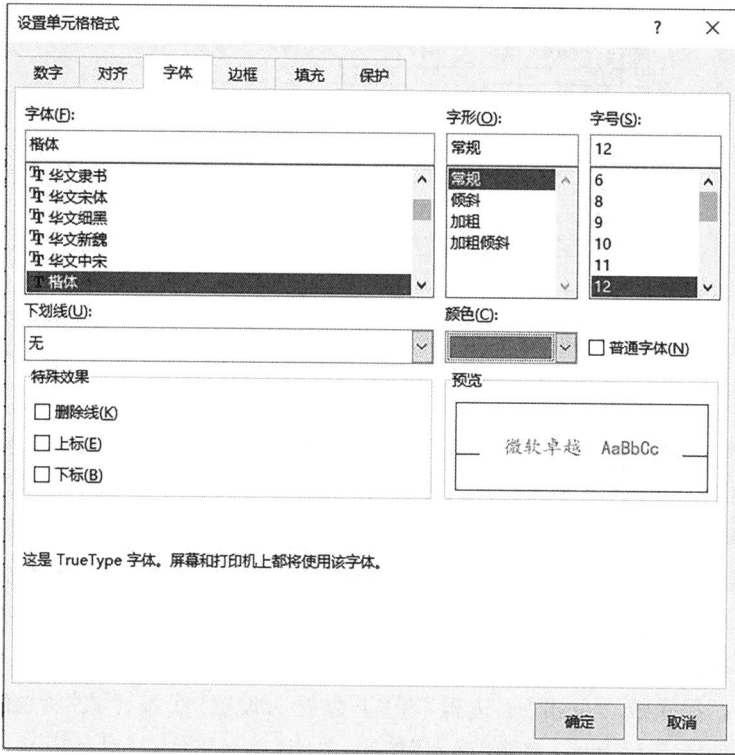

图 5-16 "单元格格式"对话框——字体

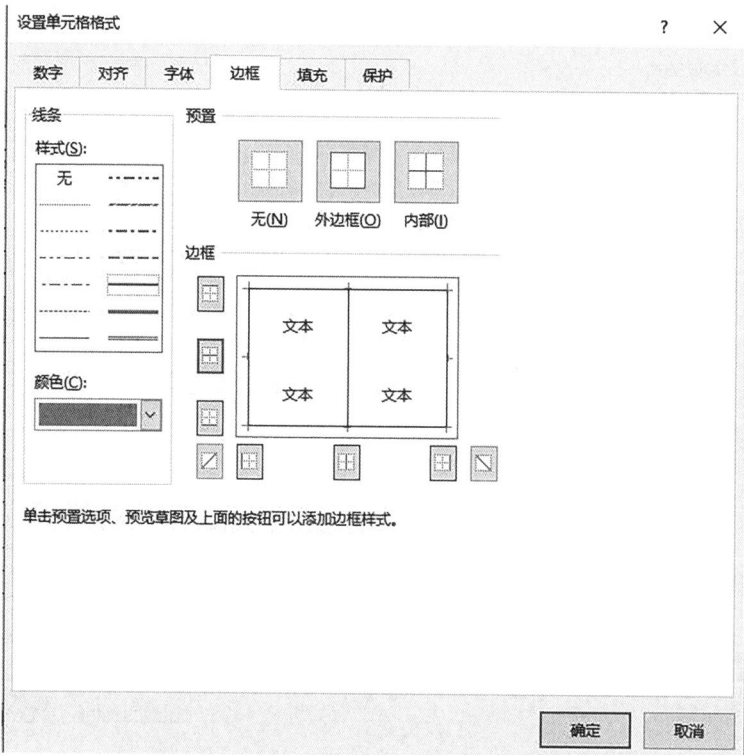

图 5-17 "单元格格式"对话框——边框

（9）选择单元格区域 B3：L4，单击菜单"开始"→"单元格"→"格式"→"设置单元格格式"，打开"单元格格式"对话框，单击"边框"选项卡，设置"线条颜色"为"绿色"，设置"线条样式"为"粗实线"，单击"下边框"；单击"确定"按钮，关闭"单元格格式"对话框。

（10）适当调整各列的宽度，完成现金日记账的结构设计。

2.数据验证设置

为了提高数据的输入效率，可以对一些单元格设置数据验证。下面介绍现金日记账"类别"这一列的数据验证设置，其具体步骤如下：

（1）打开工作簿"第 5 章.xlsx"，选择工作表"现金类别定义"。

（2）在 A 列输入如图 5-18 所示的文字。

（3）选择单元格区域 A1：A10，设置"范围名称"为"现金类别定义"。

（4）返回"现金日记账"表单，选择"类别"所在的 E 列，单击"数据"菜单中的"数据验证"命令。打开"数据验证"话框，设置"允许"为"序列"，如图 5-19 所示；将光标移到"来源"位置。输入"现金类别定义"，单击"确定"按钮，退出"数据验证"对话框，如图 5-19 所示。

图 5-18　现金日记账类别列表

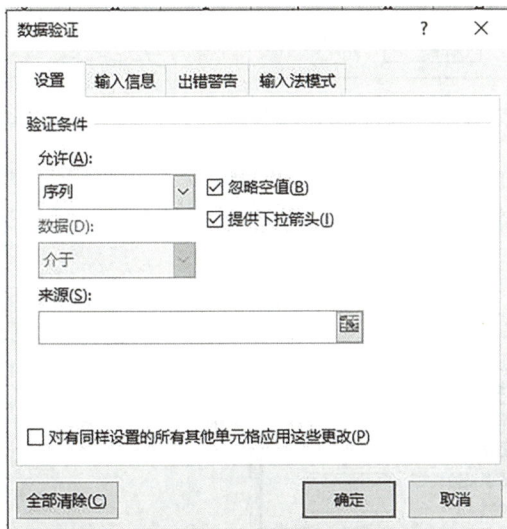

（5）选择单元格 E5，在 E5 单元格的右边便会出现一个下拉箭头，单击下拉箭头，便可选择相应的类别，如图 5-21 所示。

图 5-20　"范围名称"对话框

图 5-19　"数据验证"对话框——设置

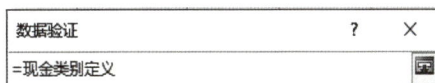

图 5-21　下拉框选择输入

给"类别"列设置了数据验证以后，可以省去打字的麻烦，同时也避免了录入的错误。同样，也可以给"银行存款日记账"的"类别"设置有效性检查；在表单"银行存款类别定义"的 A 列输入如图 5-22 所示内容，"范围名称"设置为"银行存款类别定义"。

3.条件格式设置

可以通过添加条件格式的方法，给特定的单元格设置醒

图 5-22　银行存款类别列表

目的格式,以方便用户查阅。具体步骤如下:

(1)在"现金日记账"表单选择单元格 F5,单击"开始"→"样式"→"条件格式"命令,打开"新建规则",选择"使用公式确定要设置格式的单元格"对话框,如图 5-23 所示。

图 5-23　"条件格式"对话框

(2)在"为符合此公式的值设置格式"的文本框中,输入条件公式"＝OR(＄F5＝"本日合计",＄F5＝"本月累计",＄F5＝"期初余额")",如图 5-24 所示。

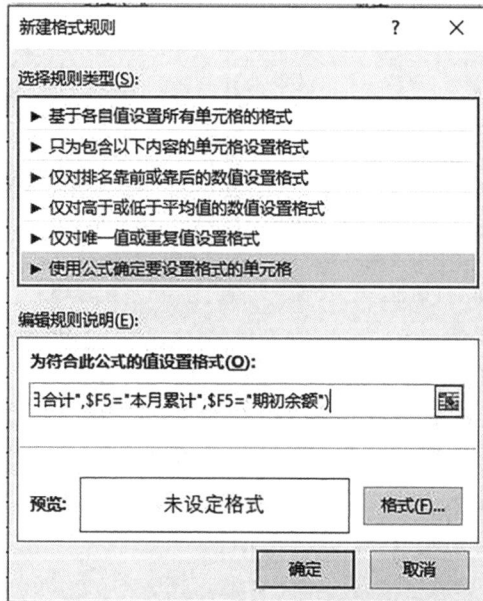

图 5-24　"条件格式"对话框

上述公式中 OR 函数的功能是在其参数组中,任何一个参数逻辑值为 TRUE,即返回 TRUE;所有参数的逻辑值为 FALSE,即返回 FALSE。

(3)单击"格式"按钮,打开"单元格格式"对话框,选择字体颜色为"红色"。如图 5-25 所示。

图 5-25　"设置单元格格式"对话框——字体

(4)选择"边框"选项卡,设置"线条样式"为"细实线",设置"线条颜色"为"红色",然后选择"下边框",如图 5-26 所示。

(5)单击"确定"按钮,关闭"单元格格式"对话框,再单击"确定"按钮,退出"条件格式"对话框;单击"剪切板"功能区中的"格式刷"按钮，然后选择要设置格式的单元格区域 B5:I21。

设置了上述条件格式以后,当在"摘要"栏即 F 列中输入"期初余额"、"本日合计"或者"本月累计"字样的时候,字体颜色自动设置成醒目的红色,并且该行的下边框也变成红色,而输入其他字符则保持原来的颜色,如图 5-27 所示。

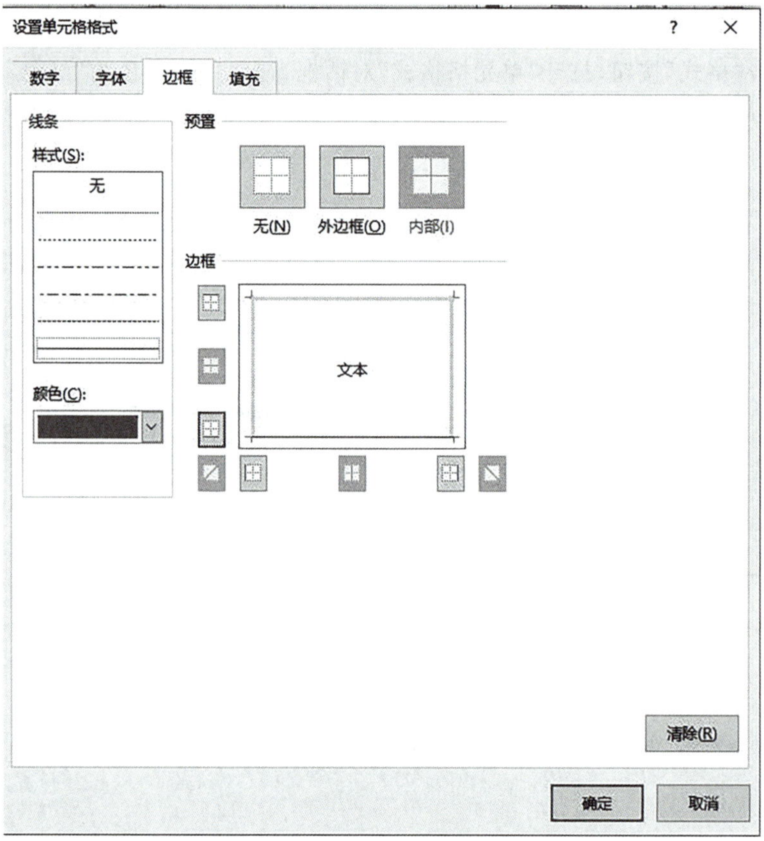

图 5-26 “设置单元格格式”对话框——边框

现金日记账

2021年 月	日	凭证编号	类别	摘要	借方	贷方	余额
				期初余额			3500

图 5-27 设置了条件格式之后的现金日记账簿

4. 余额自动显示

接下来，我们将实现余额的自动计算。在每笔业务发生后，应将上次的余额加上本次的借方金额，减去贷方金额，得到本次的余额。

(1)输入起始余额和本月发生的第一笔现金业务，如图 5-28 所示。

现金日记账							
2021年		凭证编号	类别	摘要	借方	贷方	余额
月	日						
				期初余额			3500
4	3		营业款	收到营业款	40000		43500

图 5-28　登记现金日记账

（2）在单元格 I6 输入公式"＝I5＋G6－H6"，按回车自动计算出余额，如图 5-29 所示。

现金日记账							
2021年		凭证编号	类别	摘要	借方	贷方	余额
月	日						
				期初余额			3500
4	3		营业款	收到营业款	40000		43500
4	3		费用报销	李某差旅费报销		450	43050

图 5-29　计算余额

（3）复制单元 I5 的公式到单元格区域 I7：I21，复制完公式以后的现金日记账簿如图 5-30 所示。操作如下：

方法 1：选取单元格 I6，单击"剪贴板"功能区中的"复制"按钮，然后选取单元格区域 I7：I21，再单击"剪贴板"功能区中的"粘贴"按钮。

方法 2：选取单元格 I6，向下拖动句柄（位于选定区域右下角的句柄；用鼠标指向句柄时，鼠标的指针变为黑十字），覆盖单元格区域 I7：I21。

现金日记账							
2021年		凭证编号	类别	摘要	借方	贷方	余额
月	日						
				期初余额			3500
4	3		营业款	收到营业款	40000		43500
4	3		费用报销	李某差旅费报销		450	43500
							43500
							43500
							43500
							43500
							43500
							43500
							43500
							43500
							43500
							43500

图 5-30　复制公式后的现金日记账簿

每行的余额都显示出来，不是很美观，我们需要的是输入了金额的行才显示余额，否则显示空白。把单元格 I6 处的公式改成"＝IF（AND（G6＝""，H6＝""），""，I5＋G6－H6）"，再把公式复制到单元格区域 I7：I70，得到如图 5-31 所示的结果。

fx =IF(AND(G6="",H6=""),"",I5+G6-H6)

现金日记账							
2021年		凭证编号	类别	摘要	借方	贷方	余额
月	日						
				期初余额			3500
4	3		营业款	收到营业款	40000		43500
4	3		费用报销	李某差旅费报销		450	43500

图 5-31　更改公式后的现金记账簿

（4）依次输入背景资料中 4 月 3 日发生的现金业务，形成如图 5-32 所示的现金日记账，供下一个项目使用。

现金日记账						
2021年 月 日	凭证编号	类别	摘要	借方	贷方	余额
			期初余额			3500
4 3		营业款	收到营业款	40000		43500
4 3		费用报销	李某差旅费报销		450	43050
4 3		退还保证金	退还B供应商保证金		25000	18050
4 3		营业额	收回营业额	35000		53050
4 3		取款	从银行取款采购货物	60000		113050
4 3		其他支出	采购货物		35000	78050
4 3		存款	存入银行		30000	48050
4 3		个人还款	张某还款	3500		51550
			本日合计	138500	90450	51550
			本月累计	138500	90450	51550

图 5-32　4 月 3 日的现金日记账

5. 计算本日合计与本月累计

每日营业终了，需要计算当日的合计数和本月的累计数。接上面的例子，计算本日合计和本月合计的详细步骤如下：

（1）在单元格 F14 处连续插入 2 行，并在单元格 F14 中输入"本日合计"，在单元格 G14 中输入"＝SUM(G6:G13)"，并将公式复制到单元格 I14，形成本日合计的结果，如图 5-33 所示。

现金日记账						
2021年 月 日	凭证编号	类别	摘要	借方	贷方	余额
			期初余额			3500
4 3		营业款	收到营业款	40000		43500
4 3		费用报销	李某差旅费报销		450	43050
4 3		退还保证金	退还B供应商保证金		25000	18050
4 3		营业额	收回营业额	35000		53050
4 3		取款	从银行取款采购货物	60000		113050
4 3		其他支出	采购货物		35000	78050
4 3		存款	存入银行		30000	48050
4 3		个人还款	张某还款	3500		51550
			本日合计	138500	90450	51550

图 5-33　计算 2021 年 4 月 3 日本日合计

（2）在单元格 F15 输入"本月累计"，在单元格 G15 输入"＝SUM(G6:G13)"，并将公式复制到单元格 I14，形成本月累计的结果，如图 5-34 所示。因为 4 月 3 日为当月的第一个工作日，所以本日合计和本月累计的数值相同。

现金日记账						
2021年 月 日	凭证编号	类别	摘要	借方	贷方	余额
			期初余额			3500
4 3		营业款	收到营业款	40000		43500
4 3		费用报销	李某差旅费报销		450	43050
4 3		退还保证金	退还B供应商保证金		25000	18050
4 3		营业额	收回营业额	35000		53050
4 3		取款	从银行取款采购货物	60000		113050
4 3		其他支出	采购货物		35000	78050
4 3		存款	存入银行		30000	48050
4 3		个人还款	张某还款	3500		51550
			本日合计	138500	90450	51550
			本月累计	138500	90450	51550

图 5-34　计算 2021 年 4 月 3 日本月累计

（3）如图 5-33 和图 5-34 所示，单元格的 I14（本日合计）和单元格的 I15（本月累计）所在行的余额显然是错误的，错误原因是它们的公式分别是"＝IF(AND(G14＝""，H14

＝""），""，I13＋G14－H14）"和"＝IF（AND（G15＝""，H15＝""），""，I14＋G15－H15）"，把"本日合计"的金额也累加了，而实际上它们的值应该等于单元格 I13 的值。修改方法是：把单元格 I6 的公式改成"＝IF（AND（G6＝""，H6＝""），""，IF（OR（F6＝{"本日合计"，"本月累计"，"本年累计"}），I5，I5＋G6－H6））"并将此公式复制到单元格区域 I7：I21，从而达到正确计算余额的目的，如图 5-35 所示。

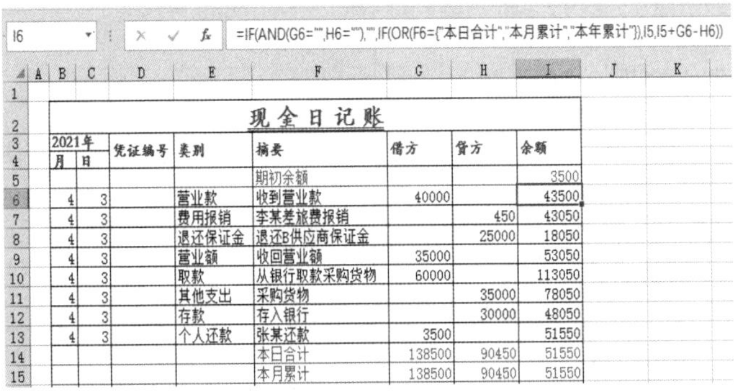

图 5-35　更改公式后的现金日记账簿

（4）依次输入背景资料中 4 月 4 日发生的现金业务，形成如图 5-36 所示的现金日记账簿。

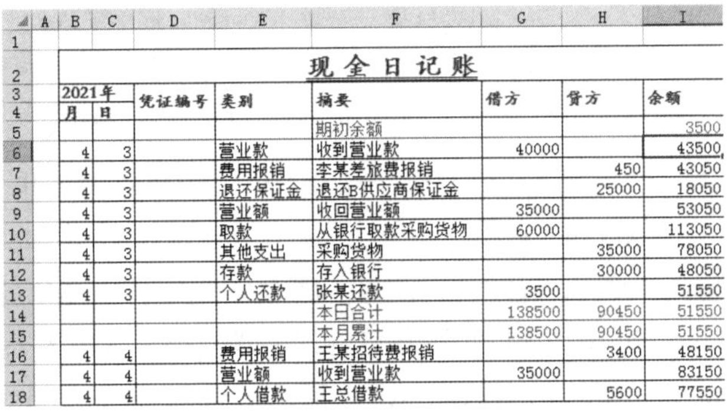

图 5-36　至 2021 年 4 月 4 日的现金日记账簿

（5）在单元格 F19 输入"本日合计"，在单元格 G19 输入"＝SUM（G16：G18）"，并将公式复制到单元格 H19，形成本日合计的结果；在单元格 F20 输入"本月累计"，在单元格 G20 输入"＝G15＋G19"（即 3 日的本月累计加上 4 日的本日合计），并将公式复制到单元格 H20，形成本月累计的结果，如图 5-37 所示。

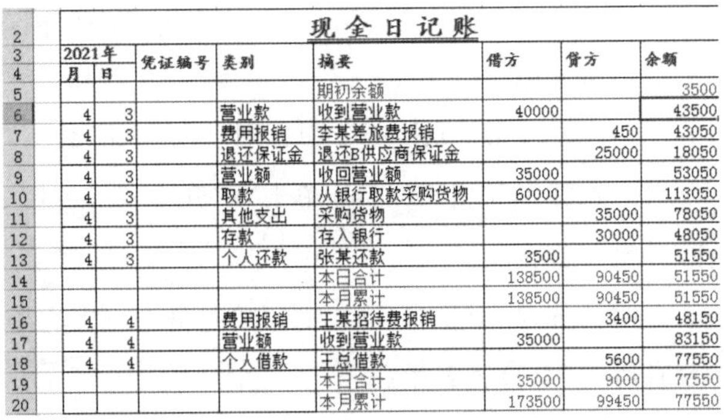

图 5-37　计算 2021 年 4 月 4 日当日合计和当月累计

5.3.2 现金日报表的编制

现金日报表是企业管理部门为了及时掌握和了解现金的流动情况而要求出纳人员每日提供的报表。现金日报表的编制不仅为企业现金的管理提供了方便，而且为管理者及时了解和掌握本企业的资金状况和合理运用资金提供了参考数据。下面介绍现金日报表的编制方法。

1.现金日记账结构设计

在 Excel 上设计的现金日报表格式如图 5-38 所示，具体的设计步骤如下：

（1）在单元格 B1 中输入"现金日报表"，选取单元格区域 B1:G1，单击"格式"工具栏的"合并及居中"按钮，再单击菜单"开始"→"单元格"→"设置单元格格式"，打开"设置单元格格式"对话框，单击"字体"选项卡，将"字体"设置为"宋

现 金 日 报 表					
2021年4月3日					单位：元
项目		金额			备注
		本日	本月累计	本年累计	
本日收入	营业款				
	个人还款				
	保证金收入				
	取款				
	其他收入				
	本日收入合计				
本日支出	费用报销				
	个人借款				
	存款				
	退还保证金				
	其他支出				
	本日支出合计				
昨日现金余额：					
本日现金余额：					

图 5-38　现金日报表格式

体"，将"字号"设置为"18"，将"下划线"设置为"双下划线"，将"颜色"设置为"绿色"，单击"确定"按钮，关闭"设置单元格格式"对话框。现金日报表标题设置完成。

（2）在单元格 B4 中输入 2021-4-3，选择单元格 B2:F2，单击"格式"工具栏的"合并及居中"按钮，再单击菜单"开始"→"单元格"→"设置单元格格式"，打开"设置单元格格式"对话框，单击"数字"选项卡，分类列表选择"自定义"，类型选择"yyyy"年"m"月"d"日""，如图 5-39 所示，单击"确定"按钮，关闭"设置单元格格式"对话框。现金日报表日期设置完成。

（3）在单元格 G2 中输入"单位：元"，并设置其格式。现金日报表表头设置完成。

（4）选择单元格 B3:C4，单击"对齐方式"功能区中的"合并及居中"按钮，输入"项目"并设置其格式。

（5）选择单元格 D3:F3，单击"对齐方式"功能区中的"合并及居中"按钮，输入"金额"并设置其格式。

（6）在单元格 D4、E4、F4 中分别录入"本日累计""本月累计""本年累计"并设置其格式。

（7）选择单元格 G3:G4，单击"对齐方式"功能区中的"合并及居中"按钮，输入"备注"并设置其格式。

（8）选择单元格 B5:B10，单击"对齐方式"功能区中的"合并及居中"按钮，输入"本日收入"并设置其格式。

（9）在单元格 C5:C10 中分别输入"营业款""个人还款""保证金收入""取款""其他收入""本日收入合计"并设置其格式。

（10）选择单元格 B11:B16，单击"对齐方式"功能区中的"合并及居中"按钮，输入

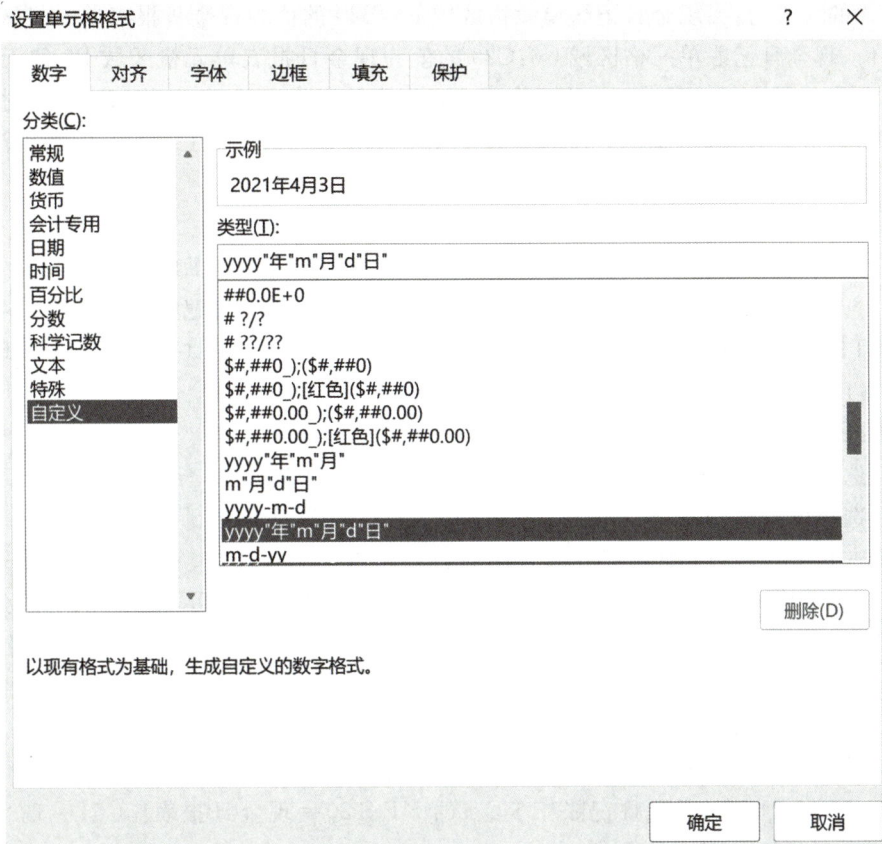

图 5-39　"单元格格式"对话框——设置自定义格式

"本日支出"并设置其格式。

（11）在单元格 C11：C16 中分别输入"费用报销""个人借款""存款""退还保证金""其他支出""本日支出合计"并设置其格式。

（12）选取单元格区域 B17：G17，单击"对齐方式"功能区中的"合并及居中"按钮，输入"昨日现金余额："并设置其格式。

（13）选取单元格区域 B18：G18，单击"对齐方式"功能区中的"合并及居中"按钮，输入"本日现金余额："，并设置其格式。

（14）设置表格边框、线条颜色、个别单元格填充颜色，调整各列的宽度等。

2. 数据自动生成结构设计及显示

可以利用 Excel 公式和函数的操作，将现金日记账的数据引用过来，完成现金日报表数据的自动生成。

具体步骤如下：

（1）选择单元格 D5，输入公式"＝SUMPRODUCT((现金日记账！＄B＄6：＄B＄20＝MONTH(现金日报表！＄B＄2))＊(现金日记账！＄C＄6：＄C＄20＝DAY(现金日报表！＄B＄2))＊(现金日记账！＄E＄6：＄E＄20＝现金日报表！C5)＊现金日记账！＄G＄6：＄G＄20)"。

公式的含义为：当现金日记账单元格区域 B6:B20 的值为现金日报表单元格区域 B2 的月份值、现金日记账单元格区域 C6:C20 的值为现金日报表单元格区域 B2 的天数值、现金日记账单元格区域 E6:E20 的值为现金日报表单元格区域 C5 的值（营业款）时，现金日报表单元格区域 D3 的值为现金日记账单元格区域 G6:G20 的汇总数。应特别注意公式中的绝对引用和相对引用。

（2）选择单元格 D5，复制公式到单元格区域 D6:D9。

（3）选择单元格 D10，输入公式"＝SUM(D5:D9)"，并复制到 E10:F10。

（4）选择单元格 D11，输入公式"＝SUMPRODUCT((现金日记账！＄B＄6：＄B＄20＝MONTH(现金日报表！＄B＄2))＊(现金日记账！＄C＄6：＄C＄20＝DAY(现金日报表！＄B＄2))＊(现金日记账！＄E＄6：＄E＄20＝现金日报表！C11)＊现金日记账！＄H＄6：＄H＄20)"。

（5）选择单元格 D11，复制公式到单元格区域 D11:D15。

（6）选择单元格 D16，输入公式"＝SUM(D11:D15)"，并复制到 E16:F16。

（7）本月累计数只要把本日列公式中天数的条件"＝"改成"＜＝"，本年累计只要把本日列公式中月份的条件"＝"改成"＜"，然后加上本月累计数即可，单元格 E5 的公式为"＝SUMPRODUCT((现金日记账！＄B＄6：＄B＄20＝MONTH(现金日报表！＄B＄2))＊(现金日记账！＄C＄6：＄C＄20＜＝DAY(现金日报表！＄B＄2))＊(现金日记账！＄E＄6：＄E＄20＝现金日报表！C11)＊现金日记账！＄H＄6：＄H＄20)"。单元格 F5 的公式为"＝SUMPRODUCT((现金日记账！＄B＄6：＄B＄20＜MONTH(现金日报表！＄B＄2))＊(现金日记账！＄E＄6：＄E＄20＝现金日报表！C5)＊现金日记账！＄G＄6：＄G＄20)＋E5"。

（8）选择单元格 D18，输入公式"＝现金日记账！I5＋现金日报表！F10－现金日报表！F16"。

（9）选择单元格 D17，输入公式"＝G18－D10＋D16"。

（10）日报表的数据生成完毕，形成 2021 年 4 月 3 日的报表，如图 5-40 所示。

A	B	C	D	E	F	G
1			现 金 日 报 表			
2			2021年4月3日			单位：元
3	项目		金额			备注
4			本日	本月累计	本年累计	
5	本日收入	营业款	¥40,000.00	¥40,000.00	¥40,000.00	
6		个人还款	¥3,500.00	¥3,500.00	¥3,500.00	
7		保证金收入	¥0.00	¥0.00	¥0.00	
8		取款	¥60,000.00	¥60,000.00	¥60,000.00	
9		其他收入	¥0.00	¥0.00	¥0.00	
10		本日收入合计	¥103,500.00	¥103,500.00	¥103,500.00	
11	本日支出	费用报销	¥450.00	¥450.00	¥450.00	
12		个人借款	¥0.00	¥0.00	¥0.00	
13		存款	¥30,000.00	¥30,000.00	¥30,000.00	
14		退还保证金	¥25,000.00	¥25,000.00	¥25,000.00	
15		其他支出	¥35,000.00	¥35,000.00	¥35,000.00	
16		本日支出合计	¥90,450.00	¥90,450.00	¥90,450.00	
17	昨日现金余额：					¥3,500.00
18	本日现金余额：					¥16,550.00

图 5-40　2021 年 4 月 3 日的现金报表

（11）选择单元格 D4，输入新的日期"2021-4-4"，自动生成 4 月 4 日的现金日报表，如图 5-41 所示。

图 5-41　2021 年 4 月 4 日的现金报表

5.4　银行存款日记账管理

银行存款日记账是由出纳人员按照银行存款的收、付款记账凭证逐日逐笔顺序登记,用以记录和反映银行存款收支及结存情况的一种特种日记账。银行存款日记账一般采用借方、贷方、余额三栏式账页格式,分别反映银行存款收入、付出和结存情况,以便检查监督各项收入和支出款项,并便于定期同银行送来的对账单核对。下面介绍银行存款日记账的设计方法和步骤。

5.4.1　银行存款日记账的建立

1.银行存款日记账结构设计

银行存款日记账工作表格式如图 5-42 所示,它与现金日记账基本相同,因此可以复制一份"现金日记账"工作表,再对工作表进行修改。具体步骤如下:

图 5-42　银行存款日记账

(1)删除现存的"银行存款日记账"工作表。

(2)选择"现金日记账"工作表。

(3)用鼠标对准"现金日记账"工作表标签,单击鼠标右键,在弹出的快捷菜单中选择"移动或复制工作表"命令,打开"移动或复制工作表"对话框,在"下列选定工作表之前"

列表框中选择"银行存款类别定义",选中"建立副本"复选框,单击"确定"按钮,关闭"移动或复制工作表"对话框,就建立了一个名为"现金日记账(2)"的工作表。

(4)将工作表"现金日记账(2)"重命名为"银行存款日记账"。

(5)将工作表中的有关文字进行修改,例如,将"现金日记账"改为"银行存款日记账"。

(6)在 E 列和 F 列之间插入两列,并在单元格 F3 和 G3 中分别输入"结算方式"和"票据号码"。

(7)选取 F 列,对其设置数据验证,单击"数据"→"数据工具"→"数据验证"→"数据验证",打开"数据验证"对话框中,在"设置"选项卡的"允许"中选"序列",在"来源"中输入"转支,现支,信汇,电汇,本票,委托收款,专用收款",可以根据企业的实际情况来输入不同的数据;在"输入信息"选项卡的"输入信息"文字框中输入"输入结算方式种类",在"出错警告"选项卡的"样式"中选"警告"。

(8)选取 G 列,对其设置数据验证,即在"数据验证"对话框中,仅在"输入信息"选项卡的"输入信息"文字框中输入"输入结算票据号码",其他保持系统默认值。

2.条件格式设置

银行存款日记账的设置条件格式的方法和步骤在5.3.1中已详细介绍,可参照设计。

3.余额自动显示

银行存款日记账余额自动计算的具体方法和步骤在5.3.1中已详细介绍,可参照设计。

4.计算本日合计与本月累计

银行存款日记账计算本日合计和本月累计的具体方法和步骤在5.3.1中已详细介绍,可参照设计。

5.输入银行存款日记账

按图 5-43 所示输入银行存款日记账,以便在下一个工作任务中使用。

	2021年		凭证编号	类别	结算方式	票据号码	摘要	借方	贷方	余额
	月	日					银行存款日记账			
	1	3					上月结转			178900
	1	3			现支	9556#	提现		55000	123900
	1	3			现支		存款	1		153900
	1	5			电汇		销货款	300000		453900
	1	6			电汇		采购款		79000	374900
	1	10			现支		存款		8000	366900
	1	12			转支	6520#	采购款		45200	321700
	1	21			现支	9555#	取现		3000	318700
	1	22			电汇	6834#	存保证金		15000	303700
	1	23			转支		贷款	50000		353700
	1	25			专用	7536#	通讯费		12000	341700
	1	28			转支	9563#	销货款	45000		386700
	1	28			转支	6385#	采购办公用品		7500	379200

图 5-43　银行存款日记账

5.4.2　银行存款余额调节表的建立

银行存款余额调节表是在财产清查时,发现本企业银行存款日记账与银行对账单账目不一致时编制的一种表格。银行存款余额调节表的编制目的是通过清除企业与银行之间未达账项的影响,发现企业或银行有关银行存款的账务处理过程中的错账、漏账,便于及时查明更正,并确定企业银行存款的实际金额。下面介绍银行存款余额调节表的编制方法。

1. 输入银行对账单

按图 5-44 所示输入银行对账单,B、C、D、E、F、G 六列分别对应"月""日""摘要""借方""贷方""余额",第 5 行为上月结余,第 6 行开始为业务发生内容。

图 5-44　银行对账单格式

2. 对账处理

因本项目仅提供了一个月的银行日记和银行对账单的资料,所以有关月份的内容需要在实际操作中自行增加,本操作不涉及。

本操作的思路是:依次从银行存款日记账读取借方或者贷方的金额,再到银行对账单查找贷方或者借方金额相等的业务。如果找到,则分别在银行存款日记账的 L 列和银行对账单的 H 列打" ",详细步骤如下:

(1)按〈Alt〉＋〈F11〉键打开 Microsoft Visual Basic 界面。

(2)右键单击"Microsoft Excel 对象",选择"插入"→"模块",如图 5-45 所示。

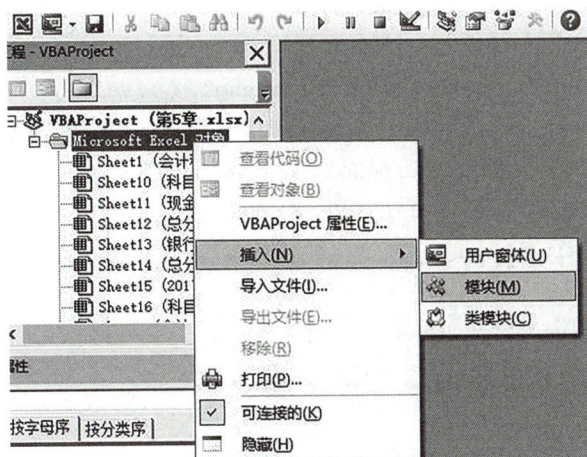

图 5-45　插入模块

（3）在右边新打开的窗口输入以下文字。

```
Sub 对账()
    Dim LineNo1 As Integer '银行存款日记账初始行号
    LineNo1 = 5
    Dim Sheet1 As Worksheet
    Set Sheet1 = Worksheets("银行存款日记账")
    Dim Sheet2 As Worksheet
    Set Sheet2 = Worksheets("银行对账单")
    Sheet1.Columns("L: L").ClertContents
    Sheet2.Columns("H: H").ClearContents
    Do While Sheet1.Cells(LineNo1, 11).Value <> "" '余额数据不为空
    jf = Sheet1.Cells(LineNo1, 9).Value '借方金额
    df = Sheet1.Cells(LineNo1, 10).Value '贷方金额
    lineno2 = 6 '银行对账单初始行号
    If jf <> "" Then
        Do While Sheet2.Cells(lineno2, 5).Value <> "" Or Sheet2.Cells(lineno2, 6).Value <> "" '借方或者贷方金额不为空
            If jf * 1 = Sheet2.Cells(lineno2, 6).Value * 1 And Sheet2.Cells(lineno2, 8).Value <> "√" Then '如果金额相等并且还没有对过账
                Sheet1.Cells(LineNo1, 12).Value = "√"
                Sheet2.Cells(lineno2, 8).Value = "√"
                Exit Do
            End If
            lineno2 = lineno2 + 1
        Loop
    Else
    Do While Shet2.Cells(lineno2, 5).Value <> "" Or Shee2.Cells(lineno2, 6).Value <> "" '借方或者贷方金额不为空
        If df * 1 = Sheet2.Cells(lineno2, 5).Value * 1 And Sheet2.Cells(lineno2, 8).Value <> "√" Then '如果金额相等并且还没有对过账
            Sheet1.Cells(LineNo1, 12).Value = "√"
            Sheet2.Cells(lineno2, 8).Value = "√"
            Exit Do
        End If
            lineno2 = lineno2 + 1
    Loop
      End If
      LineNo1 = LineNo1 + 1
    Loop
  End Sub
```

(4)返回工作簿,选择菜单"视图"→"宏"→"宏"→"查看宏"或者按"Alt＋F8"键,打开"宏"对话框,如图 5-46 所示,"宏名"选择"对账",单击"执行"按钮,运行刚刚录入的代码。

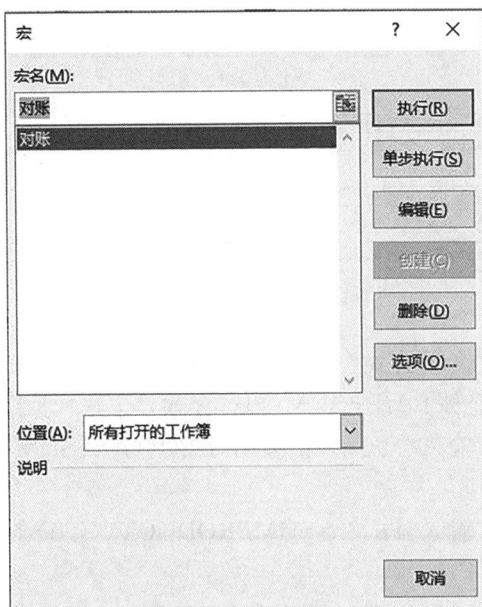

图 5-46　"宏"对话框

(5)运行宏以后,工作表"银行存款日记账""银行对账单"如图 5-47 和图 5-48 所示。

图 5-47　对账以后的银行存款日记账

图 5-48　对账以后的银行对账单

3.自动生成银行存款余额调节表

(1)按图5-49所示格式设计好银行存款余额调节表样式。

	A	B	C	D	E
1		银行存款余额调节表			
2		2021年4月4日			单位：元
3		企业银行存款日记账余额		银行对账单存款余额	
4		加：银行已收　企业未收		加：企业已收　银行未收	
5					
6					
7		减：银行已付　企业未付		减：企业已付　银行未付	
8					
9					
10		调节余额		调节余额	

图5-49　银行存款余额调节表

(2)选择单元格C3，输入公式"＝银行存款日记账！K4＋SUM(银行存款日记账！K4＋SUM(银行存款日记账！I:I－SUM(银行存款日记账！J:J)))"。

(3)选择单元格E3，输入公式"＝银行对账单！G5－SUM(银行对账单！E:E)＋SUM(银行对账单！F:F)"。

(4)选择单元格C4，输入公式"＝SUMPRODUCT((银行对账单！H6:H100<>"√")*银行对账单！F6:F100)"。

(5)选择单元格E4，输入公式"＝SUMPRODUCT((银行存款日记账！L5:L100<>"√")*银行存款日记账！I5:I100)"。

(6)选择单元格C7，输入公式"＝SUMPRODUCT((银行对账单！H6:H100<>"√")*银行对账单！E6:E100)"。

(7)选择单元格E7，输入公式"＝SUMPRODUCT((银行存款日记账！L5:L100<>"√")*银行存款日记账！J5:J100)"。

(8)选择单元格C10，输入公式"＝C3＋C4＋C5＋C6－C7－C8－C9"。

(9)选择单元格E10，输入公式"＝E3＋E4＋E5＋E6－E7－E8－E9"。

(10)完成银行存款余额调节表如图5-50所示。在看调节后的余额是否相等后再作进一步处理。

	A	B	C	D	E
1		银行存款余额调节表			
2		2021年4月4日			单位：元
3		企业银行存款日记账余额	133100	银行对账单存款余额	349110
4		加：银行已收　企业未收	66030	加：企业已收　银行未收	95000
5					
6					
7		减：银行已付　企业未付	5320	减：企业已付　银行未付	7500
8					
9					
10		调节余额	193810	调节余额	436610

图5-50　完成银行存款余额调节表

5.5　科目余额表的建立

科目余额表是用来记录本期所有会计科目的发生额和余额的表格,它是科目汇总表的进一步延伸,能够反映在某一会计期间相关会计科目(账户)的期初余额、本期发生额、期末余额,为编制会计报表提供更完善的数据。

5.5.1　科目余额表的结构设计

利用 Excel 建立科目余额表的步骤如下:

(1)将"第 5 章.xlsx"工作簿中的工作表"Sheet1"重命名为"科目余额表"。

(2)选择 A1:H1 单元格,单击"合并及居中"按钮⊟。在 A1 单元格,输入"麦德香食品有限公司科目余额表",并单击"加粗"按钮**B**。

(3)选择 A2:A3 单元格,单击"合并及居中"按钮⊟。在 A2 单元格,输入"科目编号",单击"加粗"按钮**B**。

(4)选择 B2:B3 单元格,单击"合并及居中"按钮⊟。在 B2 单元格,输入"会计科目",并单击"加粗"按钮**B**。

(5)选择 C2:D2 单元格,单击"合并及居中"按钮⊟。在 C2 单元格,输入"期初余额",并单击"加粗"按钮**B**。

(6)选择 E2:F2 单元格,单击"合并及居中"按钮⊟。在 E2 单元格,输入"本期发生额",并单击"加粗"按钮**B**。

(7)选择 G2:H2 单元格,单击"合并及居中"按钮⊟。在 G2 单元格,输入"期末余额",并单击"加粗"按钮**B**。

(8)分别选择 C3、E3、G3 单元格,输入"借方",并单击"加粗"按钮**B**。

(9)分别选择 D3、F3、H3 单元格,输入"贷方",并单击"加粗"按钮**B**。

(10)选择 A1:H3 单元格,并单击"垂直居中"按钮≡,如图 5-51 所示。

麦德香食品有限公司科目余额表							
科目编号	会计科目	期初余额		本期发生额		期末余额	
		借方	贷方	借方	贷方	借方	贷方

图 5-51　科目余额表表头

(11)根据记录单的相关知识,在 A、B 两列的单元格内输入科目编号、会计科目名称。

(12)选择 A35:B35 单元格,单击"合并及居中"按钮,输入"合计",并单击"加粗"按钮**B**。

(13)选择 C53 单元格,单击插入函数按钮 *fx*。

(14)在"函数分类"中选择"常用函数"中的"SUM"函数，在 SUM 函数中输入公式"＝SUM(C4:C52)"，如图 5-52 所示。

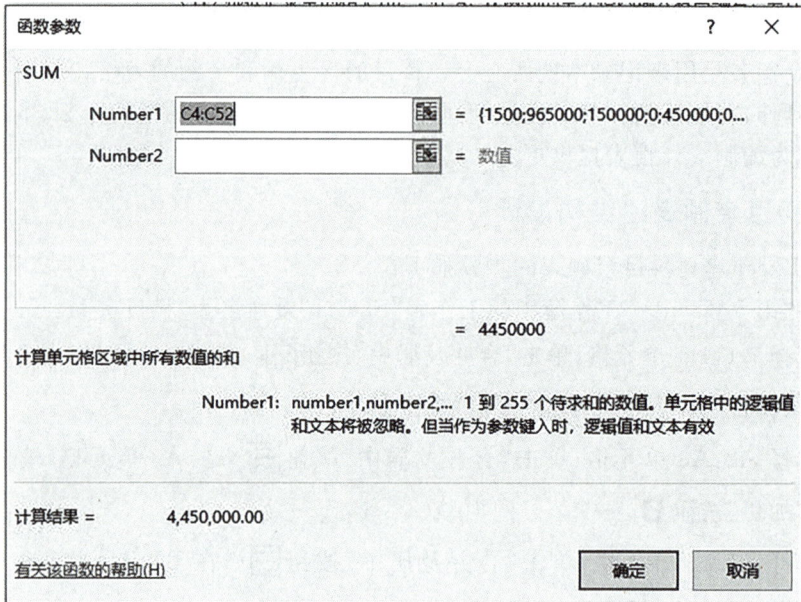

图 5-52　输入 SUM 函数参数

(15)单击"确定"按钮。

(16)选取 C53 单元格并单击鼠标右键，在弹出的快捷菜单中选择"复制"命令。

(17)选取 D53:H53 单元格并单击鼠标右键，在弹出的快捷菜单中选择"粘贴"命令。这样 D95:H95 单元格均自动套用公式。

(18)选中 C 至 H 列，单击"开始"→"格式"→"设置单元格"命令，在弹出的"设置单元格格式"对话框中，将"数字"设为"会计专用"，"小数位数"选择"2"，"货币符号"选择"无"。

(19)选择 A2:H53 单元格区域，单击"开始"→"字体"→"边框"→"所有框线"命令，为科目余额表添加边框。

(20)单击"确定"按钮，完成科目余额表的格式建立。

5.5.2　期初余额的链接调用

由于科目余额表中的会计科目固定，科目余额表的期初余额可以从上期期末科目余额表中的期末余额中链接过来。若在不同的工作簿，可以通过工作表之间数据链接来解决科目余额表的期初余额的调用问题。直接引用公式为"＝[被引用工作簿名称]被引用工作表名称! 被引用单元格"。若在同一个工作簿，则"被引用工作簿名称"可以省略。

操作步骤如下：

(1)打开"科目余额表"工作表。

(2)选择 C4 单元格，输入"＝"。

（3）将鼠标移至"2017 年期末余额表"工作表中，单击 G4 单元格。

（4）将鼠标移回至"科目余额表"工作表。

（5）按 Enter 键。如图 5-53 所示，在"科目余额表"工作表 C4 单元格位置出现了期初现金余额的数值。

	A	B	C	D	E	F
1			麦德香食品有限责任公司科目余额表			
2	科目代码	会计科目	期初余额		本期发生额	
3			借方	贷方	借方	贷方
4	1001	库存现金	1,500.00			
5	1002	银行存款				
6	1101	交易性金融资产				
7	1121	应收票据				
8	1122	应收账款				
9	1123	预付账款				
10	1221	其他应收款				
11	1231	坏账准备				

图 5-53　建立直接链接

（6）单击 C4 单元格，将其向下填充复制到 C52 单元格，建立其他会计科目期初借方余额的链接。

（7）选择 D4 单元格，输入"＝"。

（8）将鼠标移至"2017 年期末余额表"工作表中，单击 C4 单元格。

（9）将鼠标移回至"科目余额表"工作表，按 Enter 键。

（10）单击 D4 单元格，将其向下填充复制到 D52 单元格，建立其他会计科目期初贷方余额的链接，则科目余额表的期初余额编制完成，如图 5-54 所示。

	A	B	C	D	E	F	G	H
1			麦德香食品有限责任公司科目余额表					
2	科目代码	会计科目	期初余额		本期发生额		期末余额	
3			借方	贷方	借方	贷方	借方	贷方
4	1001	库存现金	1,500.00	−				
5	1002	银行存款	965,000.00	−				
6	1101	交易性金融资产	150,000.00	−				
7	1121	应收票据	−	−				
8	1122	应收账款	450,000.00	−				
9	1123	预付账款	−	−				
10	1221	其他应收款	4,500.00	−				
11	1231	坏账准备	−	500.00				
12	1401	材料采购	−	−				
13	1403	原材料	285,000.00	−				
14	1405	库存商品	310,000.00	−				
15	1501	持有至到期投资	−	−				
16	1511	长期股权投资	−	−				
17	1601	固定资产	2,284,000.00	−				
18	1602	累计折旧		160,000.00				

图 5-54　显示链接结果

5.5.3　本期发生额的链接调用

科目余额表中本期发生额需从本期科目汇总表中调用。由于每个会计期间发生的经济业务不完全相同，根据记录经济业务的会计凭证表自动生成的科目汇总表的会计科目也不固定。在从本期科目汇总表中调用数据时，便不能直接调用，要借助于函数进行间接调用。

操作步骤如下：

（1）打开"科目余额表"工作表。

（2）选择 E4 单元格，单击 f_x 按钮，执行"粘贴函数"命令。在"或选择类别"中选择"逻辑"类别函数。在"选择函数"中选择 IF 函数，单击"确定"按钮。

（3）将光标移至 IF 函数"Logical_test"自变量位置空白处，单击如图 5-55 所示下拉式菜单按钮，选择 ISNA 函数。

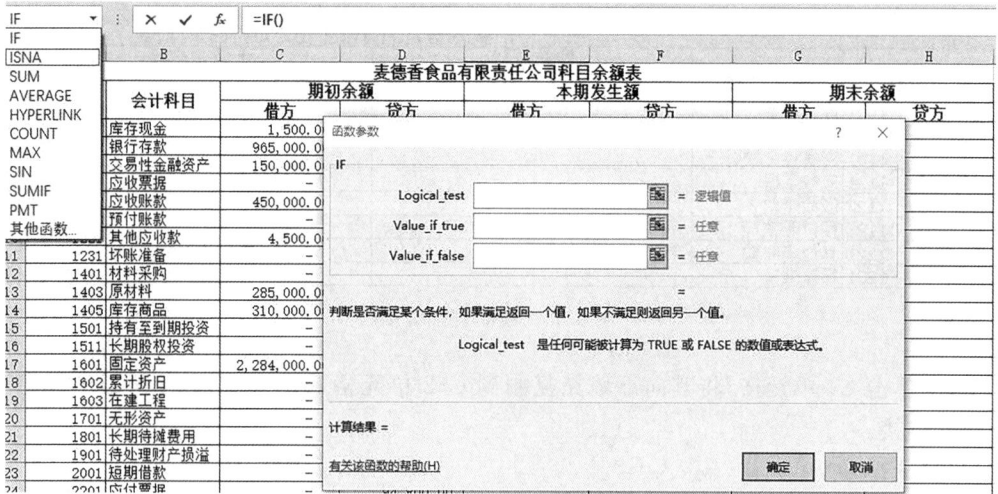

图 5-55　选择 ISNA 函数

（4）将光标移至 ISNA 函数"Value"自变量位置空白处，单击如图 5-56 所示下拉式菜单按钮，选择 VLOOKUP 函数。

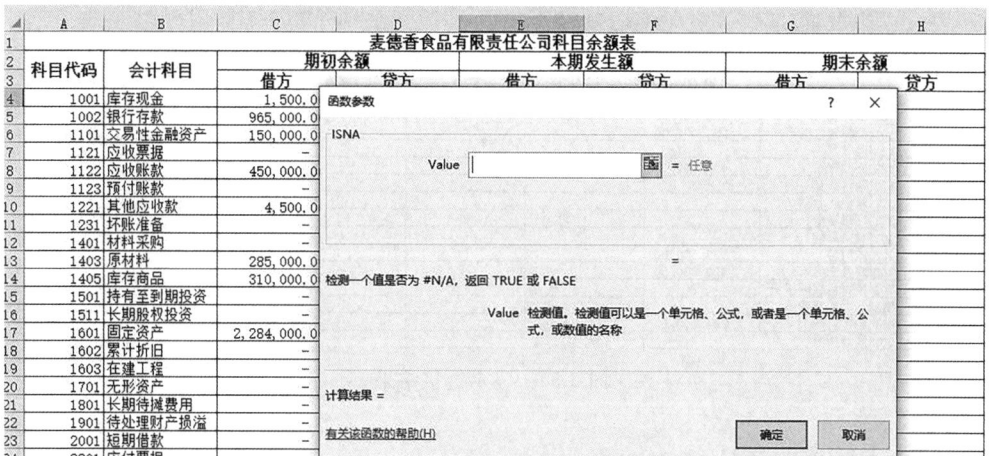

图 5-56　选择 VLOOKUP 函数

（5）在 VLOOKUP 函数的"Lookup_value"自变量位置输入"A4"，"Table_array"自变量位置粘贴名称范围"科目汇总表"，"Col_index_num"自变量位置输入"3"，"Range_lookup"自变量位置输入"FALSE"，如图 5-57 所示。

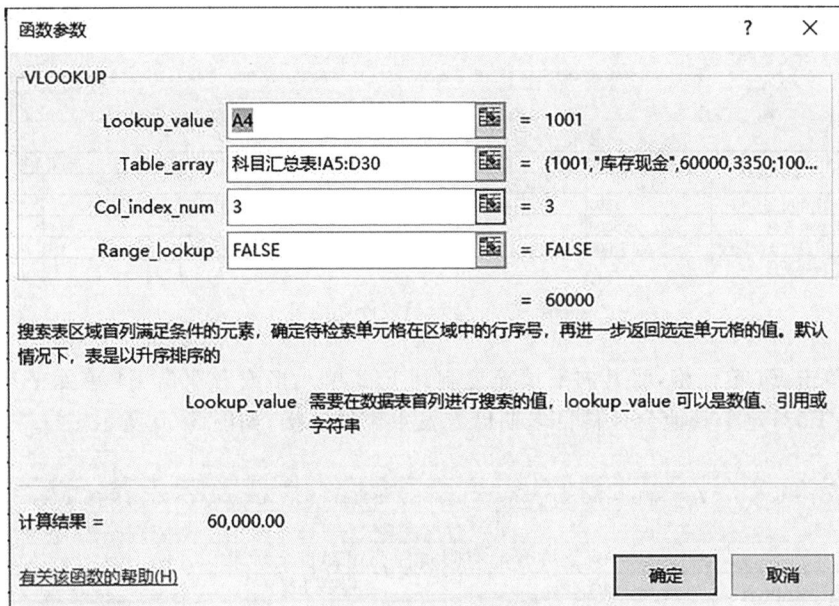

图 5-57 输入 VLOOKUP 函数参数

（6）单击"确定"按钮，将光标移回至 IF 函数，在"Value_if_true"自变量位置输入"0"，在"Value_if_false"自变量位置空白处，单击下拉式菜单按钮，选择 VLOOKUP 函数，如图 5-58 所示。

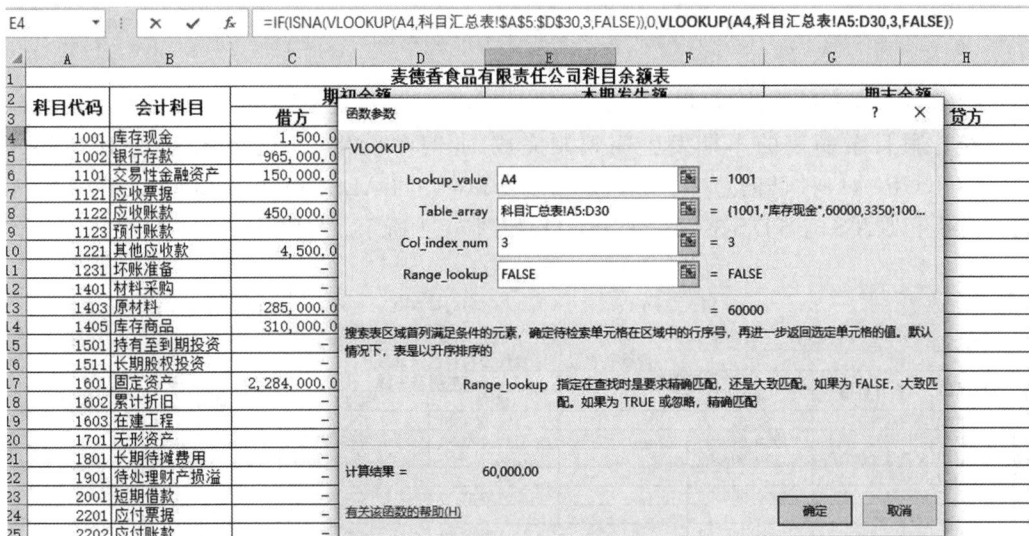

图 5-58 输入函数参数

（7）重复步骤（5）的操作，单击"确定"按钮，完成函数设置。

（8）如图 5-59 所示，在 E4 单元格显示本月现金的借方发生额，此时单元格 E4 的公式为：＝IF（ISNA（VLOOKUP（A4，科目汇总表！＄A＄5：＄D＄30，3，FALSE）），0，

125

VLOOKUP(A4,科目汇总表！＄A＄5：＄D＄30,3,FALSE))）。

| E4 | ▼ | : | × | ✓ | fx | =IF(ISNA(VLOOKUP(A4,科目汇总表!$A$5:$D$30,3,FALSE)),0,VLOOKUP(A4,科目汇总表!$A$5:$D$30,3,FALSE)) |

	A	B	C	D	E	F	G	H
1				麦德香食品有限责任公司科目余额表				
2	科目代码	会计科目	期初余额		本期发生额		期末余额	
3			借方	贷方	借方	贷方	借方	贷方
4	1001	库存现金	1500	0	60,000.00	3,350.00	58,150.00	
5	1002	银行存款	965000	0				
6	1101	交易性金融资产	150000	0				
7	1121	应收票据	0	0				

图 5-59　显示函数计算结果

(9)单击 E4 单元格,将其向下填充复制到 E52 单元格或者双击 E4 单元格句柄填充至单元格 E52,建立其他会计科目本期借方发生额的链接,如图 5-60 所示。

| E4 | ▼ | : | × | ✓ | fx | =IF(ISNA(VLOOKUP(A4,科目汇总表!$A$5:$D$30,3,FALSE)),0,VLOOKUP(A4,科目汇总表!$A$5:$D$30,3,FALSE)) |

	A	B	C	D	E	F	G	H
1				麦德香食品有限责任公司科目余额表				
2	科目代码	会计科目	期初余额		本期发生额		期末余额	
3			借方	贷方	借方	贷方	借方	贷方
4	1001	库存现金	1500	0	60,000.00	3,350.00	58,150.00	
5	1002	银行存款	965000	0	146,900.00			
6	1101	交易性金融资产	150000	0	—			
7	1121	应收票据	0	0	—			
8	1122	应收账款	450000	0	67,800.00			
9	1123	预付账款	0	0	—			
10	1221	其他应收款	4500	0	1,500.00			
11	1231	坏账准备	0	500	—			
12	1401	材料采购	0	0	—			
13	1403	原材料	285000	0	91,000.00			
14	1405	库存商品	310000	0	150,000.00			

图 5-60　完成的本期借方发生额

(10)按照同样的方法,可以将科目余额表"本期发生额贷方"与科目汇总表建立动态的链接。科目余额表的本期发生额编制完成,此时单元格 F4 的公式为:＝IF(ISNA(VLOOKUP(A4,科目汇总表！＄A＄5：＄D＄30,4,FALSE)),0,VLOOKUP(A4,科目汇总表！＄A＄5：＄D＄30,4,FALSE)),如图 5-61 所示。

| F4 | ▼ | : | × | ✓ | fx | =IF(ISNA(VLOOKUP(A4,科目汇总表!$A$5:$D$30,4,FALSE)),0,VLOOKUP(A4,科目汇总表!$A$5:$D$30,4,FALSE)) |

	A	B	C	D	E	F	G	H
1				麦德香食品有限责任公司科目余额表				
2	科目代码	会计科目	期初余额		本期发生额		期末余额	
3			借方	贷方	借方	贷方	借方	贷方
4	1001	库存现金	1,500.00	—	60,000.00	3,350.00		
5	1002	银行存款	965,000.00	—	146,900.00	587,790.00		
6	1101	交易性金融资产	150,000.00	—	—	—		
7	1121	应收票据	—	—	—	—		
8	1122	应收账款	450,000.00	—	67,800.00	67,800.00		
9	1123	预付账款	—	—	—	—		
10	1221	其他应收款	4,500.00	—	1,500.00	1,500.00		
11	1231	坏账准备	—	500.00	—	—		
12	1401	材料采购	—	—	—	—		
13	1403	原材料	285,000.00	—	91,000.00	163,000.00		
14	1405	库存商品	310,000.00	—	150,000.00	44,000.00		

图 5-61　发生额链接完成的科目余额表

5.5.4　期末余额的生成

科目余额表中的会计科目涉及六类：资产类、负债类、共同类、所有者权益类、成本类和损益类。根据会计核算的规则，资产和成本类科目：期末余额＝期初余额＋本期借方发生额－本期贷方发生额。负债和所有者权益类科目：期末余额＝期初余额＋本期贷方发生额－本期借方发生额。共同类科目：期末借方余额＝期初余额＋本期借方发生额；期末贷方余额＝期初余额＋本期贷方发生额。损益类科目：财务收入类科目期末余额＝期初余额＋本期贷方发生额－本期借方发生额；财务支出类科目期末余额＝期初余额＋本期借方发生额－本期贷方发生额。期末余额的计算需要根据上述公式来进行。

操作步骤如下：

（1）打开"科目余额表"工作表。

（2）选择 G4 单元格，输入"＝C4＋E4－F4"，如图 5-62 所示。

图 5-62　输入公式

（3）按 Enter 键。

（4）如图 5-63 所示，计算"现金"科目的期末余额为 58150 元。

图 5-63　显示公式计算结果

（5）选择 G4 单元格并单击鼠标右键，在弹出的快捷菜单中选择"复制"按钮。

（6）选择 G5：G10，按住〈CTRL〉键，继续选择 G12：G17 单元格及 G19：G22。释放〈CTRL〉键，此时所有资产类和成本类及损益类中的财务支出类科目借方余额单元格被选定。

（7）单击鼠标右键，在弹出的快捷菜单中选择"粘贴"按钮。

（8）如图 5-64 所示，所有资产类和成本类及损益类中的财务支出类科目借方的期末余额计算完成。

图 5-64　显示公式填充结果

（9）选择 H11 单元格，输入"＝D11＋F11－E11"，按 Enter 键，如图 5-65 所示。

图 5-65　显示复制公式结果

（10）选择 H18、H23：H39 单元格，复制 H11 单元格中的公式，如图 5-66 所示。

	A	B	C	D	E	F	G	H
18	1602	累计折旧	0	160000	0	6250		166250
19	1603	在建工程	0	0	0	0	0	
20	1701	无形资产	0	0	0	0	0	
21	1801	长期待摊费用	0	0	0	0	0	
22	1901	待处理财产损溢	0	0	0	0	0	
23	2001	短期借款	0	0	0	0		0
24	2201	应付票据	0	94800	0	0		94800
25	2202	应付账款	0	74500	58500	0		16000
26	2203	预收账款	0	0	0	0		0
27	2211	应付职工薪酬	0	50000	40000	40000		50000
28	2221	应交税费	0	0	6890	39900		33010
29	2231	应付利息	0	0	0	0		0
30	2232	应付股利	0	0	0	275600		275600
31	2241	其他应付款	0	0	0	0		0
32	2501	长期借款	0	0	0	0		0
33	2502	应付债券	0	0	0	0		0
34	4001	实收资本	0	3000000	400000	0		2600000
35	4002	资本公积	0	215700	0	0		215700
36	4101	盈余公积	0	234500	0	68900		303400
37	4103	本年利润	0	620000	712000	180000		88000
38	4104	利润分配	0	0	777000	1033500		256500
39	5001	生产成本	0	0	150000	150000		0

图 5-66　显示复制公式结果

（11）如图 5-67 所示，负债类和所有者权益类及损益类中的财务收入类会计科目的期末贷方余额计算完成。

（12）选择单元格 C53，输入"＝SUM(C4：C52)"，按 Enter 键；选择 C54 单元格，拖动句柄复制公式至单元格 H53，则所有共同类科目的借贷方余额计算完成。

	A	B	C	D	E	F	G	H
1				麦德香食品有限责任公司科目余额表				
2	科目代码	会计科目	期初余额		本期发生额		期末余额	
3			借方	贷方	借方	贷方	借方	贷方
4	1001	库存现金	1,500.00	—	60,000.00	3,350.00	58,150.00	
5	1002	银行存款	965,000.00	—	146,900.00	587,790.00	524,110.00	
6	1101	交易性金融资产	150,000.00	—	—	—	150,000.00	
7	1121	应收票据	—	—	—	—	—	
8	1122	应收账款	450,000.00	—	67,800.00	67,800.00	450,000.00	
9	1123	预付账款	—	—	—	—	—	
10	1221	其他应收款	4,500.00	—	1,500.00	1,500.00	4,500.00	
11	1231	坏账准备	—	500.00	—	—		500.00
12	1401	材料采购	—	—	—	—	—	
13	1403	原材料	285,000.00	—	91,000.00	163,000.00	213,000.00	
14	1405	库存商品	310,000.00	—	150,000.00	44,000.00	416,000.00	
15	1501	持有至到期投资	—	—	—	—	—	
16	1511	长期股权投资	—	—	—	—	—	
17	1601	固定资产	2,284,000.00	—	—	—	2,284,000.00	
18	1602	累计折旧	—	160,000.00	—	6,250.00		166,250.00
19	1603	在建工程	—	—	—	—	—	
20	1701	无形资产	—	—	—	—	—	
21	1801	长期待摊费用	—	—	—	—	—	
22	1901	待处理财产损溢	—	—	—	—	—	
23	2001	短期借款	—	—	—	—		—
24	2201	应付票据	—	94,800.00	—	—		94,800.00
25	2202	应付账款	—	74,500.00	58,500.00	—		16,000.00

图 5-67　编制完成的科目余额表

5.6　总分类账的编制

5.6.1　总分类账表格格式设计

总分类账的格式如图 5-68 所示,具体制作步骤如下:

图 5-68　总分类账结构

(1)打开"第 5 章.xlsx"工作簿,插入一张工作表,双击工作表标签,重命名为"总分类账"。

(2)在单元格 B2 中输入"总分类账",合并并居中区域 B2:I2,设置字体为"华文中宋"加粗显示,字号为"20",字体颜色"深蓝",行高为"40",添加双下划线,效果如图 5-69 所示。

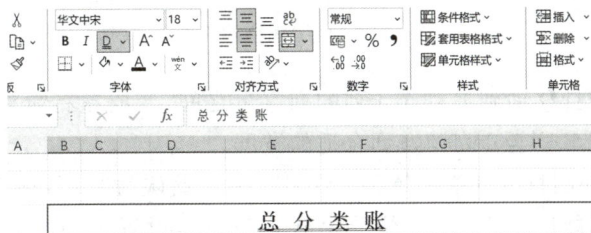

图 5-69　设置标题格式

129

（3）在单元格 G4、G5 中分别输入"科目代码:""会计科目:"，加粗显示文本，对齐方式为"居中"和"垂直居中"，设置行高"15"。

（4）选择区域 H4:I4，合并并居中，设置字体为"Arial"，字号为"11"，加"粗匣框线"；选择区域 B6:C6，合并并居中，设置字体为"Arial"，字号为"11"。

（5）在单元格 B7、C7 中分别输入"月""日"，水平居中显示文本。

（6）分别选择区域 D6:D7、E6:E7、F6:F7、G6:G7、H6:H7，合并并居中，分别输入文本"摘要""借方""贷方""借或贷""余额"。

（7）在 D8、D9、D10 中分别输入"期初余额""本期发生额""本月合计"，居中显示文本；分别选择区域 H8:I8、H9:I9、H10:I10，合并并居中。

（8）选择区域 B6:I10，按〈CTRL〉+〈1〉组合键，打开"设置单元格格式"对话框，转到"边框"选项卡，为区域内部选择细线边框，区域上下选择粗线边框，如图 5-70 所示。

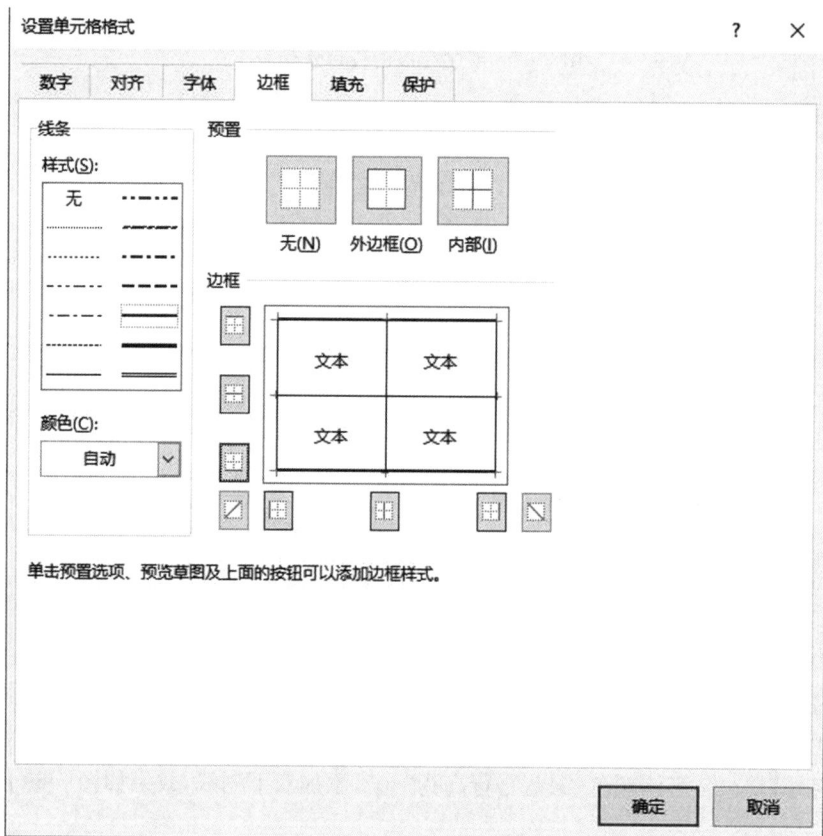

图 5-70　设置表格边框线

（9）将单元格指针移动到 B 列至 I 列的列字母之间，变成左右箭头形状之后，单击并拖动，将单元格区域 B 列至 I 列调整到合适的宽度。

（10）选择区域 E8:I10，设置字体为"Arial"，字号默认为"11"，选择"开始"→"数字"选项卡，在"数字"功能区中单击"千位分隔样式"按钮，设置金额的数字格式，如图 5-71 所示。

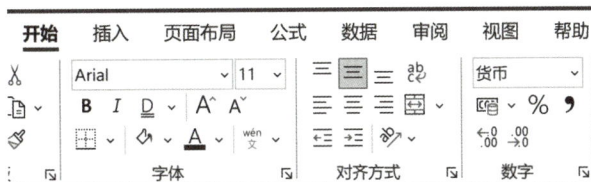

图 5-71　设置数字格式

5.6.2　显示科目代码及科目名称

用户在使用总分账时,只需在下拉列表中选择或输入时需要查询的科目代码,科目名称可自动显示。

1. 输入科目代码

科目代码既可以手工输入,也可以采用数据有效性的序列输入方法,具体步骤如下:

(1)激活“会计科目表”工作表,选择区域 A3:A56,按〈CTRL〉+〈C〉组合键。

(2)激活“总分类账”工作表,单击单元格 L4,按〈CTRL〉+〈V〉组合键,同时在名称框中输入“总账代码”,为该序列命名。

(3)选择单元格 H4,选择“数据”→“数据工具”→“数据验证”→“数据验证”命令,如图 5-72 所示,打开“数据验证”对话框,转到“设置”选项卡,在“允许”下拉列表中选择“序列”,在“来源”文本框中输入“=总账代码”,如图 5-73 所示。

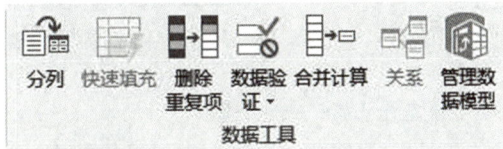

图 5-72　设置数据验证

(4)单击“确定”按钮,关闭对话框,返回工作表界面。

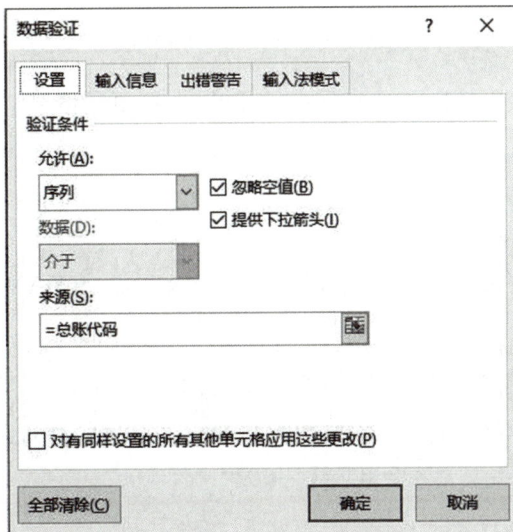

图 5-73　“数据验证”对话框

2.自动显示科目名称

单击单元格 H5,在公式栏内输入如图 5-74 所示公式:＝VLOOKUP(H4,会计科目表!A3:B56,2,FALSE)。

| H5 | ▼ | × ✓ | fx | =VLOOKUP(H4,会计科目表!A3:B56,2,FALSE) |
| A B C | | D | | E | F | G |

图 5-74　输入相应会计科目

5.6.3　显示日期

总分类账的日期显示信息包括年份、月份和日期,在 Excel 中可以分别使用 YEAR()、MONTH()和 DAY()函数来实现。

1.显示年份

选择单元格 B6,在公式栏内输入如图 5-75 所示公式:＝YEAR(会计凭证表!A2)&"年"。

| B6 | ▼ | × ✓ | fx | =YEAR(会计凭证表!A2)&"年" |
| A B C | | D | | E | F |

图 5-75　输入"年"份公式

2.显示月份

选择单元格 B8,在公式栏内输入如图 5-76 所示公式:＝MONTH(会计凭证表!$A$2)。

| B8 | ▼ | × ✓ | fx | =MONTH(会计凭证表!$A$2) |
| A B C | | D | | E | F |

图 5-76　输入"月"份公式

选择单元格 B9,在公式栏内输入公式"＝B8";选择单元格 B10,在公式栏内输入公式"＝B9"。

3.显示日期

在单元格 C8 中输入"1"。

选择单元格 C9,在公式栏内输入如图 5-77 所示公式:＝DAY(EOMONTH(会计凭证表!A2,0))。

| C9 | ▼ | × ✓ | fx | =DAY(EOMONTH(会计凭证表!A2,0)) |
| A B C | | D | | E | F |

图 5-77　输入日期公式

选择单元格 C10,在公式栏内输入公式"＝C9"。

5.6.4　显示借方、贷方、余额

由于资产类、成本类和负债类、权益类在计算期末余额时的方法不一样,所以在总分类账表中显示借方、贷方、余额数时，需要使用辅助区域，首先判断会计科目的性质，然后使用不同的方法调用指定会计科目在科目余额表中显示的期初余额和本期发生额，计算期末余额。

1.设置辅助区域

由于总分类账使用的是科目余额表中的数据，为了方便地输入公式，需要首先对会计科目余额表命名，然后设置如图 5-78 所示的辅助区域。

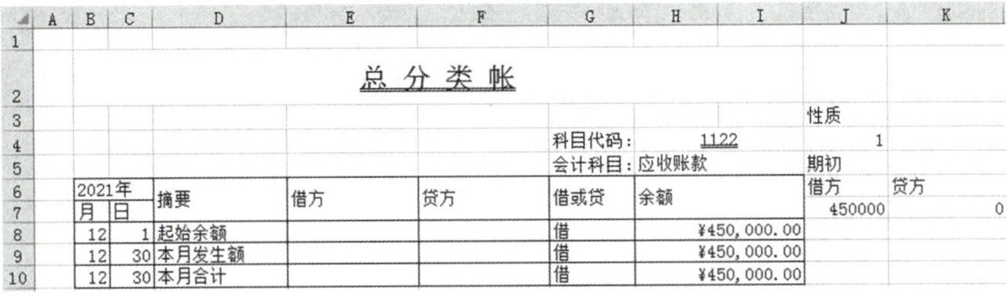

图 5-78　辅助区域

（1）激活"科目余额表"工作表，选择区域 B6：H52，在名称框中输入"科目余额表"。

（2）激活"总分类账"工作表，在单元格 J3 中输入"性质"。

（3）选择单元格 J4，在公式栏内输入公式：=IF(OR(H4<>"1231",H4<>"1602",H4<>"1603"),IF(OR(LEFT(H4,1)="1",LEFT(H4,1)="5"),1,2),2)，即表示资产、成本类的会计科目性质设置为"1"，负债、所有者权益类的性质设置为"2"。但如"坏账准备""累计折旧"的增加额是在贷方计算的，需要对这些科目的性质做特殊处理，设置为"2"。

（4）在单元格 J6、K6 中分别输入"借方""贷方"。

（5）选择单元格 J7，在公式栏内输入公式：=VLOOKUP(H4,科目余额表,3,Flase)。

（6）选择单元格 K7，在公式栏内输入公式：=VLOOKUP(H4,科目余额表,4,Flase)。

2.显示借方、贷方、余额、借贷方向

借方、贷方、余额等单元格内的公式如表 5-1 所示。

表 5-1　公式格式

显示内容	单元格	公式
显示期初余额	H8	=IF(J4=1,J7,IF(J4=2,K7,0)
显示本期余额	E9	=VLOOKUP(H4,科目余额表,5,FALSE)
	F9	=VLOOKUP(H4,科目余额表,6,FALSE)
	H9	=IF(J4=1,ABS(H8+E9−F9),ABS(H8+F9−E9))
显示本期合计数	E10	=E9
	F10	=F9
	H10	=H9
显示借贷方向	G8	=IF(J7<>0,"借",IF(K7<>0,"贷","平"))
	G9	=IF(H9=0,"平",IF((AND(J4=1,H8+F9−E9>0)),"借","贷"))
	G10	=G9

3.隐藏辅助区域

为了使整张表格看起来更美观,需要将辅助列隐藏,为总分类账表添加背景颜色。选择 J 列到 L 列,选择"开始"→"单元格"→"格式"→"隐藏和取消隐藏"→"隐藏列"命令,如图 5-79 所示。

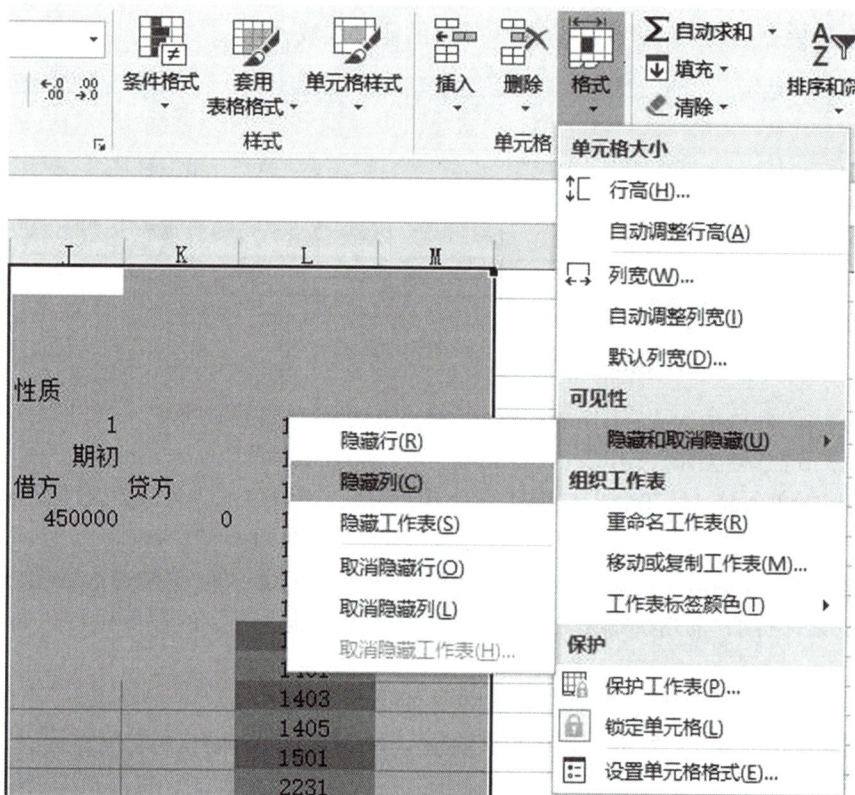

图 5-79　隐藏列区域

4.设置背景色

选择区域 A1:M11,单击"开始"选项卡下的"字体"功能区中的"添加背景色"按钮,如图 5-80 所示,在打开下拉列表中选择"橄榄绿,个性色 3,淡色 40%"。

5.6.5　保护工作表

由于工作表中有很多格式设置和计算公式,并且某些单元格也不需要输入数据,为了防止用户的不正确操作对这些格式设置和计算公式进行的修改,需要对工作表进行保护。

操作步骤如下:

(1)单击工作表左上角的"全选"按钮,选中整张工作表,按〈Ctrl〉+〈1〉组合键,弹出"设置单元格格式"对话框,转到"保护"选项卡,勾选"锁定"和"隐藏"复选框,如图 5-81 所示,单击"确定"按钮,关闭对话框,返回工作表界面。

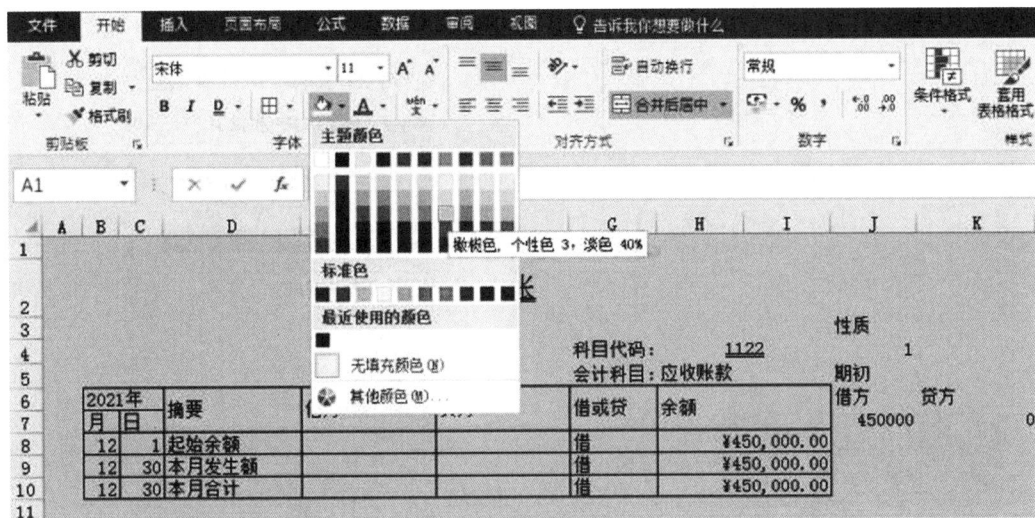

图 5-80　选择区域颜色

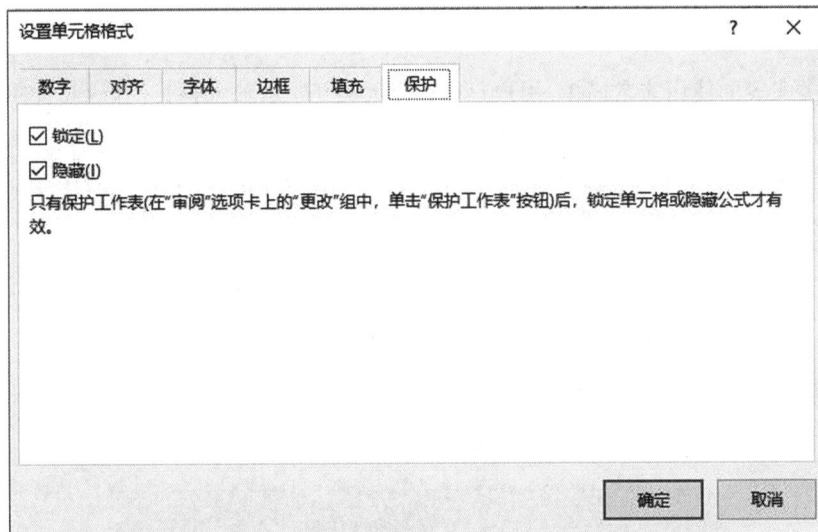

图 5-81　"设置单元格格式"——保护工作表

　　(2)选择"审阅"→"更改"→"保护工作表"命令,如图 5-82 所示,弹出"保护工作表"对话框,勾选选定锁定单元格"选定未锁定的单元格"复选框,如图 5-83 所示,单击"确定"按钮,关闭对话框,返回工作表界面。

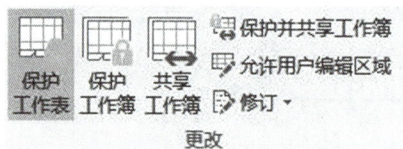

图 5-82　设置工作表保护　　　　图 5-83　勾选"选定未锁定的单元格"复选框

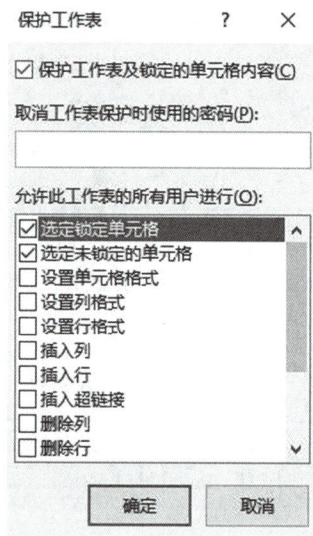

5.6.6　总分类账表的使用

总分类账表的使用非常简单,用户只需在单元格 H4 中输入科目代码,或者在下拉列表中选择科目代码,Excel 就会自动生成制定科目代码的总分类账表。如图 5-84 为输入科目代码"1002",图 5-85 为输入科目代码"6602",图 5-86 为输入科目代码"1122"。

图 5-84　总分类账——银行存款

图 5-85　总分类账——管理费用

图 5-86　总分类账——应收税费

【课外思政】

大学生怎样面对人生中的挫折

1. 摆正心态,正确认识挫折

挫折是不能够完全避免的,大学生在遇到挫折之后,不要怨天尤人,也不要过分指责自己。消极对待,情绪失控,这些都是没有用的。我们要做的是在适当发泄之后,分析挫折的原因,正确认识挫折的意义。这样面对挫折,才对得起你所受的苦。

2. 养成良好的克服困难的习惯

挫折的次数并非只是一两次,很多人几乎每年、每个月甚至每一天都在遭遇不同程度的挫折。所以遇到挫折不要那么沮丧,也不要轻易放弃自己,要有一定的心理准备以及承担能力。

3. 在挫折中吸取经验,寻求战胜挫折的方法

挫折的次数越多并不是说明你越倒霉或者越没用,相反可能仅仅是你的方法不正确或者重蹈覆辙。所以在遇到挫折的时候,要及时吸取经验,分析原因,找出战胜挫折的方法。

4. 要有积极乐观的心态

作为一名大学生,要承受的和承担的东西已经很多了,所以不要什么都往心里装,心满了容易压抑。适当地清理一些不需要的东西,也不要为了一点点的失败耿耿于怀。失败了第一次不要紧,要敢于尝试第二次。人生那么长,我们要走的路还远着呢。

5. 多看一些励志的书籍

闲暇时间多看一些励志的书籍,也不失为一种好的方法。有一些励志书籍是真的有作用,它会给你指明方向,帮助你振作或者让你更加有信心。当然也不要过度依赖外界的鼓励,心里也要相信自己。

6. 期待新的挑战

在我们成长的路上,会有越来越多的挫折,我们不要害怕挫折,要把它当成一种目标,不断遇到,就不断解决。没有什么是过不去的,方法总比困难多。

结语:人存在的意义就在于不断挑战自己,跨越一条条鸿沟。作为一名大学生,更应该具备良好的心理素质,这样才会在成功成才的道路上越走越远。

5.7　习　题

一、单选题

(1) 登记账簿的依据是　　　　　　　　　　　　　　　　　　(　　)

　　A. 经济合同　　　　　　　　　　　B. 会计分录

　　C. 记账凭证　　　　　　　　　　　D. 有关文件

(2) 一般情况下,不需要根据记账凭证登记的账簿是　　　　　(　　)

　　A. 总分类账　　　B. 明细分类账　　　C. 日记账　　　D. 备查账

(3)生产成本明细账一般采用的明细账类型是 （　　）

　　A. 三栏式　　　　　　B. 多栏式　　　　　C. 数量金额式　　　　D. 任意格式

(4)若记账凭证上的会计科目和应借应贷方向未错,但所记金额大于应记金额,并据以登记入账,应采用的更正方法是 （　　）

　　A. 划线更正法　　　　　　　　　　　　B. 红字更正法

　　C. 补充登记法　　　　　　　　　　　　D. 编制相反分录冲减

(5)新年度启用新账时,可以继续使用不必更换新账的是 （　　）

　　A. 总分类账　　　　　　　　　　　　　B. 银行存款日记账

　　C. 固定资产卡片　　　　　　　　　　　D. 管理费用明细账

二、判断题

(1)会计账簿是指由一定格式账页组成的,以经过审核的会计凭证为依据,全面、系统、连续地记录各项经济业务的簿籍。 （　　）

(2)账簿中的每一账页是账户的存在形式和载体,而账户是账簿的具体内容,因此,账户与账簿的关系是形式与内容的关系。 （　　）

(3)登记账簿的唯一依据是审核无误的原始凭证。 （　　）

(4)采用订本式账簿在同一时间里可以由多人登账,便于会计人员分工协作开展记账。 （　　）

(5)每个单位都应设置备查账簿。 （　　）

三、多项选择题

(1)下列属于序时账的有 （　　）

　　A. 普通日记账　　　　　　　　　　　　B. 银行存款日记账

　　C. 明细分类账　　　　　　　　　　　　D. 库存现金日记账

(2)下列明细账中可以采用三栏式账页的有 （　　）

　　A. 应收账款明细账　　　　　　　　　　B. 原材料明细账

　　C. 材料采购明细账　　　　　　　　　　D. 现金日记账

(3)登记明细分类账的依据可以是 （　　）

　　A. 原始凭证　　　　　　　　　　　　　B. 汇总原始凭证

　　C. 记账凭证　　　　　　　　　　　　　D. 经济合同

(4)数量金额式明细分类账的账页格式一般适用于 （　　）

　　A. 库存商品明细账　　　　　　　　　　B. 应交税费明细账

　　C. 应付账款明细款　　　　　　　　　　D. 原材料明细账

(5)下列属于一次凭证的原始凭证有 （　　）

　　A. 领料单　　　　　　　　　　　　　　B. 限额领料单

　　C. 收料单　　　　　　　　　　　　　　D. 销货发票

四、简答题

(1)简述总分类账与明细分类账的关系。

(2)简述银行存款对账单调节公式。

第6章　Excel 在编制财务报表中的运用

6.1　财务报表概述

财务报表是综合反映企业某一特定日期财务状况和某一会计期间经营成果、现金流量的总结性书面文件。它是企业财务报告的主要成分,是企业向外传递会计信息的主要手段。

6.1.1　财务报表的用途

财务报表向投资者、债权人、政府及其他报表使用者提供有用的经济决策信息。编制财务报表的用途主要有以下几方面:

(1)财务报表提供的经济信息是评价企业经营业绩和改善企业管理的重要依据。

(2)财务报表提供的经济信息是国家经济管理机构进行宏观调控与管理的重要依据。

(3)财务报表提供的经济信息是投资者与贷款者进行决策的重要依据。

6.1.2　财务报表的分类

财务报表可按不同的标准,例如按照反映的内容、编制的主体、编制的时间进行分类,具体介绍如下。

(1)按照反映的内容不同,财务报表可以分为动态的会计报表和静态的会计报表。

①动态的会计报表是反映一定时期内资金耗费和资金回收的报表,如利润表是反映一定时期内经营成果的报表。

②静态的会计报表是综合反映一定时期内资产、负债和所有者权益的财务报表,如资产负债表是反映企业在某一特定日期财务状况的会计报表,它反映企业在某一特定日期拥有和控制的经济资源、所承担的现时义务和所有者对净资产的要求权。

(2)按编制的主体不同,会计报表可以分为单位报表、合并报表和汇总报表。

①单位报表是指由企业在自身核算的基础上,对账簿记录进行加工而编制的会计报表,以反映企业自身的财务状况和经营成果。

②合并报表是集团公司中的母公司编制的报表,是以母公司及其子公司组成会计主体,以控股公司和其子公司单独编制的个别财务报表为基础,由控股公司编制的反映抵消集团内部往来账项后的集团合并财务状况和经营成果的财务报表。

③汇总报表是由会计主管部门或上级机关根据所属单位报送的会计报表,连同本单

位会计报表汇总编制的综合性会计报表。

（3）按编制的时间不同,会计报表可以分为中期报表(包括月报、季报和半年报)和年度报表。

6.2　资产负债表的编制

资产负债表是指反映企业在某一特定日期的财务状况的报表,资产负债表包括资产、负债和所有者权益三部分的内容。

6.2.1　资产负债表的组成

资产负债表一般采用账户式结构,分为左右两方,左方为资产,右方为负债和所有者权益。资产负债表左右双方平衡,资产总计等于负债加所有者权益,即"资产＝负债＋所有者权益"。资产负债表中的三部分按照一定的标准进一步分类并排列。

（1）资产按资产的流动性大小不同,分为流动资产和非流动资产两类:

①流动资产类由货币资金、交易性金融资产、应收票据、应收账款、预付账款、其他应收款、应收利息、存货和一年内到期的非流动资产等项目组成。

②非流动资产是指流动资产以外的资产,主要有持有到期投资、可供出售金融资产、长期应收款、长期股权投资、固定资产、无形资产、开发支出、长期待摊费、递延所得税资产等项目组成。

（2）按负债的流动性不同,分为流动负债和非流动负债两类:

①流动负债类由短期借款、应付票据、应付账款、预收账款、应付职工薪酬、应缴税费、应付股利、其他应付款、预提费用等项目组成。

②非流动负债类由长期借款、应付债券、长期应付款、预计负债、递延所得税负债等项目组成。

（3）所有者权益是企业资产扣除负债后的剩余资产。

所有者权益按来源,可由实收资本、资本公积、盈余公积和未分配利润等项目组成。

6.2.2　资产负债表的编制方法

1. 根据总账科目余额直接填列

资产负债表各项目的数据来源主要根据总账科目余额直接填列,这些项目有以下几种。

（1）资产类项目:应收票据、应收股利、应收利息、应收补贴款、固定资产原价、累计折旧、工程物资、固定资产减值准备、固定资产清理、递延税款借项等。

（2）负债类项目:短期借款、应付票据、应付工资、应付福利费、应付股利、应付税金、其他应交款、其他应付款、预计负债、长期借款、应付债券、专项应付款、递延税款借项等。

（3）所有者权益项目:实收资本、已归还投资、资本公积、盈余公积等。

2. 根据总账科目余额计算填列

资产负债表某些项目需要根据若干个总账科目的期末余额计算填列,这些项目有:

（1）资产类的货币资金项目,根据"现金""银行存款""其他货币资金"科目的期末余额合计填列。

（2）资产类的存货项目，根据"物资采购""原材料""低值易耗品""自制半成品""库存商品""包装物""分期收款付出商品""委托加工物资""委托代销产品""生产成本"等账户的合计，减去"代销商品额""活存跌价准备"科目的期末余额后的余额填列。

（3）资产类的固定资产净值项目，根据"固定资产"账户的借方余额减去"累计折旧"账户的贷方余额后的净额填列。

（4）所有者权益的未分配利润项目，在月（季）报中，根据"本年利润"和"未分配利润"科目的余额计算填列。

3. 根据明细科目的余额计算填列

资产负债表某些项目不能根据总账项目余额或若干个总账项目的期末余额计算填列，需要根据有关科目所属的相关明细科目的期末余额计算填列。

（1）"应收账款"项目，应根据"应收账款"科目所属各明细账户的期末贷方余额合计，再加上"预收账款"科目的有关明细科目期末借方余额计算填列。

（2）"应付账款"项目，应根据"应付账款""预付账款"科目的有关明细科目的期末贷方余额计算编制。

4. 根据总账科目和明细科目余额分析计算填列

资产负债表上某些项目不能根据有关总账科目的期末余额直接计算填列，也不能根据有关科目所属明细科目的期末余额计算填列，需要根据总账科目和明细科目余额分析计算填列。

（1）"长期借款"项目，根据"长期借款"总账科目余额扣除"长期借款"科目所属的明细科目中反映的将于一年内到期的长期借款部分分析计算填列。

（2）"长期债权投资"项目、"长期待摊费用"项目，也要分别根据"长期债权投资"科目和"长期待摊费用"科目的期末余额，减去一年内到期的长期债权投资和一年内摊销的数额后的金额计算。

5. 根据科目余额减去其备抵项目后的净额填列

具体项目有：

（1）"应收款项"项目，应根据"应收账款"科目所属各明细科目的期末借方余额合计数，减去"坏账准备"科目中有关应收账款计提的坏账准备期末余额数后的金额填列。

（2）"存货"项目，根据扣除前的存货项目余额减去"存货跌价准备"科目期末余额后的金额填列。

（3）"长期股权投资"项目，应根据"长期股权投资"科目的期末余额，减去"长期投资减值准备"科目中有关投资减值准备期末余额后的金额填列；"长期债权投资"项目，应根据"长期债权投资"科目的期末余额，减去"长期投资减值准备"科目中有关债权投资减值准备期末余额后的金额填列。

（4）"固定资产净额"项目，按照"固定资产净值"项目余额减去"固定资产减值准备"科目期末余额后的净值填列。

（5）"在建工程"项目，按照"在建工程"科目的期末余额，减去"在建工程减值准备"科目期末余额后的净值填列。

（6）"无形资产"项目，按照"无形资产"科目的期末余额减去"无形资产减值准备"科目期末余额后的净值填列，以反映无形资产的期末可回收金额。

资产负债表的"年初余额"栏各项目数字，应根据上年末资产负债表"期末余额"栏内所列数字填列。

6.2.3　相关格式设计

下面以公司资产负债情况为例，介绍编制资产负债表的方法。

为麦德香食品有限公司编制如图 6-1 所示的 12 月份资产负债表，资产负债表的格式如图 6-16 所示，制作步骤如下：

资产负债表							
编制单位：麦德香食品有限公司		制表日期：2021/12/31			单位：元		
资产	行次	期末余额	期初余额	负债及所有者权益	行次	期末余额	期初余额
流动资产：				流动负债：			
货币资金	1	1,382,260.00	966,500.00	短期借款	31		
短期投资	2	150,000.00	150,000.00	应付票据	32	94,800.00	94,800.00
应收票据	3			应付账款	33	16,000.00	74,500.00
应收账款	4	449,500.00	449,500.00	预收账款	34		
预付账款	5			应付职工薪酬	35	50,000.00	50,000.00
应收股利	6			应交税费	36	33,010.00	
应收利息	7			应付利息	37		
其他应收款	8	4,500.00	4,500.00	应付利润	38	275,600.00	
存货	9	629,000.00	595,000.00	其他应付款	39		
其中：原材料	10	213,000.00	285,000.00	其他流动负债	40		
在产品	11			流动负债合计	41	469,410.00	219,300.00
库存商品	12	416,000.00	310,000.00	非流动负债：			
周转材料	13			长期借款	42		
其他流动资产	14			长期应付款	43		
流动资产合计	15	2,615,260.00	2,165,500.00	递延收益	44		

图 6-1　资产负债表格式

（1）在"第 6 章.xlsx"工作簿中单击"工作表插入标签"插入一张工作表，双击工作表标签，重命名为"资产负债表"。

（2）在单元格 A1 中输入"资产负债表"，合并并居中区域"A1：H2"，设置行高为"20"，选择"开始"→"样式"→"单元格样式"命令，在打开的下拉列表"标题"样式，应用预定义的单元格标题样式，如图 6-2 所示。

	A	B	C	D	E	F	G	H
1					资产负债表			

图 6-2　单元格标题样式

（3）在单元格 A2、D2、F2 中分别输入"编制单位：麦德香食品有限公司"、"制表日期："和"单位：元"，设置字号为"12"，行高为"20"。

（4）选择区域 A2：B2、F2：H2 合并并居中，设置字体为"宋体"，字号为"14"，行高为"20"，单元格背景"蓝色，着色，深色 25％"，字体颜色为"白色"，如图 6-3 所示，完成对日期的字体设置。

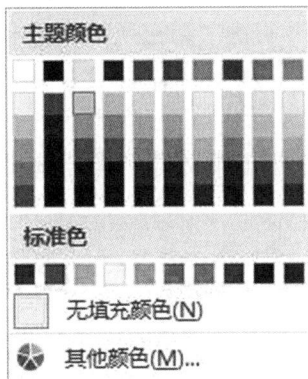

图 6-3　设置单元格背景颜色

（5）选择单元格 D2，单击"开始"→"格式"→"设置单元格格式"，打开"设置单元格格式"对话框，选择"数字"选项卡，在"分类"列表框中选择"日期"，在"类型"列表框中选择"2012 年 3 月 14 日"格式，单击"确定"按钮，关闭对话框，返回工作表界面，完成对日期格式的设置，如图 6-4 所示。

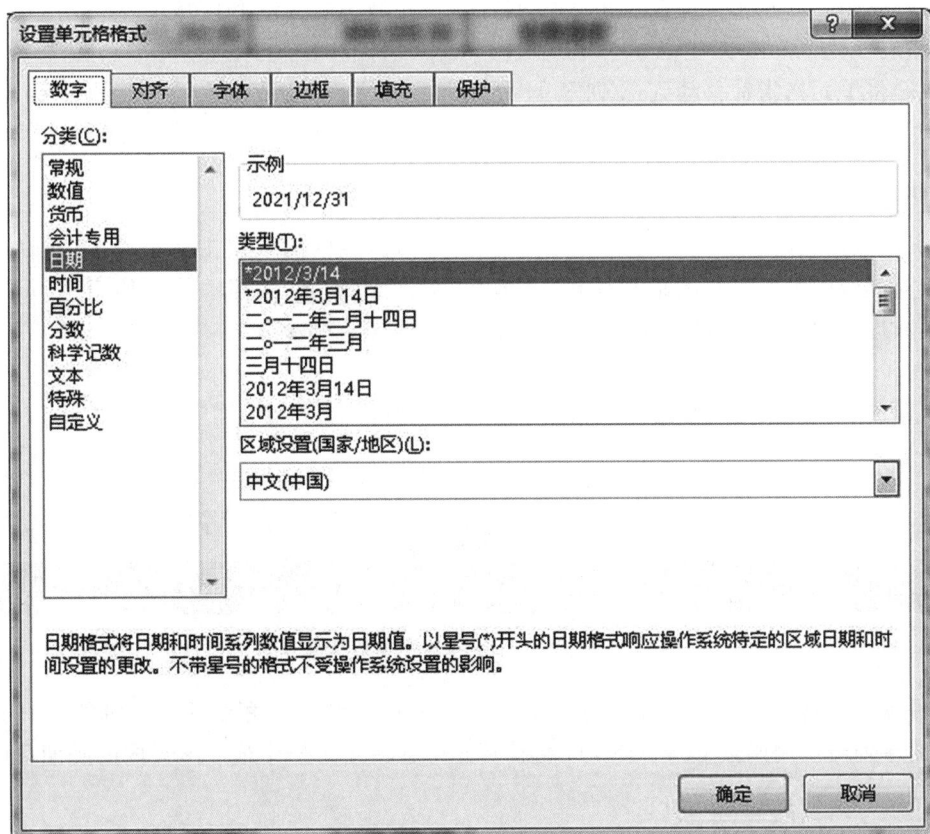

图 6-4　设置单元格格式

（6）在单元格 A3、B3、C3、D3、E3、F3、G3、H3 中分别输入"资产""行次""期初余额""期末余额""负债及所有者权益""行次""期初余额""期末余额"，选取区域 A3:H3，设置字号为"11"，行高为"20"，填充背景为"深蓝，文字 2，淡色 40％"，如图 6-5 所示。

图 6-5　设置填充背景色

（7）选取 C 列、D 列、G 列和 H 列，设置字体为"宋体"，字号默认为"11"，选择"开始→数字"功能区，在"数字"功能区中单击千位分隔样式"，"按钮，设置借方金额和贷方金额的数字格式，如图 6-6 所示。

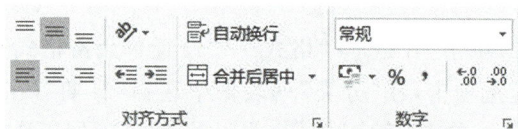

图 6-6　设置借方金额与贷方金额数字格式

（8）参照图 6-1 所示的资产负债表的格式，在区域 A4:A35 和区域 B4:B35 内输入资产负债表项目。

（9）将单元格指针移动到 A 列至 H 列的列字母之间，变成左右拉伸形状之后，按住鼠标左键并拖动，将单元格区域 A 列至 H 列调整到合适的宽度。

6.2.4　相关公式设计

资产负债表内的公式包括日期和表内项目公式，表内的数据主要来源于"科目余额表"。为了减少表格之间的跳转操作，本节将"第 5 章.xlsx"文档中的工作表"科目余额表"的数据复制到"第 6 章.xlsx"中，并重命名为"科目余额表"。

操作步骤如下：

（1）选中单元格 D2，在公式栏内输入如图 6-7 所示公式。

图 6-7　通过 EOMONTH 函数获取特定月份的最后一天

提示：EOMONTH 函数用于返回 start_date 之前或之后用于指示月份的该月最后一天的序列号。用函数 EOMONTH 可计算正好在特定月份中最后一天内的到期日或发行日。

语法：EOMONTH(start_date,months)

Start_date 是代表开始日期的一个日期，应使用 DATE 函数输入日期，或者将函数作为公式的参数输入。例如，使用函数 DATE(2021.12.31)，输入 2021 年 4 月 25 日。

如果日期以文本形式输入,则会出现问题。Months 为 start_date 之前或之后的月数。正数表示未来日期,负数表示过去日期。如果 months 不是整数,将截尾取整。

(2)参照图 6-8 和图 6-9 在资产负债表内输入公式。

资产	行次	期末余额	期初余额
流动资产:			
货币资金	1	=科目余额表!G4+科目余额表!G5	=科目余额表!C4+科目余额表!C5
短期投资	2	=科目余额表!G6	=科目余额表!C6
应收票据	3		
应收账款	4	=科目余额表!G8-科目余额表!H11	=科目余额表!C8-科目余额表!D11
预付账款	5		
应收股利	6		
应收利息	7		
其他应收款	8	=科目余额表!G10	=科目余额表!C10
存货	9	=C16+C14	=D16+D14
其中:原材料	10	=科目余额表!G13	=科目余额表!C13
在产品	11		
库存商品	12	=科目余额表!G14	=科目余额表!C14
周转材料	13		
其他流动资产	14		
流动资产合计	15	=C5+C6+C8+C12+C13	=D5+D6+D8+D12+D13
非流动资产:			
长期债券投资	16		
长期股权投资	17		
固定资产原价	18	=科目余额表!G17	=科目余额表!C17
减:累计折旧	19	=科目余额表!H18	=科目余额表!D18
固定资产账面价值	20	=C23-C24	=D23-D24
在建工程	21		
工程物资	22		
固定资产清理	23		
生产性生物资产	24		
无形资产	25		
开发支出	26		
长期待摊费用	27		
其他非流动资产	28		
非流动资产合计	29	=C25	=D25
资产总计	30	=C19+C34	=D19+D34

图 6-8　资产负债表内的公式(C 列、D 列)

负债及所有者权益	行次	期末余额	期初余额
流动负债：			
短期借款	31		
应付票据	32	=科目余额表!H24	=科目余额表!D24
应付账款	33	=科目余额表!H25	=科目余额表!D25
预收账款	34		
应付职工薪酬	35	=科目余额表!H27	=科目余额表!D27
应交税费	36	=科目余额表!H28	
应付利息	37		
应付利润	38	=科目余额表!H30	
其他应付款	39		
其他流动负债	40		
流动负债合计	41	=G6+G7+G9+G10+G12	=H6+H7+H9
非流动负债：			
长期借款	42		
长期应付款	43		
递延收益	44		
其他非流动负债	45		
非流动负债合计	46		
负债合计	47	=G15+G21	=H15+H21
所有者权益（或股东权益）：			
实收资本（或股本）	48	=科目余额表!H34	=科目余额表!D34
资本公积	49	=科目余额表!H35	=科目余额表!D35
盈余公积	50	=科目余额表!H36	=科目余额表!D36
未分配利润	51	=科目余额表!H38	=科目余额表!D37
所有者权益（或股东权益）合计	52	=G30+G31+G32+G33	=H30+H31+H32+H33
负债和所有者权益（或股东权益）总计	53	=G22+G34	=H22+H34

图 6-9 资产负债表内的公式（G 列、H 列）

6.2.5 转换为普通区域

为了快速优化表格，可以先将资产负债表设为表格区域，选择合适的表样式，再将表格区域转换为普通区域，具体步骤如下：

（1）选择区域 A4：H35，选择"插入"→"表格"→"表格"命令，在弹出的"创建表"对话框中选择"包含表标题"复选框，单击"确定"按钮，关闭对话框，将区域 A4：H35 转化为表格区域，如图 6-10 所示。

（2）选择"表格工具"→"设计"→"套用表格样式"命令，在表格样式下拉列表中选择适合的表格样式。

（3）选择"表格工具"→"设计"→"工具"→"转换为区域"命令，将表格区域转换为普通区域，但是保留表格的样式，如图 6-11 所示。

6.2.6　保护工作表

由于工作表中有很多格式设置和计算公式，并且某些单元格也不需要输入数据，为了防止用户的不正确操作而对这些格式的设置和计算公式进行修改，同时需要

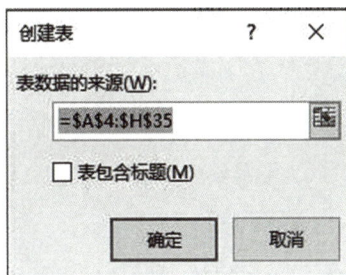

图 6-10　"创建表"对话框

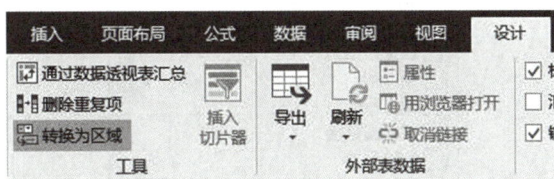

图 6-11　"转换为区域"命令

对工作表进行保护。

操作步骤如下：

（1）单击工作表左上角的全选按钮，选中整张工作表，单击"开始"→"单元格"→"格式"→"设置单元格格式"，弹出"设置单元格格式"对话框，转到"保护"选项卡，选择"锁定"和"隐藏"复选框，如图 6-12 所示。单击"确定"按钮，关闭对话框，返回工作表界面。

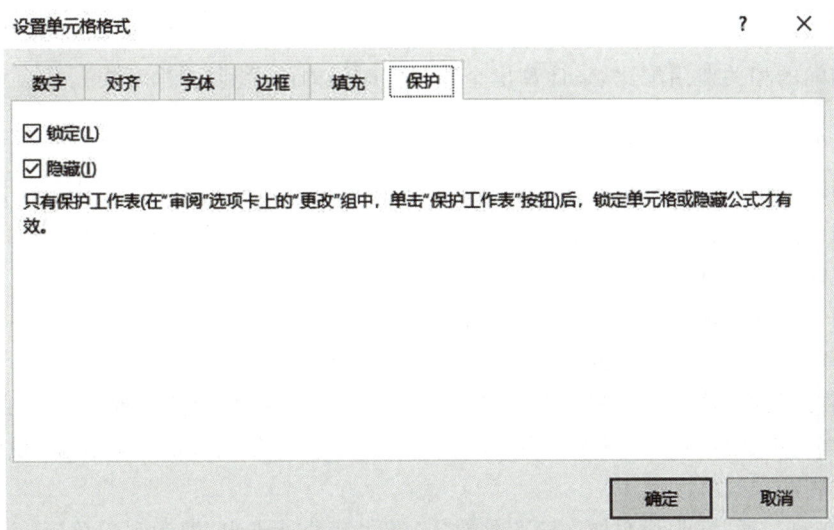

图 6-12　"设置保护表"对话框

（2）选择"审阅"→"更改"→"保护工作表"命令，弹出"保护工作表"对话框，勾选"选定未锁定的单元格"复选框，在"取消工作表保护时使用的密码"文本框中输入密码，如图

6-13所示。单击"确定"按钮,返回工作表界面。

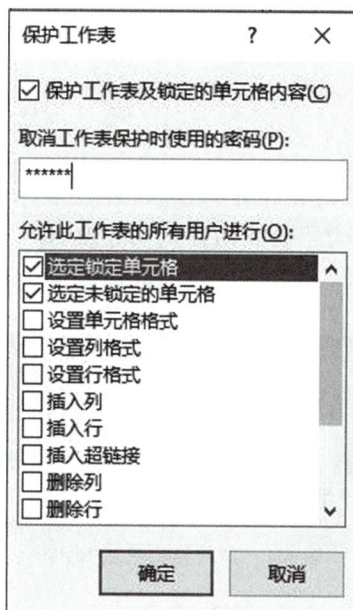

图6-13 "保护工作表"对话框

6.3 利润表的编制

利润表是反映企业在一定期间生产经营成果的会计报表,该表把一定期间内的收入与同一期间的相关费用配比,来计算出企业一定时间内的净利润(净亏损)。

6.3.1 利润表的组成及编制方法

利润表的结构主要有单步式和多步式两种。在我国,企业利润表采用的基本上是多步式结构,即通过对当期的收入、费用、支出项目按性质加以归类,按利润形成的主要环节列出一些中间性利润指标,分步计算当期经济损益。

利润表主要反映以下几个方面的内容:

(1)营业收入,由主营业务收入和其他业务收入组成;

(2)营业利润、营业收入减去营业成本(主营业务成本、其他业务成本)、营业税金及附加、销售费用、管理费用、财务费用、资产减值损失,加上公允价值变动收益、投资收益,即为营业利润;

(3)利润总额,营业利润加上营业外收入,减去营业外支出,即为利润总额;

(4)净利润,利润总额减去所得税费用,即为净利润;

(5)每股收益,普通股或潜在普通股已公开交易的企业,以及正处于公开发行普通股或潜在普通股过程中的企业,还应当在利润表中列出每股收益信息,包括基本每股收益和稀释每股收益两项指标。

此外,为了便于报表使用者通过比较不同期间利润的实现情况,利润表还可以将各项目再分为"本年累计金额"和"上年金额"两栏分别填列。

6.3.2　相关格式设计

下面以公司利润变动情况为例,介绍编制利润表的方法,为麦德香食品有限公司编制如图 6-14 所示的 12 月份利润表,制作步骤如下。

利润表
2021年12月31日

企业名称:麦德香食品有限公司		单位:元	
项　目	行次	本期发生额	上期发生额
一、营业收入	1	130000.00	150000.00
减:营业成本	2	54000.00	76000.00
营业税金及附加	3		
其中:消费税	4		
营业税	5		
城市维护建设税	6		
资源税	7		
土地增值税	8		
城镇土地使用税、房产税、车船税、印花税	9		
教育费附加、矿产资源补偿费、排污费	10		
销售费用	11	3400.00	4500.00
其中:商品维修费	12		
广告费和业务宣传费	13		
管理费用	14	14600.00	16500.00
其中:开办费	15		
业务招待费	16		
研究费用	17		
财务费用	18		
其中:利息费用(收入以"-"号填列)	19		
加:投资收益(损失以"-"号填列)	20		
二、营业利润(亏损以"-"号填列)	21	58000.00	53000.00
加:营业外收入	22	50000.00	0.00
其中:政府补助	23		
减:营业外支出	24	16000.00	10000.00
其中:坏账损失	25		
无法收回的长期债券投资损失	26		
无法收回的长期股权投资损失	27		
自然灾害等不可抗力因素造成的损失	28		
税收滞纳金	29		
三、利润总额(亏损总额以"-"号填列)	30	92000.00	43000.00
减:所得税费用	31	23000.00	10750.00
四、净利润(净亏损以"-"号填列)	32	69000.00	32250.00

图 6-14　利润表格式

(1)在"第 6 章.xlsx"工作簿中单击工作表插入标签,插入一张工作表,双击工作表标签,重命名为"利润表",在单元格 A1 中输入"利润表",合并并居中区域 A1:D1,设置行高为"40",选择"开始"→"样式"→"单元格样式"命令,在打开的下拉列表"标题"组中单击"标题"样式,应用预定义的单元格标题样式,如图 6-15 所示。

图 6-15　设置"单元格样式"

(2)选择区域 A2:D2,合并并居中,设置字体为"宋体",字号为"12",行高为"20",单元格背景为"白色,背景1",完成对日期的字体设置;打开"开始"→"单元格"→"格式"→"设置单元格格式"对话框,转到"数字"选项卡,在"分类"列表框中选择"日期",在"类型"列表框中选择"2012 年 3 月 14 日"格式,单击"确定"按钮,关闭对话框,返回工作表界面,完成对日期格式的设置,如图 6-16 所示。选中单元格 A2,在公式栏内输入"＝

EOMONTH(DATE(2018,12,31),0)"公式。

图 6-16　设置"单元格样式"

　　(3)在单元格 A3、D3 中分别输入"企业名称:麦德香食品有限公司"和"单位:元",设置字号为"12",行高为"20";选择单元格区域 B3:D3,单击"合并并居中"按钮;在单元格 A4、B4、C4 中分别输入"项目""行次""本期发生额""上期发生额",如图 6-17 所示。

利润表			
2021年12月31日			
企业名称：麦德香食品有限公司		单位：元	

图 6-17　编辑单元格

　　(4)选取 C 列和 D 列,设置字体为"Arial",字号默认为"11",选择"开始→数字"功能区,在"数字"功能区中单击千位分隔样式符按钮",",如图 6-18 所示,设置"本期发生额"和"上期发生额"的数字格式。

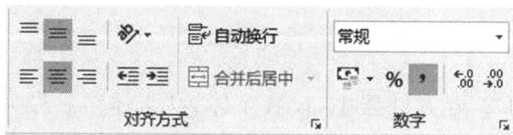

图 6-18　设置数字格式

　　(5)在区域 A5:A36 内输入相应的利润表项目。

（6）将单元格指针移动到 A 列至 D 列的列字母之间，将单元格区域 A 列至 D 列调整到合适的宽度。

6.3.3　相关公式设计

利润表内的公式包括日期和表内项目公式，表内的数据主要来源于"科目余额表"，在表内输入公式的方法和步骤如下：

（1）选中单元格 C3，在公式栏内输入以下公式："＝科目余额表！E41＋科目余额表！42"。

（2）参照图 6-19，在利润表内分别输入如下公式。

利润表			
=EOMONTH(DATE(2021,12,25),0)			
企业名称：麦德香食品有限公司		单位：元	
项目	行次	本期发生额	上期发生额
一、营业收入	1	=科目余额表!E41+科目余额表!E42	150000
减：营业成本	2	=科目余额表!E45+科目余额表!E46	76000
营业税金及附加	3		
其中：消费税	4		
营业税	5		
城市维护建设税	6		
资源税	7		
土地增值税	8		
城镇土地使用税、房产税、车船税、印花税	9		
教育费附加、矿产资源补偿费、排污费	10		
销售费用	11	=科目余额表!E48	4500
其中：商品维修费	12		
广告费和业务宣传费	13		
管理费用	14	=科目余额表!E49	16500
其中：开办费	15		
业务招待费	16		
研究费用	17		
财务费用	18		
其中：利息费用（收入以"－"号填列）	19		
加：投资收益（损失以"－"号填列）	20		
二、营业利润（亏损以"－"号填列）	21	=C5-C6-C15-C18	=D5-D6-D15-D18
加：营业外收入	22	=科目余额表!E44	0
其中：政府补助	23		
减：营业外支出	24	=科目余额表!E51	10000
其中：坏账损失	25		
无法收回的长期债券投资损失	26		
无法收回的长期股权投资损失	27		
自然灾害等不可抗力因素造成的损失	28		
税收滞纳金	29		
三、利润总额（亏损总额以"－"号填列）	30	=C25+C26-C28	=D25+D26-D28
减：所得税费用	31	=科目余额表!E52	=D34*0.25
四、净利润（净亏损以"－"号填列）	32	=C34-C35	=D34-D35

图 6-19　利润表内的公式

6.3.4　转换为普通区域

为了快速优化表格，可以先将利润表设为表格区域，选择合适的表样式，再将表格区域转换为普通区域，具体步骤如下。

（1）选择区域 E3：D36，选择"插入"→"表格"→"表格"按钮，打开"创建表"对话框，选择"表包含标题"复选框，如图 6-20 所示。

（2）选择"表格工具"→"设计"→"表格样式"命令，在表样式下拉列表中选择适合的表样式，如图6-21所示。

（3）选择"表格工具"→"设计"→"工具"→"转换

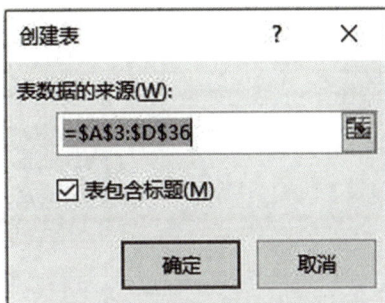

创建表　？　×

表数据的来源(W)：

=$A$3:$D$36

☑ 表包含标题(M)

确定　　取消

图 6-20　"创建表"对话框

为区域"命令,将表格区域转换为普通区域,但是保留表格的样式,如图 6-22 所示。

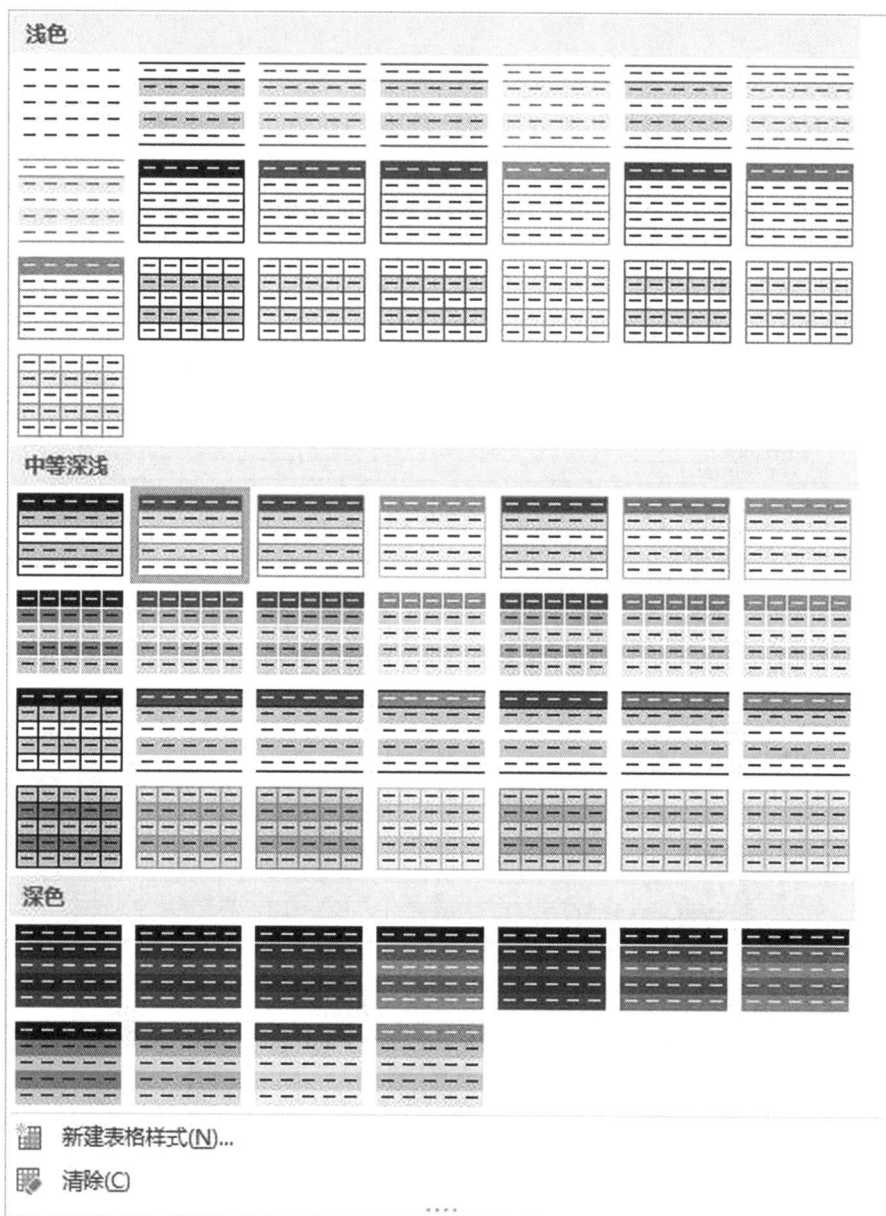

图 6-21 "表格样式"命令

图 6-22 "转换为区域"命令

6.3.5　保护工作表

由于工作表中有很多格式设置和计算公式,并且某些单元格也不需要输入数据,为了防止用户的不正确操作对这些格式设置和计算公式进行的修改,需要对工作表进行保护。

具体步骤如下:

(1)单击工作表左上角的"全选"按钮,选中整张工作表,单击"开始"→"单元格"→"格式"→"设置单元格格式",弹出"设置单元格格式"对话框,转到"保护"选项卡,选择"锁定"和"隐藏"复选框,如图 6-23 所示。单击"确定"按钮,关闭对话框,返回工作表界面。

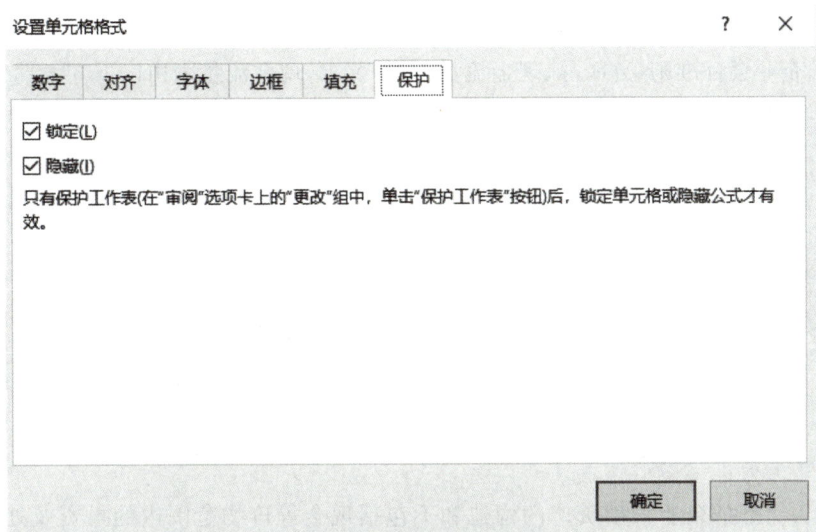

图 6-23　设置"保护"选项卡

(2)选择"审阅"→"更改"→"保护工作表"命令,弹出"保护工作表"对话框,勾选"选定未锁定的单元格"复选框,在"取消工作表保护时使用的密码"文本框中输入密码,如图 6-24 所示。单击"确定"按钮,返回工作表界面。

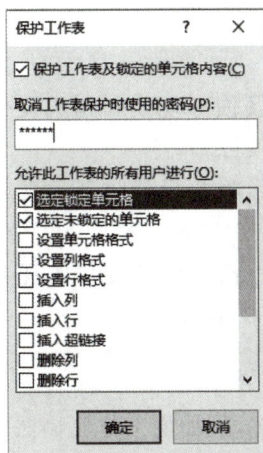

图 6-24　"保护工作表"对话框

6.4 现金流量表的编制

现金流量表是以现金为基础编制的,反映企业在某一特定时期内经营活动、投资活动和筹资活动等对现金及现金等价物影响的会计报表。现金流量表有助于使用者了解和评价企业获取现金的能力,发现企业在财务方面存在的问题,并预测企业未来的现金流量。

6.4.1 现金流量表的组成

根据《企业会计准则第31号、现金流量表》的要求,现金流量表由以下3大部分组成。

1. 经营活动产生的现金流量

经营活动是指企业投资活动和筹资活动以外的所有交易和事项。该项目包括经营活动流入和经营活动流出。

(1)经营活动流入的现金主要包括:销售产品、提供劳务收到的现金、收到的税费返还、收到其他与经营活动有关的现金、经营活动现金流入小计。

(2)经营活动流出的现金主要包括:购买产品、接受劳务支付的现金、支付给职工以及为职工支付的现金、支付的各项税费、支付其他与经营活动有关的现金、经营活动现金流出小计。

2. 投资活动产生的现金流量

投资活动是指企业长期资产的构建和不包括现金等价物范围内的投资及处置活动。

(1)投资活动产生的现金主要包括:收回投资收到的现金;取得投资收益收到的现金、处置固定资产、无形资产和其他长期资产收回的现金净额、处置子公司及其他营业单位收到的现金净额、收到其他与投资活动有关的现金。

(2)投资活动流出的现金包括:构建固定资产、无形资产和其他长期资产支付的现金、投资支付的现金、取得子公司及其他营业单位支付的现金净额、支付其他与投资活动有关的现金。

3. 筹资活动产生的现金流量

筹资活动是指导致企业资本及债务规模和构成发生变化的活动。它包含筹资活动引起的现金流入和现金流出两个项目。

(1)投资活动流入的现金包括:吸收投资收到的现金,取得借款收到的现金、收到其他与筹资活动有关的现金。

(2)投资活动流出的现金包括:偿还债务支付的现金、分配股利、利润或偿付利息支付的现金,支付其他与筹资活动有关的现金。

6.4.2 现金流量表的编制方法

现金流量表的编制方法有很多,例如用工作底稿法、T型账户法、直接利用日记账或会计记录来编制等。本节我们采用直接从会计业务记录中提取现金流量数据,这就需要借用第5章的会计凭证表来读取与现金相关的数据了。用户在输入每一笔会计分录的时候，就应该对它所对应的现金流量项目进行分类。

（1）激活"第 5 章.xlsx"工作簿中的"会计凭证表"工作表，筛选科目名称为"库存现金"和"银行存款"。

会计凭证表

2021年12月31日

年	月	日	序号	凭证编号	类	摘要	科目编号	科目名称	方	借方金额	贷方金额	制单人	审核人	附件
2021	12	01	01	2021120101	现	提取备用金	1001	库存现金	借	10,000.00				
2021	12	01	01	2021120101	银	提取备用金款	1002	银行存款	贷		10,000.00			
2021	12	01	02	2021120102	现	杨洋出差借款	1221	其他应收款	借	1,500.00				
2021	12	01	02	2021120102	银	杨洋出差借款	1001	库存现金	贷		1,500.00			
2021	12	02	03	2021120203	转	收到法人资本金	4001	实收资本	借	400,000.00				
2021	12	02	03	2021120203	银	收到法人资本金	1002	银行存款	贷		400,000.00			
2021	12	06	04	2021120604	现	购进甲材料并验收入库	1403	原材料	借	15,000.00				
2021	12	06	04	2021120604		应交税费-应交增值税（进）	2221	应交税费	借	1,950.00				
2021	12	06	04	2021120604		购进甲材料并验收入库	1002	银行存款	贷		16,950.00			
2021	12	08	05	2021120805		应收账款-宏远公司	1122	应收账款	借	67,800.00				
2021	12	08	05	2021120805		主营业务收入-A产品	6001	主营业务收入	贷		60,000.00			
2021	12	08	05	2021120805		应交税费-应交增值税（销）	2221	应交税费	贷		7,800.00			
2021	12	09	06	2021120906		偿还前欠货款-方贸集团	2202	应付账款	借	58,500.00				
2021	12	09	06	2021120906		偿还前欠货款-方贸集团	1002	银行存款	贷		58,500.00			
2021	12	09	07	2021120907		购进甲材料，未入库	1403	原材料	借	30,000.00				
2021	12	09	07	2021120907		购进乙材料，未入库	1403	原材料	借	8,000.00				
2021	12	09	07	2021120907		应交税费-应交增值税（进）	2221	应交税费	借	4,940.00				
2021	12	09	07	2021120907		银行存款	1002	银行存款	贷		42,940.00			
2021	12	08	08	2021120908		购买办公用品，以现金支付	6602	管理费用	借	500.00				
2021	12	09	08	2021120908		购买办公用品，以现金支付	1001	库存现金	贷		500.00			

图 6-25　筛选现金活动的科目名称

（2）在"第 6 章.xlsx"工作簿中单击"工作表插入标签"插入一张工作表，双击工作表标签，重命名为"现金流量表编制底稿"。

（3）将图 6-25 中筛选结果中金额数据复制到"现金流量表编制底稿"工作表中，在复制与现金相关的数据时，不包含备用金的数据，如图 6-26所示。

6.4.3　相关格式设计

下面以具体现金流量为例，介绍编制现金流量表的方法。

为麦德香食品有限公司编制如图 6-27 所示的 12 月份现金流量表。

操作步骤如下：

（1）在"第 6 章.xlsx"工作簿中单击工作表插入标签，插入一张工作表，双击工作表标签，重命名为"现金流量表"。

（2）在单元格 A1 中输入"现金流量表"，合并并居中区域 A1:D1，设置行高为"40"，选择"开始"→"样式"→"单元格样式"命令，在打开的下拉列表中的"标题"组中单击"标题"样式，应用定义好的单元格标题样式，如图 6-28 所示。

	A	B	C
1	序号	项目名称	金额
2	1	支付其他与经营有关的现金	1500
3	2	吸收投资者投资收到的现金	400000
4	3	购买原材料、商品、接受劳务支付的现金	16950
5	4		
6	5	购买原材料、商品、接受劳务支付的现金	58500
7	6	购买原材料、商品、接受劳务支付的现金	42940
8	7	支付其他与经营活动有关的现金	500
9	8		
10	9	支付的职工薪酬	40000
11	10	支付其他与经营活动有关的现金	1350
12	11	支付其他与经营活动有关的现金	3400
13	12	收到其他与经营活动有关的现金	22600
14	13	销售产成品、商品、提供劳务收到的现金	67800
15	14	销售产成品、商品、提供劳务收到的现金	56500
16	15	支付其他与经营活动有关的现金	16000
17	16	收到其他与经营活动有关的现金	50000

图 6-26　现金流量表编制底稿

现金流量表

2021年12月31日

企业名称：麦德香食品有限公司		单位：元	
项　目	行次	本期发生额	上期发生额
一、经营活动产生的现金流量：			
销售产成品、商品、提供劳务收到的现金	1	124300.00	
收到其他与经营活动有关的现金	2	72600.00	
购买原材料、商品、接受劳务支付的现金	3	118390.00	
支付的职工薪酬	4	40000.00	
支付的税费	5		
支付其他与经营活动有关的现金	6	21250.00	
经营活动产生的现金流量净额	7	17260.00	
二、投资活动产生的现金流量：			
收回短期投资、长期债券投资和长期股权投资收到的现金	8	0.00	
取得投资收益收到的现金	9	0.00	
处置固定资产、无形资产和其他非流动资产收回的现金净额	10	0.00	
短期投资、长期债券投资和长期股权投资支付的现金	11	0.00	
购建固定资产、无形资产和其他非流动资产支付的现金	12	0.00	
投资活动产生的现金流量净额	13	0.00	
三、筹资活动产生的现金流量：			
取得借款收到的现金	14	0.00	
吸收投资者投资收到的现金	15	400000.00	
偿还借款本金支付的现金	16	0.00	
偿还借款利息支付的现金	17	0.00	
分配利润支付的现金	18	0.00	
筹资活动产生的现金流量净额	19	400000.00	
四、现金净增加额	20	417260.00	
加：期初现金余额	21	558730.00	
五、期末现金余额	22	975990.00	

图 6-27　现金流量表格式

图 6-28　设置"单元格样式"

(2)选择区域 A2:D2,合并并居中,设置字体为"宋体",字号为"12",行高为"20",单元格背景为"白色,背景 1",完成对日期的字体设置;打开"开始"→"单元格"→"格式"→"设置单元格格式"对话框,转到"数字"选项卡,在"分类"列表框中选择"日期",在"类型"列表框中选择"2012 年 3 月 14 日"格式,单击"确定"按钮,关闭对话框,返回工作表界面,完成对日期格式的设置,如图 6-29 所示。选中单元格 A2,在公式栏内输入"=EOMONTH(DATE(2021,12,31),0)"公式。

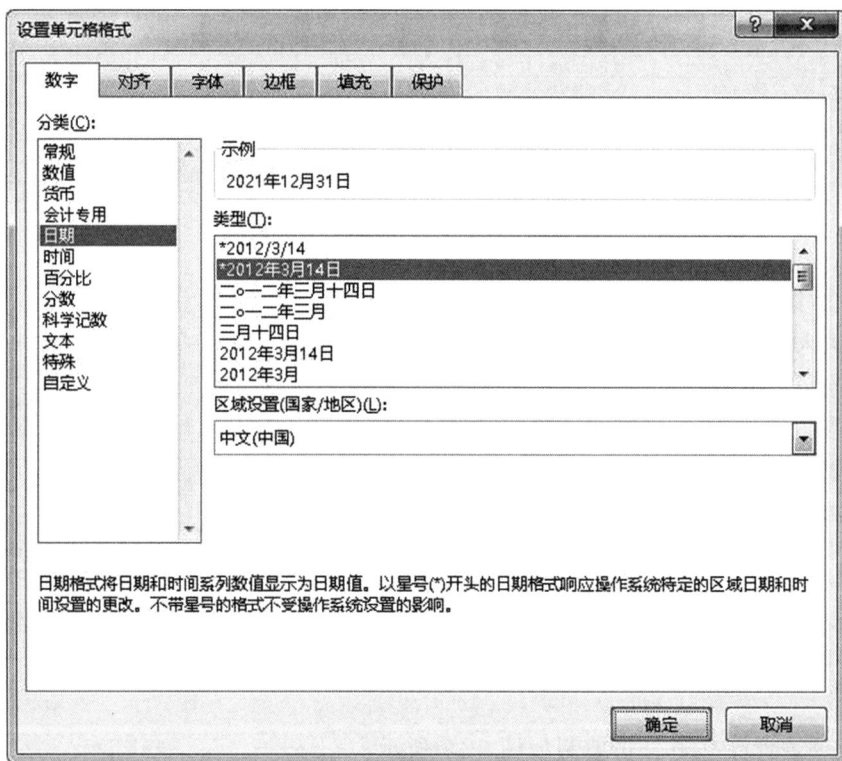

图 6-29　设置"单元格样式"

(3)在单元格 A3、D3 中分别输入"企业名称:麦德香食品有限公司"和"单位:元",设置字号为"12",行高为"20";选择单元格区域 B3:D3,单击"合并并居中"按钮;在单元格 A4、B4、C4 中分别输入"项目""行次""本期发生额""上期发生额",如图 6-30 所示。

图 6-30　编辑单元格

（4）选取 C 列和 D 列，设置字体为"Arial"，字号默认为"11"，选择"开始→数字"功能区，在"数字"功能区中单击千位分隔样式符按钮"，"，如图 6-31 所示，设置"本期发生额"和"上期发生额"的数字格式。

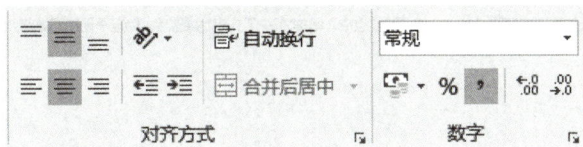

图 6-31　设置数字格式

（5）在区域 A5：A36 内输入相应的现金流量项目。

（6）将单元格指针移动到 A 列至 D 列的列字母之间，单元格区域 A 列至 D 列调整到合适的宽度。

6.4.4　相关公式设计

现金流量表内的公式包括日期和表内项目公式，具体的公式输入如表 6-32 所示。

现金流量表		
=EOMONTH(DATE(2021,12,25),0)		
企业名称：麦德香食品有限公司		单位：元
项　目	行次	本期发生额
一、经营活动产生的现金流量：		
销售产成品、商品、提供劳务收到的现金	1	=现金流量表编制底稿!C14+现金流量表编制底稿!C15
收到其他与经营活动有关的现金	2	=现金流量表编制底稿!C13+现金流量表编制底稿!C17
购买原材料、商品、接受劳务支付的现金	3	=现金流量表编制底稿!C4+现金流量表编制底稿!C6+现金流量表编制底稿!C7
支付的职工薪酬	4	=现金流量表编制底稿!C10
支付的税费	5	
支付其他与经营活动有关的现金	6	=现金流量表编制底稿!C8+现金流量表编制底稿!C11+现金流量表编制底稿!C12+现金流量表编制底稿!C16
经营活动产生的现金流量净额	7	=C6+C7-C8-C9-C10-C11
二、投资活动产生的现金流量：		
收回短期投资、长期债券投资和长期股权投资收到的现金	8	0
取得投资收益收到的现金	9	0
处置固定资产、无形资产和其他非流动资产收回的现金净额	10	0
短期投资、长期债券投资和长期股权投资支付的现金	11	0
购建固定资产、无形资产和其他非流动资产支付的现金	12	0
投资活动产生的现金流量净额	13	=C14+C15+C16-C17-C18
三、筹资活动产生的现金流量：		
取得借款收到的现金	14	0
吸收投资者投资收到的现金	15	=现金流量表编制底稿!C3
偿还借款本金支付的现金	16	0
偿还借款利息支付的现金	17	0
分配利润支付的现金	18	0
筹资活动产生的现金流量净额	19	=C21+C22-C23-C24-C25
四、现金净增加额	20	=C12+C19+C26
加：期初现金余额	21	558730
五、期末现金余额	22	=C27+C28

图 6-32　现金流量表的计算公式

6.4.5　保护工作表

（1）单击工作表左上角的"全选"按钮，选中整张工作表，单击"开始"→"单元格"→"格式"→"设置单元格格式"，弹出"设置单元格格式"对话框，转到"保护"选项卡，选择"锁定"和"隐藏"复选框，如图 6-33 所示。单击"确定"按钮，关闭对话框，返回工作表界面。

（2）选择"审阅"→"更改"→"保护工作表"命令，弹出"保护工作表"对话框，勾选"选定未锁定的单元格"复选框，在"取消工作表保护时使用的密码"文本框中输入密码，如图 6-34 所示。单击"确定"按钮，返回工作表界面。

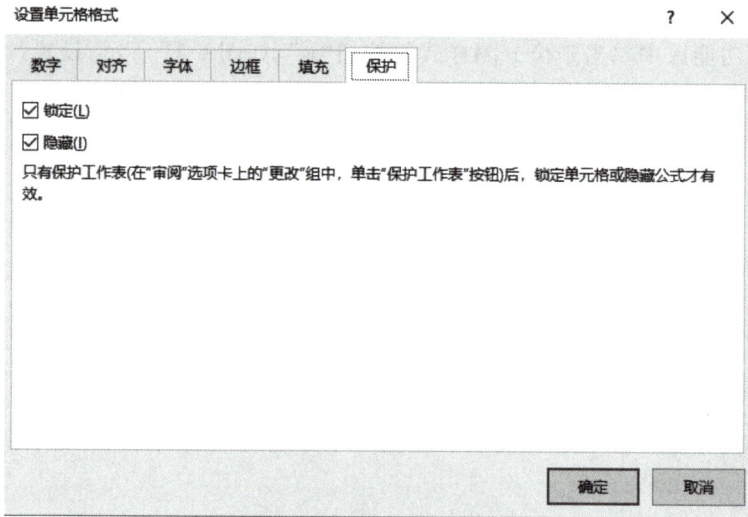

图 6-33　设置"保护"选项卡

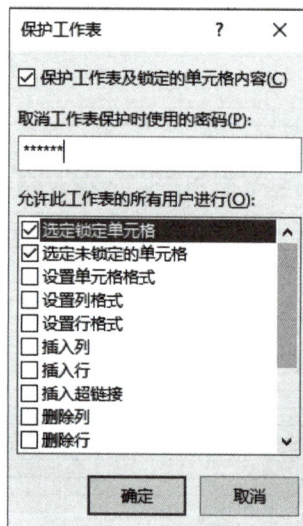

图 6-34　"保护工作表"对话框

【课外思政】

虚增利润超百亿，康得新被强制退市

康得新因虚增利润 119 亿元，成为 A 股史上规模最大财务造假案的主角。

2019 年 7 月 5 日，证监会公布调查结果显示：2015 年 1 月至 2018 年 12 月，康得新通过虚构销售业务方式虚增营业收入，并通过虚构采购、生产、研发费用、产品运输费用方式虚增营业成本、研发费用和销售费用。通过上述方式，康得新分别于 2015 年至 2018

年虚增利润总额 23.81 亿元、30.89 亿元、39.74 亿元、24.77 亿元,占当年披露利润总额的 144.65%、134.19%、136.47%、722.16%。

4 年,康得新累计虚增利润 119.21 亿元。没了虚增利润,该公司 2015 年至 2018 年分别亏损 14.81 亿元、17.55 亿元、24.60 亿元、23.57 亿元。

值得一提的是,因涉嫌欺诈发行股票、债券案,康得新及实际控制人钟玉等高管被移送人民检察院审查起诉。2020 年 9 月 27 日,证监会对康得新及钟玉等给予警告、罚款、终身证券市场禁入措施。2021 年 1 月 20 日,涉嫌银行间债券市场信息披露违法一案,康得新及钟玉再被处罚。

(资料来源:http://stock.10jqka.com.cn/20210408/c628398764.shtml)

思考:在工作过程中,如何做到坚持原则,实事求是,不做假账?

6.5　习　题

一、单选题

(1)资产负债表中资产的排列是依据　　　　　　　　　　　　　　　　　　　（　　）

　　A.项目收益性　　　　　　　　　　　　B.项目重要性

　　C.项目流动性　　　　　　　　　　　　D.项目时间性

(2)根据《企业会计制度》的规定,中期财务会计报告不包括　　　　　　　　（　　）

　　A.月报　　　　　　B.季报　　　　　　C.半年报　　　　　　D.年报

(3)以下项目中,属于资产负债表中流动负债项目的是　　　　　　　　　　　（　　）

　　A.长期借款　　　　　　　　　　　　　B.长期应付款

　　C.应付股利　　　　　　　　　　　　　D.应付债券

(4)"预付账款"科目明细账中若有贷方余额,应将其计入资产负债表中的　　（　　）

　　A.应收账款项目　　　　　　　　　　　B.预收款项项目

　　C.应付账款项目　　　　　　　　　　　D.其他应付款项目

(5)资产负债表中货币资金项目中包含的项目是　　　　　　　　　　　　　　（　　）

　　A.银行本票存款　　　　　　　　　　　B.银行承兑汇票

　　C.商业承兑汇票　　　　　　　　　　　D.交易性金融资产

(6)某企业 2017 年 12 月 31 日无形资产账户余额为 500 万元,累计摊销账户余额为 200 万元,无形资产减值准备账户余额为 100 万元。该企业 2017 年 12 月 31 日资产负债表中无形资产项目的金额为　　　　　　　　　　　　　　　　　　（　　）

　　A.500 万元　　　　B.300 万元　　　　C.400 万元　　　　D.200 万元

(7)下列项目在资产负债表中只需根据某一个总分类账户就能填列的　　　　（　　）

　　A.应收账款　　　　B.短期借款　　　　C.预付款项　　　　D.预收款项

(8)资产负债表中的"未分配利润"项目,应填列的依据是　　　　　　　　　（　　）

　　A."利润分配"科目余额

　　B."本年利润"科目余额

　　C."本年利润"和"利润分配"科目的余额计算后

D."盈余公积"科目余额

(9)编制现金流量表时,企业的罚款收入应反映在 （　　）

A."销售商品、提供劳务收到的现金"

B."收到的其他与经营活动有关的现金"

C."支付的其他与经营活动有关的现金"

D."购买商品、接受劳务支付的现金"

(10)下列各项中,属于经营活动产生的现金流量的是 （　　）

A.销售商品收到的现金

B.发行债券收到的现金

C.发生筹资费用所支付的现金

D.分得股利所收到的现金

二、判断题

(1)资产负债表包括资产、负债和所有者权益。 （　　）

(2)函数 EOMONTH 中的日期参数可以用文本形式输入。 （　　）

(3)资产负债表中的某些项目需根据总账科目和明细科目余额分析计算填列。 （　　）

(4)资产负债表各项目的数据一定来源于总账科目余额。 （　　）

(5)现金流量表中的现金流量数据可以直接从会计业务记录中提取。 （　　）

三、填空题

(1)利润表的结构主要有_____和_____两种。

(2)资产按流动性大小不同,可以分为_____和_____两类。

(3)资产负债表左右双方平衡,即_____等于_____加_____。

(4)按编制的时间不同,会计报表可以分为_____报表和_____报表。

(5)所有者权益是企业资产扣除_____后的剩余资产。

四、简答题

(1)如何对编制好的利润表进行保护工作表的设置?

(2)如何快速优化工作表并转换为普通区域?

第7章　Excel在固定资产管理中的运用

7.1　固定资产概述

固定资产是指为生产商品、提供劳务、出租或经营管理而持有的,使用寿命超过一个会计年度的有形资产。如房屋建筑、机器设备、办公设备等。下面简单介绍固定资产的特征以及在确认、分类、核算中需要建立的工作表及各表的功能。

7.1.1　固定资产的特征

固定资产是指同时具有下列特征的有形资产:

1.为生产商品、提供劳务、出租或经营管理而持有的

企业持有固定资产的目的是用于生产商品、提供劳务、出租或经营管理,而不是直接用于出售。其中,出租是指以经营租赁方式出租的机器设备等。

2.使用寿命超过一个会计年度

固定资产的使用寿命超过一个会计年度,意味着固定资产属于长期资产。固定资产的使用寿命,是指企业使用固定资产的预计期间,或者该固定资产所能生产产品或提供劳务的数量。通常情况下,固定资产的使用寿命是指使用固定资产的预计使用期间,某些机器设备或运输设备等固定资产的使用寿命,也可以以该固定资产能生产产品或提供劳务的数量来表示,例如,发电设备可按其预计发电量估计使用寿命。

3.使用寿命是有限的

固定资产随着在生产经营过程中的不断使用以及科技的迅速发展,其服务能力与价值逐渐地在使用过程中减小。因此,企业必须在固定资产的有效期内,通过计提固定资产折旧费用的方式,逐渐、部分地转化为生产成本或费用,实现对企业固定资产损失价值的补偿。

4.固定资产必须是有形资产

该特征将固定资产与无形资产区别开来。有些无形资产可能同时符合固定资产的其他特征,如无形资产是为生产商品、提供劳务而持有,使用寿命超过一个会计年度,但是由于其没有实物形态,所以不属于固定资产。

7.1.2　固定资产的确认

一项固定资产如要作为固定资产加以确认,首先需要符合固定资产的定义,资产的确认条件,即与该固定资产有关的经济利益很可能流入企业,同时,该固定资产的成本能

够可靠计量。

1.与该固定资产有关的经济利益很有可能流入企业

企业在确认固定资产时,需要判断与该项固定资产有关的经济利益是否很可能流入企业。也就是,通过判断与该固定资产所有权相关的风险和报酬是否转移到了企业来确定。

通常情况下,取得固定资产所有权是判断与固定资产所有权有关的风险和报酬是否转移到企业的一个主要标志。凡是所有权已属于企业,无论企业是否收到或拥有该固定资产,均可作为企业的固定资产;反之,如果没有取得所有权,即使存放在企业,也不能作为企业的固定资产。但是所有权是否转移不是判断的唯一标准。在有些情况下,某项固定资产的所有权虽然不属于企业,但是企业能够控制与该项固定资产有关的经济利益流入企业,在这种情况下,企业应该将固定资产予以确认。例如,融资租赁方式下租入的固定资产,企业(承租人)虽然不拥有该项固定资产的所有权,但企业能够控制与该固定资产有关的经济利益流入企业,与该固定资产所有权相关的风险和报酬实质上已转移到了企业,因此符合固定资产确认的第一个条件。

2.该固定资产的成本能够可靠计量

成本能够可靠计量是资产确认的一项基本条件。要确认固定资产,企业取得该固定资产所发生的支出必须能够可靠计量。企业在确定固定资产成本时,有时需要根据所获得的最新资料,对固定资产的成本进行合理的估计。如果企业能够合理地估计出固定资产的成本,则视同固定资产的成本能够可靠计量。

7.1.3 固定资产的分类

固定资产类别繁多,规格和用途也各不相同,为了加强固定资产的管理,必须对固定资产进行科学的分类。

企业的固定资产根据不同的管理需要和核算要求以及不同的分类标准,可以进行不同的分类。

1.按固定资产的经济用途和使用情况综合分类

(1)生产经营用固定资产。

(2)非生产经营用固定资产。

(3)租用固定资产。

(4)不再用的固定资产。

(5)未使用的固定资产。

(6)土地。

(7)融资租入固定资产。

2.按固定资产的所有权划分,可分为自有固定资产和租入固定资产

(1)自有固定资产是指企业具有所有权的固定资产,包括自用固定资产和租出固定资产。租出固定资产是指企业在经营租赁方式下出租给其他单位使用的固定资产。

(2)租入固定资产是指企业不具有所有权,而是根据租赁合同向其他单位租入的固定资产。

3. 按固定资产的经济用途划分，可分为生产经营用固定资产和非生产经营用固定资产

（1）生产经营用固定资产是指参与生产经营过程或直接为生产经营服务的资产，如生产经营使用的房屋、建筑物、机器设备、动力设备、传导设备、工具、仪器、生产工具、运输设备、管理工具等。

（2）非生产经营用固定资产是指不直接参加或服务于生产经营过程的各种固定资产，如职工宿舍、招待所、食堂、俱乐部、浴室和其他固定资产。

7.1.4　固定资产核算

企业中对固定资产的核算包括确定、增加、折旧的计算及分配、减少等内容。在此基础上生成各种统计分析图表，以进一步管理和分析企业的固定资产使用情况。

基于以上核算内容，我们需要首先创建一个工作簿，命名为"固定资产管理"，在该工作簿中包含以下几个工作表。

（1）基础信息：为方便内容的输入及公式的引用，设置基础信息表，表中包含相关会计科目、固定资产类别、使用部门、使用状况、折旧方法、增加方式、减少原因等项目。

（2）固定资产卡片：登记固定资产的各个项目，并计算固定资产的折旧。

（3）固定资产清单：汇总企业内固定资产的所有信息。

（4）折旧费用分配表：将每月的折旧费用分配到相应的科目中。

（5）记账凭证清单：根据折旧费用分配表创建的有关折旧费用分配的记账凭证。

7.2　固定资产卡片的建立

固定资产卡片是按照固定资产项目开设，用以对固定资产明细核算的账簿。固定资产卡片通常为正反两面，固定资产的正面如图 7-1 所示，表明固定资产编号、名称、规格、原值、预计净残值、折旧年限、月折旧率、折旧方法、月折旧额、使用部门、保管部门和内部转移记录等信息；固定资产卡片的反面如图 7-2 所示，列明了原值变动、大修理记录、停用记录、主体及附属设备及其变动记录、出售记录和报废清理记录等。

"固定资产卡片"通常一式三份，分别由会计部门、使用部门和财产管理部门登记保管，并按固定资产类别顺序排列。在每类下，再按使用单位分组排列。如有内部调动，应随时登记有关卡片，并相应转移它的存放位置，以便及时了解固定资产的存在和变动情况。会计部门保管的卡片，还应定期与财产保管部门保管的卡片进行核对。

假设 A 公司是以加工金属制品为主的中小型制造企业，公司拥有多台用于生产制造的机器设备、交通工具、作为

固定资产卡片

卡片编号	1002			当前日期	2022年3月
固定资产编号	CW-001	固定资产名称	打印机	类别	办公设备
使用部门	财务部	使用状况	正常使用	计量单位	台
增加方式	购入	规格型号	JK-01	数量	5
开始使用日期	2020/12/1	原值	250000.00	月折旧额	1875.00
使用年限	20	残值率	5.00%	已计提累计折旧	30625
已计提月数	15	预计净残值	12500	尚可计提折旧	206875
尚可计提月数	225	折旧方法	年限平均法	折旧费用科目	管理费用

折旧额计算

年份	年折旧额	年折旧率	累计折旧	年末折余价值	月折旧额
0				250000.00	
1	25000.00	0.95	25000.00	225000.00	2083.33
2	22500.00	0.95	47500.00	202500.00	1875.00
3	20250.00	0.95	67750.00	182250.00	1687.50
4	18225.00	0.95	85975.00	164025.00	1518.75
5	16403.00	0.95	102378.00	147622.00	1366.92
6	14762.00	0.95	117140.00	132860.00	1230.17
7	13286.00	0.95	130426.00	119574.00	1107.17
8	11957.00	0.95	142383.00	107617.00	996.42

图 7-1　固定资产卡正面

<table>
<tr><td colspan="4">停用或恢复使用</td><td colspan="9">主体及附属设备及其变更登记</td></tr>
<tr><td colspan="2">停用</td><td colspan="2">恢复使用</td><td colspan="3">主体设备</td><td colspan="6">主体及附属设备及其变更登记</td></tr>
<tr><td>日期</td><td>凭证</td><td>日期</td><td>凭证</td><td>名称及摘要</td><td>单位</td><td>数量</td><td>日期</td><td>凭证</td><td>名称及摘要</td><td>单位</td><td>增加数量</td><td>减少数量</td></tr>
<tr><td></td><td></td><td></td><td></td><td rowspan="4"></td><td rowspan="4"></td><td rowspan="4"></td><td rowspan="4"></td><td rowspan="4"></td><td rowspan="4"></td><td rowspan="4"></td><td rowspan="4"></td><td rowspan="4"></td></tr>
<tr><td colspan="4">大修理记录</td></tr>
<tr><td>完工日期</td><td>凭证</td><td>摘要</td><td>大修理费用</td></tr>
<tr><td></td><td></td><td></td><td></td></tr>
</table>

图 7-2　固定资产卡反面

办公用品核算的固定资产等，需要一一为之编制如图 7-1 所示的固定资产卡片，方便管理人员了解固定资产的使用情况和修理情况。

7.2.1　相关格式设计

企业根据自身的特点，固定资产卡片正反面的格式会有所不同。反面通常为备注型信息，不含公式，这里仅以正面为例，介绍固定资产卡片的制作方法。

假设某企业的固定资产卡片的格式如图 7-3 所示，该卡片包含固定资产的基本信息和折旧额计算两大部分，格式的具体设计步骤如下。

<table>
<tr><td colspan="6">固定资产卡片</td></tr>
<tr><td>卡片编号</td><td></td><td></td><td></td><td>当前日期</td><td></td></tr>
<tr><td>固定资产编号</td><td></td><td>固定资产名称</td><td></td><td>类别</td><td></td></tr>
<tr><td>使用部门</td><td></td><td>使用状况</td><td></td><td>计量单位</td><td></td></tr>
<tr><td>增加方式</td><td></td><td>规格型号</td><td></td><td>数量</td><td></td></tr>
<tr><td>开始使用日期</td><td></td><td>原值</td><td></td><td>月折旧额</td><td></td></tr>
<tr><td>使用年限</td><td></td><td>残值率</td><td></td><td>已计提累计折旧</td><td></td></tr>
<tr><td>已计提月数</td><td></td><td>预计净残值</td><td></td><td>尚可计提折旧</td><td></td></tr>
<tr><td>尚可计提月数</td><td></td><td>折旧方法</td><td></td><td>折旧费用科目</td><td></td></tr>
<tr><td colspan="6">折旧额计算</td></tr>
<tr><td>年份</td><td>年折旧额</td><td>年折旧率</td><td>累计折旧</td><td>年末折余价值</td><td>月折旧额</td></tr>
<tr><td></td><td></td><td></td><td></td><td></td><td></td></tr>
</table>

图 7-3　固定资产卡格式

(1) 打开工作簿“第 7 章. xlsx”，双击工作表标签“Sheet1”，重命名为“固定资产卡片”，如图 7-4 所示。

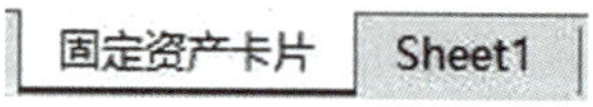

图 7-4　新建“卡片”工作表

(2) 在单元格 B1 中输入“固定资产卡片”合并并居中单元格区城 B1:G1，转到“开始”选项卡，在“字体”功能区中，设置字体为“华文中宋”，字号为“20”，字体颜色为“深蓝色”，添加双底框线，设置行高为“40”，如图 7-5 所示。

图 7-5　设置标题格式

（3）在单元格 B2、F2 中分别输入"卡片编号"和"当前日期"，加粗显示文本；选择单元格 C2、G2，设置字体为"宋体"，字号为"10"，并添加底框线，如图 7-6 所示。

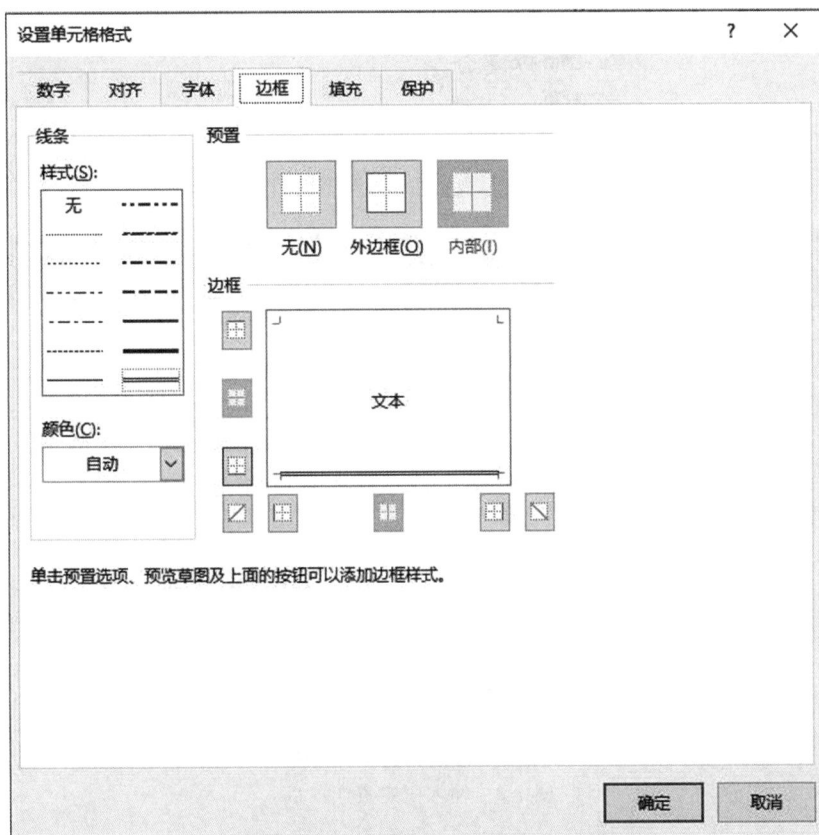

图 7-6　设置粗底框线

（4）选择单元格 G3，按〈CTRL〉+〈L〉组合键，打开"设置单元格格式"对话框，转到"数字"选项卡，在"分类"列表框中选择"日期"，在"类型"列表框中选择"2012 年 3 月"格式，单击"确定"按钮，关闭对话框，完成对单元格 G3 日期格式的设置，如图 7-7 所示。

（5）在单元格 B5 至 B11 中分别输入"固定资产编号""使用部门""增加方式""开始使用日期""使用年限""已计提月数""尚可计提月数"。

（6）在单元格 D5 至 D11 中分别输入"固定资产名称""使用状况""规格型号""原值""残值率""预计净残值""折旧方法"；在单元格 F5 至 F11 中分别输入"类别""计量单位""数量""月折旧额""已计提累计折旧""尚可计提折旧""折旧费用科目"，如图 7-8 所示。

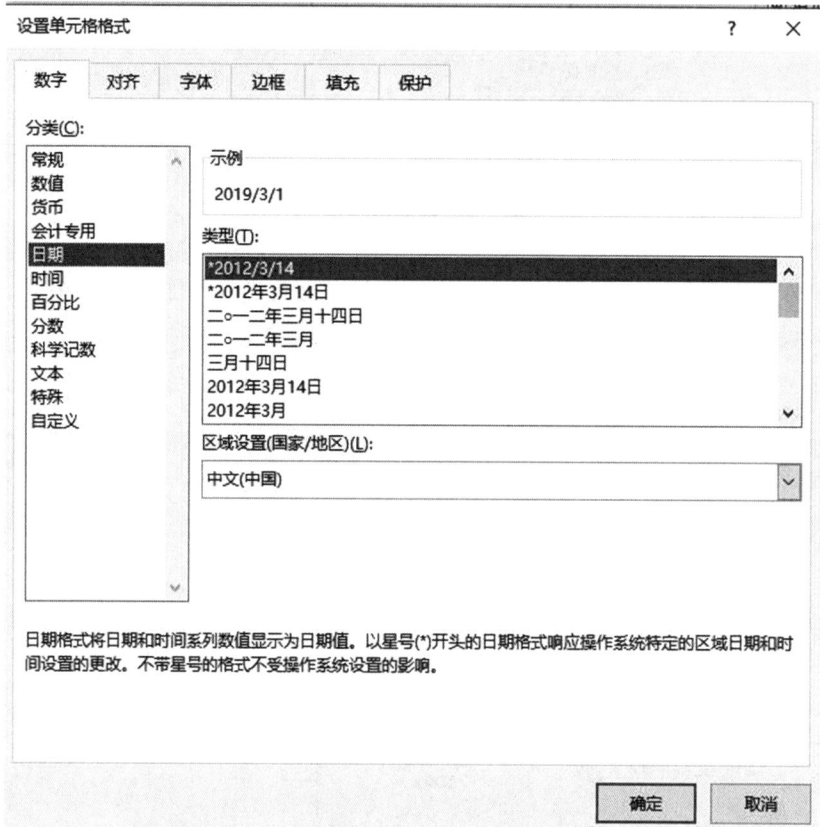

图 7-7 设置日期格式

图 7-8 输入固定资产项目

（7）选择单元格 E9，单击"开始"选项卡，在"数字"功能区中单击百分比按钮，完成对单元格 E9 数据格式的设置，如图 7-9 所示。

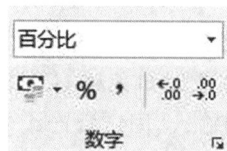

图 7-9 设置数字的百分比形式

（8）选择单元格区域 B13：G14，合并并居中，在合并单元格内输入"折旧额计算"，设置字号为"14"，加粗显示文本；在单元格 B15 至 G15 中分别输入"年份""年折旧额""年折旧率""累计折旧""年末折余价值""月折旧额",如图 7-10 所示。

折旧额计算					
年份	年折旧额	年折旧率	累计折旧	年末折余价值	月折旧额

图 7-10　输入折旧额内容

(9)分别选择区域 C8:C11、E8:E11、G8:G11、B16:G136,字体设置为"Arial",字号为"10",如图 7-11 所示。

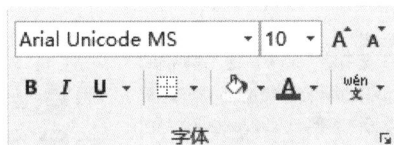

图 7-11　设置字号字体

(10)选择区域 D16:D136,按〈CTRL〉+〈L〉组合键,打开"设置单元格格式"对话框,转到"数字"选项卡,在"分类"列表框中选择"百分比",将"小数位数"设置为"2",单击"确定"按钮,关闭对话框,完成该区域数字格式的设置,如图 7-12 所示。

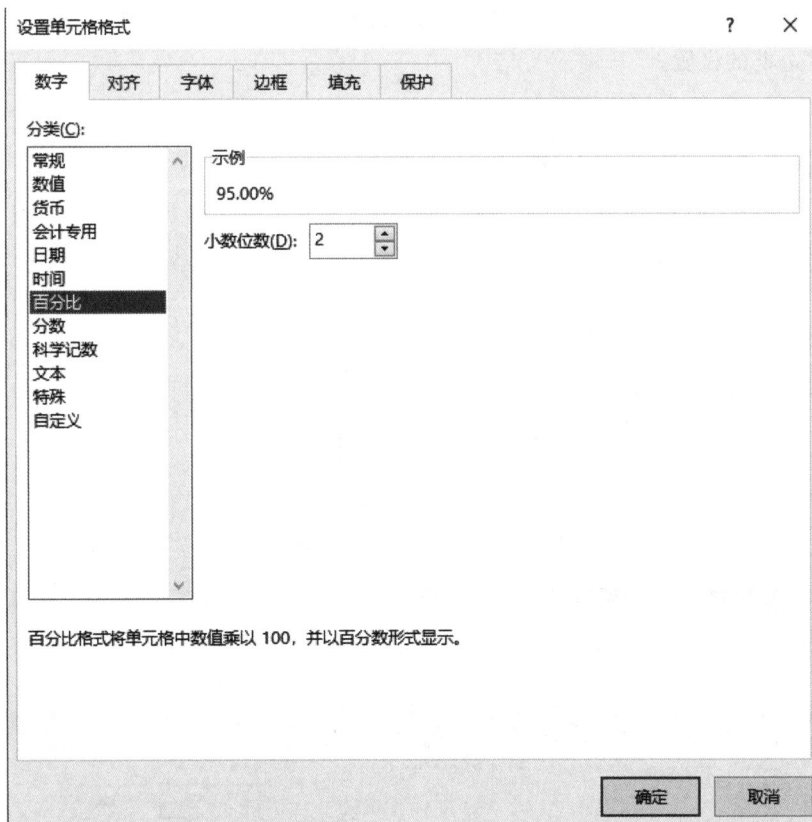

图 7-12　设置百分比的小数位数

(11)单击"全选"按钮,选择整张工作表,如图 7-13 所示,转到"开始"选项卡,在"对齐方式"功能组中单击"水平居中"按钮,使工作表中所有数据居中显示,如图 7-14 所示。

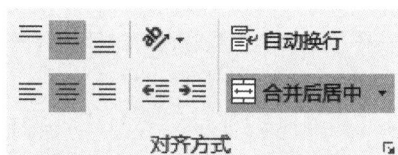

图 7-13　单击全选按钮　　　　　　　　图 7-14　居中所有表格内容

(12)将单元格指针移动到 B 列至 G 列的列字母之间,变成左右拉伸形状之后,单击并拖动,将单元格区域 B 列至 G 列调整到合适的宽度。

(13)选择区域 B3:G11、B15:G20,按〈CTRL〉+〈L〉组合键,打开"设置单元格格式"对话框,转到"边框"选项卡,添加区域边框线,如图 7-15 所示,单击"确定"按钮,关闭对话框,完成对边框的设置。

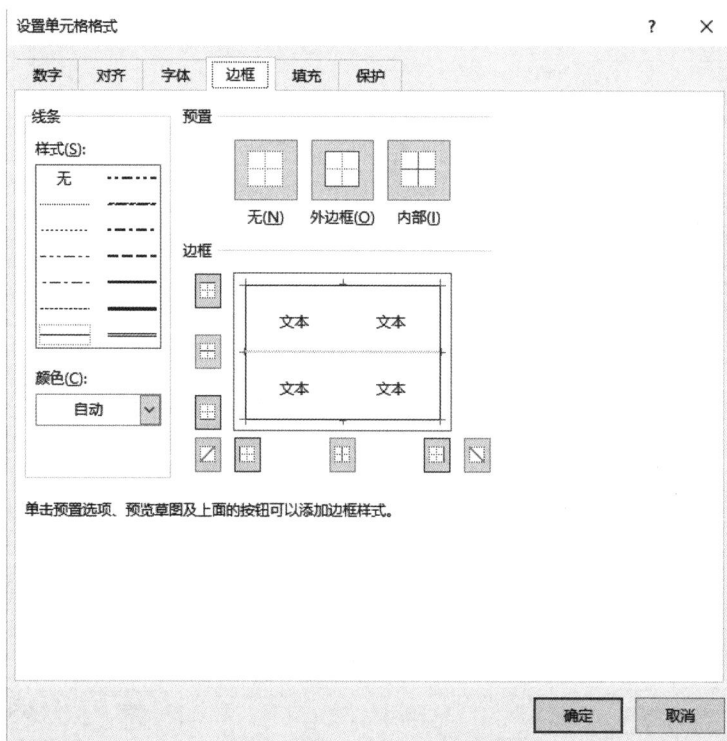

图 7-15　添加边框

7.2.2　基础信息表的建立

为了提高数据的输入效率,可以将常用的基础信息放置在一张工作表中,并为每组数据命名,以方便对每组数据的引用。基础信息表的格式如图 7-16 所示,格式的设计及命名的方法和步骤如下。

图 7-16　基础信息表

1. 相关格式设计

(1)打开工作簿“第 7 章.xlsx”,双击工作表标签“Sheet2”,重命名为“基础信息表”,在单元格 A1 中输入“基础信息表”,合并并居中区域 A1:G1,设置字体为“华文中宋”,字号为“20”,字体颜色“深蓝色”,添加双底框线,行高为“40”,如图 7-17 所示。

图 7-17　设置标题格式

(2)在单元格 A3 至 G3 中分别输入“增加方式”“类别名称”“使用部门”“使用状况”“折旧方法”“相关科目”“折旧费用科目”;选择区域 A3:G3,点击加粗按钮,添加“白色,背景 1,深色 25％”的背景色,在单元格区域 A4:A9、B4:B9、C4:C9、D4:D9、E4:E9、F4:F9、G4:G9 中分别输入如图 7-18 所示内容。

	A	B	C	D	E	F	G
3	增加方式	类别名称	使用部门	使用状况	折旧方法	相关科目	折旧费用科目
4	购入	房屋建筑	行政部	正常使用	年限平均法	固定资产	制造费用
5	再建工程转	机器设备	财务部	融资租入	双倍余额递减法	累计折旧	管理费用
6	接受投入	办公设备	制造部	经营性租出	年数总和法	固定资产清单	销售费用
7	盘盈	运输设备	销售部	不需用	工作量法	在建工程	其他业务成本
8	自建			已提足折旧		工程物资	
9				报废			

图 7-18　输入相关卡片内容

(3)单击“全选”按钮,选中整张工作表,转到“开始”选项卡,在“对齐方式”功能组中单击“水平居中”按钮,使工作表中所有数据居中显示,如图 7-19 所示。

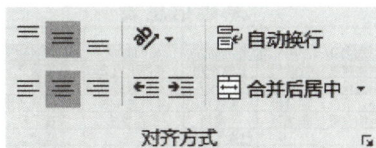

图 7-19　设置居中显示

（4）将单元格指针移动到 A 列至 G 列的列字母之间，变成左右拉伸形状之后，单击并拖动，将单元格区域 A 列至 G 列调整到合适的宽度。

（5）选择区域 A3：G9，按〈CTRL〉＋〈L〉组合键，打开"设置单元格格式"对话框，转到"边框"选项卡，添加区域边框线，单击"确定"按钮，关闭对话框，完成对边框的设置，如图7-20 所示。

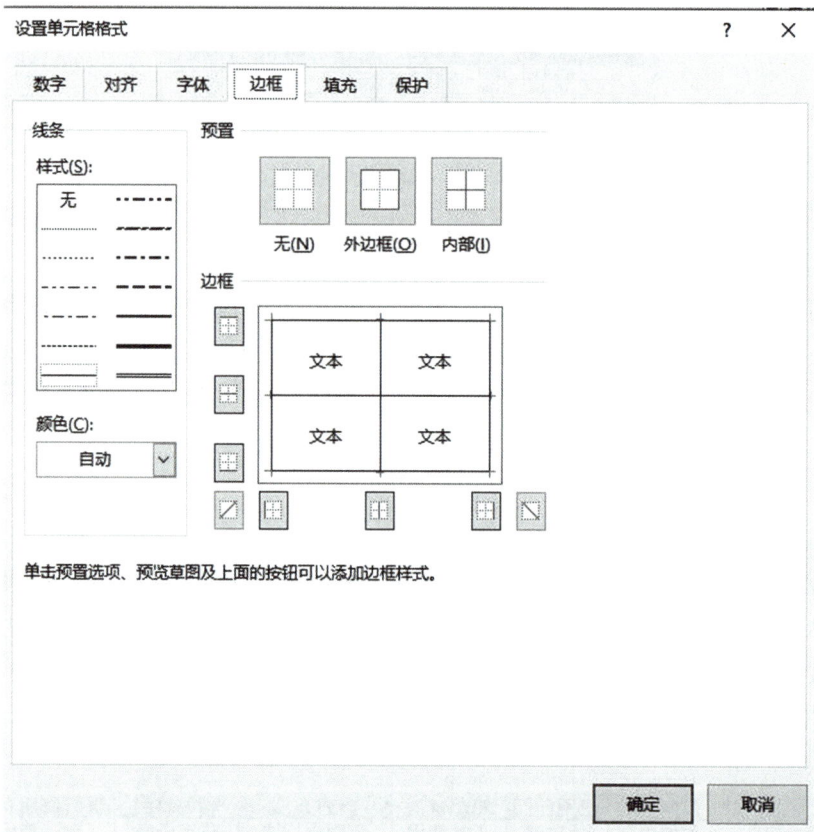

图 7-20　添加边框

2.命名

（1）选择区域 A4：A8，在名称框中输入"增加方式"，按 Enter 键完成命名，如图 7-21所示。

图 7-21　设置每类项目的名称

（2）选择区域 B4:B7，在名称框中输入"类别名称"，按 Enter 键完成命名。

（3）选择区域 C4:C7，在名称框中输入"使用部门"，按 Enter 键完成命名。

（4）选择区域 D4:D9，在名称框中输入"使用状况"，按 Enter 键完成命名。

（5）选择区域 E4:E7，在名称框中输入"折旧方法"，按 Enter 键完成命名。

（6）选择区域 F4:F8，在名称框中输入"相关科目"，按 Enter 键完成命名。

（7）选择区域 G4:G7，在名称框中输入"折旧费用科目"，按 Enter 键完成命名。

7.2.3　设置数据有效性序列

在"固定资产卡片"工作表中的部分单元格中输入的数据内容比较固定，如"增加方式"可以选择"购入""在建工程转入""接受投入""盘盈""自检"。"折旧方法"可以选择"年限平均法""工作量法""年数总和法""双倍余额递减法"。为了提高数据输入的准确性和效率，可以通过对这些单元格设置数据有效性序列来实现。具体的方法和步骤如下：

（1）选择单元格 C6，选择"数据"→"数据工具"→"数据验证"→"数据验证"命令，如图 7-22 所示，打开"数据有效性"对话框，在"有效性条件"下的"允许"下拉列表中选择"序列"，界面显示效果如图 7-23 所示。

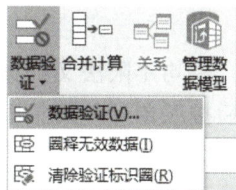

图 7-22　设置数据有效性

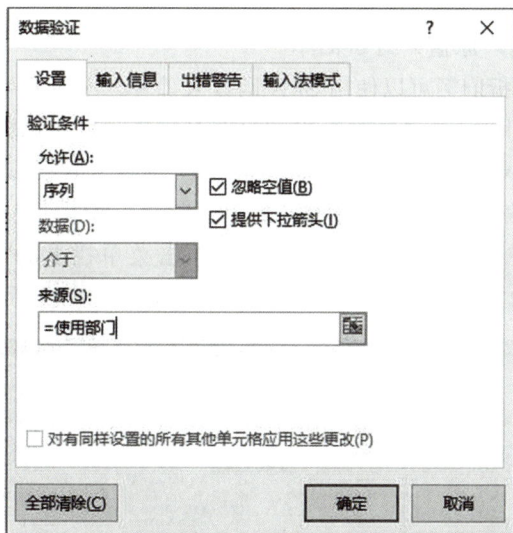

图 7-23　选择"序列"后的"数据有效性"对话框

（2）在"来源"文本框中输入"＝使用部门"，单击"确定"按钮，关闭对话框，完成单元格 C6 的数据有效性设置。

（3）用同样的方法分别对单元格 C7、E6、G5、E11、G11 设置数据有效性，框中分别输入"增加方式""使用状况""类别""折旧方法""折旧费用科目"。通过以上步骤设置单元格的数据有效性后，用户在输入数据时就十分方便了。例如要在单元格 C6 中输入部门名称，单击单元格 C6 后，显示如图 7-24 所示的"使用部门"下拉列表，用户只需在列表中选择相应的部门名称并单击即可输入。

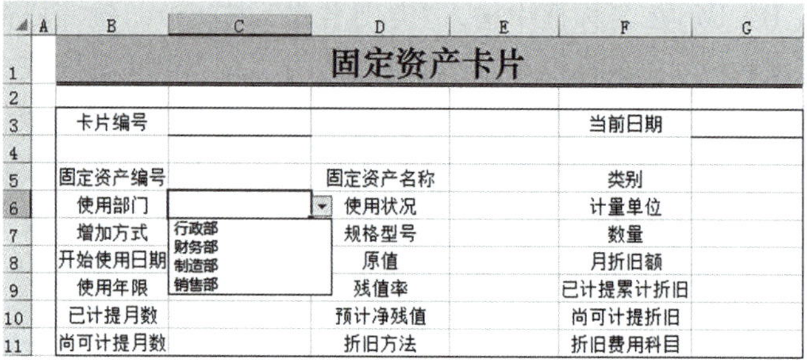

图 7-24　"使用部门"下拉列表

7.2.4　固定资产折旧方法

1. 平均年限法计提折旧

平均年限法又称直线法,它是根据固定资产的原值、预计净残值以及预计清理费用,然后按照预计使用年限平均计算折旧的一种方法。平均年限法折旧的每期折旧额相等。计算公式如下:

年折旧额＝(固定资产原值－净残值)/使用年限

年折旧率＝(1－预计净残值率)/预计使用寿命(年)×100％

月折旧率＝年折旧率/12

月折旧额＝固定资产原值×月折旧率

按平均年限法计算折旧额可以使用 SLN 函数来计算。SLN 函数返回固定资产在一个期间的线性折旧值。使用 SLN 函数计算出的每个月或年份的折旧额是相等的。公式的语法格式为:SLN(cost,salvage,life),其中 cost 表示资产原值,salvage 表示资产在折旧期末的价值,即资产残值;life 表示折旧期限,即资产的使用寿命。具体计提折旧步骤如下:

(1)单击"固定资产卡片"工作表 N2 单元格,单击菜单栏上的"插入"→"列",插入三列,依次为"已计提月份""本月折旧额""本年折旧额",如图 7-25 所示。

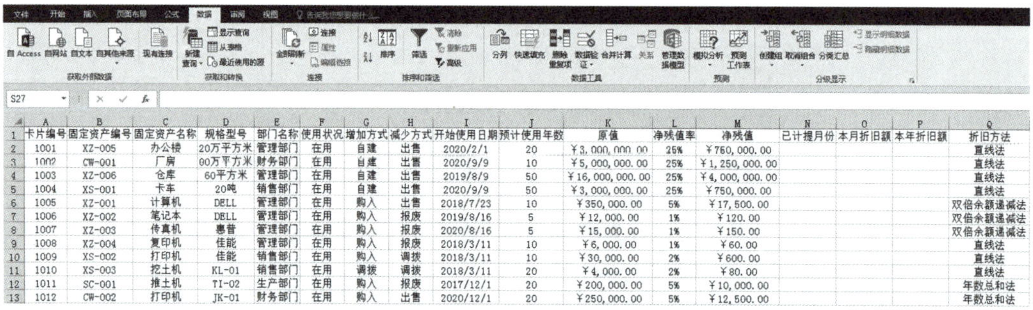

图 7-25　新增三列

(2)单击 A1 单元格,单击菜单栏上的"插入"→"行",在第二行上再插入一行,录入企业基本信息,如图 7-26 所示。

(3)单击 N3 单元格,输入公式"＝INT(DAYS360(I3,＄C＄1)/30)",按回车键即可计算出第一项固定资产的已计提月份。

(4)使用同样的方法,计算出其他各项固定资产的已计提月份,如图 7-27 所示。

	A	B	C	D	E	F	G	H	I	J	K	L	M	N
1	折旧计算基准日:		2022/3/1						单位名称:					制表人:
2	卡片编号	固定资产编号	固定资产名称	规格型号	部门名称	使用状况	增加方式	减少方式	开始使用日期	预计使用年数	原值	净残值率	净残值	已计提月份
3	1001	XZ-005	办公楼	20万平方米	管理部门	在用	自建	出售	2020/2/1	20	￥3,000,000.00	25%	￥750,000.00	
4	1002	CW-001	厂房	80万平方米	财务部门	在用	自建	出售	2020/9/9	10	￥5,000,000.00	25%	￥1,250,000.00	
5	1003	XZ-006	仓库	60平方米	管理部门	在用	自建	出售	2019/8/9	50	￥16,000,000.00	25%	￥4,000,000.00	
6	1004	XS-001	卡车	20吨	销售部门	在用	自建	出售	2020/9/9	50	￥3,000,000.00	25%	￥750,000.00	
7	1005	XZ-001	计算机	DELL	管理部门	在用	购入	出售	2018/7/23	10	￥350,000.00	5%	￥17,500.00	
8	1006	XZ-002	笔记本	DELL	管理部门	在用	购入	报废	2019/8/16	5	￥12,000.00	1%	￥120.00	
9	1007	XZ-003	传真机	惠普	管理部门	在用	购入	报废	2020/8/16	5	￥15,000.00	1%	￥150.00	
10	1008	XZ-004	复印机	佳能	管理部门	在用	购入	报废	2018/3/11	10	￥6,000.00	1%	￥60.00	
11	1009	XS-002	打印机	佳能	销售部门	在用	购入	调拨	2018/3/11	10	￥30,000.00	2%	￥600.00	
12	1010	XS-003	挖土机	KL-01	销售部门	在用	调拨	调拨	2018/3/11	20	￥4,000.00	2%	￥80.00	
13	1011	SC-001	推土机	TI-02	生产部门	在用	购入	报废	2017/12/1	20	￥200,000.00	5%	￥10,000.00	
14	1012	CW-002	打印机	JK-01	财务部门	在用	购入	出售	2020/12/1	20	￥250,000.00	5%	￥12,500.00	

图 7-26　录入企业基本信息

	A	B	C	D	E	F	G	H	I	J	K	L	M	N
1	折旧计算基准日:		2022/3/1						单位名称:					制表人:
2	卡片编号	固定资产编号	固定资产名称	规格型号	部门名称	使用状况	增加方式	减少方式	开始使用日期	预计使用年数	原值	净残值率	净残值	已计提月份
3	1001	XZ-005	办公楼	20万平方米	管理部门	在用	自建	出售	2020/2/1	20	￥3,000,000.00	25%	￥750,000.00	25
4	1002	CW-001	厂房	80万平方米	财务部门	在用	自建	出售	2020/9/9	10	￥5,000,000.00	25%	￥1,250,000.00	17
5	1003	XZ-006	仓库	60平方米	管理部门	在用	自建	出售	2019/8/9	50	￥16,000,000.00	25%	￥4,000,000.00	30
6	1004	XS-001	卡车	20吨	销售部门	在用	自建	出售	2020/9/9	50	￥3,000,000.00	25%	￥750,000.00	17
7	1005	XZ-001	计算机	DELL	管理部门	在用	购入	出售	2018/7/23	10	￥350,000.00	5%	￥17,500.00	43
8	1006	XZ-002	笔记本	DELL	管理部门	在用	购入	报废	2019/8/16	5	￥12,000.00	1%	￥120.00	30
9	1007	XZ-003	传真机	惠普	管理部门	在用	购入	报废	2020/8/16	5	￥15,000.00	1%	￥150.00	18
10	1008	XZ-004	复印机	佳能	管理部门	在用	购入	报废	2018/3/11	10	￥6,000.00	1%	￥60.00	47
11	1009	XS-002	打印机	佳能	销售部门	在用	购入	调拨	2018/3/11	10	￥30,000.00	2%	￥600.00	47
12	1010	XS-003	挖土机	KL-01	销售部门	在用	调拨	调拨	2018/3/11	20	￥4,000.00	2%	￥80.00	47
13	1011	SC-001	推土机	TI-02	生产部门	在用	购入	报废	2017/12/1	20	￥200,000.00	5%	￥10,000.00	51
14	1012	CW-002	打印机	JK-01	财务部门	在用	购入	出售	2020/12/1	20	￥250,000.00	5%	￥12,500.00	15

图 7-27　计算已计提月份

（5）单击 O3 单元格，在公示编辑栏内输入公式"＝IF（F3＝"报废"，0，SLN（K3，M3，J3）/12）"，按回车键后即可计算出该固定资产本月折旧额。

（6）卡片编号为 1001－1004、1008－1010 的固定资产均使用直线法计提折旧，因此可以使用同样的方法计算其他对象固定资产的折旧额，如图 7-28 所示。

	A	B	C	D	E	F	G	H	I	J	K	L	M	N	O
1	折旧计算基准日:		2022/3/1						单位名称:					制表人:	
2	卡片编号	固定资产编号	固定资产名称	规格型号	部门名称	使用状况	增加方式	减少方式	开始使用日期	预计使用年数	原值	净残值率	净残值	已计提月份	本月折旧额
3	1001	XZ-005	办公楼	20万平方米	管理部门	在用	自建	出售	2020/2/1	20	￥3,000,000.00	25%	￥750,000.00	25	9375.00
4	1002	CW-001	厂房	80万平方米	财务部门	在用	自建	出售	2020/9/9	10	￥5,000,000.00	25%	￥1,250,000.00	17	31250.00
5	1003	XZ-006	仓库	60平方米	管理部门	在用	自建	出售	2019/8/9	50	￥16,000,000.00	25%	￥4,000,000.00	30	20000.00
6	1004	XS-001	卡车	20吨	销售部门	在用	自建	出售	2020/9/9	50	￥3,000,000.00	25%	￥750,000.00	17	3750.00
7	1005	XZ-001	计算机	DELL	管理部门	在用	购入	出售	2018/7/23	10	￥350,000.00	5%	￥17,500.00	43	
8	1006	XZ-002	笔记本	DELL	管理部门	在用	购入	报废	2019/8/16	5	￥12,000.00	1%	￥120.00	30	
9	1007	XZ-003	传真机	惠普	管理部门	在用	购入	报废	2020/8/16	5	￥15,000.00	1%	￥150.00	18	
10	1008	XZ-004	复印机	佳能	管理部门	在用	购入	报废	2018/3/11	10	￥6,000.00	1%	￥60.00	47	49.50
11	1009	XS-002	打印机	佳能	销售部门	在用	购入	调拨	2018/3/11	10	￥30,000.00	2%	￥600.00	47	245.00
12	1010	XS-003	挖土机	KL-01	销售部门	在用	调拨	调拨	2018/3/11	20	￥4,000.00	2%	￥80.00	47	16.33
13	1011	SC-001	推土机	TI-02	生产部门	在用	购入	报废	2017/12/1	20	￥200,000.00	5%	￥10,000.00	51	
14	1012	CW-002	打印机	JK-01	财务部门	在用	购入	出售	2020/12/1	20	￥250,000.00	5%	￥12,500.00	15	

图 7-28　直线法计提折旧

2. 双倍余额递减法计提折旧

双倍余额递减法是在不考虑固定资产净残值的情况下，根据每期期初固定资产账面余额和双倍的直线法折旧率来计算固定资产折旧的一种方法。实行双倍余额递减法计提折旧的固定资产，应当在其固定资产折旧年限到期以前两年内，将固定资产净值（扣除净残值）平均摊销。其计算公式如下：

月折旧率＝年折旧率/12

月折旧额＝固定资产账面净值×月折旧率

年折旧率＝2/预计使用年限×100％

年折旧额＝固定资产账面净值×年折旧额

按双倍余额递减法计提折旧额可以使用 DDB 函数来计算。DDB 函数以加速比率计算折旧,第一阶段的折旧额最高,在后继阶段中会逐渐减少。其语法形式为 DDB(cost,salvage,life,period,factor)。其中,cost 表示资产原值;salvage 表示资产在折旧期末的价值,即资产残值;life 表示折旧期限,即资产的使用寿命;period 表示需要计算折旧值的期间。period必须使用与 life 相同的单位;factor 表示余额递减速率。若省略,则假设为 2.

具体计提折旧步骤如下:

(1)单击 O7 单元格,在公式编辑栏内输入公式"=DDB(K7,M7,J7,INT(N7/12)+1)/12"。因为用 DDB 函数计算得出的每年折旧额也是各不相同的,所以要计算出本月折旧额,则需先计算出当年的折旧额,然后除以 12 得到每月折旧额。该项固定资产已计提 8 年,所以公式为"=DDB(K7,M7,J7,INT(N7/12)+1)/12"计算出第一年的折旧额,然后除以 12 得出第一年每月的折旧额。

(2)按回车键,即可计算出该项固定资产本月折旧额。

(3)由于卡片编号为 1006—1007 的固定资产的折旧方式也为双倍余额递减法,因此使用同样的方法计算这两项固定资产的折旧额,最后结果如图 7-29 所示。

	A	B	C	D	E	F	G	H	I	J	K	L	M	N	O
1	折旧计算基准日:	2022/3/1							单位名称:					制表人:	
2	卡片编号	固定资产编号	固定资产名称	规格型号	部门名称	使用状况	增加方式	减少方式	开始使用日期	预计使用年数	原值	净残值率	净残值	已计提月份	本月折旧额
3	1001	XZ-005	办公楼	20万平方米	管理部门	在用	自建	出售	2020/2/1	20	￥3,000,000.00	25%	￥750,000.00	25	9375.00
4	1002	CW-001	厂房	80万平方米	财务部门	在用	自建	出售	2020/9/9	25	￥5,000,000.00	25%	￥1,250,000.00	17	31250.00
5	1003	XZ-006	仓库	60平方米	管理部门	在用	自建	出售	2019/8/9	50	￥16,000,000.00	25%	￥4,000,000.00	30	20000.00
6	1004	XS-001	卡车	20吨	销售部门	在用	自建	出售	2020/9/9	10	￥3,000,000.00	25%	￥750,000.00	17	3750.00
7	1005	XZ-001	计算机	DELL	管理部门	在用	购入	出售	2018/7/23	10	￥350,000.00	5%	￥17,500.00	43	2986.67
8	1006	XZ-002	笔记本	DELL	销售部门	在用	购入	报废	2019/8/16	5	￥12,000.00	1%	￥120.00	30	144.00
9	1007	XZ-003	传真机	惠普	管理部门	在用	购入	报废	2020/8/16	5	￥15,000.00	1%	￥150.00	18	300.00
10	1008	XZ-004	复印机	佳能	管理部门	在用	购入	报废	2018/3/11	10	￥6,000.00	1%	￥60.00	47	49.50
11	1009	XS-002	打印机	佳能	销售部门	在用	购入	报废	2018/3/11	10	￥30,000.00	2%	￥600.00	47	245.00
12	1010	XS-003	挖土机	KL-01	销售部门	在用	调拨	调拨	2018/3/11	20	￥4,000.00	2%	￥80.00	47	16.33
13	1011	SC-001	推土机	TI-02	生产部门	在用	购入	出售	2017/12/1	20	￥200,000.00	5%	￥10,000.00	51	
14	1012	CW-002	打印机	JK-01	财务部门	在用	购入	出售	2020/12/1	20	￥250,000.00	5%	￥12,500.00	15	

图 7-29 双倍余额递减法计提折旧

3.年数总和法计提折旧

年数总和法又称为合计年限法,是将固定资产的原值减去净残值后的净额乘以一个逐年递减的分数来计算每年的折旧额。这个分数的分子代表固定资产尚可使用的年数,分母代表使用年限的逐年数字总和。其计算公式如下:

年折旧率=(预计使用年限-已使用年限)/[预计使用年限×

(预计使用年限+1)/2]×100%

年折旧额=(固定资产原值-预计净残值)×年折旧率

月折旧率=年折旧率/12

月折旧额=(固定资产原值-预计净残值)×月折旧率

按年数总和法计算折旧额可以使用 SYD 函数。其语法形式:SYD(cost,salvage,life,per),其中 cost 表示资产原值;salvage 表示资产在折旧期末的价值,即资产残值;life 表示折旧期限,即资产的使用寿命;per 表示期间,单位与 life 相同。

具体计提折旧步骤如下:

(1)单击 O13 单元格,在公式编辑栏内输入公式"=SYD(K13,M13,J13,INT(N13/12)+1)/12"。因为用 SYD 函数计算得出的每年折旧额各不相同,所以要计算出本月折旧额,则需要先计算出当年的折旧额,然后除以 12 得到每月折旧额。该项固定资产已经使用 51个月,即已计提 4 年 3 个月,所以公式为"=SYD(K13,M13,J13,INT(N13/12)+1)/12",计算出第 4 年的折旧额,然后除以 12 得出第 4 年每月的折旧额。

(2)按回车键,即可计算出该项固定资产本月折旧额。

(3)编号为 1012 的固定资产的折旧方式也为年数总和法,因此可使用同样的方法计算该项固定资产的折旧问题,如图 7-30 所示。

	A	B	C	D	E	F	G	H	I	J	K	L	M	N	O
1	折旧计算基准日:		2022/3/1						单位名称:					制表人:	
2	卡片编号	固定资产编号	固定资产名称	规格型号	部门名称	使用状况	增加方式	减少方式	开始使用日期	预计使用年数	原值	净残值率	净残值	已计提月份	本月折旧额
3	1001	XZ-005	办公楼	20万平方米	管理部门	在用	自建	出售	2020/2/1	20	¥3,000,000.00	25%	¥750,000.00	25	9375.00
4	1002	CW-001	厂房	80万平方米	财务部门	在用	自建	出售	2020/9/9	10	¥5,000,000.00	25%	¥1,250,000.00	17	31250.00
5	1003	XZ-006	仓库	60平方米	管理部门	在用	自建	出售	2019/8/9	50	¥16,000,000.00	25%	¥4,000,000.00	30	20000.00
6	1004	XS-001	卡车	20吨	销售部门	在用	自建	出售	2020/9/9	10	¥3,000,000.00	25%	¥750,000.00	17	3750.00
7	1005	XZ-001	计算机	DELL	管理部门	在用	购入	出售	2018/7/23	10	¥350,000.00	5%	¥17,500.00	43	2986.67
8	1006	XZ-002	笔记本	DELL	管理部门	在用	购入	报废	2019/8/16	5	¥12,000.00	1%	¥120.00	30	144.00
9	1007	XZ-003	传真机	惠普	管理部门	在用	购入	报废	2020/8/16	5	¥15,000.00	1%	¥150.00	18	300.00
10	1008	XZ-004	复印机	佳能	管理部门	在用	购入	报废	2018/3/11	10	¥6,000.00	1%	¥60.00	47	49.50
11	1009	XS-002	打印机	佳能	管理部门	在用	购入	调拨	2018/3/11	10	¥30,000.00	2%	¥600.00	47	245.00
12	1010	XS-003	挖土机	KL-01	销售部门	在用	调拨	调拨	2018/3/11	20	¥4,000.00	2%	¥80.00	47	16.33
13	1011	SC-001	推土机	TI-02	生产部门	在用	购入	报废	2017/12/1	20	¥200,000.00	5%	¥10,000.00	51	1206.35
14	1012	CW-002	打印机	JK-01	财务部门	在用	购入	出售	2020/12/1	20	¥250,000.00	5%	¥12,500.00	15	1790.67

图 7-30　年数总和法计提折旧

(4)单击 P3 单元格,在公式编辑栏内输入公式“＝O3＊12”(本年折旧额＊12),按回车键后,即可计算出该项固定资产的本年折旧额。

(5)利用自动填充功能将该列其他固定资产的本年折旧额计算出来,如图 7-31 所示。

	A	B	C	D	E	F	G	H	I	J	K	L	M	N	O	P
1	折旧计算基准日:		2022/3/1						单位名称:					制表人:		
2	卡片编号	固定资产编号	固定资产名称	规格型号	部门名称	使用状况	增加方式	减少方式	开始使用日期	预计使用年数	原值	净残值率	净残值	已计提月份	本月折旧额	本年折旧额
3	1001	XZ-005	办公楼	20万平方米	管理部门	在用	自建	出售	2020/2/1	20	¥3,000,000.00	25%	¥750,000.00	25	9375.00	112500.00
4	1002	CW-001	厂房	80万平方米	财务部门	在用	自建	出售	2020/9/9	10	¥5,000,000.00	25%	¥1,250,000.00	17	31250.00	375000.00
5	1003	XZ-006	仓库	60平方米	管理部门	在用	自建	出售	2019/8/9	50	¥16,000,000.00	25%	¥4,000,000.00	30	20000.00	240000.00
6	1004	XS-001	卡车	20吨	销售部门	在用	自建	出售	2020/9/9	10	¥3,000,000.00	25%	¥750,000.00	17	3750.00	45000.00
7	1005	XZ-001	计算机	DELL	管理部门	在用	购入	出售	2018/7/23	10	¥350,000.00	5%	¥17,500.00	43	2986.67	35840.00
8	1006	XZ-002	笔记本	DELL	管理部门	在用	购入	报废	2019/8/16	5	¥12,000.00	1%	¥120.00	30	144.00	1728.00
9	1007	XZ-003	传真机	惠普	管理部门	在用	购入	报废	2020/8/16	5	¥15,000.00	1%	¥150.00	18	300.00	3600.00
10	1008	XZ-004	复印机	佳能	管理部门	在用	购入	报废	2018/3/11	10	¥6,000.00	1%	¥60.00	47	49.50	594.00
11	1009	XS-002	打印机	佳能	管理部门	在用	购入	调拨	2018/3/11	10	¥30,000.00	2%	¥600.00	47	245.00	2940.00
12	1010	XS-003	挖土机	KL-01	销售部门	在用	调拨	调拨	2018/3/11	20	¥4,000.00	2%	¥80.00	47	16.33	196.00
13	1011	SC-001	推土机	TI-02	生产部门	在用	购入	报废	2017/12/1	20	¥200,000.00	5%	¥10,000.00	51	1206.35	14476.19
14	1012	CW-002	打印机	JK-01	财务部门	在用	购入	出售	2020/12/1	20	¥250,000.00	5%	¥12,500.00	15	1790.67	21488.10

图 7-31　计提本年折旧额

7.2.5　按年和按工作量计算折旧时的设置

由于固定资产在使用年限平均法、年数总和法、双倍余额递减法计算折旧时使用的是年,而在计算直线法时使用的是工作量。这两种方法下固定资产卡片的部分单元格显示有所差异,为了使固定资产卡片能使用这两种情况,需要对这些单元格的显示及条件格式进行适当的处理。

1.单元格显示

在单元格 E11 中选择“工作量法”时,固定资产卡片在基本资料的下方会多出一行,即第 12 行,并且在折旧额计算区域的标题行与选择其他折旧方法时也会有所差异,具体变化如图 7-32 所示。

使固定资产卡片在选择“工作量法”时显示不同界面的操作步骤如下。

(1)选择单元格 B12,在公式栏内输入:＝IF(E11＝"工作量法","预计总工作量","")

图 7-32　选择“工作量法”后单元格的显示

(2)选择单元格 C12,在公式栏内输入:

=IF(E11="工作量法","","")

(3)选择单元格 D12,在公式栏内输入:

=IF(E11="工作量法","累计总工作量","")

(4)选择单元格 E12,在公式栏内输入:

=IF(E11="工作量法","","")

(5)选择单元格 F12,在公式栏内输入:

=IF(E11="工作量法","本月工作量","")

(6)选择单元格 G12,在公式栏内输入:

=IF(E11="工作量法","","")

(7)选择单元格 B15,在公式栏内输入:

=IF(E11="工作量法","累计总工作量","年份")

(8)选择单元格 C15,在公式栏内输入:

=IF(E11="工作量法","单位工作量折旧额","年折旧额")

(9)选择单元格 D15,在公式栏内输入:

=IF(E11="工作量法","","年折旧率")

2.条件格式设置

选择"工作量法"时,单元格 B12、D12、F12 是在基本信息表格下增加的一行,为了给这些单元格增加边框,可以对其进行条件格式设置,具体方法和步骤如下。

(1)选择区域 B12:G12,选择"开始"→"样式"→"条件格式"→"新建规则"命令,打开如图 7-33 所示的"新建格式规则"对话框。

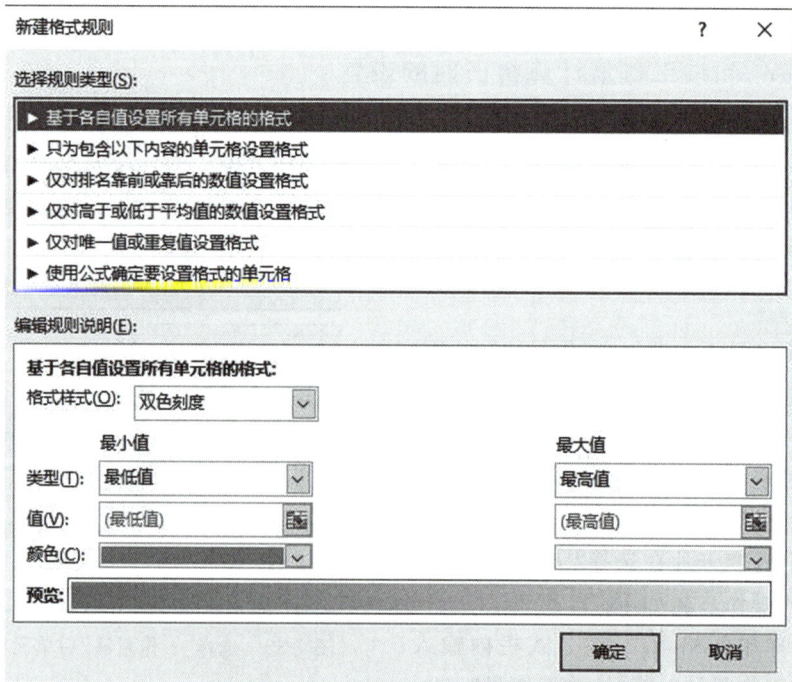

图 7-33 "新建格式规则"对话框

（2）在"选择规则类型"列表中选择"使用公式确定要设置格式的单元格"，显示如图 7-34 所示的对话框，在"编辑规则说明"的公式栏内输入公式：＝IF（＄E＄11＝"工作量法"，True，False），如图 7-34 所示。

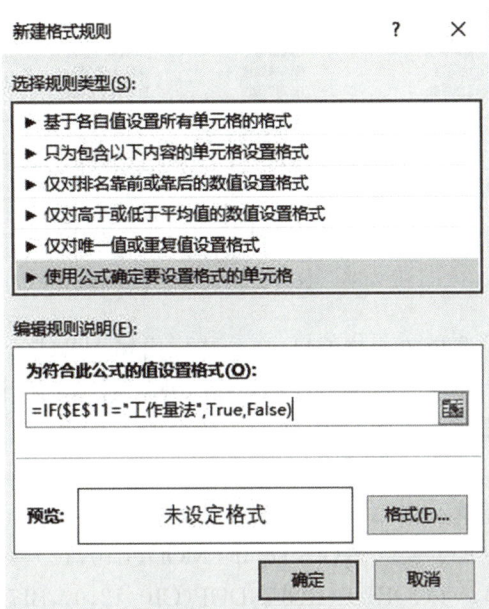

图 7-34　编辑格式规则对话框

（3）单击"格式"按钮，打开"设置单元格格式"对话框，转到"边框"选项卡，在"预置组"中选择"外边框"，单击"确定"按钮，关闭"设置单元格格式"对话框，返回"新建格式规则"对话框。单击"确定"按钮，关闭"新建格式规则"对话框，返回工作表界面。

通过以上操作，当在单元格 E11 中选择"工作量法"时，固定资产卡片的第 12 行就会添加如图 7-35 所示的边框，选择其他折旧方法时，该行则不显示边框。

图 7-35　选择"工作量法"后添加的边框

7.2.6　设置固定卡片的计算公式

固定资产卡片中包含公式的单元格和区域如图 7-36 所示。

1.基本信息区域的公式设置

基本信息区域位于固定资产卡片的上半部分，需要输入公式的主要有：计算已计提月数、尚可计提月数、预计净残值、已计提累计折旧和尚可计提折旧。

（1）已计提月数。选择单元格 C10，在公式栏内输入如下公式：

＝DAYS360（C8，G3）/360 ∗ 12

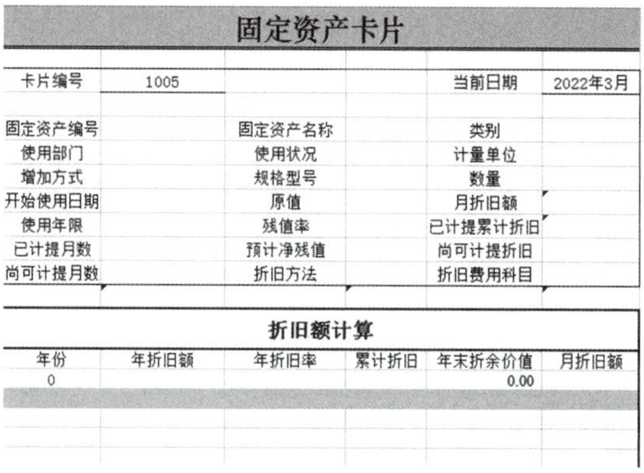

图 7-36　包含公式的单元格区域

（2）尚可计提月数。选择单元格 C11，在公式栏内输入公式：

＝IF(C9＝"",""，IF(C9＊12－C10＞＝0，C9＊12－C10，"无计提月数"))

（3）预计净残值。选择单元格 E10，在公式栏内输入公式：

＝E8＊E9

（4）月折旧额。选择单元格 G8，在公式栏内输入公式：

＝IF(E8＝"",""，IF(E11＝""，＄G＄17，IF(MOD(C10，12)＝0，VLOOKUP(ROUND(C10/12，0)，B17:G24，7)，VLOOKUP(ROUNDUP(C10/12，0)，B17:G24，6))))

（5）已计提累计折旧。选择单元格 G9，在公式栏内输入公式：

＝IF(G8＝"",""，IF(E11＝""，E12＊C17，IF(MOD(C10，12)＝0，INDEX(E17:E24，MATCH(C10/12，B17:B24))，INDEX(E17:E24，MATCH(INT(C10/12)，B17:B24))＋G8＊MOD(C10，12))))

（6）尚可计提折旧。选择单元格 G10，在公式栏内输入公式：

＝IF(G8＝"",""，E8－E10－G9)

（7）选择"工作量法"之外的方法时不显示"预计总工作量"。选择单元格 C12，在公式栏内输入公式：

＝IF(E11＝"工作量法",""，"")

（8）选择"工作量法"之外的方法时不显示"累计总工作量"。选择单元格 E12，在公式栏内输入公式：

＝IF(E11＝"工作量法",""，"")

（9）选择"工作量法"之外的方法时不显示"本月工作量"。选择单元格 G12，在公式栏内输入公式：

＝IF(E11＝"工作量法",""，")

2.计算折旧区域的公式设置

计算折旧区域位于卡片的下半部分，需要输入公式的有显示年份、计算年折旧额、计算年折旧率、计算累计折旧、计算年末折余价值、计算月折旧额。

具体公式及操作步骤如下：

（1）显示年份。选择单元格 B17，在公式栏内输入公式：

＝IF(＄E＄11＝"工作量法"，IF(ROW()＝17，＄E＄12，"")，IF(ROW()－ROW

（$B$16)<=$C$9,$B$16,""))

（2）计算年折旧额。选择单元格 C17,在公式栏内输入公式：

=IF(B17="","",ROUND(IF($E$11="",SLN($E$8,$E$10,$C$9),IF($E$11="",SLN($ES$8,$E$10,$C$9),IF(B17<=$C$9-2,DDB($E$8,$E$10,$C$9,B17)))),0))

（3）计算年折旧率。选择单元格 D17,在公式栏内输入公式：

=IF(OR(B17="",$D$15=""),"",ROUND(IF($E$11="年限平均法",(1-$E$9,IF($E$11="双倍余额递减法",2/$C$9,IF($E$11="年数总和法",($C$9-B16)/($C$9*($C$9+1)/2)))),2))

（4）计算累计折旧。选择单元格 E17,在公式栏内输入公式：

=IF(BI7="","",IF($E$11="工作量法",B17*C17,E16+C17))

（5）计算年末折余价值。选择单元格 F16,在公式栏内输入公式：=E8,选择单元格 F17,在公式栏内输入公式：=IF(B17="","",$F$16-E17)

（6）计算月折旧额。选择单元格 G17,在公式栏内输入公式：=IF(B17="","",IF($E$11="工作量法",$G$12*C17,ROUND(C17/12,2)))

（7）复制公式。选择区域 B17:G17,向下填充到任意行。

7.2.7　设置镶边行

固定资产折旧年限如果比较长时,折旧额计算区域可以设置如图 7-37 所示的镶边行,使计算表的可视性更强,不仅优化表格,而且方便数据的查找与浏览。

折旧额计算

年份	年折旧额	年折旧率	累计折旧	年末折余价值	月折旧额
0				350000.00	
1	70000.00	0.95	70000.00	280000.00	5833.33
2	56000.00	0.95	126000.00	224000.00	4666.67
3	44800.00	0.95	170800.00	179200.00	3733.33
4	35840.00	0.95	206640.00	143360.00	2986.67
5	28672.00	0.95	235312.00	114688.00	2389.33
6	22938.00	0.95	258250.00	91750.00	1911.50
7	18350.00	0.95	276600.00	73400.00	1529.17
8	14680.00	0.95	291280.00	58720.00	1223.33

图 7-37　设置镶边行后的效果

设置镶边行的操作如下：

（1）选择区域 B17:G17,选择"开始"→"样式"→"条件格式"→"新建规则"命令,打开"新建格式规则"对话框,如图 7-38 所示。

（2）在"选择规则类型"列表中选择"使用公式确定要设置格式的单元格",显示如图7-39 所示的对话框,在"编辑规则说明"的公式栏内输入公式：

=IF(MOD(ROW(),2)=1,TRUE,FALSE)

（3）单击"格式"按钮,打开"设置单元格格式"对话框,转到"填充"选项卡,选择背景色为"淡蓝色",如图 7-40 所示。单击"确定"按钮,关闭"设置单元格格式"对话框,返回"新建格式规则"对话框。单击"确定"按钮,关闭"新建格式规则"对话框,返回工作表界面。

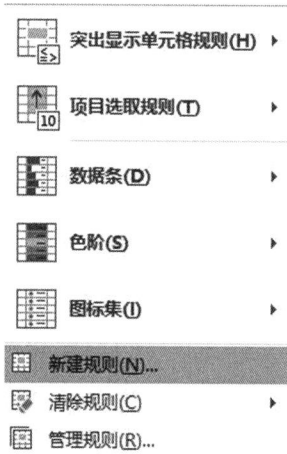

图 7-38 "新建规则"指令

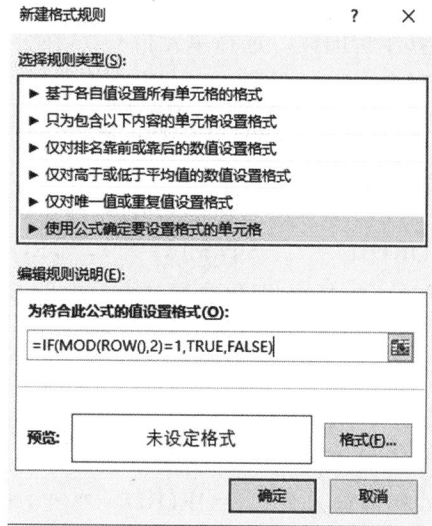

图 7-39 "新建格式规则"对话框

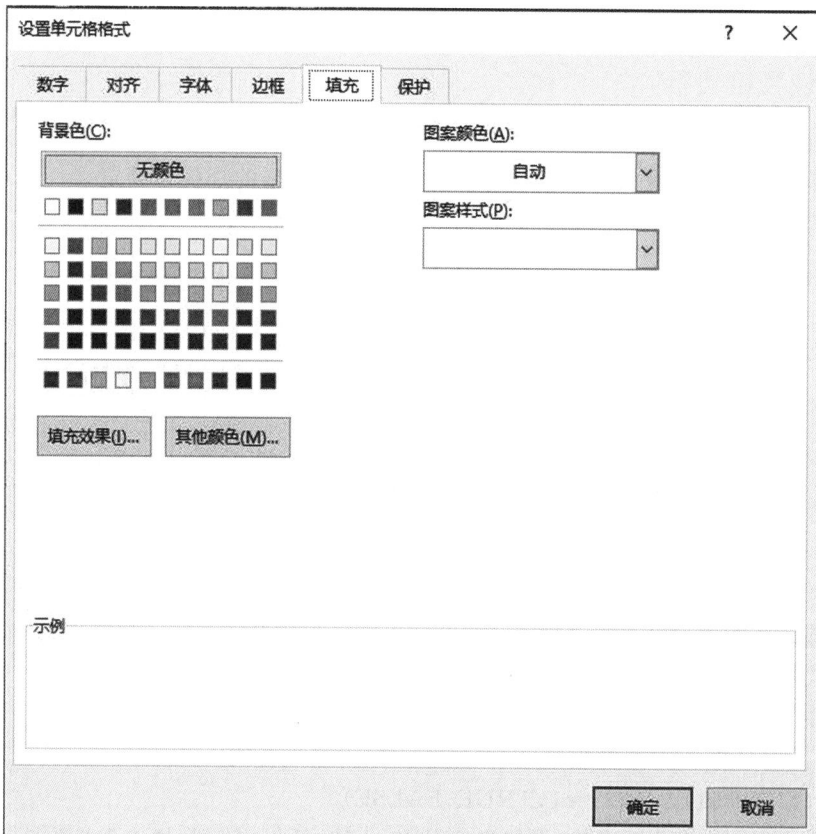

图 7-40 设置填充颜色

7.2.8　保护工作表

固定资产卡片中包含格式设置和计算公式,为了防止用户的不正确操作对这些格式设置和计算公式进行修改,需要对工作表进行保护。保护工作表的方法和步骤如下:

(1)单击工作表左上角的全选"按钮",选中整张工作表,按〈CTRL〉+〈1〉组合键,打开如图 7-41 所示的"设置单元格格式"对话框,转到"保护"选项卡,选择"锁定"和"隐藏"复选框,单击"确定"按钮,关闭对话框,返回工作表界面。

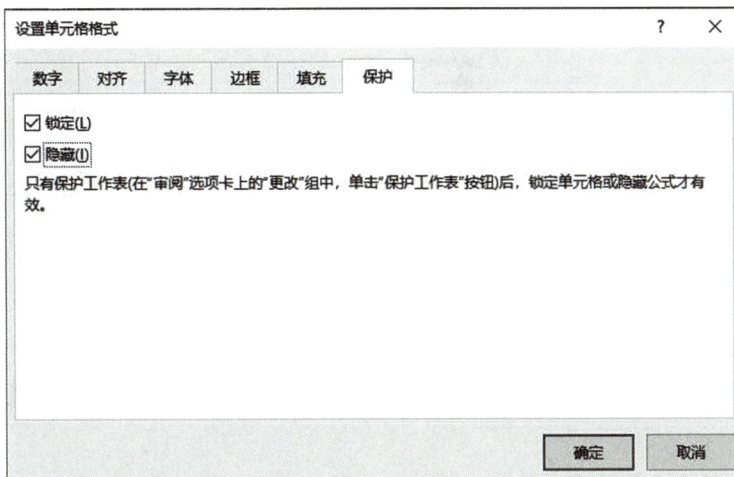

图 7-41　锁定和隐藏整张工作表

(2)选择单元格 C3、G3、E11、G11、C12、E12、G12,区域 C5:C9、E5:E9、G5:G7,按〈CTRL〉+〈1〉组合键,弹出"设置单元格格式"对话框,转到"保护"选项卡,只选择"隐藏"复选框,如图 7-42 所示,单击"确定"按钮,关闭对话框,返回工作表界面。

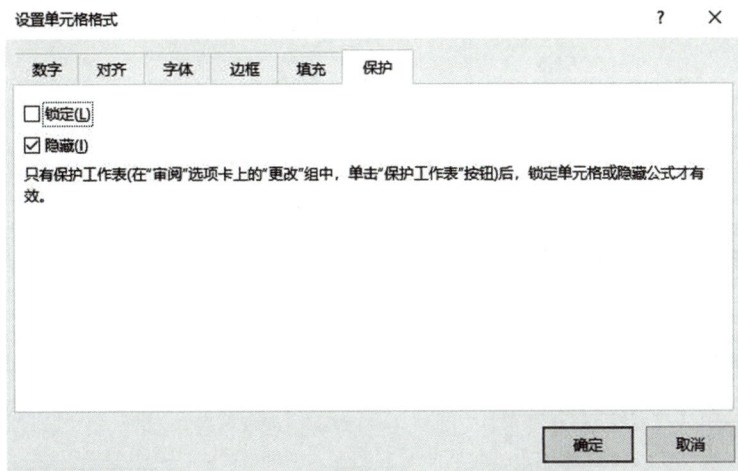

图 7-42　对需要输入数据的单元格解锁

(3)选择"审阅"→"更改"→"保护工作表"命令,弹出"保护工作表"对话框,只选择"选定未锁定的单元格"复选框,界面如图 7-43 所示,单击"确定"按钮,关闭对话框,返回工作表界面。

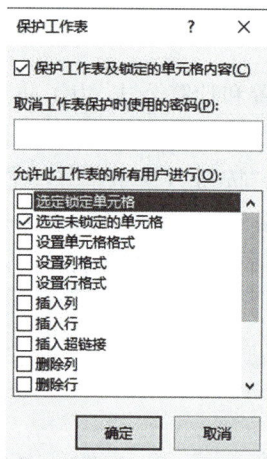

图7-43 "保护工作表"对话框

7.2.9 卡片的使用

用户可以将创建的"固定资产卡片"工作表视为母版。编制新的固定资产卡片时,首先为"固定资产卡片"工作表建立副本,复制该表的格式和公式,然后在其中输入相应数据。

1.创建副本的具体步骤

(1)右键单击"固定资产卡片"工作表标签,在打开的快捷菜单中选择"移动或复制工作表"命令,打开如图7-44所示的对话框,选择对话框下方的"建立副本"复选框。

(2)单击"确定"按钮,关闭"移动或复制工作表"对话框,添加名为"固定资产卡片(2)"的工作表。

(3)双击"固定资产卡片(2)"工作表标签,重命名为"卡片1001",完成副本的建立,如图7-45所示。

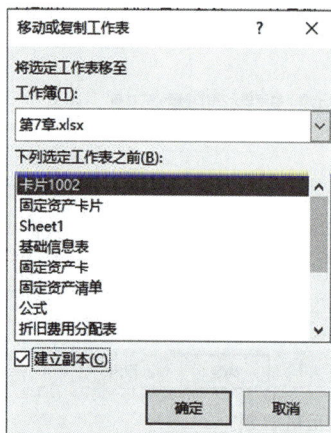

图7-44 "移动或复制工作表"对话框

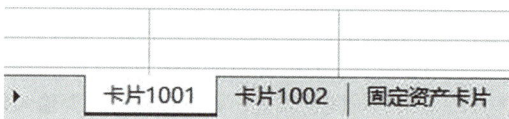

图7-45 建立副本并重命名

2.输入数据

以编制财务部5台打印机的固定资产卡片为例,介绍卡片的使用方法。

（1）激活"卡片 1002"工作表，在单元格 C3、G3 中分别输入"1002""2022-3"，在单元格 C5、E5、G7 中分别输入"CW－001""计算机""5"。

（2）在单元格 C6、C7、E6、G5、E11、G11 中分别选择"财务部""购入""正常使用""办公设备""年限平均法""管理费用"，在单元格 C8、C9、E8、E9 中输入"2020-12-1""20""250000""5"。

（3）输入以上数据后，显示整张卡片的所有数据，效果如图 7-46 所示。

固定资产卡片

卡片编号	1002			当前日期	2022年3月
固定资产编号	CW-001	固定资产名称	打印机	类别	办公设备
使用部门	财务部	使用状况	正常使用	计量单位	台
增加方式	购入	规格型号	JK-01	数量	5
开始使用日期	2020/12/1	原值	250000.00	月折旧额	1875.00
使用年限	20	残值率	5.00%	已计提累计折旧	30625
已计提月数	15	预计净残值	12500	尚可计提折旧	206875
尚可计提月数	225	折旧方法	年限平均法	折旧费用科目	管理费用

折旧额计算

年份	年折旧额	年折旧率	累计折旧	年末余价值	月折旧额
0				250000.00	
1	25000.00	0.95	25000.00	225000.00	2083.33
2	22500.00	0.95	47500.00	202500.00	1875.00
3	20250.00	0.95	67750.00	182250.00	1687.50
4	18225.00	0.95	85975.00	164025.00	1518.75
5	16403.00	0.95	102378.00	147622.00	1366.92
6	14762.00	0.95	117140.00	132860.00	1230.17
7	13286.00	0.95	130426.00	119574.00	1107.17
8	11957.00	0.95	142383.00	107617.00	996.42

图 7-46　卡片 1001

7.3　固定资产清单的编制

7.3.1　相关格式设计

固定资产清单格式如图 7-47 所示，其设计步骤如下：

卡片编号	资产编号	资产名称	类别	增加方式	使用部门	费用科目	使用情况	资产原值	净残值率	预计净残值	使用年限	开始使用日期	已计提月	折旧方法	至上月累计折旧	本月折旧	本月末净值
1002	CW-001	打印机	办公设备	购入	财务部	225	正常使用	250000	0.05	12500	20	2020/12/1	15	年限平均法	30625	1875	0

图 7-47　固定资产清单格式

（1）打开"第 7 章.xlsx"工作簿，双击工作表标签"Sheet2"，重命名为"固定资产清单"。

（2）在单元格 B1 中输入"固定资产清单"，选择区域 B1：Q1，转到"开始"选项卡，在"对齐方式"功能组中选择"合并后居中"命令；在"字体"功能组中设置字体为"宋体"，字号为"20"，字体颜色"深蓝色"，添加双底框线；在"单元格"功能组中设置行高为"40"。

（3）选择区域 A2：R2，在"对齐方式"功能组中选择"合并后居中"命令；转到"开始"选项卡,在"字体"功能区中设置字体为"Arial",字号为"16",完成字体的设置;按〈CTRL〉＋〈1〉组合键,打开"设置单元格格式"对话框,转到"数字"选项卡,在"分类"列表框中选择"日期",在"类型"列表框中选择"2012年3月14日"格式,单击"确定"按钮,关闭对话框,完成对区域日期的格式设置,如图 7-48 所示。在单元格 A1 中输入"2018 年 3 月 1 日"。

图 7-48　设置单元格格式

　　(4)在单元格 A3 至 R3 中分别输入"卡片编号""资产编号""资产名称""类别""增加方式""使用部门""费用科目""使用状况""资产原值""净残值率""预计净残值""使用年限""开始使用日期""已计提月份""折旧方法""至上月累计折旧""本月折旧""本月末净值"。

　　(5)选择区域 A3:R12,选择"插入"→"表格"→"表格"命令,打开如图 7-49 所示的"创建表"对话框,选择"表包含标题"复选框,将所选图 7-49"创建表"对话框区域转化为表格。

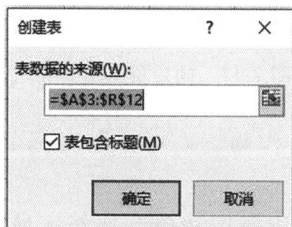

图 7-49　"创建表"对话框

　　(6)选择"表格工具"→"设计"→"表格样式"命令,如图 7-50 所示,在"表格样式"下拉列表中选择合适的样式。

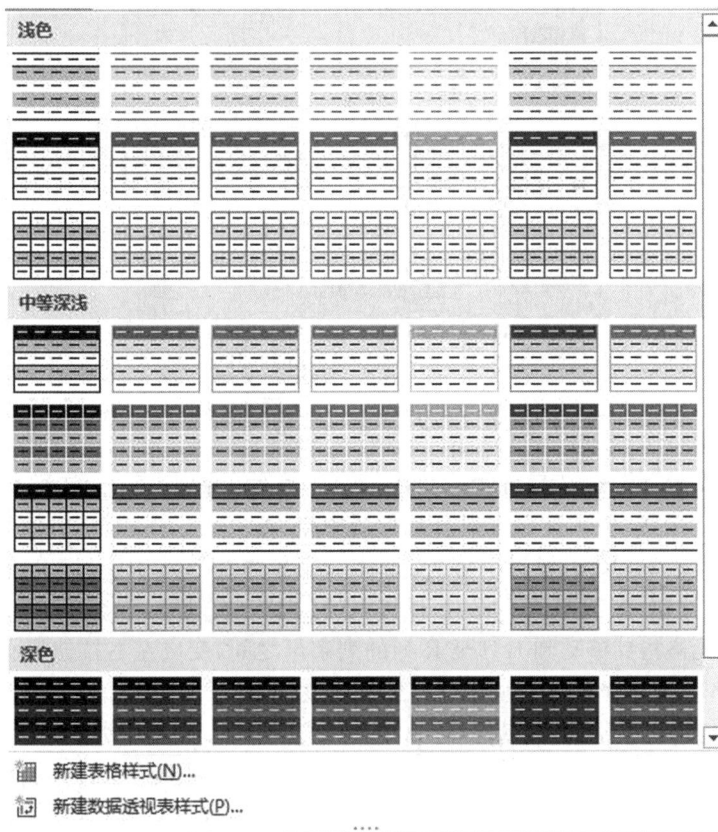

图 7-50　选择"表格样式"

(7)按〈Ctrl〉＋〈F3〉组合键,打开如图 7-51 所示的"名称管理器"对话框,选择"表 1",单击"编辑"按钮,弹出如图 7-52 所示的"编辑名称"对话框,在"名称"框中输入"固定资产清单",单击"确定"按钮,关闭"编辑名称"对话框,返回"名称管理器"对话框,单击"确定"按钮,关闭"名称管理器"对话框,返回工作表界面,完成对该表的命名。

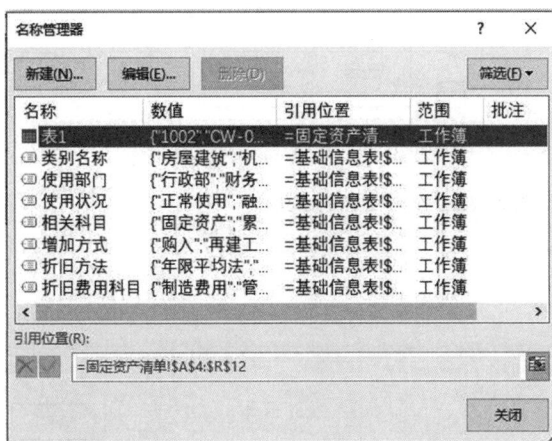

图 7-51　"名称管理器"对话框

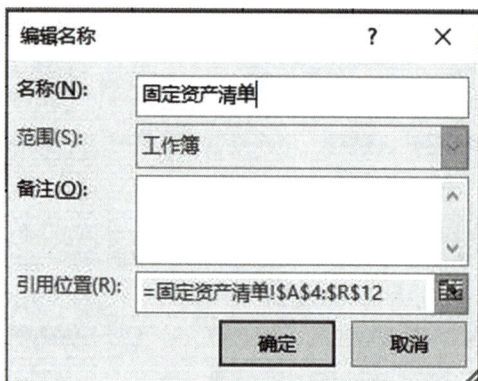

图 7-52 "编辑名称"对话框

(8)单击"全选"按钮,选择整张工作表,转到"开始"选项卡,在"对齐方式"功能组中单击"水平居中"按钮,使工作表中所有数据居中显示。

(9)选择区域 A3:R12,设置字体为"宋体",字号为"9";选中 J 列,单击"开始"→"数字"功能区中的按钮,保留两位小数,完成该列的数据格式设置。

(10)将单元格指针移动到 B 列至 R 列的列字母之间,变成左右拉伸形状之后,单击并拖动,将单元格区域 B 列至 R 列调整到合适的宽度;选择区域 A3:G12,按〈CTRL〉+〈1〉组合键,打开"设置单元格格式"对话框,转到"边框"选项卡,添加区域边框线,如图7-53所示。

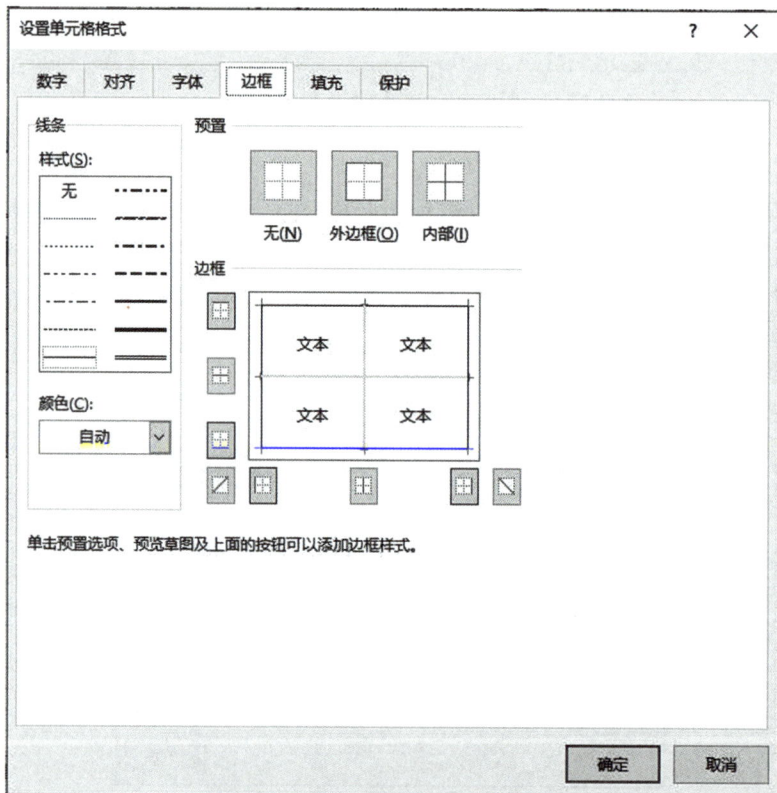

图 7-53 添加区域边框线

7.3.2 相关公式设置

固定资产清单的格式设置好后,用户可参照图 7-54 中的内容,在工作表的第 4 行对应的单元格中输入相应的公式,其他行的公式可以通过复制本行得到。

单元格名称	单元格地址	公式
卡片编号	A4	1002
资产编号	B4	=IF(A4="","",INDIRECT("卡片"&A4&"!C5"))
资产名称	C4	=IF(A4="","",INDIRECT("卡片"&A4&"!e5"))
类别	D4	=IF(A4="","",INDIRECT("卡片"&A4&"!g5"))
增加方式	E4	=IF(A4="","",INDIRECT("卡片"&A4&"!C7"))
使用部门	F4	=IF(A4="","",INDIRECT("卡片"&A4&"!C6"))
费用科目	J4	=IF(A4="","",INDIRECT("卡片"&A4&"!C11"))
使用状况	H4	=IF(A4="","",INDIRECT("卡片"&A4&"!E6"))
资产原值	I4	=IF(A4="","",INDIRECT("卡片"&A4&"!E8"))
净残值率	J4	=IF(A4="","",INDIRECT("卡片"&A4&"!E9"))
预计净残值	K4	=IF(A4="","",INDIRECT("卡片"&A4&"!E10"))
使用年限	L4	=IF(A4="","",INDIRECT("卡片"&A4&"!C9"))
开始使用日期	M4	=IF(A4="","",INDIRECT("卡片"&A4&"!C8"))
已计提月份	N4	=IF(A4="","",INDIRECT("卡片"&A4&"!C10"))
折旧方法	O4	=IF(A4="","",INDIRECT("卡片"&A4&"!E11"))
至上月累计折旧	P4	=IF(A4="","",INDIRECT("卡片"&A4&"!G9"))
本月折旧	Q4	=IF(A4="","",INDIRECT("卡片"&A4&"!G8"))
本月末净值	R4	=IF(A4="","",C18-C25-C36

图 7-54　固定资产清单中的公式

选择区域 B4:R4,将第 4 行中的公式向下复制到所需要的行。

7.3.3 固定资产清单的使用

固定资产清单的使用非常简单,只要输入卡片编号,其他信息即可从相应的卡片中提取,自动进行显示。

7.4 固定资产折旧费用分配表的编制

固定资产折旧费用的分配是指在建立当月固定资产报表时,需要对折旧费用的分配情况进行分析。例如,按费用类别分析折旧费用的分配情况,按使用部门分析折旧费用的分配情况等。

7.4.1 按固定资产折旧费用类别分析折旧费用分配情况

固定资产折旧费用类别一般分为"管理费用""销售费用""制造费用"几类。通过建立固定资产折旧费用分配表可以直观地查看本期折旧额中各项费用类别所占的份额。具体分配步骤如下:

(1)单击菜单栏中的"数据"→"数据透视表和数据透视图",弹出"数据透视表和数据透视图向导"对话框,如图 7-55 所示。

(2)单击"下一步",单击选定区域右侧(　），选择要建立数据透视表的数据区域,如图 7-56 所示。

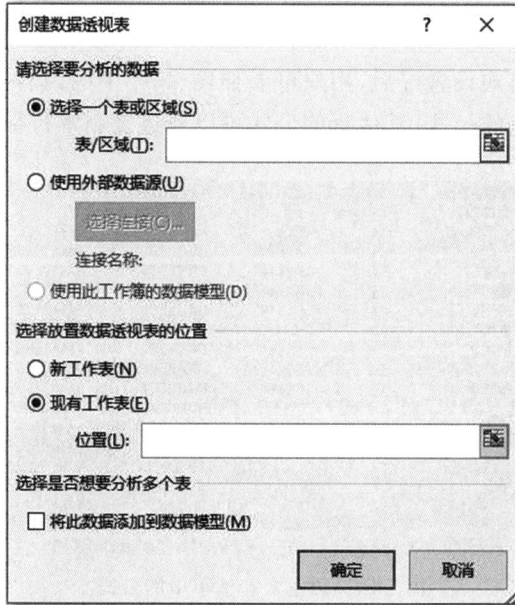

图 7-55　数据透视表和数据透视图向导

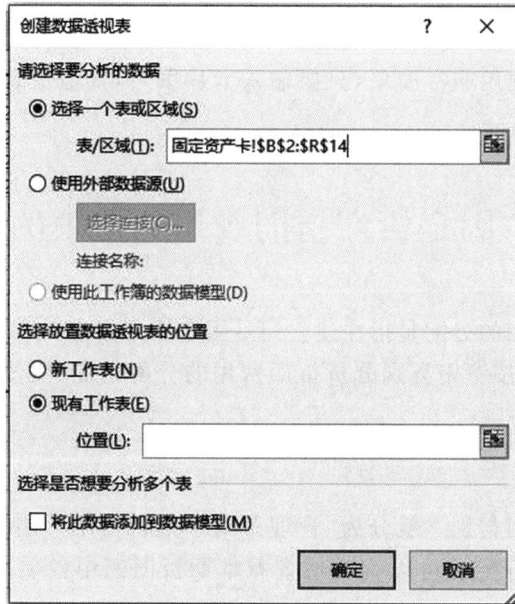

图 7-56　选择数据区域向导

（3）在"固定资产卡片"工作表中，选择＄B＄2：＄R＄14区域，如图7-57所示。

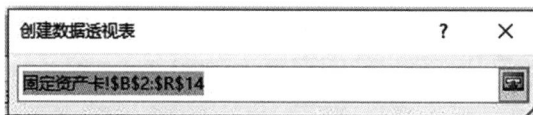

图 7-57　选择数据区域

(4)单击"下一步",选择新建工作表。

(5)单击"完成",将新建的空白数据透视表重命名为"折旧费用分配表"。

(6)单击"设计"→"数据透视表样式",选择"数据透视表样式浅色 16"。

(7)在"数据透视表字段列表"中将"折旧科目"和"部门名称"依次添加到行区域,如图 7-58 所示。

图 7-58　添加行标签

(8)在"数据透视表字段列表"中将"原值""本月折旧额"依次添加到数据区域,如图 7-59 所示。

图 7-59　添加数值区域

(9)选择区域 A1:C1,在"对齐方式"功能组中选择"合并后居中"命令;转到"开始"选项卡,在"字体"功能区中设置字体为"宋体",字号为"14",完成字体的设置;在单元格 A1 输入表格标题"折旧费用分配表",设置好的折旧费用分配表如图 7-60 所示。

折旧费用分配表		
行标签 ▼	求和项:原值	求和项:本月折旧额
□管理费用	5033000	31743.5
财务部门	5000000	31250
管理部门	33000	493.5
□营业费用	3350000	6736.666667
管理部门	350000	2986.666667
销售部门	3000000	3750
□制造费用	19484000	32633.35714
财务部门	250000	1790.674603
管理部门	19000000	29375
生产部门	200000	1206.349206
销售部门	34000	261.3333333
总计	27867000	71113.52381

图 7-60　折旧费用分配表

189

7.4.2 按固定资产使用部门分析折旧费用分配情况

固定资产按使用部门分析折旧费用分配情况,可以直观地查看本期折旧额中各个不同部门所占份额。

具体步骤如下:

(1)前两个步骤和按折旧费用类别分析相同,就是在添加到行区域时将添加"折旧科目"改为添加"部门"即可,在此不再赘述。生成空白的数据透视表,修改工作表名为"按使用部门分类的折旧费用分配表"。

(2)在"数据透视表字段列表"中将"原值""本月折旧额""本年折旧额"依次添加到数据区域,如图7-61所示。

行标签	求和项:原值	求和项:本月折旧额	求和项:本年折旧额
财务部门	5250000	33040.6746	396488.0952
管理部门	19383000	32855.16667	394262
生产部门	200000	1206.349206	14476.19048
销售部门	3034000	4011.333333	48136
总计	27867000	71113.52381	853362.2857

图7-61 添加数值区域

(3)在第1行输入表格标题"按使用部门分类的折旧费用分配表",并设置文字格式,最后的折旧费用分配表如图7-62所示。

按使用部门分类的折旧费用分配表

行标签	求和项:原值	求和项:本月折旧额	求和项:本年折旧额
财务部门	5250000	33040.6746	396488.0952
管理部门	19383000	32855.16667	394262
生产部门	200000	1206.349206	14476.19048
销售部门	3034000	4011.333333	48136
总计	27867000	71113.52381	853362.2857

图7-62 添加标题

7.5 记账凭证清单的编制

7.5.1 相关结构设计

记账凭证清单的结构如图7-63所示,具体的设计步骤如下:

记账凭证清单

2021年3月

日期	摘要	总账科目	明细科目	借方金额	贷方金额	附件
3月31日	计提折旧	管理费用	折旧费	31743.50		1
3月31日	计提折旧	营业费用	折旧费	6736.67		1
3月31日	计提折旧	制造费用	折旧费	32633.36		1
3月31日	计提折旧	累计折旧			71113.52	1

图7-63 记账凭证账单

(1)打开工作簿"第7章.xlsx",单击"工作表"插入标签2,插入一张工作表,双击该工作表标签,重命名为"记账凭证清单"。

(2)在单元格B1中输入"记账凭证清单",合并并居中区域B1:H1,设置字体为"宋体",字号为"20",字体颜色为"深蓝色",设置行高为"40",添加双底框线。

（3）选择区域 B2：H2，字体设置为"Arial"，字号为"16"，完成对日期的字体设置；按〈CTRL〉+〈1〉组合键，打开"设置单元格格式"对话框，转到"数字"选项卡，在"分类"列表框中选择"日期"，在"类型"列表框中选择"2012 年 3 月"格式，完成对日期的格式设置，如图 7-64 所示。

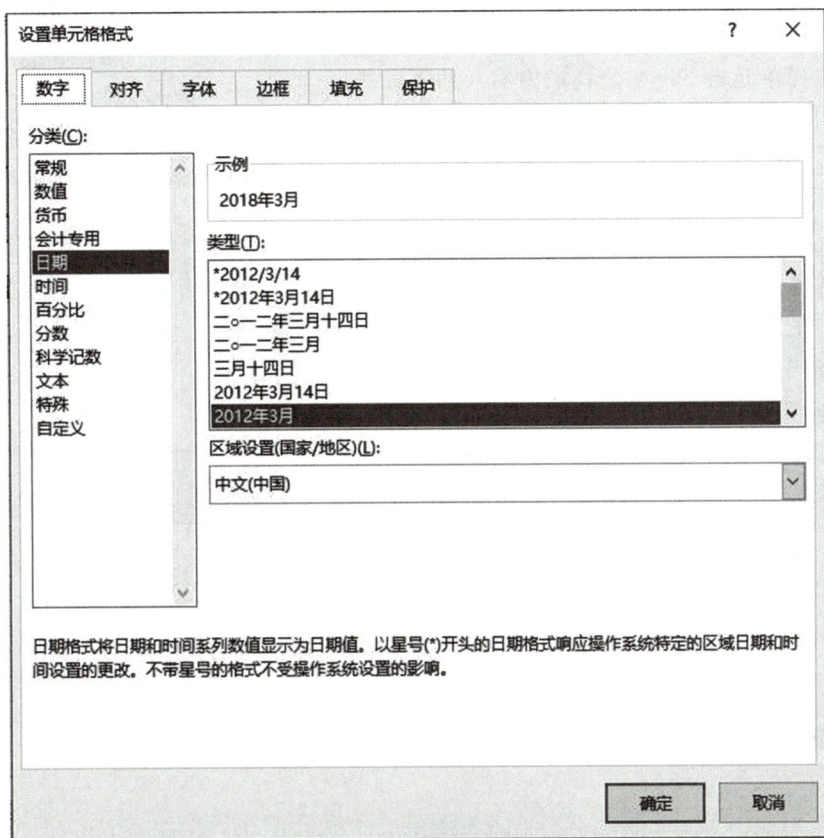

图 7-64　日期格式设置

（4）在单元格 B3 至 H3 中分别输入"日期""摘要""总账科目""明细科目""借方金额""贷方金额""附件"。

（5）在单元格 C4 至 C8 中分别输入"计提折旧"，向下填充到第 8 行；在单元格 D4 至 D8 中分别输入"管理费用""销售费用""制造费用""累计折旧"；在单元格 E4 中输入"折旧费"，向下填充到第 7 行；选择区域 B4：H8，字体设置为"宋体"，文本居中显示。

7.5.2　相关公式设计

记账凭证清单中的公式包含日期的显示、借方金额和贷方金额的引用，具体步骤如下：

1．显示日期

（1）选择单元格 B2，在公式栏内输入公式："=固定资产清单！A2"。

（2）选择单元格 B4，在公式栏内输入公式："=MONTH（$B$2）&"月"&DAY（EOMONTH（$B$2，0））&"日""。

（3）选择单元格 B4，向下填充到第 8 行。

2. 显示借/贷方金额

单击"折旧费用分配表"工作表，选择"数据透视表工具"→"设计"→"布局"→"报表布局"，在报表布局列表中选择"以表格形式显示"选项。如图 7-65 所示。

（1）选择单元格 F4，在公式栏内输入如下公式：

＝INDEX（折旧费用分配表！＄D＄4：＄D＄21，MATCH(D4&"汇总"，折旧费用分配表！＄A＄4：＄A＄20,0)）

（2）选择单元格 F4，向下填充到第 7 行。

（3）选择单元格 G8，在公式栏内输入公式：

＝INDEX(折旧费用分配表！D4：D20，MATCH("总计"，折旧费用分配表！A4：A20,0)）

最终结果如图 7-66 所示。

图 7-65　选定报表布局显示形式

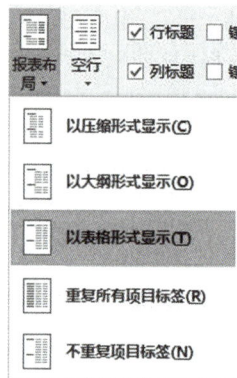

图 7-66　记账凭证清单表

【课外思政】

抚顺特钢财务造假案（固定资产折旧部分）

自 2018 年 3 月证监会进行立案调查，对 ST 抚钢历时一年半的调查终于尘埃落定。监管部门认定，ST 抚钢在 2010－2016 年的年度报告、2017 年第三季度报告中，部分年份的存货余额、在建工程余额、固定资产余额、固定资产折旧、主营业务成本、利润总额等 6 项财务数据存在虚假记载，其中的固定资产折旧虚假数据如下：

抚顺特钢 2014 年至 2016 年年度报告、2017 年第三季度报告中披露的固定资产折旧数据存在虚假记载 2014 年至 2016 年度、2017 年 1 月至 9 月，抚顺特钢将虚增后的固定资产计提折旧，虚增 2014 年至 2016 年年度报告和 2017 年第三季度报告期末固定资产折旧额，2014 年至 2017 年 9 月累计虚增固定资产折旧 87,394,705.44 元，其中，2014 年虚增固定资产折旧 14,381,330.42 元，2015 年虚增固定资产折旧 18,174,433.94 元，2016 年虚增固定资产折旧 31,336,537.76 元，2017 年 1 月至 9 月虚增固定资产折旧 23,502,403.32 元，抚顺特钢 2014 年至 2016 年年度报告、2017 年第三季度报告披露的固定资产折旧数据与事实不符，存在虚假记载。

思考：在工作过程中，如何做到坚持原则，实事求是，不做假账？

7.6　习　题

一、单选题

(1)采用出包方式建造固定资产时,对于按合同规定预付的工程价款应借记的会计科目是　　　　　　　　　　　　　　　　　　　　　　　　　　　　　　　(　　)

　A.在建工程　　　　　B.固定资产　　　　　C.工程物资　　　　　D.预付账款

(2)企业接受投资者投入的一项固定资产,其入账价值应为　　　　　　　　(　　)

　A.公允价值

　B.投资方的账面原值

　C.投资合同或协议约定的价值(但合同或协议约定的价值不公允的除外)

　D.投资方的账面价值

(3)下列固定资产中,不应计提折旧的固定资产有　　　　　　　　　　　　(　　)

　A.大修理的固定资产　　　　　　　　B.当月减少的固定资产

　C.经营租入的固定资产　　　　　　　D.融资租入的固定资产

(4)下列固定资产中,应计提折旧的固定资产有　　　　　　　　　　　　　(　　)

　A.经营租赁方式租入的固定资产　　　B.季节性停用的固定资产

　C.正在改扩建的固定资产　　　　　　D.融资租出的固定资产

(5)某项固定资产的原始价值 600000 元,预计可使用年限为 5 年,预计净残值为 50000 元。企业对该项固定资产采用双倍余额递减法计提折旧,则第 4 年对该项固定资产计提的折旧额为　　　　　　　　　　　　　　　　　　　　　　(　　)

　A.39800 元　　　　　B.51840 元　　　　　C.20800 元　　　　　D.10400 元

二、判断题

(1)在 Excel 中,双倍余额递减法计提折旧额使用的是 SYD 函数。　　　　(　　)

(2)镶边行是通过条件格式中使用公式进行设置的。　　　　　　　　　　(　　)

(3)月折旧率等于年折旧率除以 12。　　　　　　　　　　　　　　　　　(　　)

(4)使用数据有效性设置可以提高数据输入的准确性。　　　　　　　　　(　　)

(5)名称定义中的名称可以在数据有效性中使用。　　　　　　　　　　　(　　)

(6)给单元格或区域命名时,在名称框中输入名称后可以不用按回车键结束。(　　)

三、填空题

(1)按固定资产的所有权划分,可分为　　　　　固定资产和　　　　　固定资产。

(2)按固定资产的经济用途划分,可分为　　　　　固定资产和　　　　　固定资产。

(3)固定资产卡片通常一式三份,分别由　　　　　部门、　　　　　部门和　　　　　部门登记保管。

(4)在单元格 D10 中输入公式"＝ROW(B12)"。显示的结果是　　　　　。

(5)在单元格 D10 中输入公式"＝MOD(ROW(),3)"。显示的结果是　　　　　。

四、简述题

(1)什么样的固定资产需计提折旧? 常用的方法有哪些?

(2)如何使用 Excel 功能创建和管理固定资产卡?

第8章 Excel 在员工工资福利管理中的运用

8.1 工资核算概述

工资是企业在一定时间内直接支付给单位员工的劳动报酬,也是企业进行各种费用计提的基础。工资数据具有业务重复性强、工资核算方法固定等特点,针对每个人每个月的工资数据来分析,其数据变动量并不大。所以,基于数据变动相对稳定但工资核算数据巨大的特点,用 Excel 来处理此类数据,能提高工资核算、工资管理的速度和精确性。

在工资核算中,员工基本信息、工资调整情况、出勤、加班、事假、病假、迟到等信息是工资核算的基础信息。在这些信息基础上,结合个人所得税的计算、社保金、医疗保险的计提,就能进行工资的核算、工资条的制作和工资的汇总与分配。

根据以上描述,我们需要创建一个工作簿,在该工作簿中新建并重命名以下几个工作表:

(1)基本情况表:核算员工的编号、姓名、所属部门、基本工资、岗位工资、工龄工资等。

(2)工资调整表:核算绩效工资、奖金、补贴等项目。

(3)出勤表:记录职员的出勤、加班、请假等信息,并基于此计算员工的加班费、病假、事假、迟到等扣款。

(4)养老保险和医疗保险计算表:核算每位员工、企业在社保和医疗保险项目中的计提数、合计数。

(5)住房补贴:核算每位员工的住房补贴或住房公积金的金额。

(6)个人所得税计算表:核算每位员工的应纳税所得额和应缴纳的个人所得税。

(7)工资结算单:核算每个员工的工资明细项目,并计算应发工资、应扣工资、实发工资。

(8)工资条:单独显示每位员工的工资项目,便于打印。

(9)工资汇总表:核算每个部门的工资总额。

(10)记账凭证清单:核算工资的分配、社保金的计提、输出记账凭证分录。

8.2　员工工资情况表的编制

为了便于人事管理,每个企业都会创建员工基本情况表,从而对人员资料进行记录、统计,为后续的工资管理做准备。

员工基本情况表是对企业员工基本信息的汇总表,包含员工的编号、姓名、部门、性别、职务、参加工作时间、身份证号、银行账号、联系电话、邮箱等基本信息和基本工资、岗位工资、工龄工资等调整前的工资信息。

下面以麦德香食品有限公司员工基本情况为例,介绍编制公司员工工资情况表的方法。如表 8-1 所示,该表主要记录员工的基本信息及基本工资。

表 8-1　麦德香食品有限公司员工基本情况表

编号	姓名	所属部门	性别	职务	基本工资/元
10001	陈良	办公室	男	公司管理	6000
10002	张新	办公室	男	公司管理	5500
10003	李焕南	办公室	男	办公文员	5000
10004	张君华	办公室	女	办公文员	4500
20001	王家印	生产部	男	生产管理	4000
20002	蒋莎莎	生产部	女	生产工人	4000
20003	杨天晴	生产部	女	生产工人	4500
20004	李美华	生产部	女	生产工人	4000
30001	南秀美	人事部	女	人事管理	4500
30002	董思齐	人事部	男	人事管理	4500
30003	贺昆山	人事部	男	人事管理	4500
30004	展可仁	人事部	女	人事管理	4000
40001	叶泽涛	市场部	男	市场管理	4000
40002	施英	市场部	女	市场管理	4000
40003	孙朝刚	市场部	男	市场管理	4000
40004	赵云飞	市场部	男	市场管理	4000
50001	孔梦美	财务部	女	财务管理	4500
50002	王大琳	财务部	女	财务人员	4000

8.2.1　相关格式设计

员工工资项目输入的详细制作步骤如下:

(1)新建文件名为"第 8 章.xlsx"的工作簿,双击标签"Sheet1",在单元格 A1 中输入"麦德香食品有限公司员工工资情况表",合并居中区域 A1:AE;转到"开始"选项卡,在"字体"功能组中设置字体为"宋体",字号为"20",字体颜色"深蓝色",添加双底框线;在"单元格"功能组中设置行高为"40",如图 8-1 所示。

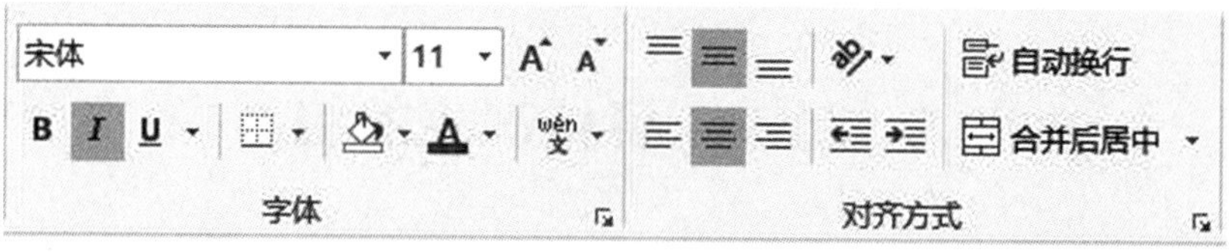

图 8-1 设置字体格式

(2)在单元格 A2 至 AE 中分别输入"编号""姓名""所属部门""性别""职务""入职时间""基本工资""岗位工资""工龄工资""住房补贴""奖金""应发合计""事假天数""事假扣款""病假天数""病假扣款""迟到次数""迟到扣款""早退次数""早退扣款""其他扣款""扣款合计""养老保险""医疗保险""住房公积金""应扣社保金合计""应发工资""代扣税""实发合计""开户银行""银行账号"。如图 8-2 至图 8-4 所示。

编号	姓名	所属部门	性别	职务	入职时间	基本工资	岗位工资	工龄工资	住房补贴	奖金	应发合计

图 8-2 输入员工基本工资项目(1)

事假天数	事假扣款	病假天数	病假扣款	迟到次数	迟到扣款	早退次数	早退扣款	其他扣款	扣款合计	养老保险	医疗保险	住房公积金

图 8-3 输入员工基本工资项目(2)

应发工资	代扣税	实发合计	开户银行	银行账号

图 8-4 输入员工基本工资项目(3)

(3)选择 F 列,设置"入职时间"列表的日期格式,选择"开始"→"数字"命令,在"设置单元格格式"的对话框中,在"分类"列表中选择"日期",然后在日期类型中选择"2012 年3 月 14 日"格式,如图 8-5 所示。

(5)将单元格指针移动到 A 列至 AD 列的列字母之间,变成左右拉伸形状,单击并拖动,将单元格区域 A 列至 AD 列调整至合适的宽度,"开户银行"和"银行账号"两列也调整至合适的宽度。

(6)拖动鼠标光标选中区域"A2:AE20",打开"设置单元格格式对话框"转到"边框"选项卡,添加区域边框线,单击"确定"按钮,关闭对话框,完成边框的设置,如图 8-6 所示。

(7)选择区域 A2:AE20,选择"开始"→"样式"→"套用表格格式"命令,打开如图 8-7所示的"表格样式"对话框,选择"表样式浅色 16",弹出"套用表格式"对话框,如图 8-8 所示。然后选择"表包含标题"复选框,单击"确定"按钮返回表界面,就完成了员工工资情况表的表格格式套用。如图 8-9 所示。

图 8-5　设置日期格式

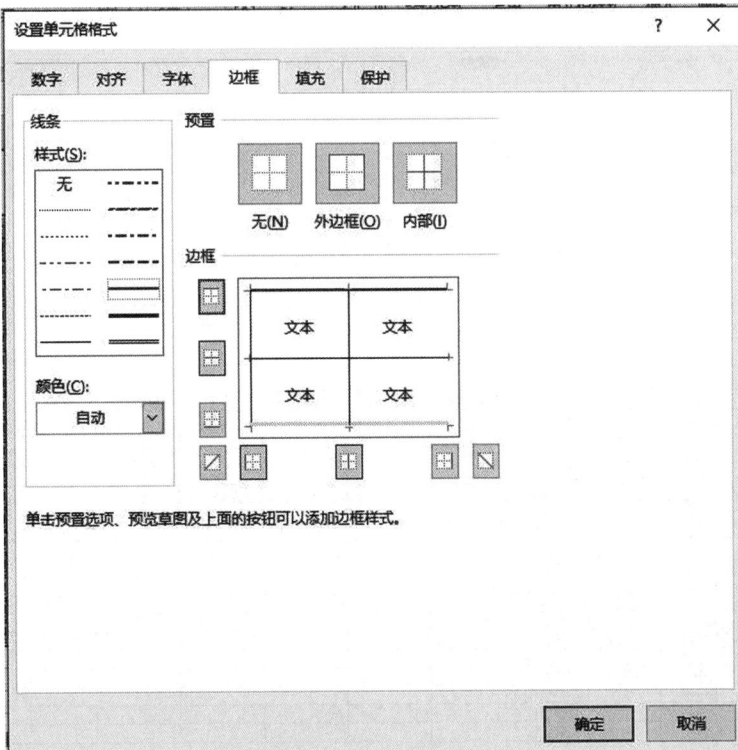

图 8-6　添加区域边框

图 8-7 "表格样式"对话框

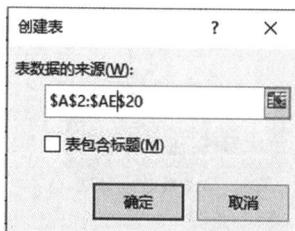

图 8-8 "编辑名称"对话框

编号	姓名	所属部门	性别	职务	入职时间	基本工资	岗位工资	工龄工资	住房补贴	奖金	应发合计	事假天数
10001	陈良	办公室	男	公司管理								
10002	张新	办公室	男	公司管理								
10003	李焕南	办公室	男	公司管理								
10004	张君华	办公室	女	公司管理								
20001	王家印	生产部	男	生产管理								
20002	蒋莎莎	生产部	女	生产管理								
20003	杨天晴	生产部	女	生产管理								
20004	李美华	生产部	女	生产管理								
30001	南秀美	人事部	女	人事管理								
30002	董思齐	人事部	男	人事管理								
30003	贺昆山	人事部	男	人事管理								
30004	展可仁	人事部	女	人事管理								
40001	叶泽涛	市场部	男	市场管理								
40002	施英	市场部	女	市场管理								
40003	孙朝列	市场部	男	市场管理								
40004	赵云飞	市场部	男	市场管理								
50001	孔梦美	财务部	女	财务管理								
50002	于大拼	财务部	女	财务管理								

图 8-9 套用表格格式

(8)单击工作表"Sheet1",右击该工作表并选择"重命名"按钮,如图 8-10 所示。输入"麦德香食品有限公司员工工资情况表",按 Enter 键,即可完成工作表的重命名操作。

(9)选择 AE 列,这一列输入的银行账号,数字长度可超过15 位,所以需要将其设置为文本格式。操作方法是:转到"开始"选项卡,在"单元格"功能区中单击"格式",在弹出的"格式"下拉列表中选择"设置单元格格式"格式,如图 8-11 所示。在"设置单元格格式"对话框中,选择"文本"选项,单击"确定"按钮,便可完成银行账号的文本转换设置。

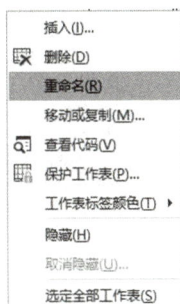

图 8-10　重命名工作表

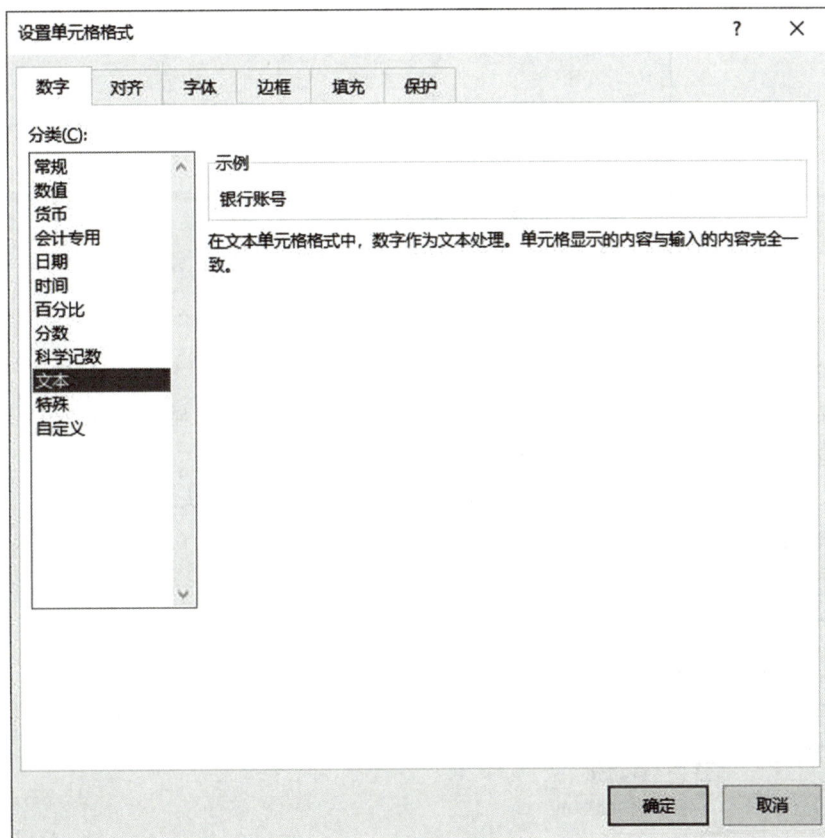

图 8-11　设置文本格式

8.2.2　相关公式设计

员工工资情况表内需要输入公式的列有"工龄工资""奖金""应发合计""事假扣款""病假扣款""迟到扣款""早退扣款""其他扣款""养老保险""医疗保险""应扣社保金合计""应发工资""代扣税""实发合计"。为了方便员工信息的输入,可以对"所属部门"列、"性别"列、"职务"列,进行数据有效性设置,创建下拉列表。

1. 为"所属部门"列设置数据有效性序列

具体操作步骤如下：

(1)选择"所有部门"列,选择"数据"→"数据工具"→"数据验证"→"数据验证"命令,打开如图 8-12 所示的"数据验证"对话框。

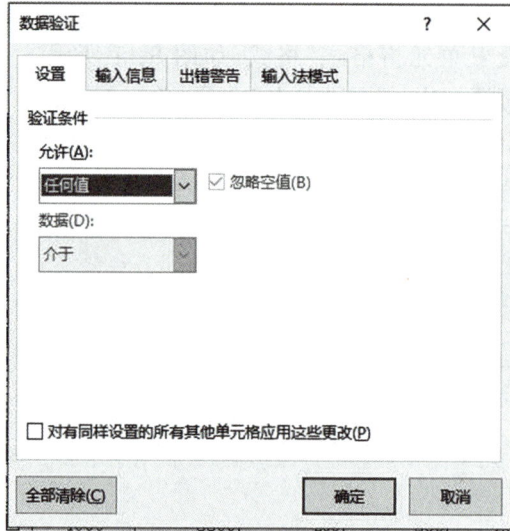

图 8-12 "数据验证"对话框

(2)转到"设置"选项卡,在"允许"下拉列表中选择"序列",显示如图 8-13 所示的界面,在"来源"中输入"办公室,生产部,人事部,市场部,财务部"。

在输入员工的所在部门时,只需单击单元格右端的下拉箭头,在打开如图 8-14 所示的所属部门下拉菜单中选择并输入即可。

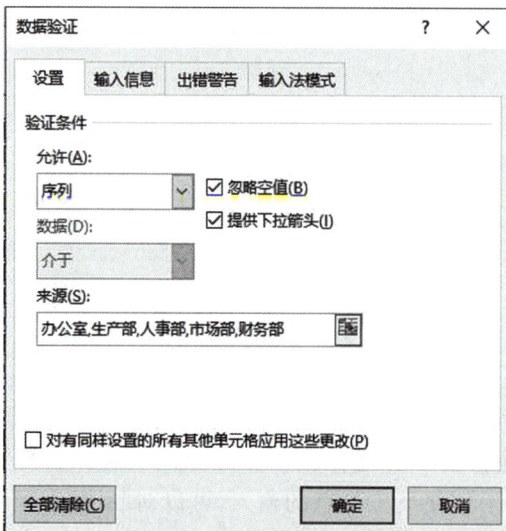

图 8-13 "数据验证"对话框   图 8-14 所属部门的下拉菜单

2.为"性别"列设置数据有效性序列

具体操作步骤如下：

(1)选择"性别"列,选择"数据"→"数据工具"→"数据验证"→"数据验证"命令,打开"数据验证"对话框。

(2)转到"设置"选项卡,在"允许"下拉列表中选择"序列",在"来源"中输入"男,女",如图 8-15 所示。

3.为"职务"列设置数据有效性序列

具体操作步骤如下：

(1)选择"职务"列,选择"数据"→"数据工具"→"数据验证"→"数据验证"命令,打开"数据验证"对话框。

(2)转到"设置"选项卡,在"允许"下拉列表中选择"序列",在"来源"中输入"公司管理,生产管理,人事管理,市场管理,财务管理",如图 8-16 所示。

图 8-15　"数据验证"对话框

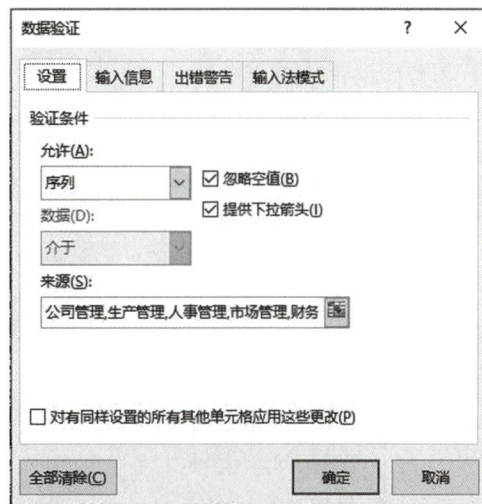

4.计算岗位工资

假设公司规定,公司员工的"岗位工资"根据"职务"的不同来设置,其工资的设置情况如表 8-2 所示。

表 8-2　"岗位工资"情况表

序号	职务	岗位工资/元
1	公司管理	4000
2	生产管理	5000
3	人事管理	3500
4	市场管理	4000
5	财务管理	3500

图 8-16　"数据验证"对话框

根据表 8-2 的数据可知,职务为"公司管理""市场管理"的"岗位工资"是一样的,职务为"人事管理""财务管理"的"岗位工资"也是一样的,只有职务为"生产管理"的"岗位工资"是不一样的,因此我们可以使用 IF 函数来计算。

具体计算操作步骤如下：

(1)将光标移到单元格 H3 单元格,输入 IF 函数。如果 E3 单元格的值为"公司管理"或"市场管理",则 IF()函数的值为 4000;如果 E3 单元格的值为"人事管理"或"财务管理",则 IF()函数的值为 3500;如果 E3 单元格的值为"生产管理",则 IF()函数的值为5000,则公式的表达式为"＝IF(OR(E3＝"公司管理",E3＝"市场管理"),4000,IF(OR(E3＝"人事管理",E3＝"财务管理"),3500,5000))"。"岗位工资"的计算结果

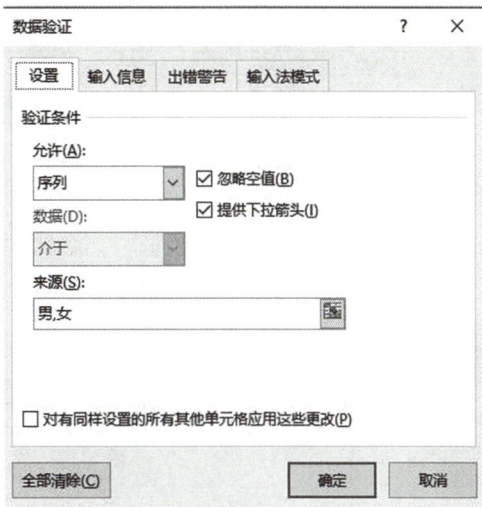

如图 8-17 所示。

编号	姓名	所属部门	性别	职务	入职时间	基本工资	岗位工资
10001	陈良	办公室	男	公司管理	2003年1月1日	6000	4000
10002	张新	办公室	男	公司管理	2005年3月6日	5500	
10003	李焕南	办公室	男	公司管理	2005年11月8日	5000	
10004	张君华	办公室	女	公司管理	2004年1月4日	4500	
20001	王家印	生产部	男	生产管理	2009年1月15日	4000	
20002	蒋莎莎	生产部	女	生产管理	2009年4月6日	4000	
20003	杨天晴	生产部	女	生产管理	2010年2月7日	4500	
20004	李美华	生产部	女	生产管理	2011年1月8日	4000	
30001	南秀美	人事部	女	人事管理	2008年1月19日	4500	
30002	董思齐	人事部	男	人事管理	2012年1月5日	4500	
30003	贺昆山	人事部	男	人事管理	2014年1月19日	4500	
30004	展可仁	人事部	女	人事管理	2014年11月25日	4000	
40001	叶泽涛	市场部	男	市场管理	2011年1月23日	4000	
40002	施英	市场部	女	市场管理	2012年3月9日	4000	
40003	孙朝刚	市场部	男	市场管理	2013年7月4日	4000	
40004	赵云飞	市场部	男	市场管理	2012年1月16日	4000	
50001	孔梦美	财务部	女	财务管理	2014年1月14日	4500	
50002	王大琳	财务部	女	财务管理	2017年8月6日	4000	

图 8-17　岗位工资的公式设置

（2）鼠标点击选中单元格"H3"，双击单元格句柄或鼠标左键按住句柄不放向下拖拽至单元格"H20"，便可以完成公式自动复制到该列的所有单元格中。

同时，也可以使用 VLOOKUP 函数来完成岗位工资的填充操作。

具体操作步骤如下：

（1）将光标移到单元格 H3 单元格，点击插入函数 fx 按钮，弹出"插入函数"对话框。在搜索函数的文本框中输入"VLOOKUP"后点击"转到"按钮，在选择函数列表中选择"VLOOKUP"，单击"确定"按钮，打开"VLOOKUP"函数参数对话框。如图 8-18 所示。

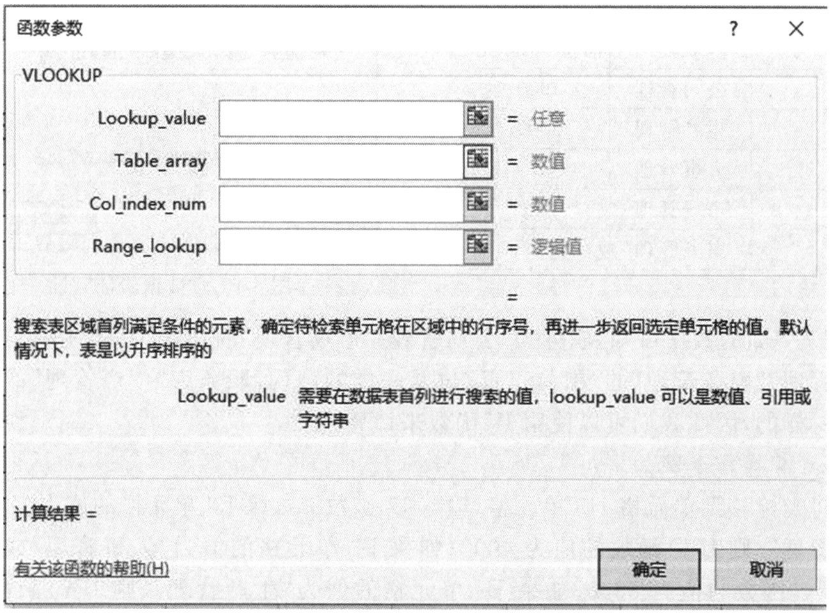

图 8-18　"VLOOKUP"函数参数对话框

（2）在"VLOOKUP"函数参数对话框中，"Lookup_value"项输入单元格的地址 E3，在"Table_array"项中选择岗位工资中的数据区域"B3：C7"，"Col_index_num"项输入目标数据所在的列号，这是需输入 2，"Range_lookup"项则输入精确匹配查找方式的值"False"，如图 8-19 所示。最后在单元格 E3 显示的公式为"＝VLOOKUP(E3,岗位工资！$B$3：$C$7,2,FALSE)"。

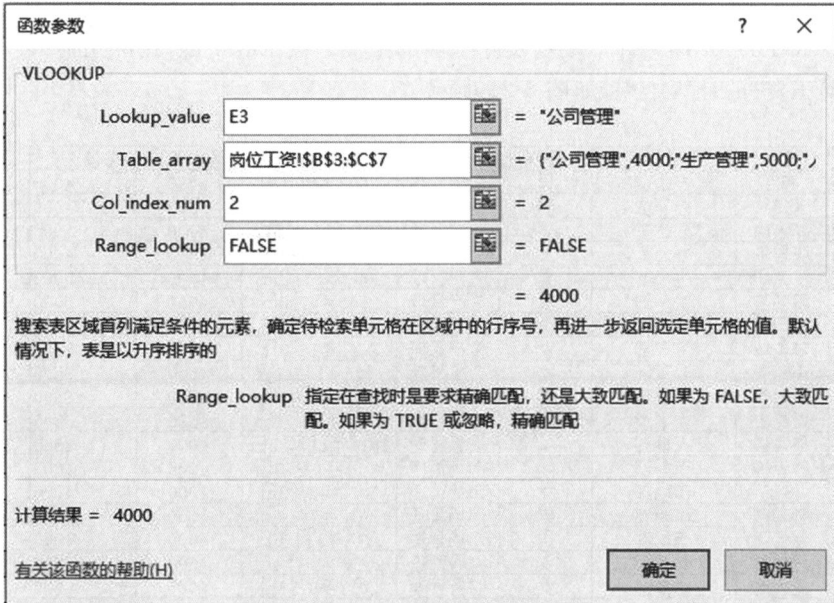

图 8-19　"VLOOKUP"函数参数输入

（3）计算出单元格 H3 的值之后，鼠标点击选中单元格"H3"，双击单元格句柄，或鼠标左键按住句柄不放向下拖拽至单元格"H20"，便可以完成公式自动复制到该列的所有单元格中。"岗位工资"的计算结果如图 8-20 所示。

编号	姓名	所属部门	性别	职务	入职时间	基本工资	岗位工资
10001	陈良	办公室	男	公司管理	2003年1月1日	6000	4000
10002	张新	办公室	男	公司管理	2005年3月6日	5500	4000
10003	李焕南	办公室	男	公司管理	2005年11月8日	5000	4000
10004	张君华	办公室	女	公司管理	2004年1月4日	4500	4000
20001	王家印	生产部	男	生产管理	2009年1月15日	4000	5000
20002	蒋莎莎	生产部	女	生产管理	2009年4月6日	4000	5000
20003	杨天晴	生产部	女	生产管理	2010年2月7日	4500	5000
20004	李美华	生产部	女	生产管理	2011年1月8日	4000	5000
30001	南秀美	人事部	女	人事管理	2008年1月19日	4500	3500
30002	董思齐	人事部	男	人事管理	2012年1月5日	4500	3500
30003	贺昆山	人事部	男	人事管理	2014年1月19日	4500	3500
30004	展可仁	人事部	女	人事管理	2014年11月25日	4500	3500
40001	叶泽涛	市场部	男	市场管理	2011年1月23日	4000	4000
40002	施英	市场部	女	市场管理	2012年3月9日	4000	4000
40003	孙朝刚	市场部	男	市场管理	2013年7月4日	4000	4000
40004	赵云飞	市场部	男	市场管理	2012年1月16日	4000	4000
50001	孔梦美	财务部	女	财务管理	2014年1月14日	4500	3500
50002	王大拼	财务部	女	财务管理	2017年8月6日	4000	3500

图 8-20　岗位工资的计算结果

5.计算工龄工资

假设每工作一年,工龄工资增加 100 元,以每年的 1 月份为准计算年份,利用有关的时间函数,实现工龄工资的自动计算。

选择单元格 I3,在公式栏内输入如下公式:

＝IF(ISBLANK(F3),"",(YEAR(TODAY())－YEAR(F3))＊100)

其中,"YEAR(TODAY())－YEAR(F3)"计算的是实际工龄,"YEAR(TODAY())－YEAR(F3))＊100"计算根据实际工龄的工资。按 Enter 键,在单元格 I3 单元格内显示"工龄工资"的计算结果,如图 8-21 所示。

编号	姓名	所属部门	性别	职务	入职时间	基本工资	岗位工资	工龄工资
10001	陈良	办公室	男	公司管理	2003年1月1日	6000	4000	1500
10002	张新	办公室	男	公司管理	2005年3月6日	5500	4000	
10003	李焕南	办公室	男	公司管理	2005年11月8日	5000	4000	
10004	张君华	办公室	女	公司管理	2004年1月4日	4500	4000	
20001	王家印	生产部	男	生产管理	2009年1月15日	4000	5000	
20002	蒋莎莎	生产部	女	生产管理	2009年4月6日	4000	5000	
20003	杨天晴	生产部	女	生产管理	2010年2月7日	4500	5000	
20004	李美华	生产部	女	生产管理	2011年1月8日	4000	5000	
30001	南秀美	人事部	女	人事管理	2008年1月19日	4500	3500	
30002	董思齐	人事部	男	人事管理	2012年1月5日	4500	3500	
30003	贺昆山	人事部	男	人事管理	2014年1月19日	4500	3500	
30004	展可仁	人事部	女	人事管理	2014年11月25日	4000	3500	
40001	叶泽涛	市场部	男	市场管理	2011年1月23日	4000	4000	
40002	施英	市场部	女	市场管理	2012年3月9日	4000	4000	
40003	孙朝刚	市场部	男	市场管理	2013年7月4日	4000	4000	
40004	赵云飞	市场部	男	市场管理	2012年1月16日	4000	4000	
50001	孔梦美	财务部	女	财务管理	2014年1月14日	4500	3500	
50002	王大琳	财务部	女	财务管理	2017年8月6日	4000	3500	

图 8-21　计算工龄工资(1)

计算出单元格 I3 的值之后,鼠标点击选中单元格"I3",双击单元格句柄,向下拖拽至单元格"I20",便可以完成公式自动复制到该列的所有单元格中。"工龄工资"的计算结果如图 8-22 所示。

编号	姓名	所属部门	性别	职务	入职时间	基本工资	岗位工资	工龄工资
10001	陈良	办公室	男	公司管理	2003年1月1日	6000	4000	1500
10002	张新	办公室	男	公司管理	2005年3月6日	5500	4000	1300
10003	李焕南	办公室	男	公司管理	2005年11月8日	5000	4000	1300
10004	张君华	办公室	女	公司管理	2004年1月4日	4500	4000	1400
20001	王家印	生产部	男	生产管理	2009年1月15日	4000	5000	900
20002	蒋莎莎	生产部	女	生产管理	2009年4月6日	4000	5000	900
20003	杨天晴	生产部	女	生产管理	2010年2月7日	4500	5000	800
20004	李美华	生产部	女	生产管理	2011年1月8日	4000	5000	700
30001	南秀美	人事部	女	人事管理	2008年1月19日	4500	3500	1000
30002	董思齐	人事部	男	人事管理	2012年1月5日	4500	3500	600
30003	贺昆山	人事部	男	人事管理	2014年1月19日	4500	3500	400
30004	展可仁	人事部	女	人事管理	2014年11月25日	4000	3500	400
40001	叶泽涛	市场部	男	市场管理	2011年1月23日	4000	4000	700
40002	施英	市场部	女	市场管理	2012年3月9日	4000	4000	600
40003	孙朝刚	市场部	男	市场管理	2013年7月4日	4000	4000	500
40004	赵云飞	市场部	男	市场管理	2012年1月16日	4000	4000	600
50001	孔梦美	财务部	女	财务管理	2014年1月14日	4500	3500	400
50002	王大琳	财务部	女	财务管理	2017年8月6日	4000	3500	100

图 8-22　计算工龄工资(2)

6.住房补贴计算

根据公司关于住房补贴的规定,住房补贴根据"职务"而设置,具体要求如表 8-3 所示。

表 8-3　住房补贴情况表

序号	职务	住房补贴/元
1	公司管理	1000
2	生产管理	1000
3	人事管理	800
4	市场管理	900
5	财务管理	800

根据表 8-3 的数据,"住房补贴"项目计算的具体操作步骤如下:

(1)将光标移到单元格 J3 单元格,输入 IF()函数。如果 J3 单元格的值为"公司管理"或"生产管理",则 IF()函数的值为 1000;如果 E3 单元格的值为"人事管理"或"财务管理",则 IF()函数的值为 800,如果 E3 单元格的值为"市场管理",则 IF()函数的值为 900,则公式的表达式为"＝IF(OR(E3＝"公司管理",E3＝"生产管理"),1000,IF(OR(E3＝"人事管理",E3＝"财务管理"),800,900))"。如图 8-23 所示。

编号	姓名	所属部门	性别	职务	入职时间	基本工资	岗位工资	工龄工资	住房补贴
10001	陈良	办公室	男	公司管理	2003年1月1日	6000	4000	1500	1000
10002	张新	办公室	男	公司管理	2005年3月6日	5500	4000	1300	
10003	李焕南	办公室	男	公司管理	2005年11月8日	5000	4000	1300	
10004	张君华	办公室	女	公司管理	2004年1月4日	4500	4000	1400	
20001	王家印	生产部	男	生产管理	2009年1月15日	4000	5000	900	
20002	蒋莎莎	生产部	女	生产管理	2009年4月6日	4000	5000	900	
20003	杨天晴	生产部	女	生产管理	2010年2月7日	4500	5000	800	
20004	李美华	生产部	女	生产管理	2011年1月8日	4000	5000	700	
30001	南秀美	人事部	女	人事管理	2008年1月19日	4500	3500	1000	
30002	董思齐	人事部	男	人事管理	2012年1月5日	4500	3500	600	
30003	贺昆山	人事部	男	人事管理	2014年1月19日	4500	3500	400	
30004	展可仁	人事部	女	人事管理	2014年11月25日	4000	3500	400	
40001	叶泽涛	市场部	男	市场管理	2011年1月23日	4000	4000	700	
40002	施英	市场部	女	市场管理	2012年3月9日	4000	4000	600	
40003	孙朝刚	市场部	男	市场管理	2013年7月4日	4000	4000	500	
40004	赵云飞	市场部	男	市场管理	2012年1月16日	4000	4000	600	
50001	孔梦美	财务部	女	财务管理	2014年1月14日	4500	3500	400	
50002	王大琳	财务部	女	财务管理	2017年8月6日	4000	3500	100	

图 8-23　"住房补贴"项目的公式设置

(2)计算出单元格 J3 的值之后,鼠标点击选中单元格 J3,双击单元格句柄,向下拖拽至单元格"J20",便可以完成公式自动复制到该列的所有单元格中。"住房补贴"的计算结果如图 8-24 所示。

编号	姓名	所属部门	性别	职务	入职时间	基本工资	岗位工资	工龄工资	住房补贴
10001	陈良	办公室	男	公司管理	2003年1月1日	6000	4000	1500	1000
10002	张新	办公室	男	公司管理	2005年3月6日	5500	4000	1300	1000
10003	李焕南	办公室	男	公司管理	2005年11月8日	5000	4000	1300	1000
10004	张君华	办公室	女	公司管理	2004年1月4日	4500	4000	1400	1000
20001	王家印	生产部	男	生产管理	2009年1月15日	4000	5000	900	900
20002	蒋莎莎	生产部	女	生产管理	2009年4月6日	4000	5000	900	900
20003	杨天晴	生产部	女	生产管理	2010年2月7日	4500	5000	800	900
20004	李美华	生产部	女	生产管理	2011年1月8日	4000	5000	700	900
30001	南秀美	人事部	女	人事管理	2008年1月19日	4500	3500	1000	800
30002	董思齐	人事部	男	人事管理	2012年1月5日	4500	3500	600	800
30003	贺昆山	人事部	男	人事管理	2014年1月19日	4500	3500	400	800
30004	展可仁	人事部	女	人事管理	2014年11月25日	4000	3500	400	800
40001	叶泽涛	市场部	男	市场管理	2011年1月23日	4000	4000	700	900
40002	施英	市场部	女	市场管理	2012年3月9日	4000	4000	600	900
40003	孙朝刚	市场部	男	市场管理	2013年7月4日	4000	4000	500	900
40004	赵云飞	市场部	男	市场管理	2012年1月16日	4000	4000	600	900
50001	孔梦美	财务部	女	财务管理	2014年1月14日	4500	3500	400	800
50002	王大琳	财务部	女	财务管理	2017年8月6日	4000	3500	100	800

图 8-24　"住房补贴"项目计算结果

7.计算奖金

根据公司关于奖金的规定,奖金根据各部门的绩效来计算,具体要求如表 8-4 所示。

表 8-4　奖金设置表

序号	所属部门	奖金/元
1	办公室	2000
2	生产部	2500
3	人事部	2000
4	市场部	与员工个人的销售业绩挂钩,完成基本销售额 10 万元的奖金为 1500 元,超额完成的按超额的 1‰计算,不设上限,未完成基本销售额的奖金为 0
5	财务部	2000

假如公司市场部的员工本月的销售业绩情况如表 8-5 所示。

表 8-5　本月市场部销售业绩情况表

员工编号	姓名	销售业绩/万元
40001	叶泽涛	16
40002	施英	19
40003	孙朝刚	15
40004	赵云飞	8

根据表 8-4 和表 8-5 的数据,"奖金"项目计算的具体操作步骤如下:

(1)在单元格"K3"中输入"奖金"的计算公式为"＝IF(C3＝"办公室",2000,IF(C3＝"生产部",2500,IF(C3＝"人事部",2000,IF(C3＝"财务部",2000,IF(AND(C3＝"市场部",员工销售情况表! C2＞＝10),1500＋100＊(员工销售情况表! C2－10),0)))))",如图所示 8-25。

编号	姓名	所属部门	性别	职务	入职时间	基本工资	岗位工资	工龄工资	住房补贴	奖金
10001	陈良	办公室	男	公司管理	2003年1月1日	6000	4000	1500	1000	2000
10002	张新	办公室	男	公司管理	2005年3月6日	5500	4000	1300	1000	
10003	李焕南	办公室	男	公司管理	2005年11月8日	5000	4000	1300	1000	
10004	张君华	办公室	女	公司管理	2004年1月4日	4500	4000	1400	1000	
20001	王家印	生产部	男	生产管理	2009年1月15日	4000	5000	900	900	
20002	蒋莎莎	生产部	女	生产管理	2009年4月6日	4500	5000	900	900	
20003	杨天晴	生产部	女	生产管理	2010年2月7日	4500	5000	800	900	
20004	李善华	生产部	女	生产管理	2011年1月9日	4000	5000	700	900	
30001	南秀美	人事部	女	人事管理	2008年1月19日	4500	3500	1000	800	
30002	董思齐	人事部	男	人事管理	2012年1月1日	4500	3500	600	800	
30003	贺昆山	人事部	男	人事管理	2014年1月19日	4500	3500	400	800	
30004	展可仁	人事部	女	人事管理	2014年11月25日	4000	3500	400	800	
40001	叶泽涛	市场部	男	市场管理	2011年1月23日	4000	4000	700	900	
40002	施英	市场部	女	市场管理	2012年3月9日	4000	4000	600	900	
40003	孙朝刚	市场部	男	市场管理	2013年7月4日	4000	4000	500	900	
40004	赵云飞	市场部	男	市场管理	2012年1月16日	4000	4000	600	900	
50001	孔梦美	财务部	女	财务管理	2014年1月14日	4500	3500	400	800	
50002	王大珊	财务部	女	财务管理	2017年8月6日	4000	3500	100	800	

图 8-25　"奖金"项目的公式设置

(2)计算出单元格 K3 的值之后,鼠标点击选中单元格 K3,双击单元格句柄,向下拖拽至单元格 K20,便可以完成公式自动复制到该列的所有单元格中。"奖金"的计算结果如图 8-26 所示。

编号	姓名	所属部门	性别	职务	入职时间	基本工资	岗位工资	工龄工资	住房补贴	奖金
10001	陈良	办公室	男	公司管理	2003年1月1日	6000	4000	1500	1000	2000
10002	张新	办公室	男	公司管理	2005年3月6日	5500	4000	1300	1000	2000
10003	李焕南	办公室	男	公司管理	2005年11月8日	5000	4000	1300	1000	2000
10004	张君华	办公室	女	公司管理	2004年1月4日	4500	4000	1400	1000	2000
20001	王家印	生产部	男	生产管理	2009年1月15日	4000	5000	900	900	2500
20002	蒋莎莎	生产部	女	生产管理	2009年4月6日	4000	5000	900	900	2500
20003	杨天晴	生产部	女	生产管理	2010年2月7日	4500	5000	800	900	2500
20004	李美华	生产部	女	生产管理	2011年1月8日	4000	5000	700	900	2500
30001	南秀美	人事部	女	人事管理	2008年1月19日	4500	3500	1000	800	2000
30002	董思齐	人事部	男	人事管理	2012年1月5日	4500	3500	600	800	2000
30003	贺昆山	人事部	男	人事管理	2014年1月19日	4500	3500	400	800	2000
30004	展可仁	人事部	女	人事管理	2014年11月25日	4000	3500	400	800	2000
40001	叶泽涛	市场部	男	市场管理	2011年1月23日	4000	4000	700	900	0
40002	施英	市场部	女	市场管理	2012年3月9日	4000	4000	600	900	0
40003	孙朝刚	市场部	男	市场管理	2013年7月4日	4000	4000	500	900	0
40004	赵云飞	市场部	男	市场管理	2012年1月16日	4000	4000	600	900	0
50001	孔梦美	财务部	女	财务管理	2014年1月14日	4500	3500	400	800	2000
50002	王大琳	财务部	女	财务管理	2017年8月6日	4000	3500	100	800	2000

图 8-26　"奖金"项目的计算结果

从图 8-26 中可见,市场部员工的奖金的计算存在错误,需要调整。因为"员工销售情况表"是市场部员工的销售业绩情况,因此可以针对所属部门为"市场部"的数据单独进行设置。

操作方法如下:

(1)鼠标光标移动到 K15 单元格中,将原公式"＝IF(C15＝"办公室",2000,IF(C15＝"生产部",2500,IF(C15＝"人事部",2000,IF(C15＝"财务部",2000,IF(AND(C15＝"市场部",员工销售情况表! C14＞＝10),1500＋100 * (员工销售情况表! C14－10),0))))"修改为"＝IF(C15＝"办公室",2000,IF(C15＝"生产部",2500,IF(C15＝"人事部",2000,IF(C15＝"财务部",2000,IF(AND(C15＝"市场部",员工销售情况表! C2＞＝10),1500＋100 * (员工销售情况表! C2－10),0)))))",就可以计算出"市场部"某一员工的奖金。

(2)计算出单元格 K15 的值之后,鼠标点击选中单元格 K15,双击单元格句柄,向下拖拽至单元格 K18,便可以完成公式自动复制到该列的所有单元格中。"奖金"的最终计算结果如图 8-27 所示。

编号	姓名	所属部门	性别	职务	入职时间	基本工资	岗位工资	工龄工资	住房补贴	奖金
10001	陈良	办公室	男	公司管理	2003年1月1日	6000	4000	1500	1000	2000
10002	张新	办公室	男	公司管理	2005年3月6日	5500	4000	1300	1000	2000
10003	李焕南	办公室	男	公司管理	2005年11月8日	5000	4000	1300	1000	2000
10004	张君华	办公室	女	公司管理	2004年1月4日	4500	4000	1400	1000	2000
20001	王家印	生产部	男	生产管理	2009年1月15日	4000	5000	900	900	2500
20002	蒋莎莎	生产部	女	生产管理	2009年4月6日	4000	5000	900	900	2500
20003	杨天晴	生产部	女	生产管理	2010年2月7日	4500	5000	800	900	2500
20004	李美华	生产部	女	生产管理	2011年1月8日	4000	5000	700	900	2500
30001	南秀美	人事部	女	人事管理	2008年1月19日	4500	3500	1000	800	2000
30002	董思齐	人事部	男	人事管理	2012年1月5日	4500	3500	600	800	2000
30003	贺昆山	人事部	男	人事管理	2014年1月19日	4500	3500	400	800	2000
30004	展可仁	人事部	女	人事管理	2014年11月25日	4000	3500	400	800	2000
40001	叶泽涛	市场部	男	市场管理	2011年1月23日	4000	4000	700	900	2100
40002	施英	市场部	女	市场管理	2012年3月9日	4000	4000	600	900	2400
40003	孙朝刚	市场部	男	市场管理	2013年7月4日	4000	4000	500	900	2000
40004	赵云飞	市场部	男	市场管理	2012年1月16日	4000	4000	600	900	0
50001	孔梦美	财务部	女	财务管理	2014年1月14日	4500	3500	400	800	2000
50002	王大琳	财务部	女	财务管理	2017年8月6日	4000	3500	100	800	2000

图 8-27　"奖金"项目的计算最终结果

8.计算应发合计

"应发合计"项目为基本工资、岗位工资、工龄工资、住房补贴和奖金五个项目的合计数。"应发合计"的操作步骤如下：

(1)选中"L3"单元格，单击"自动求和"按钮 $\sum$ ，或直接在 L3 单元格中输入求和公式"＝SUM(G3:K3)"，如图 8-28 和图 8-29 所示。

编号	姓名	所属部门	性别	职务	入职时间	基本工资	岗位工资	工龄工资	住房补贴	奖金	应发合计
10001	陈良	办公室	男	公司管理	2003年1月1日	6000	4000	1500	1000	2000	=SUM(G3:K3)

图 8-28　应发合计函数设置

编号	姓名	所属部门	性别	职务	入职时间	基本工资	岗位工资	工龄工资	住房补贴	奖金	应发合计
10001	陈良	办公室	男	公司管理	2003年1月1日	6000	4000	1500	1000	2000	14500

图 8-29　应发合计自动求和

(2)将 L3 单元格的公式复制到 L 列的其他单元格，结果如图 8-30 所示。

编号	姓名	所属部门	性别	职务	入职时间	基本工资	岗位工资	工龄工资	住房补贴	奖金	应发合计
10001	陈良	办公室	男	公司管理	2003年1月1日	6000	4000	1500	1000	2000	14500
10002	张新	办公室	男	公司管理	2005年3月6日	5500	4000	1300	1000	2000	13800
10003	李焕南	办公室	男	公司管理	2005年11月8日	5000	4000	1300	1000	2000	13300
10004	张君华	办公室	女	公司管理	2004年1月4日	4500	4000	1400	1000	2000	12900
20001	王家印	生产部	男	生产管理	2009年1月15日	4000	5000	900	900	2500	13300
20002	蒋莎莎	生产部	女	生产管理	2009年4月6日	4000	5000	900	900	2500	13300
20003	杨天晴	生产部	女	生产管理	2010年2月7日	4500	5000	800	900	2500	13700
20004	李美华	生产部	女	生产管理	2011年1月8日	4000	5000	700	900	2500	13100
30001	南秀美	人事部	女	人事管理	2008年1月19日	4500	3500	1000	800	2000	11800
30002	董思齐	人事部	男	人事管理	2012年1月5日	4500	3500	600	800	2000	11400
30003	贺昆山	人事部	男	人事管理	2014年1月19日	4500	3500	400	800	2000	11200
30004	展可仁	人事部	女	人事管理	2014年11月25日	4000	3500	400	800	2000	10700
40001	叶泽涛	市场部	男	市场管理	2011年1月23日	4000	4000	700	900	2100	11700
40002	施英	市场部	女	市场管理	2012年3月9日	4000	4000	600	900	2400	11900
40003	孙朝利	市场部	男	市场管理	2013年7月4日	4000	4000	500	900	2000	11400
40004	赵云飞	市场部	男	市场管理	2012年1月16日	4000	4000	600	900	0	9500
50001	孔梦美	财务部	女	财务管理	2014年1月14日	4500	3500	400	800	2000	11200
50002	王大琳	财务部	女	财务管理	2017年8月6日	4000	3500	100	800	2000	10400

图 8-30　应发合计自动求和最后结果

9.计算事假扣款

假如公司规定，事假扣款与事假的天数有关，具体扣款情况如表 8-6 所示。

表 8-6　事假扣款情况

序号	事假天数	扣款标准
1	＞11	应发合计的 70％
2	≤11 天	(应发合计/22)×天数

根据表 8-6 事假扣款情况，事假扣款项目计算的具体操作步骤如下：

(1)将单元格 N3 的公式设置为"＝IF(M3＞11,L3＊0.7,L3/22＊M3)"，函数设置如图 8-31 所示。

姓名	所属部门	性别	职务	入职时间	基本工资	岗位工资	工龄工资	住房补贴	奖金	应发合计	事假天数	事假扣款
陈良	办公室	男	公司管理	2003年1月1日	6000	4000	1500	1000	2000	14500		0

图 8-31　事假扣款公式设置

(2)将 N3 单元格的公式复制到 N 列的其他单元格,结果如图 8-32 所示。

姓名	所属部门	性别	职务	入职时间	基本工资	岗位工资	工龄工资	住房补贴	奖金	应发合计	事假天数	事假扣款
陈良	办公室	男	公司管理	2003年1月1日	6000	4000	1500	1000	2000	14500		0
张新	办公室	男	公司管理	2005年3月6日	5500	4000	1300	1000	2000	13800	4	2509.09091
李焕南	办公室	男	公司管理	2005年11月8日	5000	4000	1300	1000	2000	13300		0
张君华	办公室	女	公司管理	2004年1月4日	4500	4000	1400	1000	2000	12900		0
王家印	生产部	男	生产管理	2009年1月15日	4000	5000	900	900	2500	13300		0
蒋莎莎	生产部	女	生产管理	2009年4月6日	4000	5000	900	900	2500	13300	2	1209.09091
杨天晴	生产部	女	生产管理	2010年2月7日	4500	5000	800	900	2500	13700		0
李美华	生产部	女	生产管理	2011年1月8日	4000	5000	700	900	2500	13100		0
南秀美	人事部	女	人事管理	2008年1月19日	4500	3500	1000	800	2000	11800		0
董思齐	人事部	男	人事管理	2012年1月5日	4500	3500	600	800	2000	11400		0
贺昆山	人事部	男	人事管理	2014年1月19日	4500	3500	500	800	2000	11200		0
展可仁	人事部	女	人事管理	2014年11月25日	4000	3500	400	800	2000	10700	4	1945.45455
叶泽涛	市场部	男	市场管理	2011年1月23日	4000	4000	700	900	2100	11700		0
施英	市场部	女	市场管理	2012年3月9日	4000	4000	600	900	2400	11900		0
孙朝刚	市场部	男	市场管理	2013年7月4日	4000	4000	500	900	2000	11400		0
赵云飞	市场部	男	市场管理	2012年1月16日	4000	4000	600	900	0	9500		0
孔梦美	财务部	女	财务管理	2014年1月14日	4500	3500	400	800	2000	11200		0
王大拼	财务部	女	财务管理	2017年8月6日	4000	3500	100	800	2000	10400		0

图 8-32　事假扣款的计算结果

10.计算病假扣款

假如公司规定,病假扣款与病假的天数有关,具体扣款情况如表 8-7 所示。

表 8-7　病假扣款情况

序号	病假天数	所属部门	扣款标准/元
1	>11	办公室、人事处、财务部	1200
2	≤11	办公室、人事处、财务部	800
3	>11 天	生产部、市场部	1500
4	≤11 天	生产部、市场部	1000

根据表 8-7 病假扣款情况,病假扣款项目计算的具体操作步骤如下:

(1)将单元格 P3 的公式设置为"=IF(O3=0,0,IF(O3>11,IF(OR(C3="办公室",C3="人事部",C3="财务部"),1200,1500),IF(OR(C3="办公室",C3="人事部",C3="财务部"),800,1000)))",函数设置如图 8-33 所示。

姓名	所属部门	性别	职务	入职时间	基本工资	岗位工资	工龄工资	住房补贴	奖金	应发合计	事假天数	事假扣款	病假天数	病假扣款
陈良	办公室	男	公司管理	2003年1月1日	6000	4000	1500	1000	2000	14500		0		0

图 8-33　病假扣款公式设置

(2)将 P3 单元格的公式复制到 P 列的其他单元格,结果如图 8-34 所示。

姓名	所属部门	性别	职务	入职时间	基本工资	岗位工资	工龄工资	住房补贴	奖金	应发合计	事假天数	事假扣款	病假天数	病假扣款
陈良	办公室	男	公司管理	2003年1月1日	6000	4000	1500	1000	2000	14500		0		0
张新	办公室	男	公司管理	2005年3月6日	5500	4000	1300	1000	2000	13800	4	2509.09091		0
李焕南	办公室	男	公司管理	2005年11月8日	5000	4000	1300	1000	2000	13300		0		0
张君华	办公室	女	公司管理	2004年1月4日	4500	4000	1400	1000	2000	12900		0	3	800
王家印	生产部	男	生产管理	2009年1月15日	4000	5000	900	900	2500	13300		0		0
蒋莎莎	生产部	女	生产管理	2009年4月6日	4000	5000	900	900	2500	13300	2	1209.09091		0
杨天晴	生产部	女	生产管理	2010年2月7日	4500	5000	800	900	2500	13700		0		0
李美华	生产部	女	生产管理	2011年1月8日	4000	5000	700	900	2500	13100		0	12	1500
南秀美	人事部	女	人事管理	2008年1月19日	4500	3500	1000	800	2000	11800		0		0
董思齐	人事部	男	人事管理	2012年1月5日	4500	3500	600	800	2000	11400		0		0
贺昆山	人事部	男	人事管理	2014年1月19日	4500	3500	500	800	2000	11200		0		0
展可仁	人事部	女	人事管理	2014年11月25日	4000	3500	400	800	2000	10700	4	1945.45455		0
叶泽涛	市场部	男	市场管理	2011年1月23日	4000	4000	700	900	2100	11700		0		0
施英	市场部	女	市场管理	2012年3月9日	4000	4000	600	900	2400	11900		0		0
孙朝刚	市场部	男	市场管理	2013年7月4日	4000	4000	500	900	2000	11400		0		0
赵云飞	市场部	男	市场管理	2012年1月16日	4000	4000	600	900	0	9500		0		0
孔梦美	财务部	女	财务管理	2014年1月14日	4500	3500	400	800	2000	11200		0		0
王大拼	财务部	女	财务管理	2017年8月6日	4000	3500	100	800	2000	10400		0		0

图 8-34　病假扣款的计算结果

11.计算迟到扣款

假如公司规定,迟到扣款与迟到的次数有关,具体扣款情况如表8-8所示。

表8-8　迟到扣款情况

序号	迟到次数	扣款标准
1	>11	每次扣100元
2	≤11天	(应发合计/100)×次数

根据表8-8迟到扣款情况,迟到扣款项目计算的具体操作步骤如下:

(1)将单元格R3的公式设置为"=IF(Q3>11,L3*0.7,L3/22*Q3)",函数设置如图8-35所示。

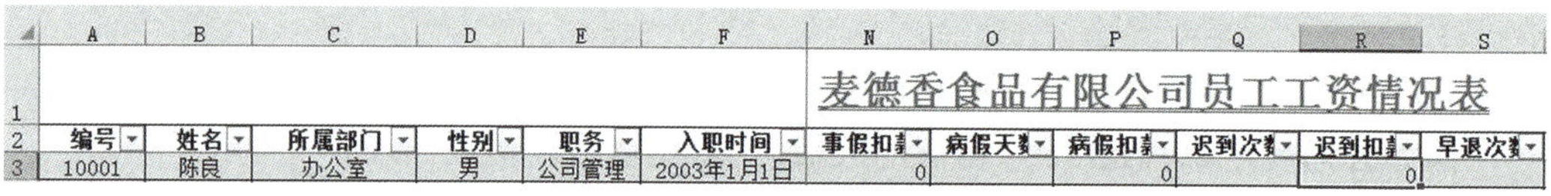

图8-35　迟到扣款公式设置

(2)将R3单元格的公式复制到R列的其他单元格,结果如图8-36所示。

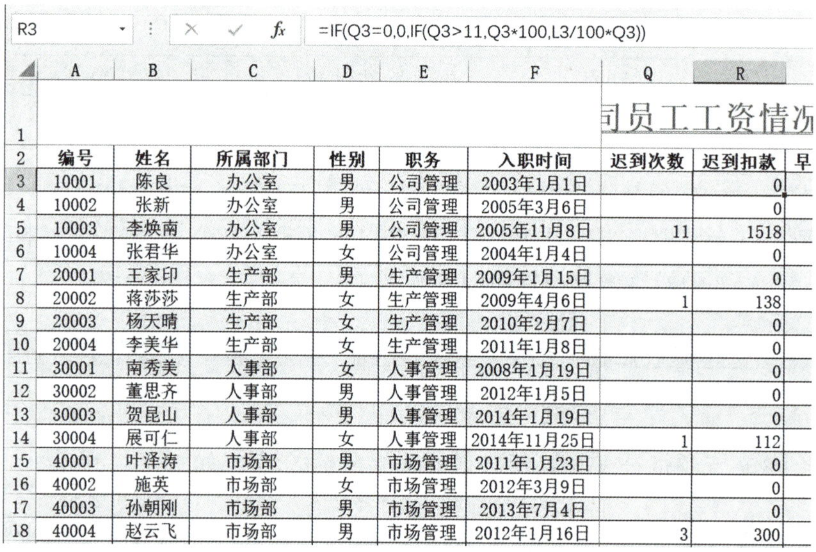

图8-36　迟到扣款的计算结果

12.计算早退扣款

假如公司规定,早退扣款与早退的次数有关,具体扣款情况如表8-9所示。

表8-9　早退扣款情况

序号	早退次数	扣款标准
1	>11	每次扣100元
2	≤11天	(应发合计/100)×次数

根据表 8-9 早退扣款情况，早退扣款项目计算的具体操作步骤如下：

(1)将单元格 T3 的公式设置为"＝IF(S3＞11,S3＊100,L3/22＊S3)"，函数设置如图 8-37 所示。

图 8-37　早退扣款公式设置

将 T3 单元格的公式复制到 T 列的其他单元格，结果如图 8-38 所示。

图 8-38　早退扣款的计算结果

其他扣款项的计算情况本节不作讨论，其计算过程可以参照迟到扣款或早退扣款的计算公式。

13.计算扣款合计

扣款合计是"事假扣款""病假扣款""迟到扣款""早退扣款""其他扣款"的合计数。假设本没有发生其他扣款，则扣款合计的具体操作步骤如下：

(1)将单元格 V3 的公式设置为"＝N3＋P3＋R3＋T3＋U3"，如图 8-39 所示。

图 8-39　扣款合计的公式设置

(2)将 V3 单元格的公式复制到 V 列的其他单元格，结果如图 8-40 所示。

V3		▼	⋮	×	✓	*fx*	=N3+P3+R3+T3+U3				

工资情况表

	A	B	C	D	E	F	R	S	T	U	V
2	编号 ▼	姓名 ▼	所属部门 ▼	性别 ▼	职务 ▼	入职时间 ▼	迟到扣款▼	早退次数▼	早退扣款▼	其他扣款▼	扣款合计▼
3	10001	陈良	办公室	男	公司管理	2003年1月1日	0		0		0
4	10002	张新	办公室	男	公司管理	2005年3月6日			0		2527.2727
5	10003	李焕南	办公室	男	公司管理	2005年11月8日	1474		0		1474
6	10004	张君华	办公室	女	公司管理	2004年1月4日	0		0		800
7	20001	王家印	生产部	男	生产管理	2009年1月15日	0		0		0
8	20002	蒋莎莎	生产部	女	生产管理	2009年4月6日	134	1	609.09091		1961.2727
9	20003	杨天晴	生产部	女	生产管理	2010年2月7日	0		0		0
10	20004	李美华	生产部	女	生产管理	2011年1月8日	0		0		1500
11	30001	南秀美	人事部	女	人事管理	2008年1月19日	0		0		0
12	30002	董思齐	人事部	男	人事管理	2012年1月5日	0	3	1568.1818		1568.1818
13	30003	贺昆山	人事部	男	人事管理	2014年1月19日	0		0		0
14	30004	展可仁	人事部	女	人事管理	#############	108		0		2071.6364
15	40001	叶泽涛	市场部	男	市场管理	2011年1月23日	0		0		0
16	40002	施英	市场部	女	市场管理	2012年3月9日	0	2	1090.9091		1090.9091
17	40003	孙朝刚	市场部	男	市场管理	2013年7月4日	0		0		0
18	40004	赵云飞	市场部	男	市场管理	2012年1月16日	288		0		288
19	50001	孔梦美	财务部	女	财务管理	2014年1月14日	0		0		0
20	50002	王大琳	财务部	女	财务管理	2017年8月6日	0		0		0

图8-40　扣款合计的计算结果

14.计算养老保险、医疗保险和住房公积金

假设"养老保险"按基本工资＋岗位工资的8％扣除,"医疗保险"按基本工资＋岗位工资的2％扣除,"住房公积金"按基本工资＋岗位工资的11％扣除的话,则计算养老保险、医疗保险和住房公积金的具体操作如下:

(1)将单元格W3的公式设置为"＝(G3＋H3)＊0.08",函数设置如图8-41所示。

W3		▼	⋮	×	✓	*fx*	=(G3＋H3)＊0.08		

	A	B	C	D	E	F	U	V	W
2	编号 ▼	姓名 ▼	所属部门 ▼	性别 ▼	职务 ▼	入职时间 ▼	其他扣款▼	扣款合计▼	养老保险
3	10001	陈良	办公室	男	公司管理	2003年1月1日		0	800

图8-41　养老保险的公式设置

(2)将单元格W3的公式复制到W列的其他单元格,结果如图8-42所示。

(3)将单元格X3的公式设置为"＝(G3＋H3)＊0.02",函数设置如图8-43所示。

(4)将单元格X3的公式复制到X列的其他单元格,结果如图8-44所示。

(5)将单元格Y3的公式设置为"＝(G3＋H3)＊0.11",函数设置如图8-45所示。

(6)将单元格Y3的公式复制到Y列的其他单元格,结果如图8-46所示。

| W3 | | × | ✓ | fx | =(G3+H3)*0.08 | | | | |

	A	B	C	D	E	F	U	V	W
1									
2	编号	姓名	所属部门	性别	职务	入职时间	其他扣款	扣款合计	养老保险
3	10001	陈良	办公室	男	公司管理	2003年1月1日		0	800
4	10002	张新	办公室	男	公司管理	2005年3月6日		2527.2727	760
5	10003	李焕南	办公室	男	公司管理	2005年11月8日		1474	720
6	10004	张君华	办公室	女	公司管理	2004年1月4日		800	680
7	20001	王家印	生产部	男	生产管理	2009年1月15日		0	720
8	20002	蒋莎莎	生产部	女	生产管理	2009年4月6日		1961.2727	720
9	20003	杨天晴	生产部	女	生产管理	2010年2月7日			760
10	20004	李美华	生产部	女	生产管理	2011年1月8日		1500	720
11	30001	南秀美	人事部	女	人事管理	2008年1月19日		0	640
12	30002	董思齐	人事部	男	人事管理	2012年1月5日		1568.1818	640
13	30003	贺昆山	人事部	男	人事管理	2014年1月19日		0	640
14	30004	展可仁	人事部	女	人事管理	2014年11月25日		2071.6364	600
15	40001	叶泽涛	市场部	男	市场管理	2011年1月23日		0	640
16	40002	施英	市场部	女	市场管理	2012年3月9日		1090.9091	640
17	40003	孙朝刚	市场部	男	市场管理	2013年7月4日		0	640
18	40004	赵云飞	市场部	男	市场管理	2012年1月16日		288	640
19	50001	孔梦美	财务部	女	财务管理	2014年1月14日		0	640
20	50002	王大琳	财务部	女	财务管理	2017年8月6日		0	600

图 8-42　养老保险的计算结果

| X3 | | × | ✓ | fx | =(G3+H3)*0.02 | | | |

	A	B	C	D	E	F	V	W	X
1									
2	编号	姓名	所属部门	性别	职务	入职时间	扣款合计	养老保险	医疗保险
3	10001	陈良	办公室	男	公司管理	2003年1月1日	0	800	200

图 8-43　医疗保险的公式设置

| X3 | | × | ✓ | fx | =(G3+H3)*0.02 | | | |

	A	B	C	D	E	F	V	W	X
1									
2	编号	姓名	所属部门	性别	职务	入职时间	扣款合计	养老保险	医疗保险
3	10001	陈良	办公室	男	公司管理	2003年1月1日	0	800	200
4	10002	张新	办公室	男	公司管理	2005年3月6日	2527.2727	760	190
5	10003	李焕南	办公室	男	公司管理	2005年11月8日	1474	720	180
6	10004	张君华	办公室	女	公司管理	2004年1月4日	800	680	170
7	20001	王家印	生产部	男	生产管理	2009年1月15日	0	720	180
8	20002	蒋莎莎	生产部	女	生产管理	2009年4月6日	1961.2727	720	180
9	20003	杨天晴	生产部	女	生产管理	2010年2月7日	0	760	190
10	20004	李美华	生产部	女	生产管理	2011年1月8日	1500	720	180
11	30001	南秀美	人事部	女	人事管理	2008年1月19日	0	640	160
12	30002	董思齐	人事部	男	人事管理	2012年1月5日	1568.1818	640	160
13	30003	贺昆山	人事部	男	人事管理	2014年1月19日	0	640	160
14	30004	展可仁	人事部	女	人事管理	2014年11月25日	2071.6364	600	150
15	40001	叶泽涛	市场部	男	市场管理	2011年1月23日	0	640	160
16	40002	施英	市场部	女	市场管理	2012年3月9日	1090.9091	640	160
17	40003	孙朝刚	市场部	男	市场管理	2013年7月4日	0	640	160
18	40004	赵云飞	市场部	男	市场管理	2012年1月16日	288	640	160
19	50001	孔梦美	财务部	女	财务管理	2014年1月14日	0	640	160
20	50002	王大琳	财务部	女	财务管理	2017年8月6日	0	600	150

图 8-44　医疗保险的计算结果

Y3　　　　　fx　=(G3+H3)*0.11

	A	B	C	D	E	F	V	W	X	Y
1										
2	编号	姓名	所属部门	性别	职务	入职时间	扣款合计	养老保险	医疗保险	住房公积
3	10001	陈良	办公室	男	公司管理	2003年1月1日	0	800	200	1100

图 8-45　住房公积金的公式设置

Y3　　　　　fx　=(G3+H3)*0.11

	A	B	C	D	E	F	V	W	X	Y
1										
2	编号	姓名	所属部门	性别	职务	入职时间	扣款合计	养老保险	医疗保险	住房公积
3	10001	陈良	办公室	男	公司管理	2003年1月1日	0	800	200	1100
4	10002	张新	办公室	男	公司管理	2005年3月6日	2527.2727	760	190	1045
5	10003	李焕南	办公室	男	公司管理	2005年11月8日	1474	720	180	990
6	10004	张君华	办公室	女	公司管理	2004年1月4日	800	680	170	935
7	20001	王家印	生产部	男	生产管理	2009年1月15日	0	720	180	990
8	20002	蒋莎莎	生产部	女	生产管理	2009年4月6日	1961.2727	720	180	990
9	20003	杨天晴	生产部	女	生产管理	2010年2月7日	0	760	190	1045
10	20004	李美华	生产部	女	生产管理	2011年1月8日	1500	720	180	990
11	30001	南秀美	人事部	女	人事管理	2008年1月19日	0	640	160	880
12	30002	董思齐	人事部	男	人事管理	2012年1月5日	1568.1818	640	160	880
13	30003	贺昆山	人事部	男	人事管理	2014年1月19日	0	640	160	880
14	30004	展可仁	人事部	女	人事管理	2014年11月25日	2071.6364	600	150	825
15	40001	叶泽涛	市场部	男	市场管理	2011年1月23日	0	640	160	880
16	40002	施英	市场部	女	市场管理	2012年3月9日	1090.9091	640	160	880
17	40003	孙朝刚	市场部	男	市场管理	2013年7月4日	0	640	160	880
18	40004	赵云飞	市场部	男	市场管理	2012年1月16日	288	640	160	880
19	50001	孔梦美	财务部	女	财务管理	2014年1月14日	0	640	160	880
20	50002	王大琳	财务部	女	财务管理	2017年8月6日	0	600	150	825

图 8-46　住房公积金的计算结果

15.计算应扣社保金

应扣社保金的合计是"养老保险""医疗保险""住房公积金"的合计数,则应扣社保金的具体操作步骤如下:

(1)将单元格 Z3 的公式设置为"＝W3＋X3＋Y3",如图 8-47 所示。

Z3　　　　　fx　=W3+X3+Y3

	A	B	C	D	E	F	Y	Z
1								
2	编号	姓名	所属部门	性别	职务	入职时间	住房公积	应扣社保金
3	10001	陈良	办公室	男	公司管理	2003年1月1日	1100	2100

图 8-47　应扣社保金的公式设置

(2)将 V3 单元格的公式复制到 V 列的其他单元格,结果如图 8-48 所示。

Z3			✕ ✓ fx	=W3+X3+Y3				
◢	A	B	C	D	E	F	Y	Z

	编号 ▾	姓名 ▾	所属部门 ▾	性别 ▾	职务 ▾	入职时间 ▾	住房公积▾	应扣社保金合▾
3	10001	陈良	办公室	男	公司管理	2003年1月1日	1100	2100
4	10002	张新	办公室	男	公司管理	2005年3月6日	1045	1995
5	10003	李焕南	办公室	男	公司管理	2005年11月8日	990	1890
6	10004	张君华	办公室	女	公司管理	2004年1月4日	935	1785
7	20001	王家印	生产部	男	生产管理	2009年1月15日	990	1890
8	20002	蒋莎莎	生产部	女	生产管理	2009年4月6日	990	1890
9	20003	杨天晴	生产部	女	生产管理	2010年2月7日	1045	1995
10	20004	李美华	生产部	女	生产管理	2011年1月8日	990	1890
11	30001	南秀美	人事部	女	人事管理	2008年1月19日	880	1680
12	30002	董思齐	人事部	男	人事管理	2012年1月5日	880	1680
13	30003	贺昆山	人事部	男	人事管理	2014年1月19日	880	1680
14	30004	展可仁	人事部	女	人事管理	2014年11月25日	825	1575
15	40001	叶泽涛	市场部	男	市场管理	2011年1月23日	880	1680
16	40002	施英	市场部	女	市场管理	2012年3月9日	880	1680
17	40003	孙朝刚	市场部	男	市场管理	2013年7月4日	880	1680
18	40004	赵云飞	市场部	男	市场管理	2012年1月16日	880	1680
19	50001	孔梦美	财务部	女	财务管理	2014年1月14日	880	1680
20	50002	王大琳	财务部	女	财务管理	2017年8月6日	825	1575

图 8-48　应扣社保金合计的计算结果

16.计算应发工资

应发工资是"应发合计""扣款合计""应扣社保金"的差额,具体操作步骤如下:

(1)将单元格 AA3 的公式设置为"＝L3－V3－Z3",如图 8-49 所示。

AA3			✕ ✓ fx	=L3-V3-Z3					
◢	A	B	C	D	E	F	Y	Z	AA
	编号 ▾	姓名 ▾	所属部门 ▾	性别 ▾	职务 ▾	入职时间 ▾	住房公积▾	应扣社保金合▾	应发工▾
3	10001	陈良	办公室	男	公司管理	2003年1月1日	1100	2100	12500

图 8-49　应发工资的公式设置

(2)将 AA3 单元格的公式复制到 AA 列的其他单元格,结果如图 8-50 所示。

17.计算代扣税

个人所得税税率是个人所得税税额与应纳税所得额之间的比例。个人所得税税率是由国家相应的法律法规规定的,根据个人的收入计算。缴纳个人所得税是收入达到缴纳标准的公民应尽的义务。

2018 年 8 月 31 日,第十三届全国人民代表大会常务委员会第五次会议《关于修改〈中华人民共和国个人所得税法〉的决定》,将个税免征额由 3500 元提高到 5000 元。如表 8-10 所示。

	AA3		× ✓ fx	=L3-V3-Z3					

	A	B	C	D	E	F	Y	Z	AA
2	编号	姓名	所属部门	性别	职务	入职时间	住房公积金	应扣社保金合	应发工资
3	10001	陈良	办公室	男	公司管理	2003年1月1日	1100	2100	12500
4	10002	张新	办公室	男	公司管理	2005年3月6日	1045	1995	9377.7273
5	10003	李焕南	办公室	男	公司管理	2005年11月8日	990	1890	10036
6	10004	张君华	办公室	女	公司管理	2004年1月4日	935	1785	10415
7	20001	王家印	生产部	男	生产管理	2009年1月15日	990	1890	11510
8	20002	蒋莎莎	生产部	女	生产管理	2009年4月6日	990	1890	9548.7273
9	20003	杨天晴	生产部	女	生产管理	2010年2月7日	1045	1995	11805
10	20004	李美华	生产部	女	生产管理	2011年1月8日	990	1890	9810
11	30001	南秀美	人事部	女	人事管理	2008年1月19日	880	1680	10220
12	30002	董思齐	人事部	男	人事管理	2012年1月5日	880	1680	8251.8182
13	30003	贺昆山	人事部	男	人事管理	2014年1月19日	880	1680	9620
14	30004	展可仁	人事部	女	人事管理	2014年11月25日	825	1575	7153.3636
15	40001	叶泽涛	市场部	男	市场管理	2011年1月23日	880	1680	10120
16	40002	施英	市场部	女	市场管理	2012年3月9日	880	1680	9229.0909
17	40003	孙朝刚	市场部	男	市场管理	2013年7月4日	880	1680	9820
18	40004	赵云飞	市场部	男	市场管理	2012年1月16日	880	1680	7632
19	50001	孔梦美	财务部	女	财务管理	2014年1月14日	880	1680	9620
20	50002	王大琳	财务部	女	财务管理	2017年8月6日	825	1575	8925

图 8-50　扣款合计的计算结果

表 8-10　个人所得税税率表(工资薪金所得适用)

级数	应纳税所得额(应发工资)	税率/%	速算扣除数/元
1	不超过 3000 元的部分	3	0
2	超过 3000 元至 12000 元的部分	10	210
3	超过 12000 元至 25000 元的部分	20	1410
4	超过 25000 元至 35000 元的部分	25	2660
5	超过 35000 元至 55000 元的部分	30	4410
6	超过 55000 元至 80000 元的部分	35	7160
7	超过 80000 元的部分	45	15160

(1)将光标移至单元格 AB3,输入如下公式:=IF(AA3-5000<=0,0,IF(AA3-5000<=3000,(AA3-5000)*0.03,IF(AA3-5000<=12000,(AA3-5000)*0.1-210,IF(AA3-5000<=25000,(AA3-5000)*0.2-1410,IF(AA3-5000<=35000,(AA3-5000)*0.25-2660,IF(AA3-5000<=55500,(AA3-5000)*0.3-4410,IF(AA3-5000<=80000,(AA3-5000)*0.35-7160,(AA3-5000)*0.45-15160)))))))),如图 8-51 所示。

	AB3		× ✓ fx	=IF(AA3-5000<=0,0,IF(AA3-5000<=3000,(AA3-5000)*0.03,IF(AA3-5000<=12000,(AA3-5000)*0.1-210,IF(AA3-5000<=25000,(AA3-5000)*0.2-1410,IF(AA3-5000<=35000,(AA3-5000)*0.25-2660,IF(AA3-5000<=55500,(AA3-5000)*0.3-4410,IF(AA3-5000<=80000,(AA3-5000)*0.35-7160,(AA3-5000)*0.45-15160))))))))				

	A	B	C	D	E	F	Y	Z	AA	AB	AC
2	编号	姓名	所属部门	性别	职务	入职时间	住房公积金	应扣社保金合	应发工资	代扣税	实发合
3	10001	陈良	办公室	男	公司管理	2003年1月1日	1100	2100	12500	540	

图 8-51　代扣税的计算公式

216

（2）将 AB3 单元格的公式复制到 AB 列的其他单元格，结果如图 8-52 所示。

AB3				×	✓	fx	=IF(AA3-5000<=0,0,IF(AA3-5000<=3000,(AA3-5000)*0.03,IF(AA3-5000<=12000,(AA3-5000)*0.1-21		
	A	B	C	D	E	F	Y	Z	AA	AB

	A	B	C	D	E	F	Y	Z	AA	AB
2	编号	姓名	所属部门	性别	职务	入职时间	住房公积金	应扣社保金合	应发工资	代扣税
3	10001	陈良	办公室	男	公司管理	2003年1月1日	1100	2100	12500	540
4	10002	张新	办公室	男	公司管理	2005年3月6日	1045	1995	9377.7273	227.7727
5	10003	李焕南	办公室	男	公司管理	2005年11月8日	990	1890	10036	293.6
6	10004	张君华	办公室	女	公司管理	2004年1月4日	935	1785	10415	331.5
7	20001	王家印	生产部	男	生产管理	2009年1月15日	990	1890	11510	441
8	20002	蒋莎莎	生产部	女	生产管理	2009年4月6日	990	1890	9548.7273	244.8727
9	20003	杨天晴	生产部	女	生产管理	2010年2月7日	1045	1995	11805	470.5
10	20004	李美华	生产部	女	生产管理	2011年1月8日	990	1890	9810	271
11	30001	南秀美	人事部	女	人事管理	2008年1月19日	880	1680	10220	312
12	30002	董思齐	人事部	男	人事管理	2012年1月5日	880	1680	8251.8182	115.1818
13	30003	贺昆山	人事部	男	人事管理	2014年1月19日	880	1680	9620	252
14	30004	展可仁	人事部	女	人事管理	2014年11月25日	825	1575	7153.3636	64.60091
15	40001	叶泽涛	市场部	男	市场管理	2011年1月23日	880	1680	10120	302
16	40002	施英	市场部	女	市场管理	2012年3月9日	880	1680	9229.0909	212.9091
17	40003	孙朝刚	市场部	男	市场管理	2013年7月4日	880	1680	9820	272
18	40004	赵云飞	市场部	男	市场管理	2012年1月16日	880	1680	7632	78.96
19	50001	孔梦美	财务部	女	财务管理	2014年1月14日	880	1680	9620	252
20	50002	王大琳	财务部	女	财务管理	2017年8月6日	825	1575	8925	182.5

图 8-52　代扣税的计算结果

18.计算实发合计

实发合计是指发放给职工的最终工资，即为实发工资，为"应发合计"与"代扣税"的差额。计算实发合计的具体操作步骤如下：

（1）将光标移至单元格 AC3，输入如下公式"＝AA3－AB3"，如图 8-53 所示。

SUM				×	✓	fx	=AA3-AB3			
	A	B	C	D	E	F	Y	Z	AA	AB	AC

	A	B	C	D	E	F	Y	Z	AA	AB	AC
2	编号	姓名	所属部门	性别	职务	入职时间	住房公积金	应扣社保金合	应发工资	代扣税	实发合计
3	10001	陈良	办公室	男	公司管理	2003年1月1日	1100	2100	12500	540	=AA3-AB3

图 8-53　实发合计的计算公式

（2）将 AC3 单元格的公式复制到 AC 列的其他单元格，结果如图 8-54 所示。

AC3				×	✓	fx	=AA3-AB3			
	A	B	C	D	E	F	Y	Z	AA	AB	AC

	A	B	C	D	E	F	Y	Z	AA	AB	AC
2	编号	姓名	所属部门	性别	职务	入职时间	住房公积金	应扣社保金合	应发工资	代扣税	实发合计
3	10001	陈良	办公室	男	公司管理	2003年1月1日	1100	2100	12500	540	11960
4	10002	张新	办公室	男	公司管理	2005年3月6日	1045	1995	9377.7273	227.7727	9149.9545
5	10003	李焕南	办公室	男	公司管理	2005年11月8日	990	1890	10036	293.6	9742.4
6	10004	张君华	办公室	女	公司管理	2004年1月4日	935	1785	10415	331.5	10083.5
7	20001	王家印	生产部	男	生产管理	2009年1月15日	990	1890	11510	441	11069
8	20002	蒋莎莎	生产部	女	生产管理	2009年4月6日	990	1890	9548.7273	244.8727	9303.8545
9	20003	杨天晴	生产部	女	生产管理	2010年2月7日	1045	1995	11805	470.5	11334.5
10	20004	李美华	生产部	女	生产管理	2011年1月8日	990	1890	9810	271	9539
11	30001	南秀美	人事部	女	人事管理	2008年1月19日	880	1680	10220	312	9908
12	30002	董思齐	人事部	男	人事管理	2012年1月5日	880	1680	8251.8182	115.1818	8136.6364
13	30003	贺昆山	人事部	男	人事管理	2014年1月19日	880	1680	9620	252	9368
14	30004	展可仁	人事部	女	人事管理	2014年11月25日	825	1575	7153.3636	64.60091	7088.7627
15	40001	叶泽涛	市场部	男	市场管理	2011年1月23日	880	1680	10120	302	9818
16	40002	施英	市场部	女	市场管理	2012年3月9日	880	1680	9229.0909	212.9091	9016.1818
17	40003	孙朝刚	市场部	男	市场管理	2013年7月4日	880	1680	9820	272	9548
18	40004	赵云飞	市场部	男	市场管理	2012年1月16日	880	1680	7632	78.96	7553.04
19	50001	孔梦美	财务部	女	财务管理	2014年1月14日	880	1680	9620	252	9368
20	50002	王大琳	财务部	女	财务管理	2017年8月6日	825	1575	8925	182.5	8742.5

图 8-54　实发合计的计算结果

8.3 制作工资条

工资条是发放给企业员工的工资清单，其中要求员工的每一项工资数据都清晰显示，包括工资各个组成部分的值。制作工资条的具体操作步骤如下：

（1）打开并选中"麦德香食品有限公司员工工资情况表"的内容，按〈CTRL〉＋〈C〉组合键将其复制到一个新的工作表中，粘贴的时候粘贴选项选择"值"，如图8-55所示，并将此工作表的标题改为"公司员工工资条"。

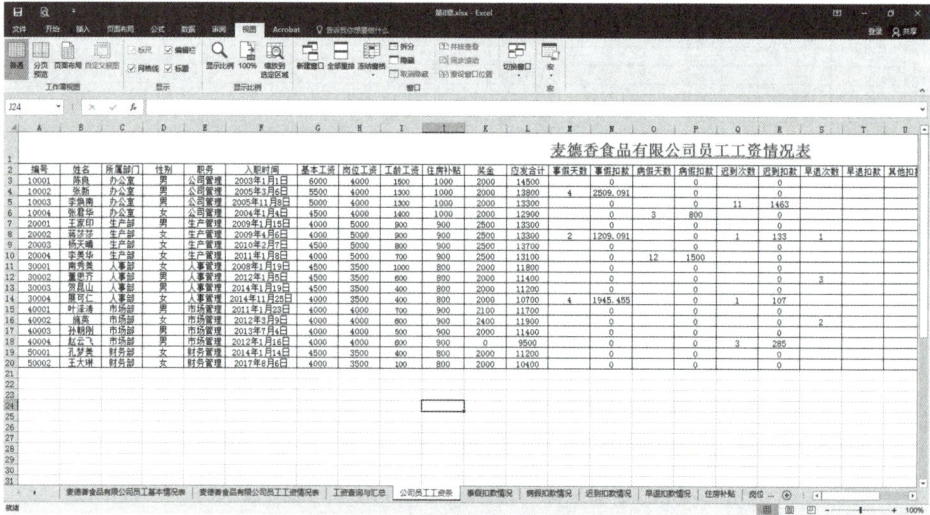

图8-55 公司员工工资条

（2）单击第4行中的任意单元格，然后单击"开始"→"单元格"→"插入"→"插入工作表行"，在各个员工数据行之间进行两次，效果如图8-56所示。

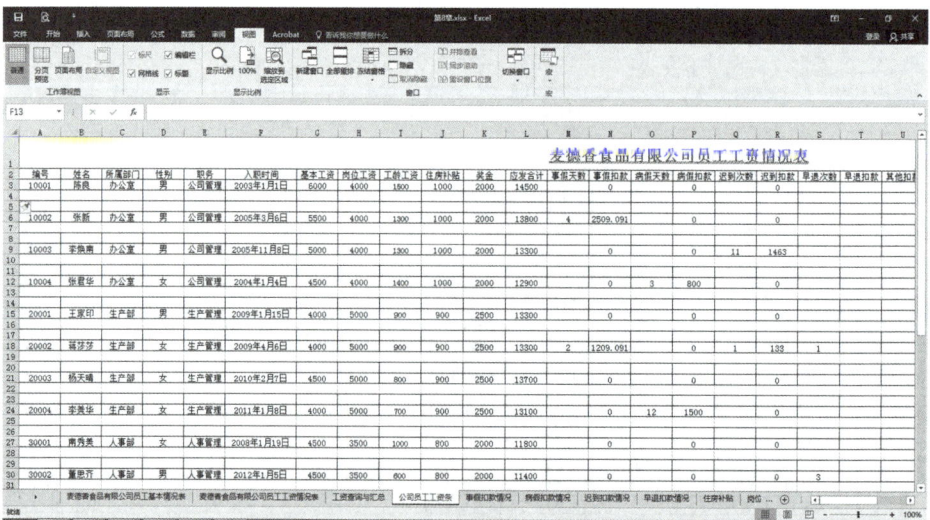

图8-56 在各个员工数据行之间插入两空白行

（3）单击第 2 行，单击鼠标右键，选择"复制"选项，如图 8-57 所示。

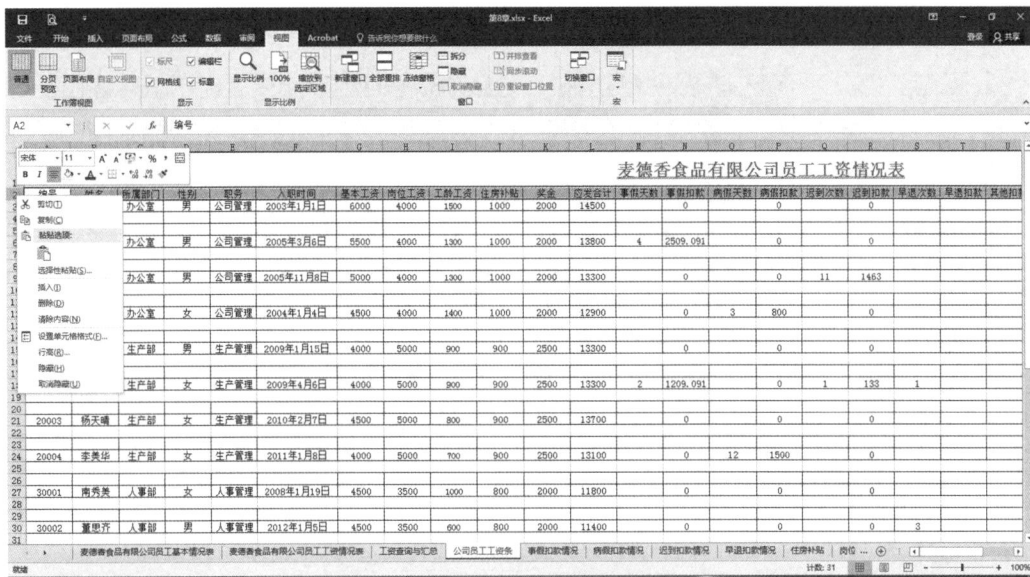

图 8-57　复制表格标题

（4）单击单元格 A5，单击鼠标右键选择"粘贴"选项或者按组合键〈CTRL〉＋〈C〉，采用同样的操作方法逐条粘贴到其他员工工资信息的标题信息，结果如图 8-58 所示。

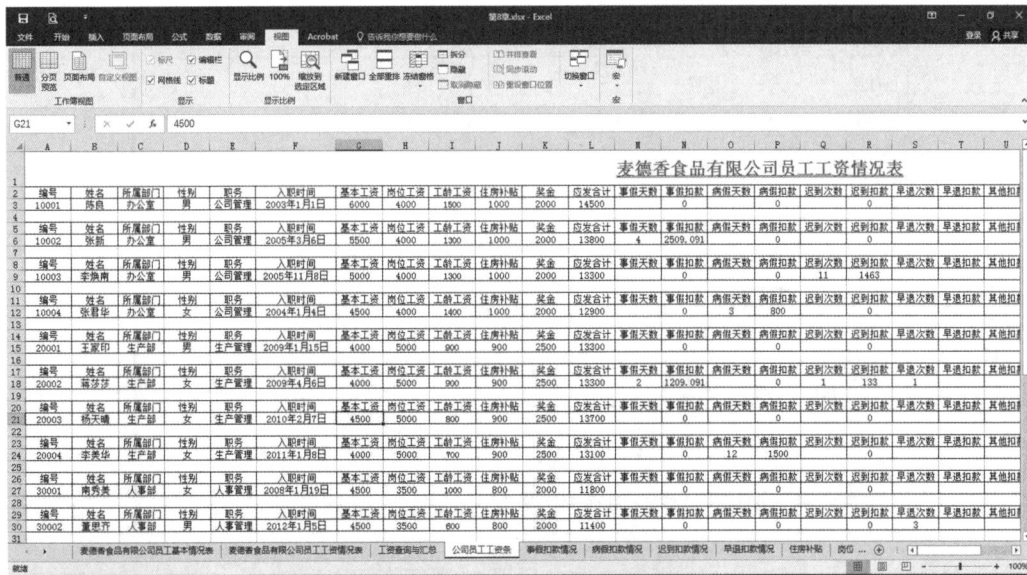

图 8-58　粘贴员工工资的标题信息

（5）数据准备好之后，接着设置表格的单元格格式。选择 A2：AE54，单击"开始"→"字体"→"边框"→"所有框线"，如图 8-59 所示。

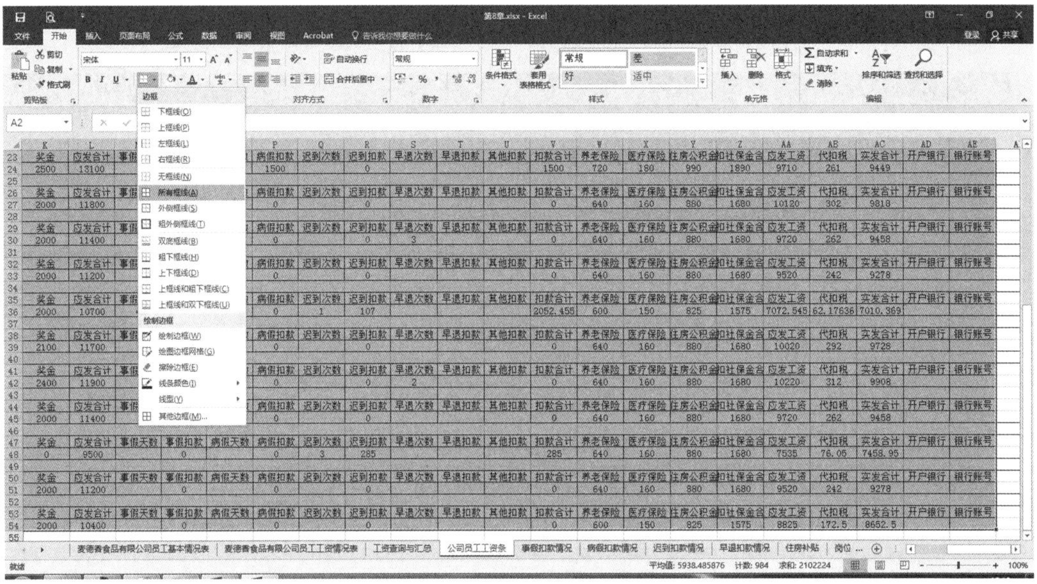

图 8-59　添加所有框线

　　(6)选择 A4:AE4 单元格区域,单击"开始"→"单元格"→"格式"→"设置单元格格式",在弹出的"设置单元格格式"对话框中,选择"边框"选项卡,将边框样式改为只有上边框和下边框,如图 8-60 所示。

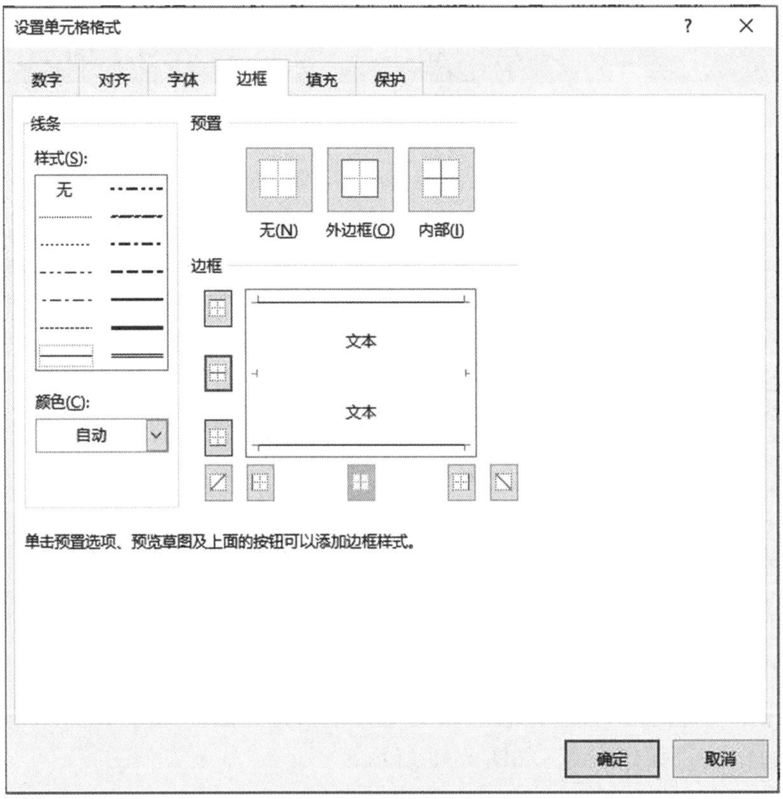

图 8-60　修改边框样式

（7）单击"确定"按钮，操作结果如图 8-61 所示。

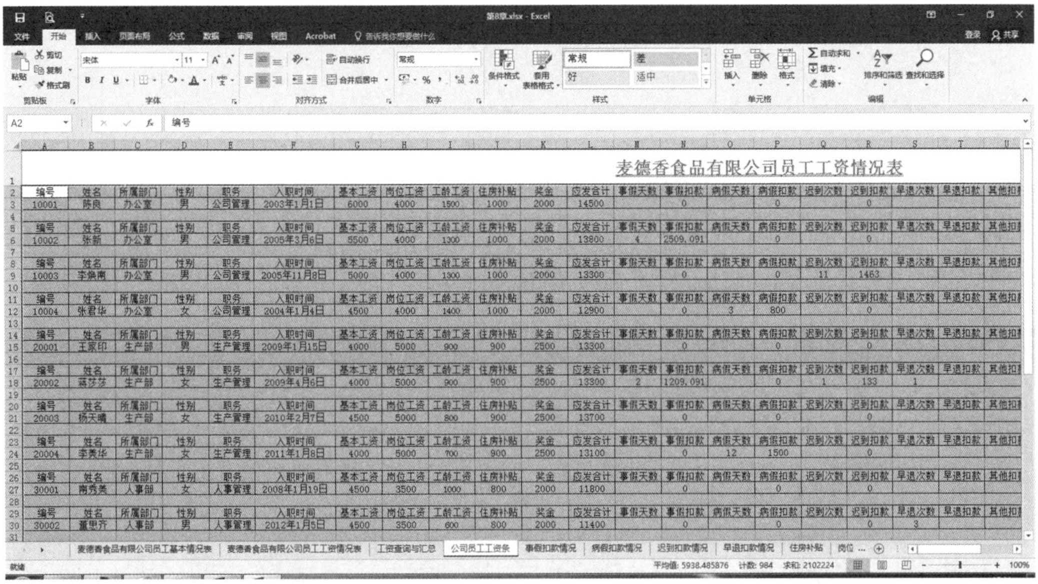

图 8-61　设置边框样式

（8）将其他的空白行也按上述的操作方法进行边框设置，或者选中第 4 行行首，按〈CTRL〉＋〈C〉组合键进行复制，然后选中第 4 行，再按〈CTRL〉＋〈V〉组合键进行粘贴，第 7 行、第 10 行……的操作依此操作。如图 8-62 所示。

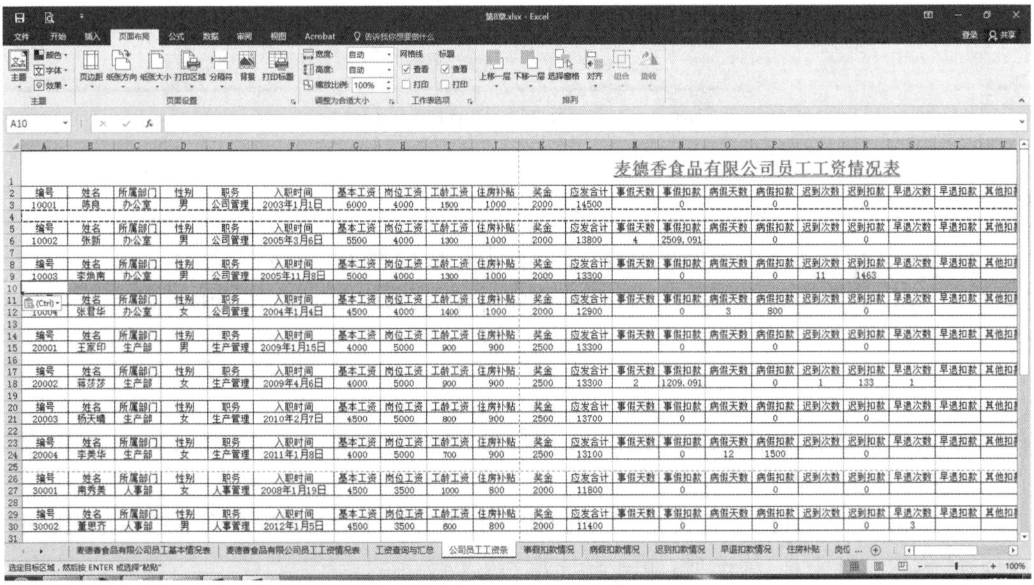

图 8-62　员工工资条的最终结果

思考：如何使用"页面布局"→"页面设置"→"分隔符"→"插入分页符"的命令来制作员工工资条？

8.4　工资数据的查询

8.4.1　数据准备

打开并选中"麦德香食品有限公司员工工资情况表"B2：B20 的数据，利用 Excel 中的复制和选择性粘贴的功能将基本情况表生成"工资查询与汇总"工作表，并将此工作表的标题改为"工资查询与汇总"。如图 8-63 所示。

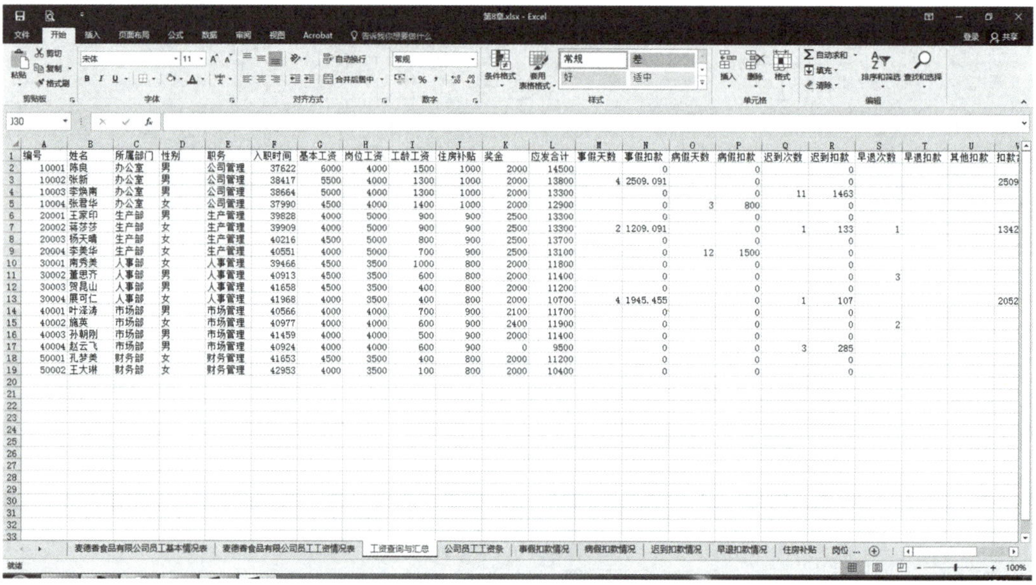

图 8-63　"工资查询与汇总"工作表

8.4.2　利用筛选功能实现工资信息的查询

利用筛选功能实现工资信息的查询时，首先让数据进入筛选状态，操作方法是：单击"数据"→"筛选"命令或者单击"开始"菜单，单击编辑功能区中的"选择和筛选"→"筛选"命令。

1.按员工的姓名查找工资信息

例如，查询姓名为"王大琳"的员工工资信息。

具体操作步骤如下：

（1）单击"姓名"列的下拉按钮，在弹出的下拉列表中选择"文本筛选"→"等于"选项，或选择"包含""开头是"等选项，如图 8-64 所示。

（2）在打开的对话框中输入待查询的员工姓名，如在文本框中输入"王大琳"，如图 8-65所示，然后单击"确定"按钮，查询的结果如图 8-66 所示。

图 8-64　筛选条件

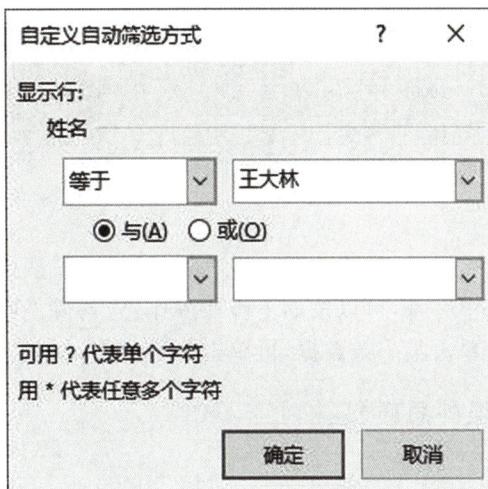

图 8-65　输入待查询的员工姓名

图 8-66　筛选结果

2.以职务为依据进行筛选

例如,需要筛选出所属部门为"办公室"的所有员工工资信息。

具体操作步骤如下:

(1)单击"所属部门"的下拉按钮,在弹出的下拉列表中选择"办公室"选项,如图 8-67 所示。

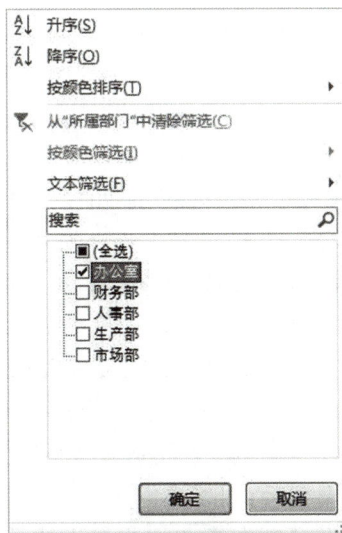

图 8-67　筛选条件

（2）单击"确定"按钮,查询结果如图8-68所示。

	A	B	C	D	E	F	G	H	I	J	K	L
1	编号	姓名	所属部门	性别	职务	入职时间	基本工资	岗位工资	工龄工资	住房补贴	奖金	应发合计
2	10001	陈良	办公室	男	公司管理	37622	6000	4000	1500	1000	2000	14500
3	10002	张新	办公室	男	公司管理	38417	5500	4000	1300	1000	2000	13800
4	10003	李焕南	办公室	男	公司管理	38664	5000	4000	1300	1000	2000	13300
5	10004	张君华	办公室	女	公司管理	37990	4500	4000	1400	1000	2000	12900

图8-68 筛选结果

提示:在筛选列表中,所有的选项默认都是选中的状态,要从众多的被选中的数据中选中一条,可以按如下步骤操作:先勾除"全选"选项,使各个选项均为未被选中状态,然后单击某一条数据,再单击"确定"。

【课外思政】

明星税案给我们的启示

2022年3月,上海市税务局第四稽查局通报:经查,邓伦在2019至2020年期间,通过虚构业务转换收入性质进行虚假申报,偷逃个人所得税4765.82万元,其他少缴个人所得税1399.32万元,最终依法对邓伦追缴税款、加收滞纳金并处罚款,共计1.06亿元。

邓伦偷税漏税曝光后,遭到娱乐行业全网封杀,丢掉各种代言,其参演的影视剧全部被限制上映、社交账号被封锁。此事对其个人和公司带来了严重影响和损失,据新闻报道,邓伦因被封杀,各种代言广告和影视剧方面的巨额合约无法继续履行,被多个合作方追讨或告上法庭,追索天价代言费以及众多合同的违约金等,总额高达几亿元人民币。

据传闻说,邓伦的个人和公司财务上偷税漏税情况严重,被税务机构几次警告要求改正和补缴后,邓论的态度不端正,对税务机构的警告不以为然,不重视、不配合税务机构的工作,税务补交拖沓不及时,甚至都不亲自出面处理此事,惹怒了税务局,才导致其偷税漏税的情况被税务部门通报。

时间尺度拉远一点看,自从某著名女星的天价片酬和阴阳合同被曝光后,文娱领域的从业人员就掀起一阵补缴税款的风。据媒体报道,从2018年开始,国家就加大了对文娱领域从业人员的税收监管力度,发布了《进一步规范影视行业税收秩序有关工作的通知》,要求影视公司和高收入从业人员对以前的申报纳税情况自查自纠,补缴税款。仅仅两个月时间,自查申报税款就达到了117亿元,比2017年20家上市影企的净利润总和还要多。即便如此,后面依旧有各种明星、网红曝偷税漏税,2021年,先有演员郑爽因为阴阳合同被调查,被国家税务总局通报,被追缴并处罚款2.99亿元,诞生了"一爽"这个网络计量单位。后有某直播平台头部主播薇娅偷税漏税,通过隐匿个人收入、虚假申报等方式,在2019到2020年期间,偷逃税6.43亿元,被追缴税款,加收滞纳金并处罚款共计13.41亿元。

税收是国家保障国家机器正常运转、重新分配社会财富、调节社会贫富差距的重要手段。尤其是各种个税和企业税方面,国家颁布了各种法律法规:《中华人民共和国个人所得税法》《中华人民共和国增值税暂行条例》《中华人民共和国企业所得税法》《中华人民共和国税收征收管理法》等,都是为国家的税收提供各种法律依据和保障。

　　自 2018 年国家税务部门已经持续加强对文娱领域从业人员的税收监管,并对协助偷逃税款的相关经纪公司及经纪人、中介机构等进行联动检查,依法严肃查处涉税违法行为的大环境下。在几个月前各路文娱领域知名人士因偷漏税被曝光被查处带来了职业生涯戛然而止,身败名裂,被舆论讨伐、变成过街老鼠的情况下。

　　这也给了我们一个警示:在生存和发展的过程中,大局观上要审时度势、顺应时代发展、紧跟政策走向、规避各种风险,千万别做那个侥幸的人! 避免自己成为那个"杀一儆百"的悲催角色。守住不能突破的底线,保持对法律的敬畏,增强法律意识、承担责任,才能更好地从业为人,才能真正赢得市场、赢得尊重。

8.5　习　题

一、单选题

(1)现行个人所得税的扣除标准是　　　　　　　　　　　　　　　　　　　　　　(　　)

　　A. 3500　　　　　　　B. 4000　　　　　　　C. 4500　　　　　　　D. 5000

(2)当工资表页数较多时,若在每一页都要显示总经理、财务总监、制表人名字时,一般采用的方法是　　　　　　　　　　　　　　　　　　　　　　　　　　　　　(　　)

　　A. 在每一页最末一行输入

　　B. 设置页脚

　　C. 设置页眉

　　D. 打印完毕后在每一页下方手写标注

(3)Excel 中,要统计最高工资,可以选择的函数是　　　　　　　　　　　　　　(　　)

　　A. SUM　　　　　　　B. AVERAGE　　　　　C. COUNT　　　　　　D. MAX

(4)在 Excel 建立的工资数据清单中,计算每个部门的实发工资总和,可使用　(　　)

　　A. SUM 函数　　　　　B. COUNT 函数　　　　C. SUMIF 函数　　　D. SLN 函数

(5)使用 Excel 进行工资汇总计算是计算机具体应用于　　　　　　　　　　　　(　　)

　　A. 科学计算领域　　　　　　　　　　　　B. 实时控制领域

　　C. 信息处理领域　　　　　　　　　　　　D. 辅助设计领域

二、判断题

(1)2022 年度某单位职工月工资金额分布在 1500 元至 110000 元之间,则计算单位职工应纳个人所得税时,可以使用 IF 函数。　　　　　　　　　　　　　　　　(　　)

(2)个人工薪所得的全月应纳税所得额即当月应发工资扣除当月可以扣除的保险、公积金和扣除项目的余额。　　　　　　　　　　　　　　　　　　　　　　　(　　)

(3)利用员工花名册中的信息自动填充相应的工资表信息,可以简化工资表的制作过程,提高工作效率。　　　　　　　　　　　　　　　　　　　　　　　　　　(　　)

(4)住房公积金是按照应发工资的定比例计算的。　　　　　　　　　　　　　　(　　)

(5)企业是员工工资薪金所得个人所得税的扣缴义务人。　　　　　　　　　　　(　　)

三、填空题

(1)利用_____功能可实现工资信息的查询。

(2)实发合计即为发放给职工的最终工资,即为实发工资,为_____、_____的差额。

(3)2018 年 8 月 31 日,第十三届全国人民代表大会常务委员会第五次会议《关于修改〈中华人民共和国个人所得税法〉的决定》,将个税免征额由_____元提高到 5000 元。

(4)应发工资是_____、_____和_____的差额。

(5)在员工工资基本情况表中,为了方便员工的信息输入,可以对"所属部门"列、"性别"列、"职务"列,进行_____设置,创建下拉列表。

四、简答题

(1)工资条包括哪些内容?

(2)利用 Excel 编制和管理职工工资有哪些优点?

第9章　Excel 在应收账款管理中的运用

9.1　应收账款核算概述

应收账款是企业营运资金管理的重要环节,它关系到企业的资金是否能够顺畅流通,及时准确地了解应收账款的分布、坏账的计提情况,对于款项的收回、信用政策的制定、业绩考核等都具有重要的意义。本章主要介绍 Excel 在应收账款管理中的应用。虽然介绍的是应收账款管理,但是其设计方法同样适用于应付账款的管理。

应收账款的管理包括对应收款项的核算、已收款项的核算、计提坏账、从不同角度分析应收账款的分布结构。在核算之前,需设置一张工作表,保存客户、业务员、常用摘要、坏账在不同的账龄区间内计提的比例等基本信息。

根据以上描述,我们首先需要创建一个工作簿。该工作簿中应包含以下工作表。

(1)基础信息:存储客户、业务员及其他基本资料。

(2)收款清单:记录收款的日期、合同号、客户收款金制等收款信息。

(3)应收款清单:记录应收款的基本信息,并根据信用判断应收款项的账龄区间。

(4)应收账款账龄分析表:基于应收账款清单,利用公式计算不同应收账款在不同账龄区间的分布。

(5)提取坏账表:基于应收账款账龄分析表,计提不同账龄区间坏账的准备金额。

(6)应收账款客户明细表:基于应收账款清单,利用公式计算不同应收账款在不同客户间的分布。

(7)应收账款业务员明细表:基于应收账款清单,利用公式计算不同负责人所负责的应收账款。

(8)催账通知书:基于应收账款客户明细表,用于向客户催收应收账款的文书。

9.2　应收账款管理初始设置

基本信息是应收账款管理的基础表格之一。它包括对应收账款往来客户基本资料、业务员基本资料、常用摘要、不同账龄提取坏账准备率等信息。

麦德香食品有限公司应收账款管理中所需要设置的基本信息如图 9-1 至图 9-3 所示,其中图 9-1 是客户基本资料,图 9-2 是业务员基本资料,图 9-3 是关于坏账准备提取率和常用摘要等基本信息。

客户基本资料

客户名称	联系电话	邮箱	地址	法定代表人	业务种类
米粮食品有限公司	1580755XXXX	246535XXXX@qq.com	海南省海口市中山南路XXXX号	赵大宝	
天然籽油食品有限公司	1625896XXXX	350926XXXX@qq.com	海南省海口市二横路XXXX号	李华盛	
豆粮油加工有限公司	1889768XXXX	390745XXXX@qq.com	广西北海市上海路XXXX号	庞明华	
粮食进出口贸易有限公司	1829603XXXX	998650XXXX@qq.com	广东省广州市饮马江3路XXXX号	王凡	
华东粮油批发有限公司	1755183XXXX	860052XXXX@qq.com	江苏省苏州市人民路XXXX号	朱光喜	
花生油批发有限公司	1520522XXXX	250312XXXX@qq.com	海南省海口市滨海大道XXXX号	李铭	

图 9-1　客户基本资料

业务员基本资料

业务员	性别	联系电话	邮箱	负责地区	
林美	女	1890564XXXX	626235XXXX@qq.com	海南	
苏强	男	1550795XXXX	905896XXXX@qq.com	广州	
赵镁峰	男	1730753XXXX	246305XXXX@qq.com	北海	
王嘉盛	男	1569867XXXX	432501XXXX@qq.com	上海	
徐玉	女	1370753XXXX	225601XXXX@qq.com	苏州	
吴东明	男	1520521XXXX	320100XXXX@qq.com	安徽	

图 9-2　业务员基本资料

坏账准备提取率

账龄	信用期内	0-3个月	3-6个月	6-12个月	1-2年	2-3年	4年以上
坏账准备提取率	0%	3%	5%	10%	15%	20%	50%

常用摘要							
销售A产品							
销售B产品							
收款							

图 9-3　其他基本信息

1.设置客户基本资料

（1）新建一个名为"第 9 章.xlsx"的工作簿，双击"Sheet1"工作表标签，重命名为"客户基本信息"，如图 9-4 所示。

客户基本信息	⊕

图 9-4　重命名工作表

（2）选择单元格 A1，输入"客户基本资料"；选择区域 A1:F1，转到"开始"选项卡，在"对齐方式"功能区中单击"合并并居中"按钮，合并该区域，并使文本居中显示；在"字体"功能组中设置字体为"华文中宋"，字号为"14"，在"单元格"功能组中设置行高为"20"。

（3）在单元格 A2 至 F2 中依次输入"客户名称""联系电话""邮箱""地址""法定代表

人""业务种类"标题,如图 9-5 所示。

	A	B	C	D	E	F
1	客户基本资料					
2	客户名称	联系电话	邮箱	地址	法定代表人	业务种类

图 9-5　输入相应名称

(4)在单元格 A3 至 A8 中依次输入如图 9-1 所示的公司名称;选择区域 A1:F8,按〈CTRL〉+〈1〉组合键,打开如图 9-6 所示的"设置单元格格式"对话框,转到"边框"选项卡,设置如图 9-1 所示的边框,单击"确定"按钮,关闭对话框,返回工作表界面,完成对客户基本资料的设置。

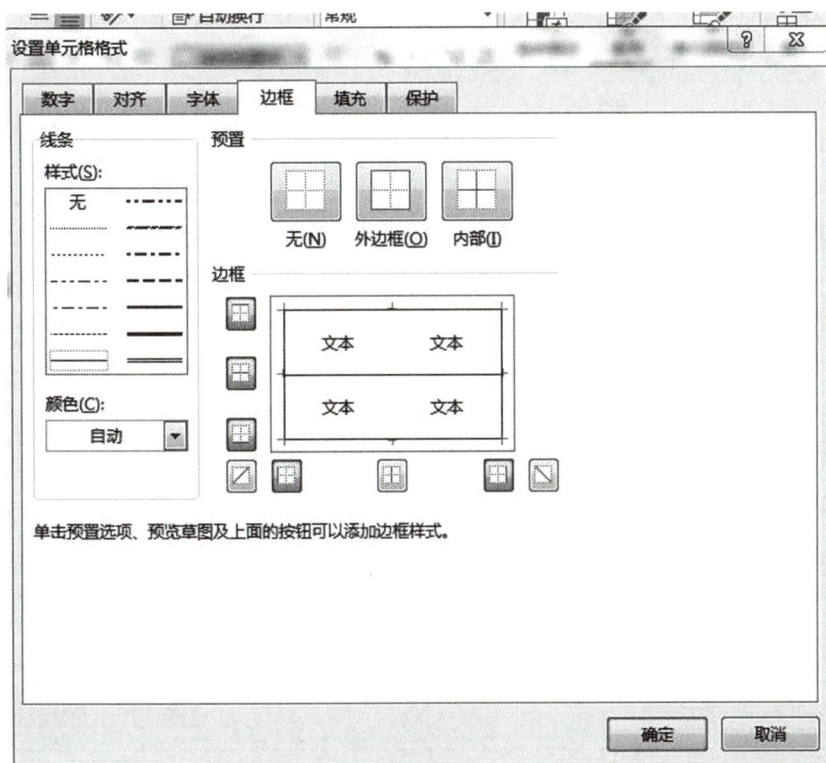

图 9-6　"设置单元格格式"对话框

(5)选择区域 A3:A8,在名称框中输入"客户",按〈Enter〉键,完成对客户名称区域的命名,如图 9-7 所示,方便创建数据有效性序列。

2.输入业务员的基本资料

(1)新建"业务员基本资料"工作表,选择单元格 A1,输入"业务员基本资料",选择区域 A1:F1,合并并居中,设置字体为"华文中宋",字号为"14",行高为"20"。

(2)在单元格 A2 至 E2 中依次输入文本"业务员""性别"

图 9-7　区域命名

"联系电话""邮箱""负责地区",如图 9-8 所示,在单元格 A3 至 A8 中依次输入如图 9-2 所示的业务员姓名。

	A	B	C	D	E	F
1			业务员基本资料			
2	业务员	性别	联系电话	邮箱	负责地区	

图 9-8 输入标题

(3)选择区域 A1:F8,按〈CTRL〉+〈1〉组合键,打开"设置单元格格式"对话框,转到"边框"选项卡,如图 9-9 所示,设置边框,单击"确定"按钮,关闭对话框,返回工作表界面,完成对业务员基本资料的设置。

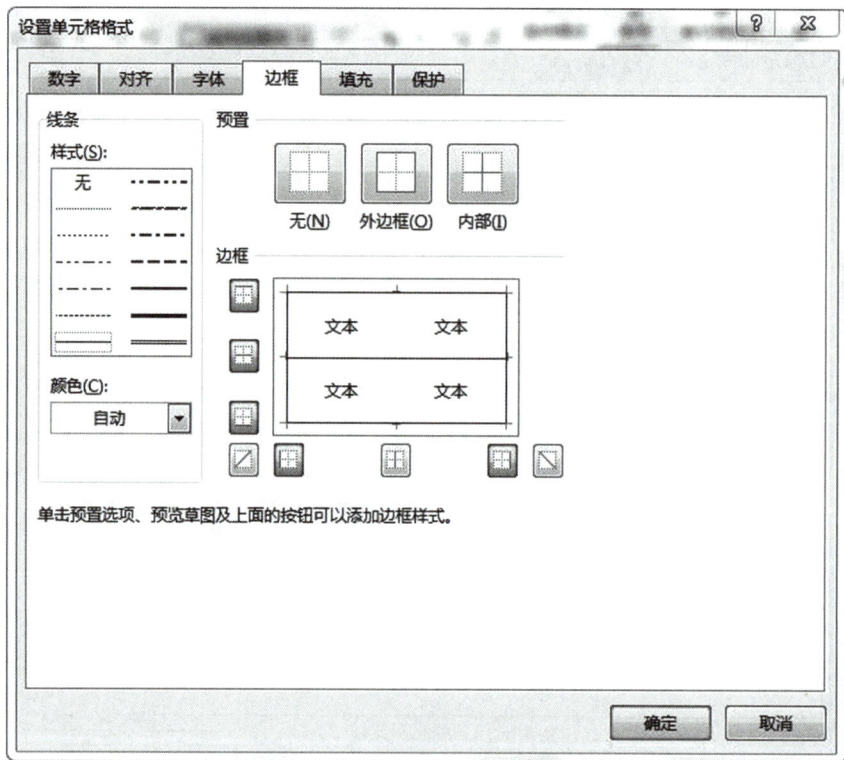

图 9-9 "设置单元格格式"对话格式

(4)选择区域 A3:A8,在名称框中输入"业务员",如图 9-10 所示,按〈Enter〉键,完成对业务员姓名区域的命名,方便创建数据有效性序列。

3.设置其他基本资料

(1)新建"其他基本信息"工作表,选择单元格 A1,输入"坏账准备提取率",选择区域 A1:H1,合并并居中,设置字体为"华文中宋",字号为"14",行高为"20"。

(2)在单元格 A2 至 H2 中分别输入"账龄""信用期内""0-3

图 9-10 区域命名

个月""3-6 个月""6-12 个月""1-2 年""2-3 年""4 年以上",如图 9-11 所示。

	A	B	C	D	E	F	G	H
1	坏账准备提取率							
2	账龄	信用期内	0-3个月	3-6个月	6-12个月	1-2年	2-3年	4年以上
3	坏账准备提取率	0%	3%	5%	10%	15%	20%	50%

图 9-11　输入相应信息

(3)选择区域"B3:H3",转到"开始"选项卡,在"数字"功能组中单击"百分比"按钮,设置区域内的数字格式,如图 9-12 所示。

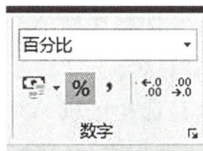

(4)在单元格 A3 至 H3 中分别输入"坏账准备提取率""0""3""5""10""15""20""50"。

图 9-12　单击"百分比"按钮

(5)选择区域 A1:H3,按〈CTRL〉+〈1〉组合键,打开"设置单元格格式"对话框,转到"边框"选项卡,设置如图 9-13 所示的边框,单击"确定"按钮,关闭对话框,返回工作表界面,完成对其他基本资料的设置。

(6)在单元格区域 A6:A9 中,输入"常用摘要"、"销售 A 产品"、"销售 B 产品"和"收款",单击"确定"按钮,关闭对话框,返回工作表界面,完成对其他基本资料的设置。选择区域 A6:A9,在名称框中输入"常用摘要",完成对常用摘要区域的命名,方便创建数据有效性序列,如图 9-13 所示。

图 9-13　设置常用摘要

9.3　编制应收款清单列表

收款清单是编制应收账款清单的基础表格之一,该表不仅记录了收回的是哪笔应收账款、客户金额、收回款项的业务员姓名、收回时间、金额等,而且为计算应收余额项目提供了基础数据。

下面以麦德香食品有限公司的应收账款为例,介绍编制应收账款清单的方法。

公司 2021 年 3 月共收回了 5 笔应收账款,编制如图 9-14 所示的收款清单。

	A	B	C	D	E	F
1	收款清单					
2	2021年3月					
3	日期	合同号	摘要	业务员	客户名称	收款金额
4	2021/3/2	09-05-006	销售B产品	林美	米粮食品有限公司	27,800.00
5	2021/3/15	06-09-010	销售A产品	苏强	天然籽油食品有限公司	10,000.00
6	2021/3/16	08-12-022	销售B产品	赵瑞峰	豆粮油加工有限公司	15,000.00
7	2021/3/25	09-03-023	销售A产品	王嘉盛	粮食进出口贸易有限公司	32,000.00
8	2021/3/29	09-01-015	销售B产品	徐玉	华东粮油批发有限公司	97,640.00

图 9-14　收款清单

具体操作步骤如下:

(1)打开"第 9 章.xlsx"工作簿,插入新的工作表,重命名为"收款清单",在单元格 A1 中输入"收款清单",合并并居中区域 A1:F1,设置字体为"宋体",字号为"20",字体颜色

"深蓝色",添加双下划线,设置行高为"40",右键设置单元格格式中垂直对齐为居中,如图 9-15 所示。

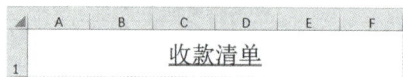

图 9-15　设置相应格式

(2)选择区域 A2:F2,合并并居中,设置字体为"Arial",字号为"12",行高为"20",输入"2021-3"。

(3)选择区域 A2:F2,按〈CTRL〉+〈1〉组合键,打开"设置单元格格式"对话框,转到"数字"选项卡,在"分类"列表框中选择"日期",在"类型"列表框中选择"2012 年 3 月"格式,如图 9-16 所示,单击"确定"按钮,关闭对话框,完成对日期格式的设置,日期显示为"2021 年 3 月"。

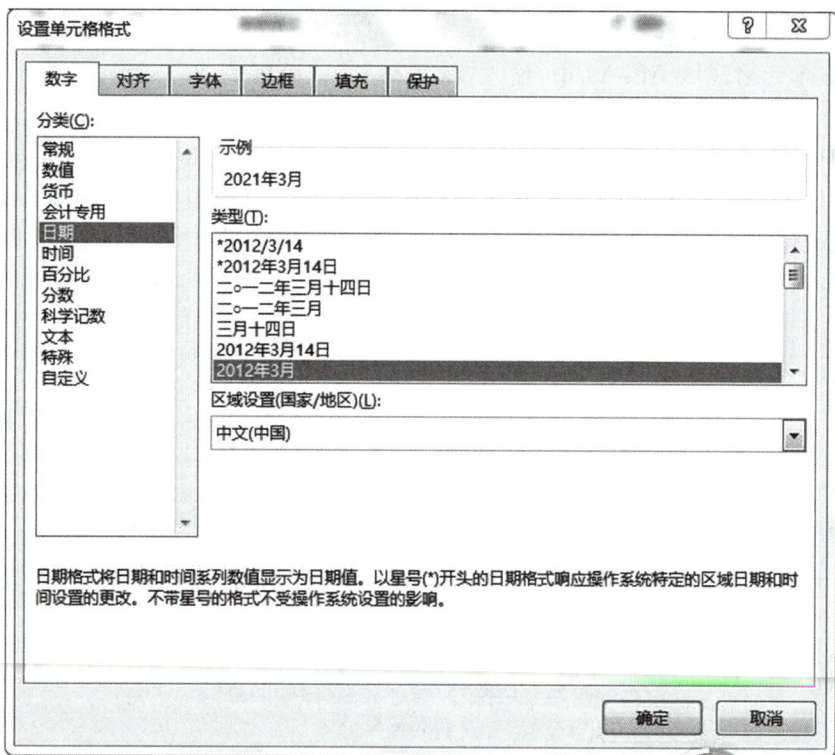

图 9-16　设置"日期类型"

(4)在单元格 A3 至 F3 中分别输入"日期""合同号""摘要""业务员""客户名称""收款金额",如图 9-17 所示。

(5)选择区域 A4:F8,设置字体为"宋体",字号为"9",居中显示文本;将单元格指针移动到 A 列至 Q 列的列字母

图 9-17　输入数据

之间,变成左右拉伸形状之后,单击并拖动,将单元格区域 A 列至 Q 列调整到合适的宽度。

(6)选择区域 A4:F8,按〈CTRL〉+〈1〉组合键,打开"设置单元格格式"对话框,选择"边框"选项卡,添加区域边框线,如图 9-18 所示。

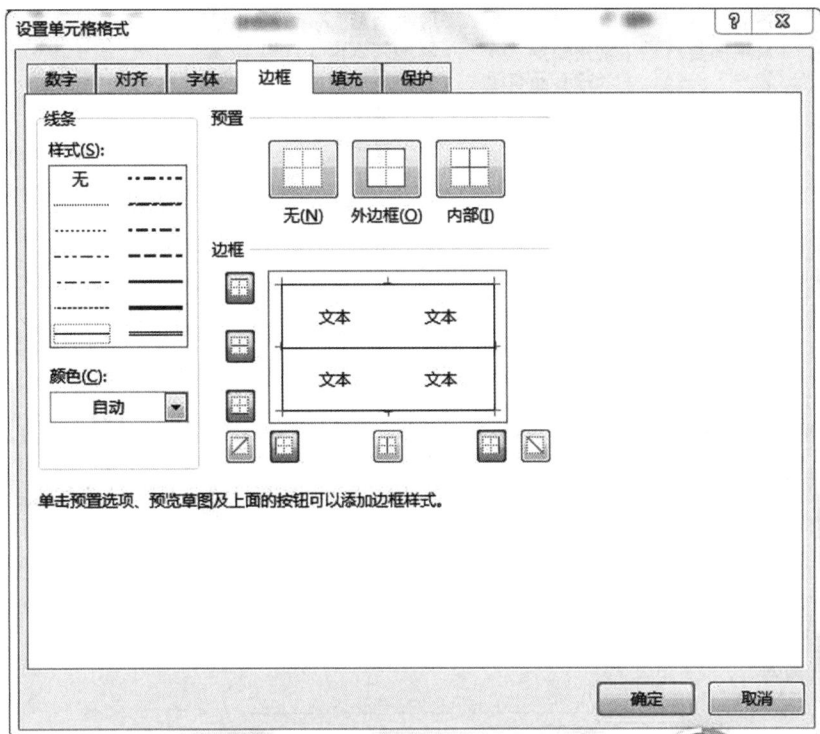

图 9-18　设置"边框"选项卡

(7)选择区域"A3:F8",选择"插入"→"表格"命令,弹出如图 9-19 所示的"创建表"对话框,选择"表包含标题"复选框,单击"确定"按钮,关闭对话框,返回工作界面,将所选区域转换为表格区域。

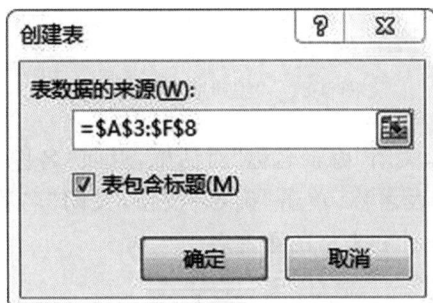

图 9-19　"创建表"对话框

(8)选择"表格工具"→"设计"→"表格样式"命令,在打开的表样式下拉列表中选择合适的样式。

(9)按〈CTRL〉+〈F3〉组合键,打开如图 9-20 所示的"名称管理器"对话框,选择"表 2"。

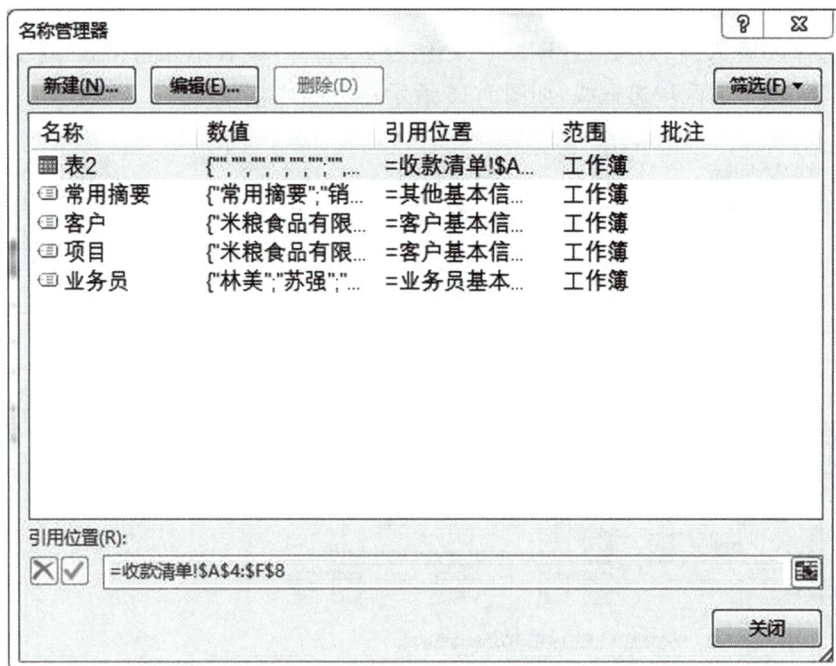

图 9-20　"名称管理器"对话框

(10)单击"编辑"按钮,打开如图 9-21 所示的"编辑名称"对话框,在"名称"文本框中输入"收款清单"。

图 9-21　"编辑名称"对话框

(11)单击"确定"按钮,关闭"编辑名称"对话框,返回"名称管理器"对话框,对话框中显示更改后更具描述性的表名称,单击"确定"按钮,关闭"名称管理器",返回工作表界面,完成应收清单的表格设计和表格的重命名。

9.4　编制应收账款清单

应收账款清单按时间顺序记录了每笔应收账款发生的日期、客户名称、摘要、合同号、业务员、应收金额、信用期，并根据信用期计算所属的账龄区间。

麦德香食品有限公司截至 2021 年 2 月 28 日共有 24 笔应收账款业务，为便于应收账款的统一管理，编制如图 9-22 所示的应收账款清单。

应收账款清单

2021年3月1日

发生日期	摘要	合同号	客户名称	业务员	应收金额	信用期	应收余额	是否本期	信用期内	0-3个月	3-6个月	6-12个月	1-2年	2-3年	4年以上	备注
2021/1/9	销售B产品	05-07-001	米粮食品有限公司	王嘉盛	5000.00	30	5000.00	0	0	1						
2021/1/10	销售A产品	06-09-010	天然籽油食品有限公司	苏强	15000.00	30	5000.00	0	0	1						
2020/7/9	销售A产品	07-07-009	豆粮油加工有限公司	赵镁峰	3000.00	30	3000.00	0	0			1				
2020/11/24	销售B产品	07-11-024	粮食进出口贸易有限公司	王嘉盛	26000.00	30	26000.00	0	0	1						
2019/12/8	销售A产品	02-08-008	华东粮油批发有限有限公司	徐玉	30000.00	30	30000.00	0	0				1			
2020/4/8	销售B产品	08-04-008	米粮食品有限公司	林美	12800.00	30	12800.00	0	0			1				
2021/1/28	销售B产品	08-05-029	天然籽油食品有限公司	苏强	9000.00	30	9000.00	0	0	1						
2021/7/1	销售A产品	08-07-001	豆粮油加工有限公司	赵镁峰	56000.00	30	56000.00	0	1							
2020/9/20	销售B产品	08-09-009	粮食进出口贸易有限公司	王嘉盛	5800.00	30	5800.00	0	0		1					
2020/1/22	销售B产品	08-12-022	华东粮油批发有限有限公司	徐玉	23000.00	30	8000.00	0	0				1			
2021/1/15	销售B产品	09-01-015	粮食进出口贸易有限公司	王嘉盛	120000.00	30	22360.00	0	0	1						
2021/3/23	销售A产品	09-03-023	华东粮油批发有限有限公司	徐玉	49800.00	30	17800.00	1	1							
2020/2/6	销售B产品	09-05-006	米粮食品有限公司	林美	39600.00	30	11800.00	0	0			1				
2020/2/15	销售A产品	09-05-015	天然籽油食品有限公司	苏强	32100.00	30	32100.00	0	0			1				
2019/2/20	销售A产品	09-06-020	豆粮油加工有限公司	赵镁峰	8700.00	30	8700.00	0	0				1			
2020/2/2	销售B产品	09-07-002	天然籽油食品有限公司	苏强	79630.00	30	79630.00	0	0				1			
2018/2/15	销售A产品	09-07-015	粮食进出口贸易有限公司	王嘉盛	94300.00	30	94300.00	0	0					1		
2019/2/23	销售A产品	09-07-023	华东粮油批发有限有限公司	徐玉	67000.00	30	67000.00	0	0				1			
2020/2/15	销售B产品	09-08-001	豆粮油加工有限公司	赵镁峰	63000.00	30	63000.00	0	0			1				
2020/2/15	销售B产品	09-08-003	粮食进出口贸易有限公司	王嘉盛	7600.00	30	7600.00	0	0			1				
2020/1/2	销售A产品	09-08-005	华东粮油批发有限有限公司	徐玉	4900.00	30	4900.00	0	0				1			
2020/1/18	销售A产品	09-08-006	米粮食品有限公司	林美	18000.00	30	18000.00	0	0				1			
2021/1/1	销售B产品	09-08-007	粮食进出口贸易有限公司	王嘉盛	5600.00	30	5600.00	0	0	1						
2021/1/28	销售B产品	09-08-010	天然籽油食品有限公司	苏强	39000.00	30	39000.00	0	0	1						

图 9-22　应收账款清单

9.4.1　相关格式设计

应收账款清单格式如图 9-23 所示，具体制作步骤如下：

应收账款清单

2021年3月1日

发生日期	摘要	合同号	客户名称	业务员	应收金额	信用期	应收余额	是否本期	信用期内	0-3个月	3-6个月	6-12个月	1-2年	2-3年	4年以上	备注

图 9-23　应收账款清单格式

(1)打开“第 9 章. xlsx”工作簿，插入新的工作表，重命名为“应收账款清单”，如图 9-24所示。

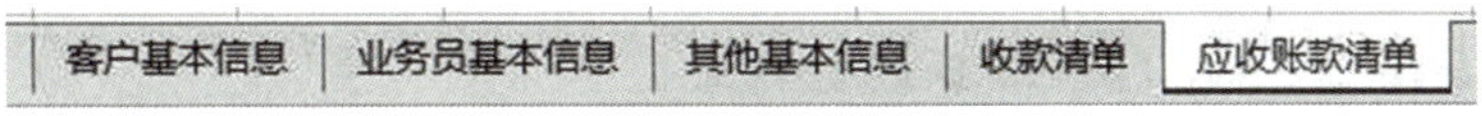

图 9-24　重命名工作表

(2)在单元格 A1 中输入“应收账款清单”，合并并居中区域 A1:Q1；选择“开始”→“样式”→“单元格样式”命令，如图 9-25 所示，在打开的快捷菜单中选择“标题样式”，设置行高为“40”。

(3)选择区域 A2:Q2，合并并居中，设置字体为“Arial”，字号为“12”，行高为“20”，输入“2021-3-31”。

(4)选择区域 A2:Q2，按〈CTRL〉+〈1〉组合键，打开“设置单元格格式”对话框，转到“数字”选项卡，在“分类”列表框中选择“日期”，在“类型”列表框中选择“2012 年 3 月 14 日”格式，如图 9-26 所示，单击“确定”按钮，关闭对话框，完成日期格式的设置，日期显示为“2021 年 3 月 31 日”。

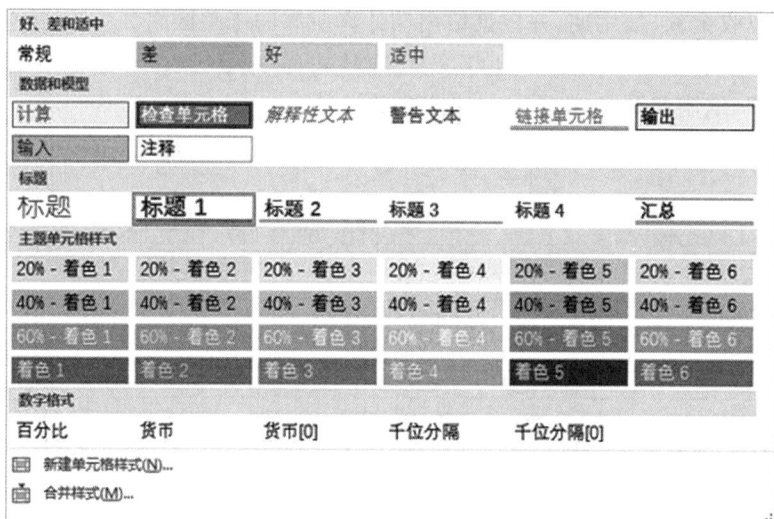

图 9-25　选择"单元格样式"

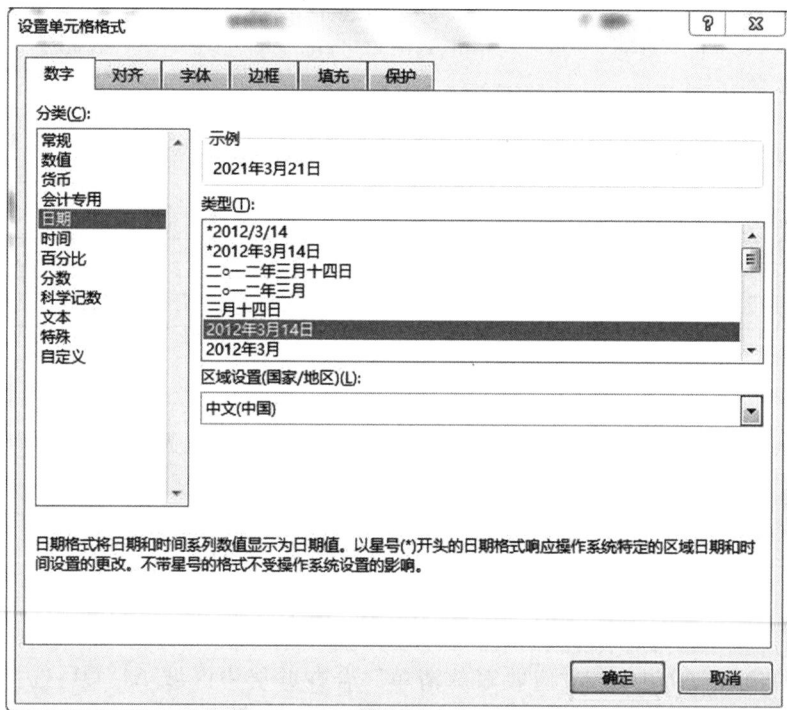

图 9-26　设置"数字"选项卡

（5）在单元格 A3 至 Q3 中分别输入"发生日期""摘要""合同号""客户名称""业务员""应收金额""信用期""应收余额""是否本期""信用期内""0-3 个月""3-6 个月""6-12个月""1-2 年""2-3 年""4 年以上""备注"，如图 9-27 所示。

图 9-27　输入数据

（6）选择区域 A4:Q27,设置字体为"Arial",字号为"9",居中显示文本;将单元格指针移动到 A 列至 Q 列的列字母之间,变成左右拉伸形状之后,单击并拖动,将单元格区域 A 列至 Q 列调整到合适的宽度。

（7）选择区域 A4:Q27,按〈CTRL〉+〈1〉组合键,打开"设置单元格格式"对话框,转到"边框"选项卡,添加区域边框线,如图 9-28 所示。

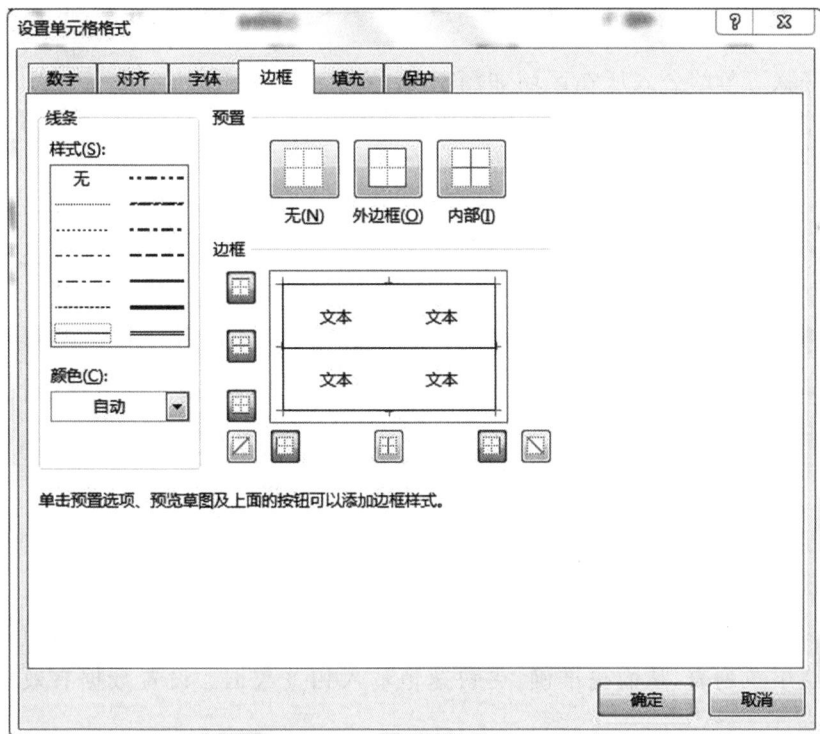

图 9-28 设置"边框"选项卡

（8）选择区域 A3:Q27,选择"插入"→"表格"→"表格"命令,弹出如图 9-29 所示的"创建表"对话框,选择"表包含标题"复选框,单击"确定"按钮,关闭对话框,返回工作表界面,将所选区域转化为表格区域。

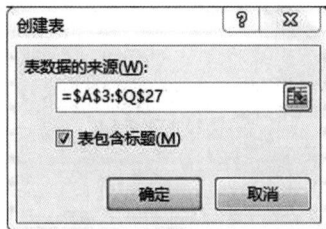

图 9-29 "创建表"对话框

（9）选择"表格工具"→"设计"→"表格样式"命令,在打开的表格样式下拉列表中选择合适的样式。

（10）按〈CTRL〉+〈F3〉组合键,打开"名称管理器",选择"表 3"单击"编辑"按钮,打开如图 9-30 所示的"编辑名称"对话框,在"名称"文本框中输入"应收账款清单"。

（11）单击"确定"按钮，关闭"编辑名称"对话框，返回"名称管理器"对话框，对话框中显示更改后更具描述性的表名称。

（12）单击"确定"按钮，关闭"名称管理器"，返回工作表界面，完成应收账款清单表格的重命名。

9.4.2 相关公式设计

应收账款清单的公式所在区域如图 9-31 所示，用户手动输入发生日期、应收金额、信用期等基本信息后，通过公式计算出应收余额及应收账款账龄所在的区域。

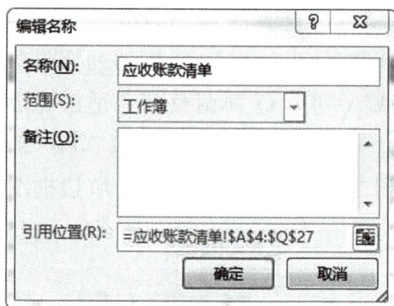

图 9-30 "编辑名称"对话框

图 9-31 应收账款清单中的公式区域

1. 创建"摘要"列的下拉列表

由于"摘要"列、"客户名称"列、"业务员"列中输入的数据比较固定，可以通过数据有效性创建下拉列表，从而更准确、更快速地输入相关数据。设置数据有效性的步骤如下：

（1）选择单元格 B4，选择"开始"→"数据"→"数据工具"→"数据验证"→"数据验证"命令，打开"数据验证"对话框，单击"验证条件"右端的下拉按钮，在打开的列表中选择"序列"，如图 9-32 所示。

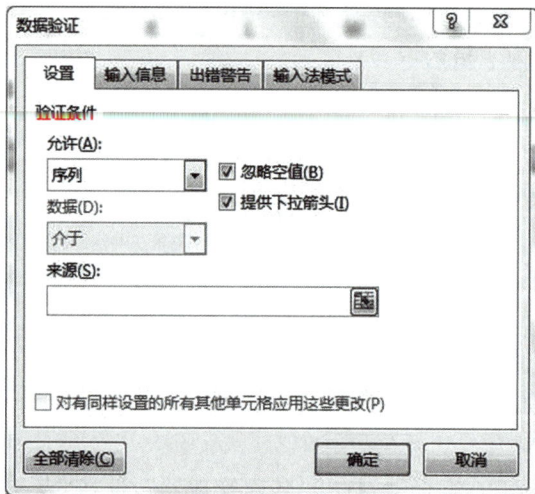

图 9-32 "数据验证"对话框

（2）在"来源"文本框中输入"＝常用摘要"，单击"确定"按钮，关闭对话框，返回工作表界面，完成对此单元格数据有效性的设置；选择单元格 B4，向下填充数据有效性的设置到第 27 行。

用同样的方法创建"客户名称"列、"业务员"列的下拉列表，在"来源"文本框中分别输入"＝客户""＝业务员"。在这 3 列中输入数据时，用户只需单击单元格，即可弹出如图 9-33 所示的下拉列表，然后选择相应的项目即可输入。

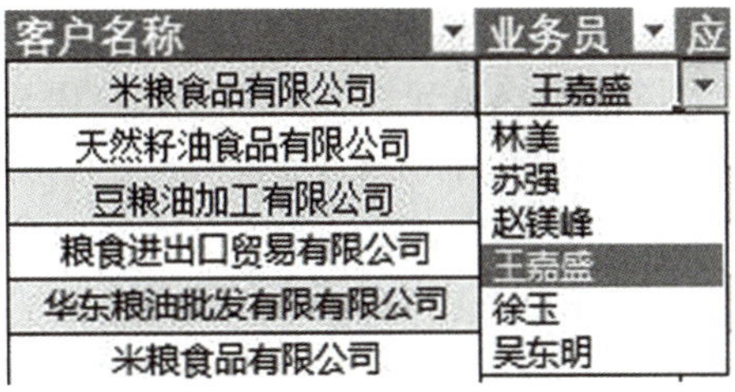

图 9-33　"业务员"下拉列表

2. 计算应收余额

应收账款产生后，必然会带来应收账款的收回，但并不是每笔应收都能全额收回。为了核算每笔合同对应的应收账款，应当将应收金额减去收款清单中同一合同号所对应的收款金额。

选择单元格 H4，在公式栏内输入以下公式，如图 9-34 所示：

＝F4－SUMIF(收款清单[合同号]，C4，收款清单[收款金额])

按〈Enter〉键，向下填充复制到 F27，公式自动复制到该列的所有单元格中。

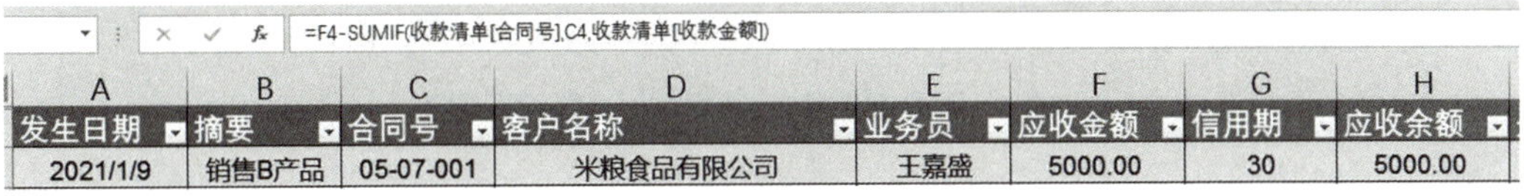

图 9-34　应收余额公式

3. 判断应收账款是否属于本期

由于应收账款清单记录了公式内所有的应收账款信息，为了分析在某一期间内期初和期末发生的应收账款是否属于本期，应首先根据发生日期判断应收账款是否属于本期。如果输入本期，显示"1"，否则显示"0"。

选择单元格 I4，在公式栏内输入以下公式，如图 9-35 所示：

＝IF(MONTH(＄A＄2)＝MONTH(A4)，1，0)

按〈Enter〉键，在单元格 F5 旁显示图标区，单击图标的下拉箭头，弹出提示框"使用此公式覆盖当前列中的所有单元格"，单击该提示框，公式自动复制到该列的所有单元格中。

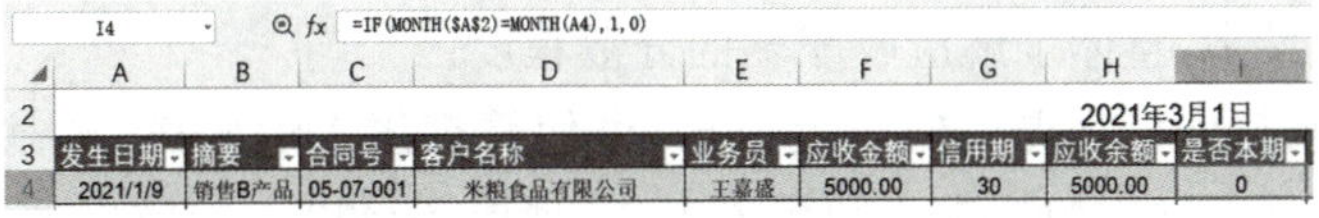

图 9-35　是否为本期的公式

9.4.3　判断应收账款是否到期

为了便于后续对应收账款按照账龄进行分类汇总，首先应根据每笔应收账款的信用

239

期与本期的日期差,计算其对应的账龄,并显示"1"。

(1)选择单元格 J4,在公式栏内输入公式:

＝IF((＄A＄2－A4)/G4＜＝1,1,0)

(2)选择单元格 K4,在公式栏内输入公式:

＝IF(AND((＄A＄2－A4－G4)/30＞＝0,(＄A＄2－A4－G4)/30＜＝3),1,"")

(3)选择单元格 L4,在公式栏内输入公式:

＝IF(AND((＄A＄2－A4－G4)/30＞3,(＄A＄2－A4－G4)/30＜＝6),1,"")

(4)选择单元格 M4,在公式栏内输入公式:

＝IF(AND((＄A＄2－A4－G4)/30＞6,(＄A＄2－A4－G4)/30＜＝12),1,"")

(5)选择单元格 N4,在公式栏内输入公式:

＝IF(AND((＄A＄2－A4－G4)/360＞1,(＄A＄2－A4－G4)/360＜＝2),1,"")

(6)选择单元格 O4,在公式栏内输入公式:

＝IF(AND((＄A＄2－A4－G4)/360＞2,(＄A＄2－A4－G4)/360＜＝3),1,"")

(7)选择单元格 P4,在公式栏内输入公式:

＝IF((＄A＄2－A4－G4)/360＞4,1,"")

(8)选择单元格 J4:P4,向下填充公式到第 27 行。

9.5 应收账款账龄分析表

应收账款的账龄,指的是信用期已到但是还没有收回的应收账款到目前为止所经历的时间。

9.5.1 提供的信息

编制应收账款分析表,可以了解应收账款在各个顾客之间的金额分布情况及其拖欠时间的长短。除此之外,应收账款账龄分析表还提供以下信息。

1.汇总不同账龄区间的应收账款

根据账龄长度,将应收账款分为几个时间段,应收账款账龄分析表可用于汇总各个时间段内的应收账款总额。

2.集中度分析

将每个账龄下的应收账款额度除以应收账款总额,根据这个比例可以分析哪个时间段内的应收账款最多,整体了解应收账款的分散程度。

应收账款,账龄分析表提供的以上信息,可使管理层了解收款、欠款情况,判断欠款的可回收程度和可能发生的损失。利用该表,管理层还可以酌情做出采取放宽或紧缩商业信用政策,并作为衡量负责收款部门、人员和资信部门工作效率的依据。

9.5.2 相关格式设计

麦德香食品有限公司根据应收账款的挂账时间分为信用期内和逾期账龄两个项目,其中逾期账龄又分为 0－3 个月、3－6 个月、6－12 个月、1－2 年、2－3 年、4 年以上,在应收账款清单的基础上编制如图 9-36 所示的应收账款账龄分析表。

应收账款账龄分析表								
2021年3月								
客户	信用期内	逾期账龄						合计
		0-3个月	3-6个月	6-12个月	1-2年	2-3年	4年以上	
米粮食品有限公司	0.00	5,000.00	0.00	24,600.00	18,000.00	0.00	0.00	47,600.00
天然籽油食品有限公司	0.00	53,000.00	0.00	32,100.00	79,630.00	0.00	0.00	164,730.00
豆粮油加工有限公司	0.00	0.00	0.00	66,000.00	64,700.00	0.00	0.00	130,700.00
粮食进出口贸易有限公司	0.00	53,960.00	5,800.00	7,600.00	0.00	94,300.00	0.00	161,660.00
华东粮油批发有限公司	0.00	0.00	0.00	17,800.00	109,900.00	0.00	0.00	127,700.00
花生油批发有限公司	0.00	0.00	0.00	0.00	0.00	0.00	0.00	
合计	0.00	111,960.00	5,800.00	148,100.00	272,230.00	94,300.00	0.00	632,390.00
所占比例	0.00	18%	1%	23%	43%	15%	0%	100%

图 9-36 应收账款账龄分析表

应收账款账龄分析表的格式如图 9-37 所示,具体制作步骤如下:

应收账款账龄分析表								
2021年3月								
客户	信用期内	逾期账龄						合计
		0-3个月	3-6个月	6-12个月	1-2年	2-3年	4年以上	
米粮食品有限公司								
天然籽油食品有限公司								
豆粮油加工有限公司								
粮食进出口贸易有限公司								
华东粮油批发有限公司								
花生油批发有限公司								
合计								
所占比例								

图 9-37 应收账款账龄分析表格式

(1)打开"第 9 章.xlsx"工作簿,单击工作表标签插入按钮,插入一张工作表,双击该工作表标签,重命名为"应收账款账龄分析表",如图 9-38 所示,在单元格 A1 中输入"应收账款账龄分析表",合并并居中区域 A1:I1,应用"标题"样式,设置行高为"40"。

应收账款清单 应收账款账龄分析表

图 9-38 重命名工作表

(2)选择区域 A2:I2,合并并居中,设置字体为"Arial",字号为"12",行高为"20",输入"2021-3"。

(3)选择区域 A2:I2,按〈CTRL〉+〈1〉组合键,打开"设置单元格格式"对话框,转到"数字"选项卡,在"分类"列表框中选择"日期",在"类型"列表框中选择"2012 年 3 月"格式,如图 9-39 所示,单击"确定"按钮,关闭对话框,完成对日期格式的设置,日期显示为"2021 年 3 月"。

(4)在单元格 A3 中输入"客户",合并并居中区域 A3:A4;在单元格 B3 中输入"信用期内",合并并居中区域 B3:B4,在单元格 C3 中输入"逾期账龄",合并并居中区域 C3:H3,在单元格 I3 中输入"合计",合并并居中区域 I3:I4。

(5)在单元格 C4 至 H4 中分别输入"0-3 个月"、"3-6 个月"、"6-12 个"、"1-2年"、"2-3 年"、"4 年以上";在单元格 A5 至 A12 中分别输入如图 9-36 所示的内容。

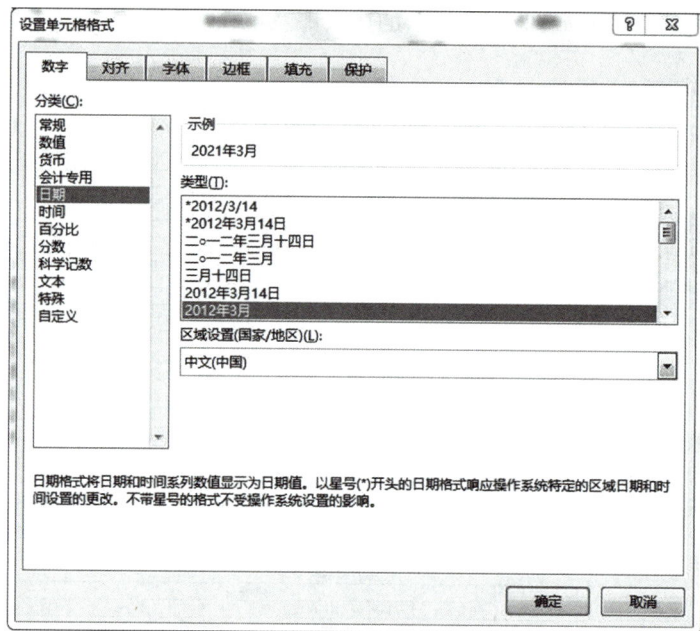

图 9-39　设置日期格式

（6）选择区域 B5:I11,设置字体为"Arial",字号为"9",居中显示文本;选择区域 B12:I12,转到"开始"选项卡,在"数字"功能组中单击"百分比"按钮,如图 9-40 所示,完成对该区域数字格式的设置。

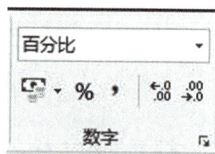

图 9-40　单击"百分比"按钮

（7）将单元格指针移动到 A 列至 I 列的列字母之间,变成左右拉伸形状之后,单击并拖动,将单元格区域 A 列至 I 列调整到合适的宽度。

（8）选择区域 A4:I12,按〈CTRL〉＋〈1〉组合键,打开"设置单元格格式"对话框,转到"边框"选项卡,添加如图 9-37 所示的边框线,效果如图 9-41 所示。

9.5.3　相关公式设计

应收账款账龄分析表内的公式主要使用 SUMIF（）函数、SUMIFS（）函数,对应收账清单中符合条件的应收账款余额进行合计。

1.统计各公司在不同账龄区间内的应收账款

（1）选择单元格 B5,在公式栏内输入公式:

＝SUMIFS（应收账款清单[应收余额],应收账款清单[客户名称],A5,应收账款清单[信用期内],1)

（2）选择单元格 C5,在公式栏内输入公式:

＝SUMIFS（应收账款清单[应收余额],应收账款清单[客户名称],A5,应收账款清单[0-3 个月],1)

（3）选择单元格 D5,在公式栏内输入公式:

＝SUMIFS（应收账款清单[应收余额],应收账款清单[客户名称],A5,应收账款清单[3-6 个月],1)

242

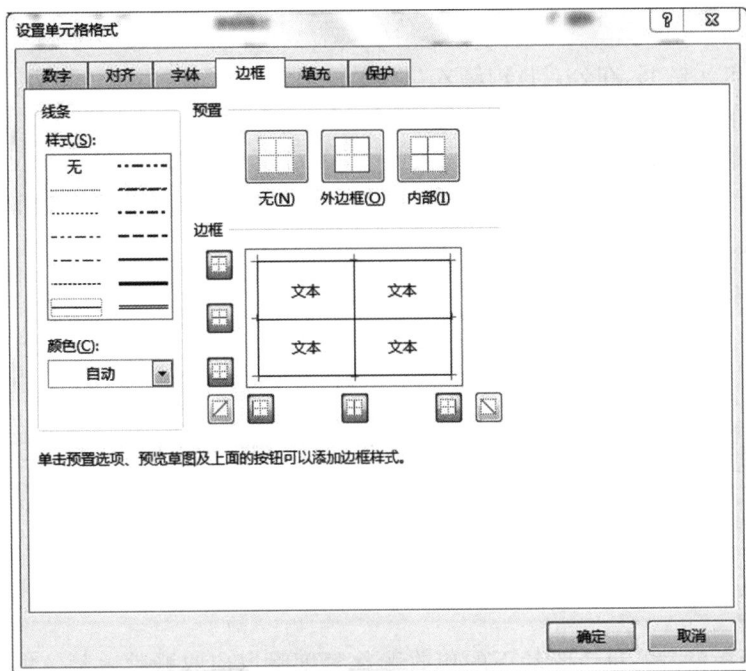

图 9-41　"边框"选项卡

（4）选择单元格 E5，在公式栏内输入公式：

＝SUMIFS(应收账款清单[应收余额],应收账款清单[客户名称],A5,应收账款清单[6-12 个月],1)

（5）选择单元格 F5，在公式栏内输入公式：

＝SUMIFS(应收账款清单[应收余额],应收账款清单[客户名称],A5,应收账款清单[1-2 年],1)

（6）选择单元格 G5，在公式栏内输入公式：

＝SUMIFS(应收账款清单[应收余额],应收账款清单[客户名称],A5,应收账款清单[2-3 年],1)

（7）选择单元格 H5，在公式栏内输入公式：

＝SUMIFS(应收账款清单[应收余额],应收账款清单[客户名称],A5,应收账款清单[4 年以上],1)

（8）选择单元格 B5:H5，向下填充复制到第 10 行，显示如图 9-42 所示的界面。

客户	信用期内	0-3个月	3-6个月	6-12个月	1-2年	2-3年	4年以上	合计
米粮食品有限公司	0.00	5,000.00	0.00	24,600.00	18,000.00	0.00	4.00	
天然籽油食品有限公司	0.00	53,000.00	0.00	32,100.00	79,630.00	0.00	0.00	
豆粮油加工有限公司	0.00	0.00	0.00	66,000.00	64,700.00	0.00	0.00	
粮食进出口贸易有限公司	0.00	53,960.00	5,800.00	7,600.00	0.00	94,300.00	0.00	
华东粮油批发有限公司	0.00	0.00	0.00	17,800.00	109,900.00	0.00	0.00	
花生油批发有限公司	0.00	0.00	0.00	0.00	0.00	0.00	0.00	
合计								
所占比例								

应收账款账龄分析表　2021年3月　逾期账龄

图 9-42　各公司在不同账龄区间内的应收账款

243

2.合计栏

（1）选择单元格 I5，在公式栏内输入"＝SUM(BS:H5)"。

（2）选择单元格 I5，向下填充到单元格 I11。

（3）选择单元格 B11，在公式栏内输入"＝SUM(B5:B10)"。

（4）选择单元格 B11，向右填充到单元格 H11，显示如图 9-43 所示的界面。

客户	信用期内	0-3个月	3-6个月	6-12个月	1-2年	2-3年	4年以上	合计
应收账款账龄分析表								
2021年3月								
				逾期账龄				
米粮食品有限公司	0.00	5,000.00	0.00	24,600.00	18,000.00	0.00	0.00	47,600.00
天然籽油食品有限公司	0.00	53,000.00	0.00	32,100.00	79,630.00	0.00	0.00	164,730.00
豆粮油加工有限公司	0.00	0.00	0.00	66,000.00	64,700.00	0.00	0.00	130,700.00
粮食进出口贸易有限公司	0.00	53,960.00	5,800.00	7,600.00	0.00	94,300.00	0.00	161,660.00
华东粮油批发有限公司	0.00	0.00	0.00	17,800.00	109,900.00	0.00	0.00	127,700.00
花生油批发有限公司	0.00	0.00	0.00	0.00	0.00	0.00	0.00	0.00
合计	0.00	111,960.00	5,800.00	148,100.00	272,230.00	94,300.00	0.00	632,390.00
所占比例								0.00

图 9-43　合计金额

3.集中度分析

集中度分析就是将每个账龄下的应收账款额度除以应收账款总额。根据这个比例可以分析哪个时间段内的应收账款最多，从而判断整体应收账款的分散程度。

（1）选择单元格 B12，在公式栏内输入公式"＝B11/＄I＄11"。

（2）选择单元格 B12，向右填充到单元格 I12，显示如图 9-44 所示的界面。

客户	信用期内	0-3个月	3-6个月	6-12个月	1-2年	2-3年	4年以上	合计
应收账款账龄分析表								
2021年3月								
				逾期账龄				
米粮食品有限公司	0.00	5,000.00	0.00	24,600.00	18,000.00	0.00	0.00	47,600.00
天然籽油食品有限公司	0.00	53,000.00	0.00	32,100.00	79,630.00	0.00	0.00	164,730.00
豆粮油加工有限公司	0.00	0.00	0.00	66,000.00	64,700.00	0.00	0.00	130,700.00
粮食进出口贸易有限公司	0.00	53,960.00	5,800.00	7,600.00	0.00	94,300.00	0.00	161,660.00
华东粮油批发有限公司	0.00	0.00	0.00	17,800.00	109,900.00	0.00	0.00	127,700.00
花生油批发有限公司	0.00	0.00	0.00	0.00	0.00	0.00	0.00	0.00
合计	0.00	111,960.00	5,800.00	148,100.00	272,230.00	94,300.00	0.00	632,390.00
所占比例	0.00	18%	1%	23%	43%	15%	0%	100%

图 9-44　集中度分析

9.6　编制坏账提取表

9.6.1　坏账准备计提

计提坏账的方法有应收账款余额百分比法、账龄分析法、销货百分比法。这里只介绍账龄分析法在 Excel 中的应用。

账龄分析法就是根据应收账款的时间来估计坏账损失的一种方法。采用账龄分析法时，将不同账龄的应收账款进行分组，并根据前期坏账实际发生的有关资料，确定各账龄组的估计坏账损失百分比，再将各账龄组的应收账款乘以对应的估计坏账损失百分比数，计算出各组的估计损失额之和，即为当期的坏账损失预计金额。

假设麦德香食品有限公司对各个账龄组估计的坏账损失比例如图 9-45 所示,根据应收账款分析表,编制如图 9-46 所示的应收账款坏账提取表。

	A	B	C	D	E	F	G	H
1				坏账准备提取率				
2	账龄	信用期内	0-3个月	3-6个月	6-12个月	1-2年	2-3年	4年以上
3	坏账准备提取率	0%	3%	5%	10%	15%	20%	50%

图 9-45　坏账准备提取率

	A	B	C	D	E	F	G	H	I	J
1					应收账款坏账提取表					
2					2021年3月					
3					逾期账龄					
4	客户	信用期内	0-3个月	3-6个月	6-12个月	1-2年	2-3年	4年以上	合计	提取坏账
5	米粮食品有限公司	0.00	5,000.00	0.00	24,600.00	18,000.00	0.00	0.00	47,600.00	5,310.00
6	天然籽油食品有限公司	0.00	53,000.00	0.00	32,100.00	79,630.00	0.00	0.00	164,730.00	16,744.50
7	豆粮油加工有限公司	0.00	0.00	0.00	66,000.00	64,700.00	0.00	0.00	130,700.00	16,305.00
8	粮食进出口贸易有限公司	0.00	53,960.00	5,800.00	7,600.00	0.00	94,300.00	0.00	161,660.00	21,528.80
9	华东粮油批发有限公司	0.00	0.00	0.00	17,800.00	109,900.00	0.00	0.00	127,700.00	18,265.00
10	花生油批发有限公司	0.00	0.00	0.00	0.00	0.00	0.00	0.00	0.00	0.00
11	合计	0.00	111,960.00	5,800.00	148,100.00	272,230.00	94,300.00	0.00	632,390.00	78,153.30
12	坏账提取比例	0%	3%	5%	10%	15%	20%	50%		
13	坏账准备	0.00	3358.80	290.00	14810.00	40834.50	18860.00	0.00	78153.30	

图 9-46　应收账款坏账提取表

坏账提取表是在应收账款账龄分析表的基础上编制而成的。具体制作步骤如下:

(1)打开"第 9 章.xlsx"工作簿,单击工作表标签插入按钮,插入一张工作表,双击该工作表标签,重命名为"坏账提取",如图 9-47 所示。

| 应收账款清单 | 应收账款账龄分析表 | 坏账提取 |

图 9-47　重命名工作表

(2)在单元格 A1 中输入"应收账款坏账提取表",合并并居中区域 A1:J1,应用"标题"样式,设置行高为"40";选择区域 A2:J2,合并并居中,设置字体为"Arial",字号为"12",行高为"20",输入"2021-3"。

(3)选择区域 A2:J2,按〈CTRL+〉+〈1〉组合键,打开"设置单元格格式"对话框,转到"数字"选项卡,在"分类"列表框中选择"日期",在"类型"列表框中选择"2012 年 3 月 14 日"格式,如图 9-48 所示,单击"确定"按钮,关闭对话框,完成对日期格式的设置,日期显示为"2021 年 3 月"。

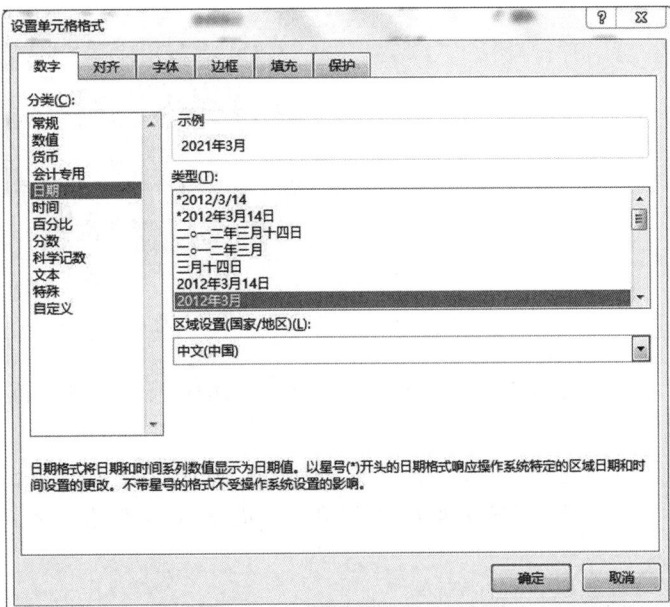

(4)激活"应收账款账龄分析表",选择区域 A3:I11,按〈CTRL〉+〈C〉组合键;激活"坏账提取"表,选择单元格 A3,按〈CTRL〉+〈V〉组

图 9-48　设置日期格式

合键,单击粘贴区域右下角的按钮,打开如图 9-49 所示的下拉列表,选择"保持源列宽"选项。

(5)在单元格 A12、A13 内分别输入"坏账提取比例""坏账准备";在单元格 J3 内输入"提取坏账",选择区域 J3:14,合并并居中。

(6)选择区域 B12:I12,转到"开始"选项卡,在"数字"功能组中单击"百分比"按钮,完成对该区域数字格式的设置,如图 9-50 所示;选择区域 B13:I13,设置字体为"Arial",字号为"9",居中显示文本。

图 9-49 选择性粘贴下拉列表

(7)选择区域 A3:J13,按〈CTRL〉+〈1〉组合键,打开"设置单元格格式"对话框,转到"边框"选项卡,添加如图 9-46 所示的边框线。

(8)选择单元格 B12,在公式栏内输入"=其他基本信息! B3",选择单元格 B13,在公式栏内输入"=B11 * B12";选择区域 B12:B13,向右填充复制公式到 H 列。

图 9-50 单击百分比按钮

(9)选择单元格 J5,在公式栏内输入公式"=SUMPRODUCT (B5:H5,$B$12:$H$12)"。

(10)选择单元格 J5,向下填充复制公式到 11 行。

9.6.2 坏账准备占比分析

为了更直观地反映提取坏账在不同的账龄段内分布的情况,可以用 Excel 中的图标来表示。如图 9-51 所示,下面介绍制作"提取坏账占比分析"饼图的方法,具体制作步骤如下:

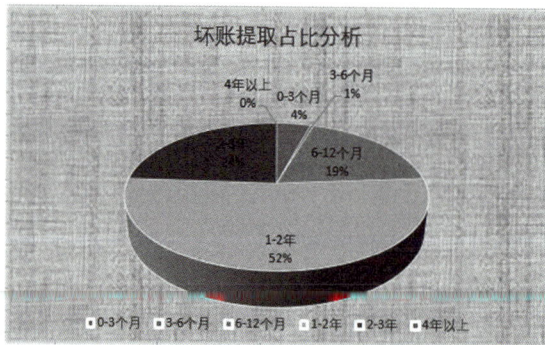

图 9-51 饼图"坏账提取占比分析"

(1)激活"坏账提取"工作表,选择区域 C4:H4,按住〈CTRL〉键不放,选择区域 C13:H13。

(2)选择"插入"→"图表"→"饼图"命令,打开如图 9-52 所示的下拉列表。

(3)选择"三维饼图"中的第一个类型,在工作表内插入如图 9-53 所示的图表。

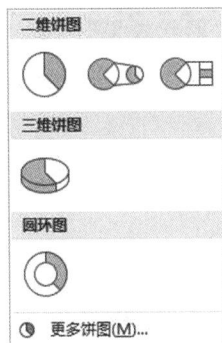

图 9-52　饼图下拉列表

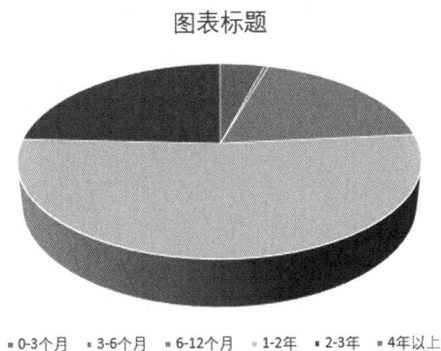

图 9-53　插入饼图

（4）选择"图表工具"→"设计"命令，在"图表布局"功能组中选择第二种布局，显示如图 9-54 所示的图表。

（5）单击"图表标题"，更改为"坏账提取占比分析"。单击图例，拖动到图表下方，显示如图 9-55 所示的效果。

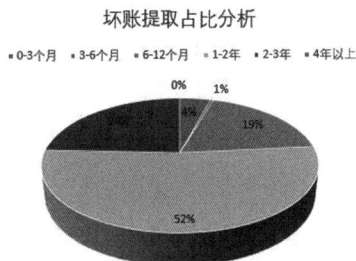

图 9-54　选择图表布局

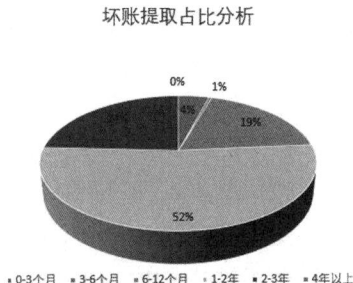

图 9-55　修改图表布局

（6）单击饼图中的数据标签，右键单击，在打开的快捷菜单中选择"设置数据标签格式"命令，打开如图 9-56 所示的对话框。

（7）在"标签选项"功能组中选择"类别名称"，显示如图 9-57 所示的复选框，单击"关闭"按钮，返回工作表界面。

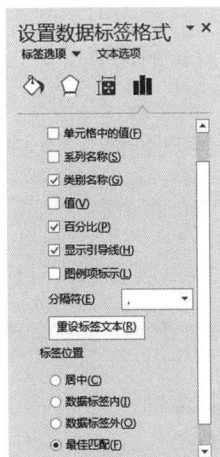

图 9-56　"设置数据标签格式"对话框

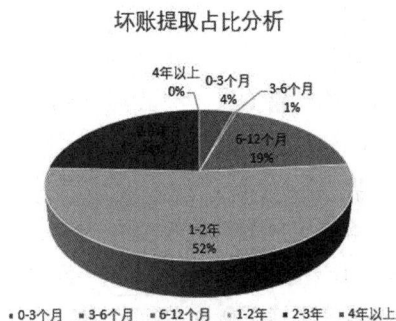

图 9-57　修改数据表后的图表

(8)选中图表,单击“图表工具”→“格式”选项卡,在“形状样式”功能组中选择“形状填充”命令,在下拉菜单中选择“纹理”→“纸莎草纸”命令,选择“形状效果”命令。在下列菜单中选择“发光”组中的合适选项。对图表进行优化后的图表如图 9-51 所示。

9.7 应收账款分析

为了加强对应收账款的控制,为管理层提供应收账款在不同客户之间的分布情况、各个业务员款项收回状况等信息,需编制应收账款客户明细表和应收账款业务员明细表。

9.7.1 应收账款客户明细表

应收账款客户明细表根据客户名称汇总本期期初应收账款金额、本期应收账款、本期收款金额、本期期末应收款余额。管理层可以根据应收款项在不同客户之间的分布情况和回收情况,调整对不同公司的信用政策。下面介绍编制应收账款客户明细表的方法。

麦德香食品有限公司管理层要求编制能反映应收账款在不同客户之间分布情况的报表,如图 9-58 所示,具体制作步骤如下:

	A	B	C	D	E	F
1	应收账款客户明细表					
2	2021年3月					
3	客户	期初余额	本期		期末余额	比例
4			应收账款	已收		
5	米粮食品有限公司	75400.00	0.00	27800.00	47600.00	8%
6	天然籽油食品有限公司	174730.00	0.00	10000.00	164730.00	26%
7	豆粮油加工有限公司	130700.00	0.00	15000.00	115700.00	18%
8	粮食进出口贸易有限公司	259300.00	0.00	32000.00	227300.00	36%
9	华东粮油批发有限有限公司	124900.00	49800.00	97640.00	77060.00	12%
10	花生油批发有限公司	0.00	0.00	0.00	0.00	0%
11	合计	765030.00	49800.00	182440.00	632390.00	100%

图 9-58 应收账款客户明细表

(1)打开“第 9 章. xlsx”工作簿,单击工作表标签插入按钮,插入一张工作表,双击该工作表标签,重命名为“应收账款客户明细表”。

(2)在单元格 A1 中输入“应收账款客户明细表”,合并并居中区域 A1:F1,应用“标题”样式,设置行高为“40”;选择区域 A2:F2,合并并居中,设置字体为“Arial”,字号为“12”,行高为“20”,输入“2021-3”。

(3)选择区域 A2:F2,按〈CTRL〉+〈1〉组合键,打开“设置单元格格式”对话框,转到“数字”选项卡,在“分类”列表框中选择“日期”,在“类型”列表框中选择“2012 年 3 月”格式,如图 9-59 所示,单击“确定”按钮,关闭对话框,完成对日期格式的设置,日期显示为“2021 年 3 月”。

(4)在区域 A3:F4 区域、A5:A11 内分别输入如图 9-58 所示的内容。

(5)选择单元格 B5,在公式栏内输入公式:

=SUMIFS(应收账款清单[应收金额],应收账款清单[客户名称],A5,应收账款清单[是否本期],0)

(6)选择单元格 C5,在公式栏内输入公式:

=SUMIFS(应收账款清单[应收金额],应收账款清单[客户名称],A5,应收账款清单[是否本期],1))

(7)选择单元格 D5,在公式栏内输入公式:

=SUMIF(应收账款清单[客户名称],A5,收款清单[收款金额])

(8)选择单元格 E5,在公式栏内输入公式:“=B5+C5-D5”。

(9)选择单元格 F5,在公式栏内输入公式:“=E5/$E$11”。

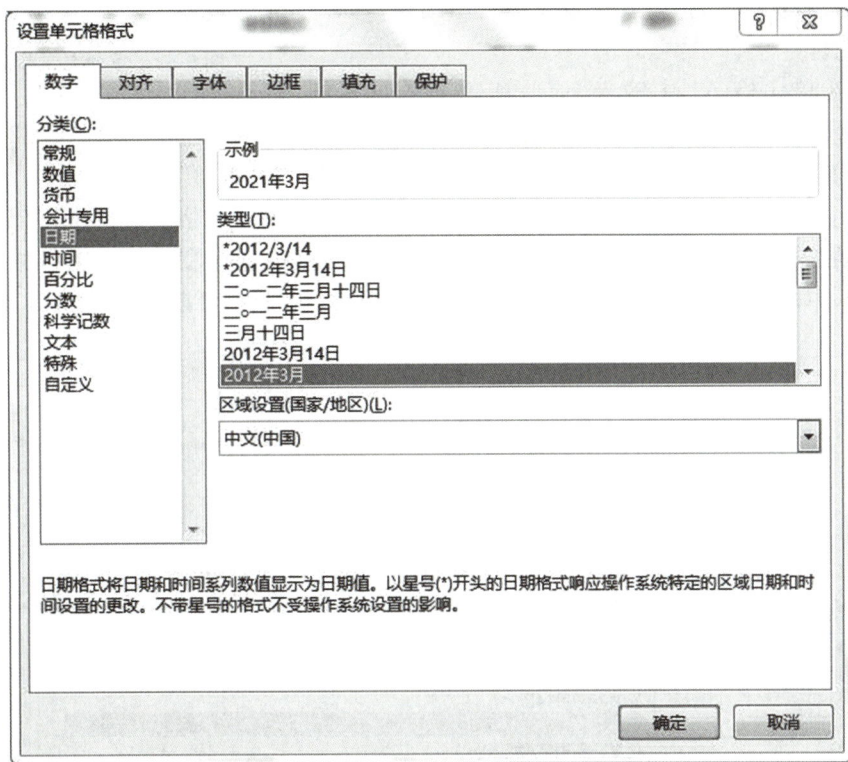

图 9-59　设置日期格式

(10)选择单元格 B11,在公式栏内输入公式"＝SUM(B5:B10)"。

(11)选择区域 B5:F5,向下填充公式到第 10 行;选择单元格 B11,向右填充公式到 E 列。

(12)选择区域 F5:F11,转到"开始"选项卡,在"数字"功能组中单击"百分比"按钮,如图 9-60 所示,完成对该区域数字格式的设置。

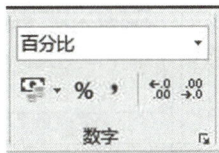

(13)将单元格指针移动到 A 列至 F 列的列字母之间,变成左右拉伸形状之后,单击并拖动,将单元格区域 A 列至 F 列调整到合适的宽度。

图 9-60　单击"百分比"按钮

(14)选择区域 A3:F11,按〈CTRL〉＋〈1〉组合键,打开"设置单元格格式"对话框,转到"边框"选项卡,添加如图 9-58 所示的边框线。

9.7.2　应收账款业务员明细表

应收账款业务员明细表是根据业务员名称汇总本期期初应收账款金额、本期应收账款、本期收款金额、本期期末应收账款余额。管理层可以根据不同业务员的应收账款回收情况作为其业绩考核的依据。下面根据图 9-61 所示来介绍编制应收账款业务员明细表的方法。

图 9-61　应收账款业务员明细表

(1)打开"第 9 章.xlsx"工作簿,单击工作表标签插入按钮,插入一张工作表,双击该

工作表标签,重命名为"应收账款业务员明细表",如图
9-62 所示。

图 9-62　重命名工作表

(2)在单元格 A1 中输入"应收账款业务员明细
表",合并居中区域 A1:F1,应用"标题"样式,设置行高为"40";选择区域 A2:F2,合并并
居中,设置字体为"Arial",字号为"12",行高为"20",输入"2021-3"。

(3)选择区域 A2:F2,按〈CTRL〉+〈l〉组合键,打开"设置单元格格式"对话框,转到"数字"
选项卡,在"分类"列表框中选择"日期",在"类型"列表框中选择"2012 年 3 月"格式,如图
9-63所示,单击"确定"按钮,关闭对话框完成对日期格式的设置,日期显示为"2021 年 3 月"。

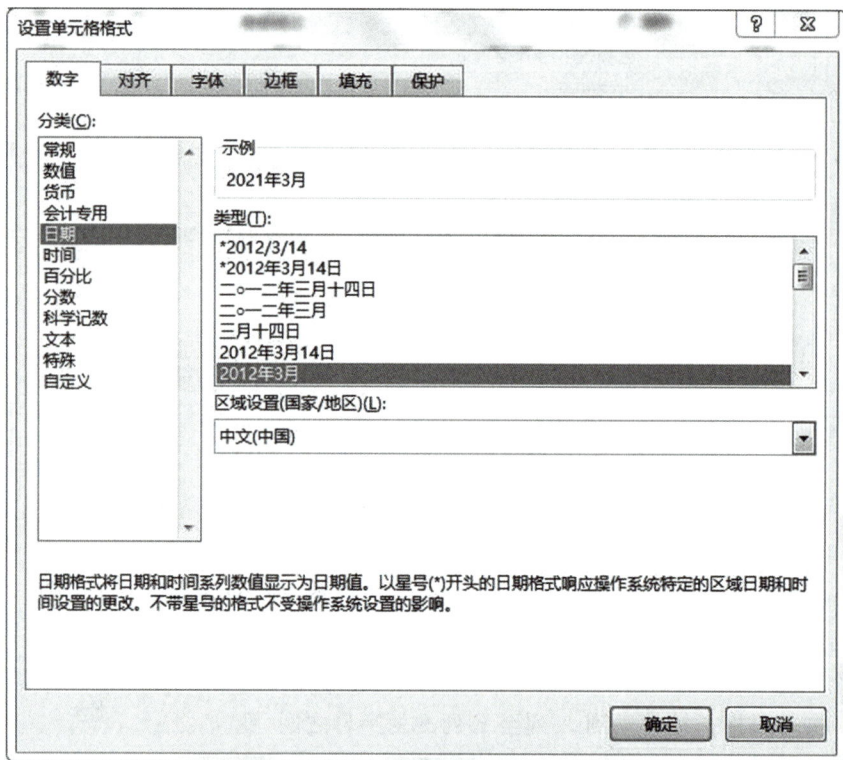

图 9-63　设置日期格式

(4)在区域 A3:F4、区域 A5:A11 内分别输入如图 9-61 所示的内容。

(5)选择单元格 B5,在公式栏内输入公式:

=SUMIFS(应收账款清单[应收金额],应收账款清单[业务员],A5,应收账款清单
[是否本期],0)

(6)选择单元格 C5,在公式栏内输入公式:

=SUMIFS(应收账款清单[应收金额],应收账款清单[业务员],A5,应收账款清单
[是否本期],1)

(7)选择单元格 D5,在公式栏内输入公式:

=SUMIF(收款清单[业务员],A5,收款清单[收款金额])

(8)选择单元格 E5,在公式栏内输入公式:"=B5+C5-D5"。

（9）选择单元格 F5，在公式栏内输入公式："＝E5／＄E＄11"，向下填充公式到第 11 行。

（10）选择单元格 B11，在公式栏内输入公式："＝SUM(B5:B10)"。

（11）选择区域 B5:F5，向下填充公式到第 10 行，选择单元格 B11，向右填充公式到 E 列。

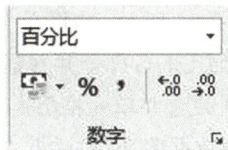

（12）选择区域 F5:F11，转到"开始"选项卡，在"数字"功能组中单击"百分比"按钮，完成对该区域数字格式的设置，如图 9-64 所示。

图 9-64　单击"百分比"按钮

（13）将单元格指针移动到 A 列至 F 列字母之间，变成左右拉伸形状之后，单击并拖动，将单元格区域 A 列至 F 列调整到合适的宽度。

（14）选择区域 A3:F11，按〈CTRL〉＋〈1〉组合键，打开"设置单元格格式"对话框，转到"边框"选项卡，添加如图 9-61 所示的边框线。

9.8　催款通知函

催款通知的是交款单位或个人在超过规定期限，未按时交付款项时使用的通知书。发送催款通知书可以及时了解对方单位拖欠款的原因，沟通信息，以便采取相应的对策和措施，协调双方的关系。

9.8.1　编制催款通知函

公司管理层为了加强应收款项的收回，要求编制并发送如图 9-65 所示的催款函。"催款函"工作表，具体制作步骤如下。

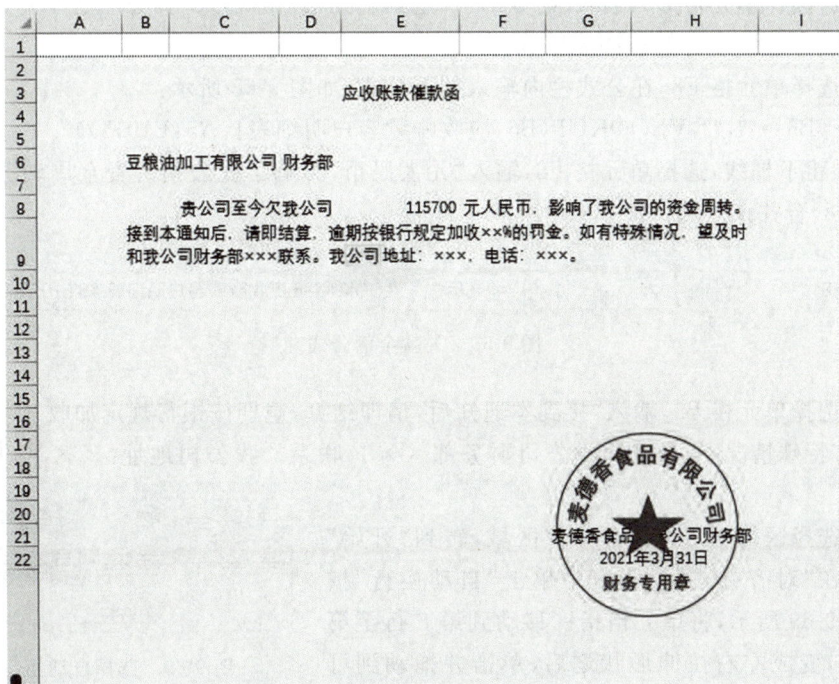

图 9-65　应收账款催款通知单

(1)打开"第9章.xlsx"工作簿,单击工作表标签插入按钮,插入一张工作表,双击工作表标签,重命名为"催款函",如图9-66所示,选择单元格C3,输入"应收账款催款函",选择区域C3:G4,合并并居中显示。

| 应收账款业务员明细表 | 催款函 |

图9-66　重命名工作表

(2)合并单元格B6:C6后,选择"数据"→"数据工具"→"数据验证"→"数据验证"命令,打开"数据验证"对话框,在"允许"下拉列表中选择"序列",显示如图9-67所示的界面。

图9-67　"数据验证"对话框

(3)在"来源"文本框中分别输入"=客户",单击"确定"按钮,关闭对话框,创建客户下拉列表;选择单元格D6,输入"财务部:";选择单元格C8,输入"贵公司至今欠我公司",选择区域C8:D8,合并并居中该区域。

(4)选择单元格E8,在公式栏内输入如下公式,如图9-68所示:

=IF(B6="","",VLOOKUP(B6,应收账款客户明细表! A5:E10,5))

添加粗下框线,选择单元格F8,输入"元人民币,影响了我公司的资金周转",选择区域F8:H8,合并该区域。

| E8 | ▼ | ⋮ | × | ✓ | *fx* | =IF(B6="","",VLOOKUP(B6,应收账款客户明细表!A5:E10,5)) |

图9-68　欠款金额公式

(5)选择单元格B9,输入"接到本通知后,请即结算,逾期按银行规定加收××%的罚金。如有特殊情况,望及时和我公司财务部×××联系。我公司地址:×××,电话:×××。"

(6)选择区域B9:H9,合并该区域,转到"开始"选项卡,在"对齐方式"功能区中单击"自动换行"按钮,如图9-69所示,将单元格指针移动到第8行至第9行之间,变成左右拉伸形状之后,单击并拖动到可以显示所有文本的高度。

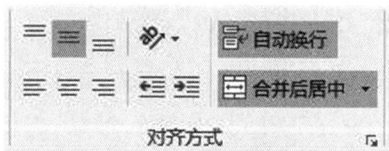

图9-69　选择自动换行

（7）选择单元格 G21，输入"麦德香食品有限公司财务部"，选择区域 G22：H22，合并并居中，输入"2021 年 3 月 31 日"。

（8）选择区域 A2：I23，添加如图 9-65 所示的边框，选择区域 A2：I23，转到"开始"选项卡，在"字体"功能组中添加背景颜色，如图 9-70 所示。

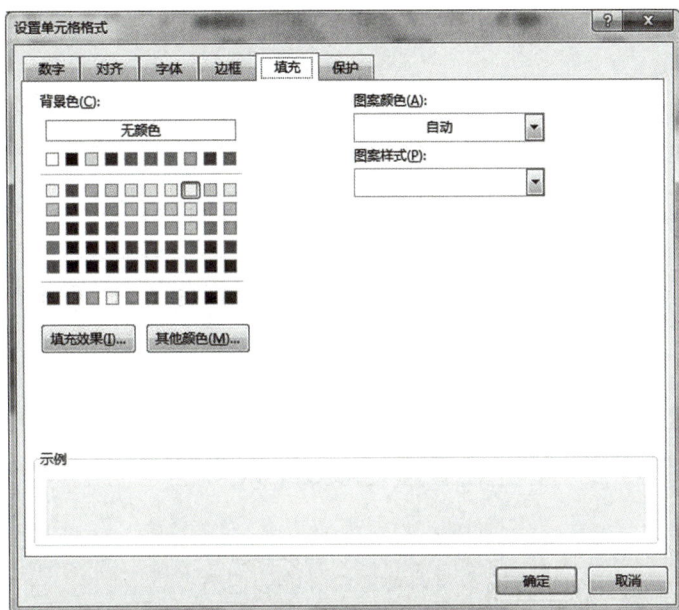

图 9-70　设置背景颜色

9.8.2　制作电子印章

催款单若要通过 E-mail 发送，则需使用电子印章，制作步骤如下：

（1）激活"催款函"工作表，选择"插入"→"插图"→"形状"命令，在打开的下控列表中选择"椭圆"，在工作表内插入如图 9-71 所示的图形。

（2）选中图形，右键单击，在打开的快捷菜单中选择"设置形状格式"命令，打开如图 9-72 所示的对话框，转到"填充"选项卡，选择"无填充"复选框；转到"线条颜色"选项卡，选择颜色为"红色"。

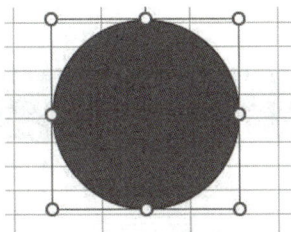

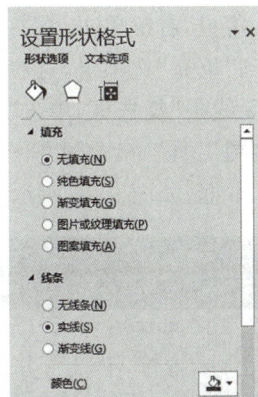

图 9-71　插入椭圆图形　　　　图 9-72　"设置形状格式"对话框

（3）选中图形，右键单击，在打开的快捷菜单中选择"编辑文字"命令，输入"麦德香食品有限公司"，设置字体为"粗体"，字号为"14"，颜色为"红色"。

（4）选中文本"麦德香食品有限公司"，选择"绘图工具"→"格式"→"艺术字样式"→"文本效果"→"转换"命令，在打开的下拉列表中选择"跟随路径"中的第一个样式，效果如图9-73所示。

图9-73　转换文本显示方式

（5）选择"插入"→"插图"→"形状"命令，如图9-74所示，在打开的下拉列表中选择"五角星"，在工作表内插入"五角星"。

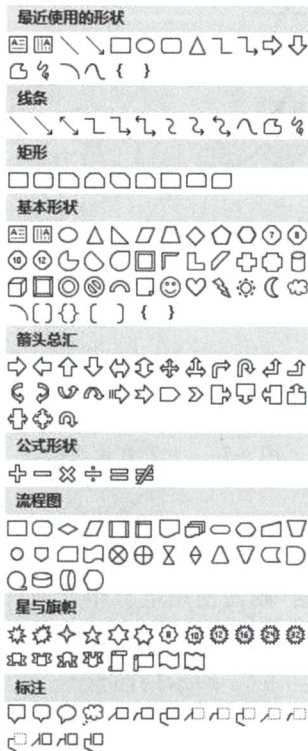

图9-74　"形状"命令

（6）选中"五角星"右键单击，在打开的快捷菜单中选择"设置形状格式"命令。转到"填充"选项卡，选择颜色为"红色"，转到"线条颜色"选项卡。选择"无线条"复选框，单击"关闭"按钮，效果如图9-75所示。

图9-75　五角星

（7）选择"绘图工具"→"格式"→"插入形状"→"文本框"命令，在工作表中插入文本框，如图9-76所示。

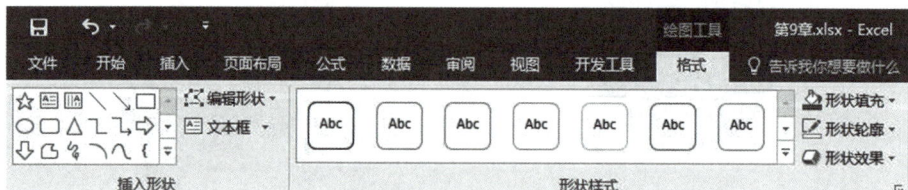

图9-76　插入文本框

(8)在文本框中输入"财务专用章",设置字体颜色为"红色",字号为"11",移动五角星、文本框"财务专用章"到"椭圆"内,制作好的电子印章如图 9-77 所示。

图 9-77　电子印章

(9)选中"椭圆",按住〈CTRL〉键,选中"五角星",按住〈CTRL〉键,选中文本框"财务专用章",选择"绘图工具"→"格式"→"排列"→"组合"命令,如图 9-78 所示,将这 3 个图形设置为一个组合,便于集中操作。

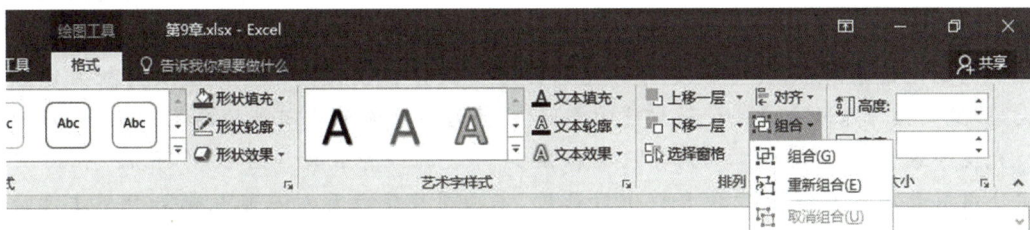

图 9-78　进行组合

【课外思政】

四川长虹应收账款管理案例

1994 年 3 月,上市之初的四川长虹利润连年快速增长,然而在利润高速增长的背后,应收账款也迅速增加,并且应收账款周转率逐年下降,且明显低于其他三家彩电业上市公司的同期应收账款周转率。

1998 年开始,彩电价格战愈演愈烈,使得彩电业的利润很快被稀释掉,而且市场上彩电已出现了供大于求的局面,此时四川长虹的经营业绩开始直线下降,1998 年、1999 年、2000 年的净利润分别为 20 亿元、5.3 亿元、2.7 亿元。

2001 年 2 月,四川长虹为遏制经营业绩的下滑以及由此而带来的长虹股价的下跌,选择走海外扩张之路,力求成为"全球彩电霸主",为四川长虹寻找一个新的利润来源。

数次赴美考察后,四川长虹与当时在美国有一定影响的 APEX 公司进行了商谈。从 2001 年 7 月,一车车的彩电自长虹发出去,由 APEX 公司在美国直接提货。然而奇怪的事情发生了,彩电出去了,货款却未到。APEX 公司总是以质量或货未收到为借口,拒付或拖欠货款。而按照出口合同,接货后 90 天内 APEX 公司就应该付款,否则长虹方面就有权拒绝发货。然而,四川长虹一方面提出对账的要求,一方面继续发货,直到 2004 年初,四川长虹又发出了 3000 多万美元的货给 APEX。而且,在四川长虹的海外销售额中，APEX公司，作为四川长虹对美出口最大的经销商，一直占有较高的比例。

来自APEX的长期拖款，使得四川长虹的应收账款连创新高。应收账款在主营业务收入中的比例也与年俱增。截至2003年12月31日，仅应收账款一项的期末余额就高达50.84亿元，而在这笔50.84亿元的巨额应收账款中，仅来自国外购货商APEX公司一家的欠款就高达44.51亿元，大量的应收账款集中于一家经销商，其风险不言而喻。而在2002年年报时APEX公司拖欠四川长虹的货款金额为38.29亿元，当时就已经受到市场很大的质疑，而公司2003年年报应收APEX公司的欠款不仅比年初时增加了6.22亿元，同时还出现了9.34亿元账龄在一年以上的欠款，四川长虹虽已经为此计提了9338万元的坏账准备，应收账款给公司带来的风险已经开始显现。

终于，在2004年12月28日，四川长虹发布了年度预亏提示性公告。在该公告中首次承认，受应收账款计提和短期投资损失的影响，预计2004年度将出现大的亏损。同时还承认，全额收回美国经销商APEX公司的欠款存在较大困难。2005年4月16日，四川长虹披露的年报报出上市以来的首次亏损，上年全年实现主营业务收入115.39亿元，同比降低18.36％。全年亏损36.81亿，每股收益−1.701元。其中，对APEX公司欠款的估计变更解释如下："因美国进口商APEX公司2004年经营不善、涉及专利权、美国对中国彩电反倾销等因素，其全额支付所欠本公司货款存在较大困难。因该项欠款数额较大，如继续按原账龄分析法计提坏账准备已不能反映款项可收回性的真实情况，亦不能公允反映本公司2004年末的财务状况和2004年度的经营成果。经2004年12月26日本公司第5届董事会第22次会议审议通过，本公司决定在原对应账款账龄分析法计提坏账准备的基础上增加对个别出现明显回收困难的应收账款采用个别认定法计提坏账准备。"截至2004年12月31日，公司对APEX公司所欠货款按个别认定法计提坏账准备的金额折合人民币约25.97亿元，该项会计估计变更对2004年的利润总额的影响数约22.36亿元。同时，截至年报披露日，公司逾期未收回的理财本金和收益累计为1.828亿元。

截至2006年4月22日，四川长虹发布信息披露，已于2006年4月11日与美国APEX公司及季龙粉三方签署协议，约定APEX公司承担对长虹的1.7亿美元（约13.6亿元人民币）债务，三方由此中止在美国的所有诉讼。该协议经双方确认无异议，已于4月20日生效。而资料显示，截至2005年末，四川长虹应收APEX公司的货款为4.576亿美元，累计计提坏账准备3,138亿美元。这意味着，如果APEX公司偿还了长虹1.7亿美元的债务，那么在财务上，四川长虹将会增加约13.6亿元现金流入，同时公司还能冲掉已计提的坏账准备，此部分保守估计超过2亿元，意味着四川长虹的每股收益将增加0.11元。这对于昔日龙头企业的发展，无疑将是一个巨大的推进。此外，长虹集团以其持有的公司26600万股股份，抵偿其已形成的对公司的非经营性资金占用及其资金占用利息119540.4万元。2006年4月11日，公司直接从长虹集团股票帐户上将定向回购股份予以注销。公司注册资本相应减少，这样有利于改善公司的财务结构，提高收益的水平。

案例启示：

应收账款作为企业一项重要流动资产，管理好应收账款，迅速提高应收账款回收率，挽回企业呆账、坏账损失，建立企业信用管理体系，对于全面提升企业销售管理和财务管理水平、增强企业抵抗风险能力、提升企业的可持续发展能力无疑有着重大意义。

建议一：财务人员树立风险意识

一是坚持谨慎性原则，建立风险基金，即在损失发生以前以预提方式建立用于防范风险损失的专项预备金。如四川长虹可按一定规定和标准计提坏账预备金，用以弥补风险损失。二是建立企业资金使用效益监督制度。有关部门应定期对资产治理比率进行考核。同时，加强流动资金的投放和治理，提高流动资产的周转率，进而提高企业的变现能力，增加企业的短期偿债能力。

建议二：建立完善的应收账款内部控制制度

应收账款是造成资金回收风险的重要方面，应收账款加速现金流出。它虽然使企业产生利润，但并未使企业的现金增加，反而还会使企业运用有限的流动资金垫付未实现的利税开支，加速现金流出。因此，对于应收账款治理应在以下几方面强化：一是建立稳定的信用政策；二是确定客户的资信等级，评估企业的偿债能力；三是确定合理的应收账款比例；四是建立销售责任制。

建议三：加强企业应收账款管理

应收账款管理是一个持续的不间断的过程，目前国内很多企业不太重视应收账款管理，据有关部门调查显示，我国企业应收账款占流动资金的比重超 50%，远远高于发达国家 20% 的水平。很多企业只重视销售，殊不知盲目销售会导致企业应收账款风险的加大，同时带来事后追讨成本的加大，四川长虹的坎坷经历正是证明了这一点。因此，应收账款管理是一种事前防范、事中和事后控制的管理，认识到这一点是很重要的。

综上所述，树立坏账风险意识、建立完善的应收账款内部控制制度以及加强应收账款的日常管理均是企业在实施对应收账款全过程管理与控制中的有效手段和重要环节。企业只有实现了对应收账款的有效管理和良好监控，才能盘活企业的资金存量和提高资金的使用效率，进而增强企业的财务弹性，最终在市场上立于不败之地。

9.9　习　题

一、单选题

(1)打开"设置单元格格式"对话框，可以用　　　　　　　　　　　　　　（　　）

    A.〈CTRL〉+〈1〉组合键　　　　　　　　　　B.〈Alt〉+〈1〉组合键

    C.〈Fn〉+〈1〉组合键　　　　　　　　　　　　D.〈Shift〉+〈1〉组合键

(2)完成对区域的命名，需要选中该区域，并在（　　　　）输入名称。

    A.首行　　　　　　　　　　　　　　　　　B.名称框

    C.区域外任何地方　　　　　　　　　　　D.公示栏

(3)打开名称管理器，需按组合键　　　　　　　　　　　　　　　　　　（　　）

    A.〈CTRL〉+〈1〉　　　　　　　　　　　　　B.〈Alt〉+〈F2〉

    C.〈CTRL〉+〈F3〉　　　　　　　　　　　　D.〈Shift〉+〈F3〉

(4)应收账款的账龄，指的是（　　　　）已到但还没有收回的应收账款。

    A.收款日期　　　B.发货日期　　　C.验收入库日期　　　D.信用期

(5)编制坏账提取表的基础是 （ ）

    A.应收账款账龄分析表　　　　　　　　B.应收账款客户明细表

    C.收款清单　　　　　　　　　　　　　D.应收账款清单

二、判断题

(1)可以通过鼠标右键＋〈R〉键，对新建工作表进行重命名。 （ ）

(2)收款清单主要包括日期、发票号、摘要、业务员、客户名称、收款金额等信息。

（ ）

(3)提取坏账表是基于应收账款账龄分析表，计提不同账龄区间应收账款的金额。

（ ）

(4)应收账款清单按时间顺序记录了每笔应收账款发生的日期、客户名称、摘要、合同号、业务员、应收金额、信用期，并根据信用期间计算所属的账龄区间。 （ ）

(5)催款通知书基于应收账款客户明细表，用于向采购方催收应收账款的文书。

（ ）

三、填空题

(1)新建工作表重命名的方法有_____和_____。

(2)应收账款的逾期时间与_____、_____有关。

(3)计提坏账的方法有_____、_____、_____。

(4)应收账款客户明细表根据客户名称汇总_____、_____、_____和_____。

(5)_____可使管理层了解收款、欠款情况，判断欠款的可回收程度和可能发生的损失。

四、简答题

(1)建立应收账款的作用是什么？

(2)应收账款账龄是什么？有何意义？

第 10 章　Excel 在进销存管理中的运用

10.1　进销存核算概述

进销存管理的核算包括采购数据的录入、采购数据的分析、销货数据的录入、销货数据的分析、加权平均成本法的计算和进销存报表的生成。作为核算的基础，首先需要设置一张基础工作表，包含的内容有商品的编号、名称、计量单位等基本信息，供应商资料、客户资料等信息。

进销存管理核算中，数据处理的基本流程如图 10-1 所示。

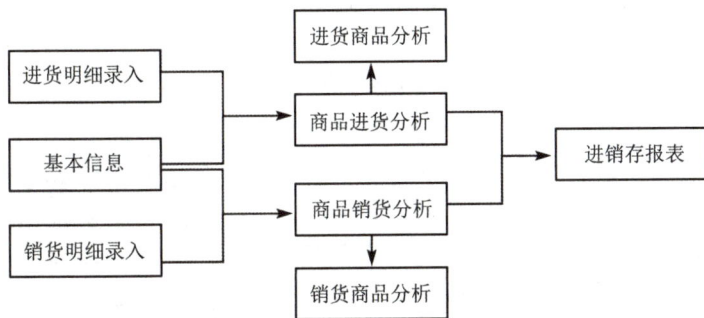

图 10-1　进销存管理的数据处理流程

根据上述流程，我们需要创建一个名为"进销存管理"的工作簿，该工作簿中包含以下工作表：

（1）基本信息：商品代码、商品名称、规格、单位、供应商名称。

（2）采购明细录入：详细记录每笔采购的资料。

（3）商品采购分析：按商品类别对采购数据分别使用数据透视表和数据透视图进行汇总、分析。

（4）销货明细录入：详细记录每笔销货的资料。

（5）商品销货分析：按商品类型对销货数据使用数据透视表汇总、分析。

（6）进销存报表：在期初存货数据的基础上，结合本期商品采购分析表和商品销货分析表，计算加权成本法下的存货期初成本、购进成本和期末库存成本。

10.2　进销存管理初始设置

基本信息是进销存管理的基础表格之一。进销存管理的初始设置包括建立商品目录表、客户名单、供货方名单等，如图10-2所示。下面介绍编制基本信息表的方法。

基本资料

商品代码	商品名称	商品型号	单位	供应商名称
001001	电脑	扬天	台	联想公司
001002	电脑	小新	台	联想公司
001003	电脑	开天	台	联想公司
002001	电脑	Compaq	台	惠普公司
003001	打印机	Epson	台	瑞光电子公司
003002	扫描仪	Canon	台	瑞光电子公司

图 10-2　基本信息表

（1）新建文件名为"第 10 章．xlsx"的工作簿，双击"Sheet1"工作表标签，重命名为"基本信息"，如图10-3所示。

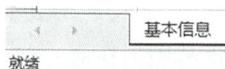

图 10-3　重命名工作表

（2）选择单元格 A1，选择区域 A1：E1，转到"开始"选项卡，在"对齐方式"功能组中单击"合并后居中"按钮，合并该区域，并使文本居中显示；在"字体"功能组中设置字体"华文中宋"，字号为"20"，在"单元格"功能组中设置行高"40"。

（3）在单元格 A2 至 E2 中依次输入文本"商品代码""商品名称""型号""单位""供应商名称"。

（4）选择区域 A2：E8，选择"插入"→"表格"→"表格"命令，弹出如图10-4所示的"创建表"对话框，选择"表包含标题"复选框，如图10-4所示。单击"确定"按钮，关闭对话框，返回工作表界面，将所选区域转化为表格区域。

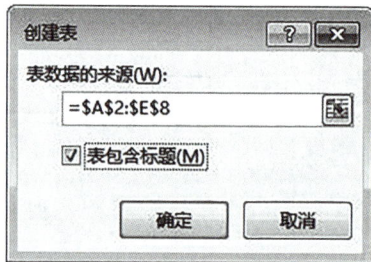

（5）单击"确定"按钮后，表格效果如图10-5所示。默认的表格样式为"表样式中等深浅 9"，如图10-5所示。也可以单击"表格工具"→"设计"→"表格样式"命令，选择其他样式。

图 10-4　"创建表"对话框

基本资料

商品代码	商品名称	商品型号	单位	供应商名称
001001	电脑	扬天	台	联想公司
001002	电脑	小新	台	联想公司
001003	电脑	开天	台	联想公司
002001	电脑	Compaq	台	惠普公司
003001	打印机	Epson	台	瑞光电子公司
003002	扫描仪	Canon	台	瑞光电子公司

图 10-5　"表格样式"命令

（6）按〈Ctrl〉+〈F3〉组合键，打开如图 10-6 所示的"名称管理器"对话框。

（7）选择"表 1"，单击"编辑"按钮，打开如图 10-7 所示的"编辑名称"对话框，在"名称"文本框中输入"基本资料"。

图 10-6　"名称管理器"对话框

图 10-7　"编辑"对话框

（8）单击"确定"按钮，关闭"编辑名称"对话框，返回"名称管理器"对话框，在对话框中显示更改后更具描述性的表名称；单击"关闭"按钮。关闭"名称管理器"对话框。返回工作表界面，完成基本资料表的重命名。

（9）选中区域 A3：A8，在名称框中输入"商品代码"，按〈Enter〉键，完成商品代码的命名，选择区域 E3：D8，在名称框中输入"供应商名称"，按〈Enter〉键，完成对供应商名称列的命名，如图 10-8 所示。

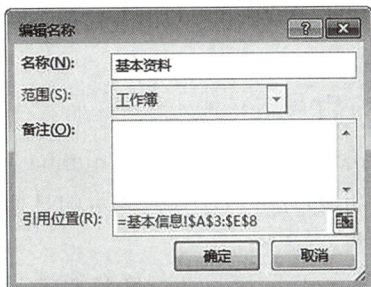

图 10-8　进行区域命名

10.3　采购管理

10.3.1　相关函数介绍

在填写采购相关表单时会涉及以下几个函数的应用，下面简单介绍这几个函数的语法与功能。

1. TODAY 函数的语法和功能

函数语法：TODAY()

函数功能：返回当前日期的序列号。序列号是 Microsoft Excel 日期和时间计算使用的日期－时间代码。如果在输入函数前，单元格的数字格式为"常规"，结果将设为日期格式。

注意事项：Microsoft Excel 可将日期存储为可用于计算的序列号。默认情况下，

1900年1月1日的序列号是1,而2009年1月1日的序列号是39814,这是因为它距1900年1月1日有39814天。

2. YEAR函数的语法和功能

函数语法:YEAR(serial number)

函数功能:返回某日期对应的年份。返回值为1900~9999之间的整数。

参数serial number为一个日期值,其中包含要查找年份的日期。应使用DATE函数来输入日期,或者将日期作为其他公式或函数的结果输入。如果日期以文本的形式输入,则会出现问题。

3. MONTH函数的语法和功能

函数语法:MONTH(serial number)

函数功能:返回以序列号表示的日期中的月份。月份是介于1(一月)~12(十二月)之间的整数。

参数serial number为一个日期值,其中包含要查找年份的日期。应使用DATE函数来输入日期,或者将日期作为其他公式或函数的结果输入。如果日期以文本的形式输入,则会出现问题。

4. DAY函数的语法和功能

函数语法:DAY(serial_number)

函数功能:返回以序列号表示的某日期的天数,用整数1到31表示。

参数serial number为一个日期值,其中包含要查找年份的日期。应使用DATE函数来输入日期,或者将日期作为其他公式或函数的结果输入。如果日期以文本的形式输入,则会出现问题。

5. AND函数的语法和功能

函数语祛:AND(logicall,logical2,…)

函数功能:所有参数的逻辑值为真时,返回TRUE;只要有一个参数的逻辑值为假,即返回FALSE。

参数logicall,logical2,…表示待检测的1到30个条件值,各条件值可为TRUE或FALSE。

注意事项:

(1)数必须是逻辑值True或False,或者包含逻辑值的数组或引用。

(2)如果数组或者引用参数中包含文本或空白单元格,这些值将被忽略。

(3)如果指定的单元格区域内包括非逻辑值,将返回错误值♯VALUE!

10.3.2 填写采购申请单

采购申请单的信息主要包括申请部门、申请时间、商品名称、规格、采购数量以及库存数量等内容。

(1)打开本实例的"第10章.xlsx",切换"采购申请单"工作表,如图10-9所示,选中单元格C4,切换到"数据"选项卡,在"数据工具"组中单击"数据验证"按钮下拉菜单"数据验证"。

图 10-9　采购申请单

（2）弹出"数据验证"对话框，切换到"设置"选项卡，在"允许"下拉列表中选择"序列"选项，然后在"来源"文本框中输入"办公部,销售部"（中间用英文状态下的逗号隔开），如图 10-10 所示。

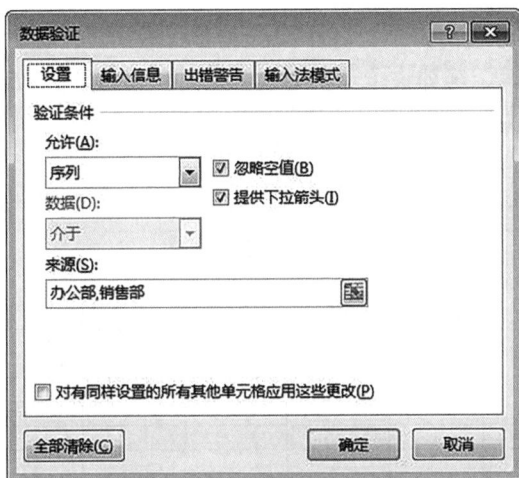

图 10-10　"数据验证"对话框

（3）单击"确定"按钮，返回工作表，然后单击单元格 C4 右侧的下拉箭头按钮，在弹出的下拉列表中选择"销售部"选项，如图 10-11 所示。

图 10-11　完成"销售部"下拉框选项

（4）自动显示当前日期的年值。选中单元格 D4，输入以下公式：＝YEAR（TODAY（）），按"Enter"键完成输入，随即该单元格中显示当前日期的年值，如图 10-12 所示。

图 10-12　输入当前年份

（5）自动显示当前日期的月值。选中单元格 F4，输入以下公式：＝MONTH（TODAY（）），按"Enter"键完成输入，随即该单元格中显示当前日期的月值，如图 10-13 所示。

图 10-13　输入当前月份

（6）自动显示当前日期的月值。选中单元格 H4，输入以下公式：＝DAY（TODAY（）），按"Enter"键完成输入，随即该单元格中显示当前日期的日值，如图 10-14 所示。

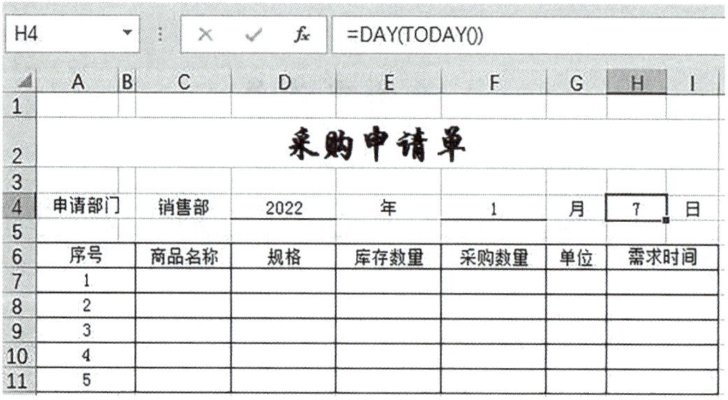

图 10-14　输入当前日值

(7)在表格的相应位置输入申请采购的材料的相关信息,如图 10-15 所示。

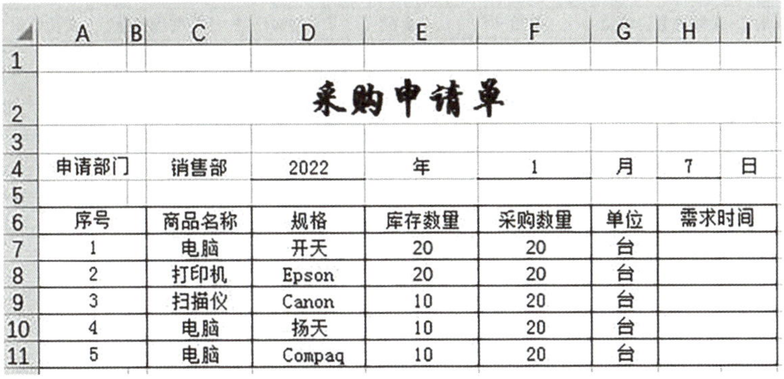

采购申请单						
申请部门	销售部	2022	年	1	月	7 日
序号	商品名称	规格	库存数量	采购数量	单位	需求时间
1	电脑	开天	20	20	台	
2	打印机	Epson	20	20	台	
3	扫描仪	Canon	10	20	台	
4	电脑	扬天	10	20	台	
5	电脑	Compaq	10	20	台	

图 10-15　输入采购资料信息

(8)设置需求时间。一般情况下,申请部门需要根据自己的实际需要设置需求时间,假设此时采购的材料要在 10 天后使用,那么可以在单元格 I7 中输入以下公式:=TODAY()+10,按“Enter”键完成输入,随即返回计算结果,然后将该单元格中的公式填充到单元格 I11 中,如图 10-16 所示。

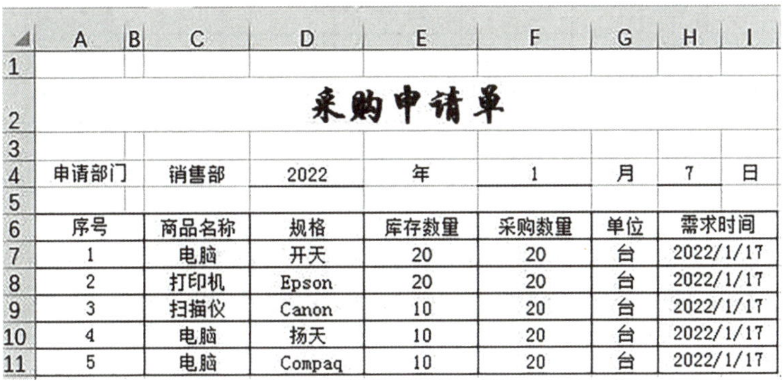

采购申请单						
申请部门	销售部	2022	年	1	月	7 日
序号	商品名称	规格	库存数量	采购数量	单位	需求时间
1	电脑	开天	20	20	台	2022/1/17
2	打印机	Epson	20	20	台	2022/1/17
3	扫描仪	Canon	10	20	台	2022/1/17
4	电脑	扬天	10	20	台	2022/1/17
5	电脑	Compaq	10	20	台	2022/1/17

图 10-16　修改需求时间

10.3.3　创建采购记录单

采购结束,采购部门需对采购的材料进行登记汇总,从而形成采购记录单。创建采购记录单的具体步骤如下:

(1)打开本实例的“第 10 章.xlsx”,插入一个新工作表并重命名为“采购记录单”,在其中输入相关的表格标题和列标题,并进行格式设置,如图 10-17 所示。

(2)对“采购数量”列和“交货数量”列设置数据验证(以“整数”为条件)。同时选中单元格区域 C3:C20 和 I3:I20,然后切换到“数据”选项卡,在“数据工具”组中单击“数据验证”按钮的左半部分按钮“数据验证”,如图 10-18 所示。

图 10-17　制作采购记录单

图 10-18　选择单元格区域

（3）弹出"数据验证"对话框，切换到"设置"选项卡，在"允许"下拉列表中选择"整数"选项，然后在"数据"下拉列表中选择"大于"选项，在"最小值"文本中输入"0"，如图 10-19 所示。

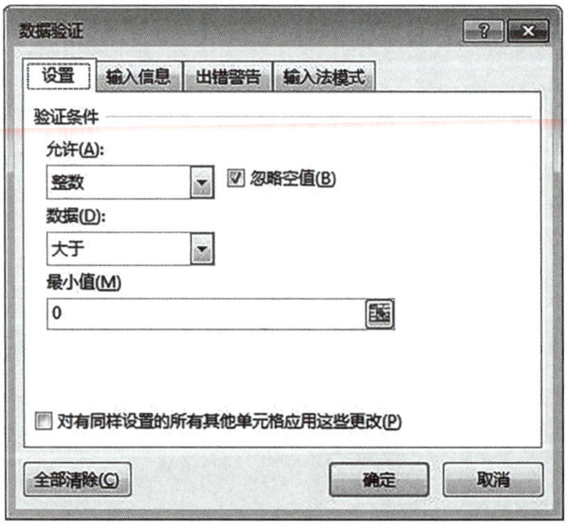

图 10-19　"数据验证"对话框——输入验证条件

（4）切换到"输入信息"选项卡，在"选定单元格时显示下列输入信息"组合框的"输入信息"文本框中输入"请输入整数！"，如图 10-20 所示。

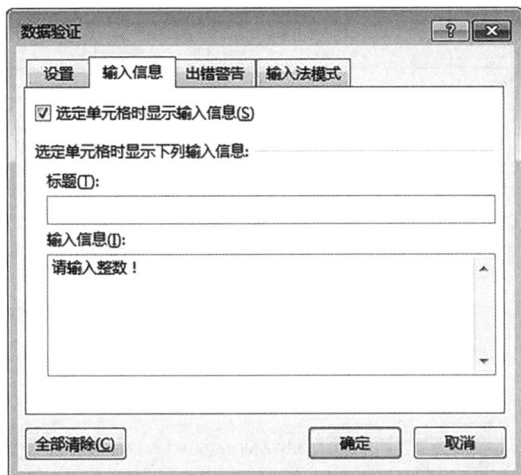

图 10-20　"数据验证"对话框——输入信息

（5）切换到"出错警告"选项卡，在"输入无效数据时显示下列出错警告"组合框的"样式"下拉列表中选择"停止"选项，然后在"标题"文本框中输入"输入错误"，在"错误信息"文本框中输入"请输入整数！"，如图 10-21 所示。

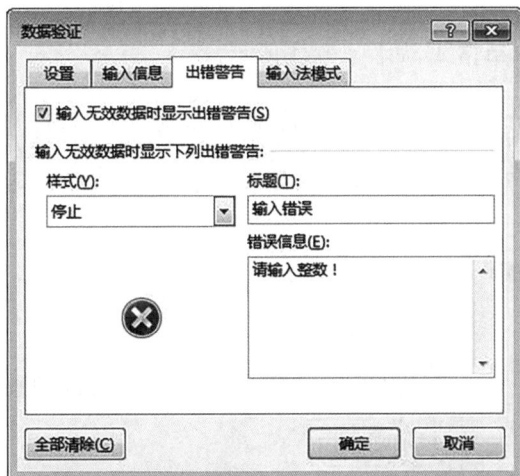

图 10-21　"数据验证"对话框——输入出错警告

（6）单击"确定"按钮返回工作表，此时选中设置了数据验证的单元格，单元格下方即可显示"请输入整数！"提示信息，如图 10-22 所示。

（7）设置"金额"列公式。在单元格 F3 中输入以下公式：＝IF(AND(A3＜＞"",C3＜＞"",E3＜＞""),C3＊E3,"")，按"Enter"键完成输入随即返回计算结果。

提示：为了保证信息的完整性，此处，在计算金额的时候加了限制条件，只有"商品名称""采购数量""单价"都不为空时，才会计算金额，如图 10-23 所示。

图 10-22　完成单元格数据验证

图 10-23　采购记录单

(8)在第 1 个空白记录行中输入采购记录,并将单元格区域 E3:F20 中的数字格式设置为保留两位小数的货币格式,如图 10-24 所示。

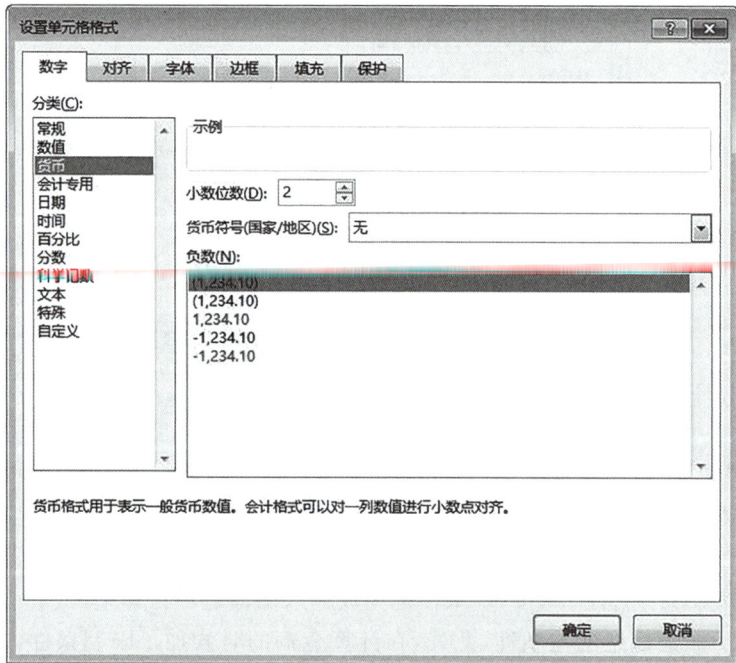

图 10-24　设置单元格式——货币格式

（9）将"记录单"按钮添加到快速访问工具栏。操作方法是：在 Excel 窗口中，单击"文件"按钮，如图 10-25 所示。

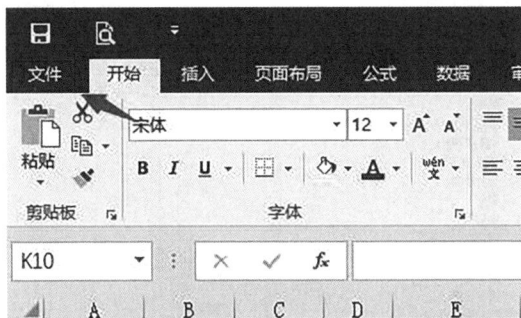

图 10-25　文件按钮

（10）从弹出的界面中选择"选项"选项，如图 10-26 所示。

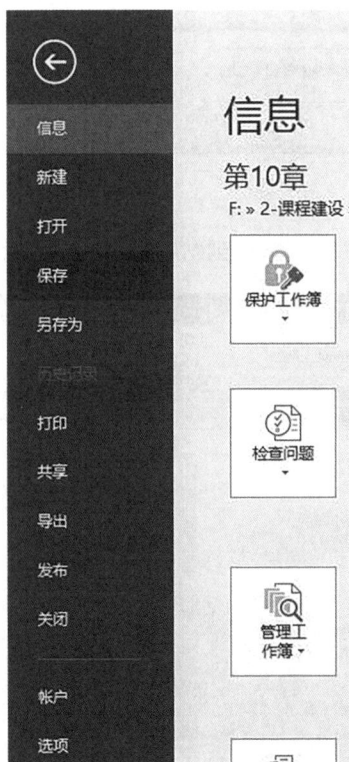

图 10-26　"文件"信息对话框

（11）弹出"Excel 选项"对话框，切换到"快速访问工具栏"选项卡，在"从下列位置选择命令"下拉列表中选择"不在功能区中的命令"选项，然后在其下面的列表框中选择"记录单"选项，然后单击"添加 A"按钮，如图 10-27 所示。

图 10-27　查找记录单

（12）此时即可将"记录单"按钮添加到"快速访问工具栏"列表框中，如图 10-28 所示。

图 10-28　添加记录单

（13）添加完毕单击"确定"按钮，返回工作表，即可看到"记录单"功能已经添加到快速访问工具栏中，这样便可使用"记录单"功能添加记录。选中单元格 A2：J3，然后单击"记录单"按钮，如图 10-29 所示。

（14）单击"新建"按钮，弹出空白"采购记录单"对话框，在相应的位置输入相应的数据信息，如图 10-30和图 10-31 所示。

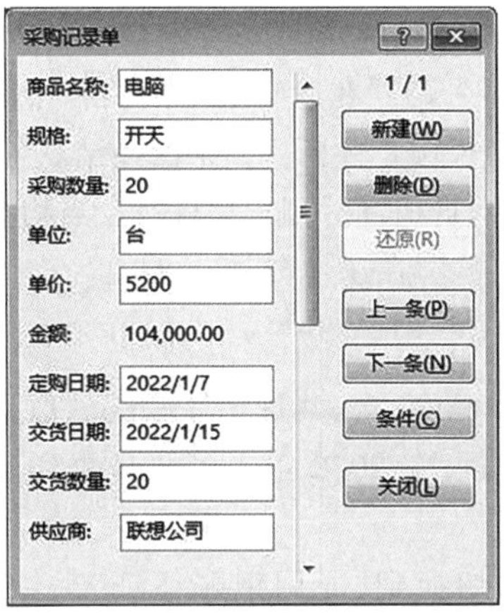

图 10-29　记录单功能

图 10-30　采购记录单——输入数据

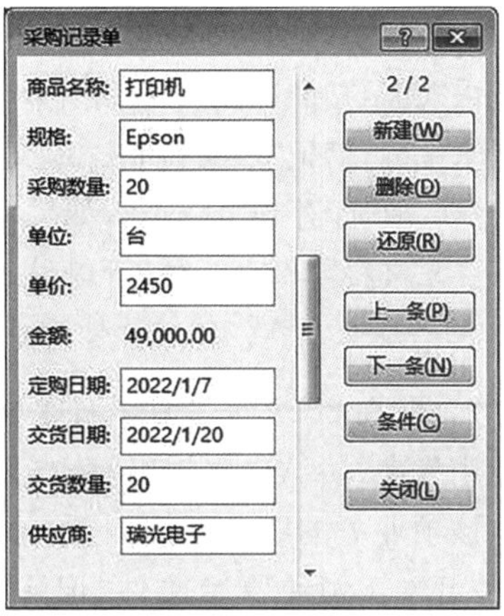

图 10-31　采购记录单——上一条

（15）单击"关闭"按钮，关闭该对话框，此时系统就会自动在表格中添加刚刚输入的记录，如图 10-32 所示。

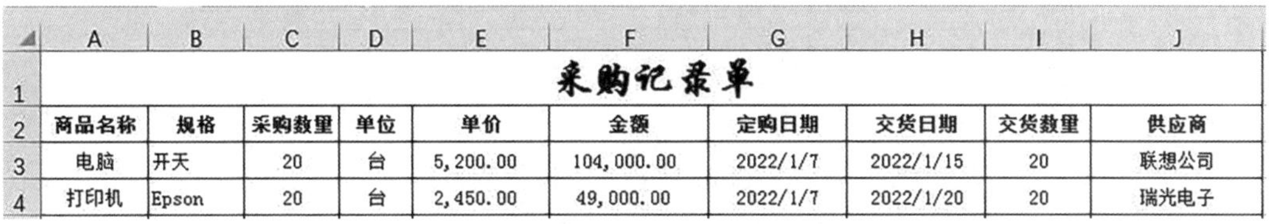

	A	B	C	D	E	F	G	H	I	J
1					采购记录单					
2	商品名称	规格	采购数量	单位	单价	金额	定购日期	交货日期	交货数量	供应商
3	电脑	开天	20	台	5,200.00	104,000.00	2022/1/7	2022/1/15	20	联想公司
4	打印机	Epson	20	台	2,450.00	49,000.00	2022/1/7	2022/1/20	20	瑞光电子

图 10-32　采购记录单

（16）使用"记录单"功能修改记录，选择单元格区域A2：J4，单击"记录单"按钮，弹出"采购记录单"对话框，此时显示记录清单中的第 1 条记录。

（17）单击"上一条"或者"下一条"按钮，或者拖滚动条查找要修改的记录，这里查找第 2 条记录。

（18）将"定购日期"文本框中的内容由"2022/1/7"更改为"2022/1/10"，将"交货日期"文本框中的内容由"2022/1/20"更改为"2022/1/25"，如图 10-33 所示。

（19）单击"关闭"按钮关闭该对话框，此时系统就会自动完成对记录的修改，如图 10-34 所示。

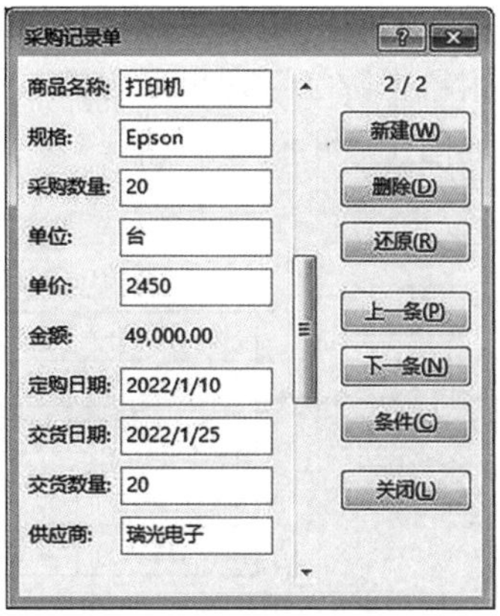

图 10-33　采购记录单

	A	B	C	D	E	F	G	H	I	J
1	采购记录单									
2	商品名称	规格	采购数量	单位	单价	金额	定购日期	交货日期	交货数量	供应商
3	电脑	开天	20	台	5,200.00	104,000.00	2022/1/7	2022/1/15	20	联想公司
4	打印机	Epson	20	台	2,450.00	49,000.00	2022/1/10	2022/1/25	20	瑞光电子

图 10-34　采购记录单

(20)选择单元格区域 A2:J4,在名称框中输入"采购明细"。

10.3.4　记账技巧——采购物资的账务处理

企业采购时,按照应支付的款项金额,借记"材料采购""在途物资"等科目,按照发票上注明的增值税额,借记"应交税费—应交增值税(进项税额)"科目。如果已经结算了货款,贷记"银行存款"或"库存现金"科目;如果货款尚未支付,贷记"应付账款"科目。当物资验收入库时,借记"原材料""库存商品"等科目,贷记"材料采购""在途物资"等科目。

1. 货款已付、验收入库的账务处理

例如,企业在 2022 年 1 月 7 日采购联想开天电脑 20 台,共计 104000 元,取得税率为 13% 的专用发票,货款已由银行存款(工商银行)支付,在 2022 年 1 月 7 日收到商品并验收入库。该项业务的账务处理如下:

(1)打开本实例的原始文件"记账凭证. xlsx",切换到"通用记账凭证"工作表,如图 10-35所示,然后删除该记账凭证中除了"科目名称"和借贷方金额的"合计"值之外的数据。

图 10-35　记账凭证 1

(2)在"通用记账凭证"工作表中输入记账凭证的凭证号"3"、制单日期"2022-1-7"和附单据数"2"(这里所附的单据为从供应商处取得的"采购专用发票"和银行结算凭证),如图 10-36 所示。

图 10-36　记账凭证 2

(3)输入记账凭证的主体部分。输入摘要"采购联想开天电脑",会计分录借方科目代码为"1401"和"22210101",贷方科目代码为"100202",随即"科目名称"列中会自动显示出与"科目代码"相对应的"科目名称",如图 10-37 所示。

记 账 凭 证

凭证号：0003		制单日期：2022-1-7	附单据数：2	

摘　要	科目代码	科　目　名　称	借方金额	贷方金额
采购联想开天电脑	1401	材料采购		
采购联想开天电脑	22210101	应交税费——应交增值税（进项税额）		
采购联想开天电脑	100202	银行存款——工商银行		

票号 日期		数量 单价	合计：	¥0.00	¥0.00
备注	项目 客户	部门 业务员	个人		
	记账：	审核：	出纳：	制单：	

图 10-37　记账凭证 3

(4)输入借贷方金额。借方"材料采购"的金额为"104000","应交税费一应交增值税（进项税额）"的全额为"13520"（或者输入公式"＝K5＊13％"），贷方"银行存款一工商银行"的金额为"117520",会自动显示出借贷方金额的"合计"值,如图 10-38 所示。

记 账 凭 证

凭证号：0003		制单日期：2022/1/7	附单据数：2	

摘　要	科目代码	科　目　名　称	借方金额	贷方金额
采购联想开天电脑	1401	材料采购	¥104,000.00	
采购联想开天电脑	22210101	应交税费——应交增值税（进项税额）	¥13,520.00	
采购联想开天电脑	100202	银行存款——工商银行		¥117,520.00

票号 日期	采购发票 0000001 2022/1/5	数量 单价	20台 5200元	合计：	¥117,520.00	¥117,520.00
备注	项目 客户	部门 业务员	个人			
	记账：	审核：	出纳：	制单：		

图 10-38　记账凭证 4

(5)输入采购材料这一经济业务的补充信息和备注,如图 10-39 所示。

记 账 凭 证

凭证号：0003		制单日期：2022/1/7	附单据数：2	

摘　要	科目代码	科　目　名　称	借方金额	贷方金额
采购联想开天电脑	1401	材料采购	¥104,000.00	
采购联想开天电脑	22210101	应交税费——应交增值税（进项税额）	¥13,520.00	
采购联想开天电脑	100202	银行存款——工商银行		¥117,520.00

票号 日期	采购发票 0000001 2022/1/5	数量 单价	20台 5200元	合计：	¥117,520.00	¥117,520.00
备注	项目 客户	部门 业务员	个人			
	记账：	审核：	出纳：	制单：		

图 10-39　记账凭证 5

(6)切换到"记账凭证(打印格式)"工作表,此时该工作表中会自动显示"通用记账凭证"工作表中输入的记账信息,如图 10-40 所示。

图 10-40　"记账凭证(打印格式)"工作表

(7)将审核无误的记账凭证登记到"记账凭证汇总表"。切换到"记账凭证汇总表"工作表,输入"日期"、"凭证号"和"摘要",如图 10-41 所示。

记账凭证汇总表

日期	凭证号	摘　要	科目代码	账户名称	总账代码	总账科目	借方金额	贷方金额
2022/1/1	0001	提取备用金	1001	库存现金	1001	库存现金	¥2,000.00	
2022/1/1	0001	提取备用金	100201	银行存款——建设银行	1002	银行存款		¥2,000.00
2022/1/3	0002	报销招待费	6601	销售费用	6601	销售费用	¥750.00	
2022/1/3	0002	报销招待费	1001	库存现金	1001	库存现金		¥750.00
2022/1/7	0003	采购联想天开电脑						
2022/1/7	0003	采购联想天开电脑						
2022/1/7	0003	采购联想天开电脑						

图 10-41　记账凭证汇总表 1

(8)选中单元格 E6,将鼠标指针移到该单元格的右下角,当指针变成十形状时按住鼠标左键不放,向下拖至单元格 E9 后释放鼠标,即可将单元格 E6 中的数据验证填充到单元格区域 E7:E9 中,然后分别从下拉列表中选择相应的"科目代码",如图 10-42 所示。

记账凭证汇总表

日期	凭证号	摘　要	科目代码	账户名称	总账代码	总账科目	借方金额	贷方金额
2022/1/1	0001	提取备用金	1001	库存现金	1001	库存现金	¥2,000.00	
2022/1/1	0001	提取备用金	100201	银行存款——建设银行	1002	银行存款		¥2,000.00
2022/1/3	0002	报销招待费	6601	销售费用	6601	销售费用	¥750.00	
2022/1/3	0002	报销招待费	1001	库存现金	1001	库存现金		¥750.00
2022/1/7	0003	采购联想天开电脑	1401					
2022/1/7	0003	采购联想天开电脑	22210101					
2022/1/7	0003	采购联想天开电脑	100202					

图 10-42　记账凭证汇总表 2

(9)选中单元格区域 F6:H6,将鼠标指针移到单元格 H6 的右下角,当鼠标指针变成十形状时按住鼠标左键不放,向下拖至单元格 H9 后释放鼠标,即可将单元格区域 F6:H6 中的公式填充到单元格区域 F7:H9 中,随即返回相应的计算结果,如图 10-43 所示。

记账凭证汇总表

日期	凭证号	摘要	科目代码	账户名称	总账代码	总账科目	借方金额	贷方金额
2022/1/1	0001	提取备用金	1001	库存现金	1001	库存现金	¥2,000.00	
2022/1/1	0001	提取备用金	100201	银行存款－－建设银行	1002	银行存款		¥2,000.00
2022/1/3	0002	报销招待费	6601	销售费用	6601	销售费用	¥750.00	
2022/1/3	0002	报销招待费	1001	库存现金	1001	库存现金		¥750.00
2022/1/7	0003	采购联想天开电脑	1401	材料采购	1401	材料采购		
2022/1/7	0003	采购联想天开电脑	22210101	应交税费－－应交增值税（进项税额）	2221	应交税费		
2022/1/7	0003	采购联想天开电脑	100202	银行存款－－工商银行	1002	银行存款		

图 10-43　记账凭证汇总表 3

（10）输入借贷方金额，然后选中单元格区域 I6:J6，将鼠标指针移到单元格 J6 的右下角，当指针变成十形状时按住鼠标左键不放，向下拖至单元格 J9 后释放鼠标，接着单击"自动填充选项"按钮，在弹出的下拉列表中选中"仅填充格式"单选钮，如图 10-44 所示。

图 10-44　记账凭证汇总表 4

（11）可将单元格区域 I6:J6 中的格式填充到单元格区域 I7:J9 中。然后在通用记账凭证表中取对应的借方金额和贷方金额，如图 10-45 所示。

记账凭证汇总表

日期	凭证号	摘要	科目代码	账户名称	总账代码	总账科目	借方金额	贷方金额
2022/1/1	0001	提取备用金	1001	库存现金	1001	库存现金	¥2,000.00	
2022/1/1	0001	提取备用金	100201	银行存款－－建设银行	1002	银行存款		¥2,000.00
2022/1/3	0002	报销招待费	6601	销售费用	6601	销售费用	¥750.00	
2022/1/3	0002	报销招待费	1001	库存现金	1001	库存现金		¥750.00
2022/1/7	0003	采购联想天开电脑	1401	材料采购	1401	材料采购	¥104,000.00	
2022/1/7	0003	采购联想天开电脑	22210101	应交税费－－应交增值税（进项税额）	2221	应交税费	¥13,520.00	
2022/1/7	0003	采购联想天开电脑	100202	银行存款－－工商银行	1002	银行存款		¥117,520.00

图 10-45　记账凭证汇总表 5

（12）选中单元格区域 B3:J9，按〈Ctrl〉+〈C〉组合键进行复制，然后切换到工作簿"日记账 1.xlsx"的"记账凭证汇总表"工作表中，选中单元格 B3，按〈Ctrl〉+〈V〉组合键进行粘贴。由于要复制的工作表中包含的名称与目标工作表相同，会弹出一个"Microsoft Excel"提示对话框，询问用户是否希望继续使用"科目代码"这个名称，如图 10-46 所示。

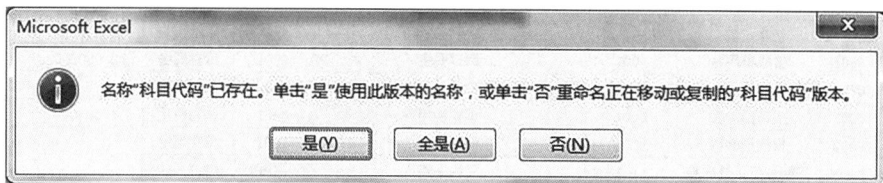

图 10-46　"Microsoft Excel"提示对话框

(13)如果单击是(Y)按钮,则保留目标工作表中的名称定义;如果单击否(N)按钮,则可重新定义目标工作表中的名称。此处,单击是(Y)按钮,接着会弹出一个"Microsoft Excel"提示对话框,询问用户是否希望继续使用总账科目这个名称,如图 10-47 所示。

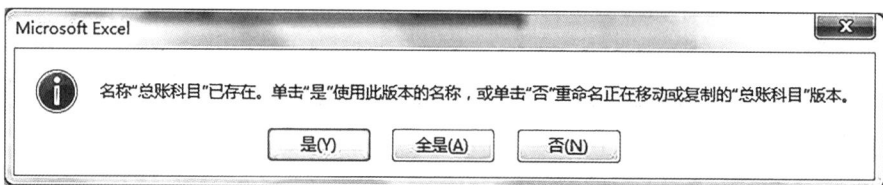

图 10-47　"Microsoft Excel"提示对话框

(14)单击是(Y)按钮即可将内容复制到工作表中,如图 10-48 所示。

记账凭证汇总表

日期	凭证号	摘要	科目代码	账户名称	总账代码	总账科目	借方金额	贷方金额
2022/1/1	0001	提取备用金	1001	库存现金	1001	库存现金	¥2,000.00	
2022/1/1	0001	提取备用金	100201	银行存款——建设银行	1002	银行存款		¥2,000.00
2022/1/3	0002	报销招待费	6601	销售费用	6601	销售费用	¥750.00	
2022/1/3	0002	报销招待费	1001	库存现金	1001	库存现金		¥750.00
2022/1/7	0003	购联想开天电	1401	材料采购	1401	材料采购	¥104,000.00	
2022/1/7	0003	购联想开天电	22210101	应交税费——应交增值税(进项税额)	2221	应交税费	¥13,520.00	
2022/1/7	0003	购联想开天电	100202	银行存款——工商银行	1002	银行存款		¥117,520.00

图 10-48　日记账——记账凭证汇总表

物资验收入库时进行账务处理的具体步骤如下:

(1)打开本实例的原始文件"记账凭证 2.xlsx",切换到"通用记账凭证"工作表,然后删除该工作表中除了"科目名称"和借贷方金额的"合计值"之外的数据,如图 10-49 所示。

图 10-49　记账凭证一

（2）在"通用记账凭证"工作表中输入记账凭证号"4"、制单日期"2022/1/7"附单据数
"1"（这里所附单据为"入库单"，将在 10.5.3 介绍），如图 10-50 所示。

记 账 凭 证

凭证号：　0004　　　　制单日期：　2022-1-7　　　　附单据数：　1

摘　　要	科目代码	科 目 名 称	借方金额	贷方金额

票号日期		数量单价		合计：	¥0.00	¥0.00
备注	项　目客　户	部　门业务员	个　人			

记账：　　　　审核：　　　　出纳：　　　　制单：

图 10-50　记账凭证二

（3）输入记账凭证的主体部分。输入摘要"商品入库"，会计分录借方科目代码为
"1406"，贷方科目代码为"1401"，随即"科目名称"列中会自动显示与"科目代码"相对应
的"科目名称"，如图 10-51 所示。

记 账 凭 证

凭证号：　0004　　　　制单日期：　2022-1-7　　　　附单据数：　1

摘　　要	科目代码	科 目 名 称	借方金额	贷方金额
商品入库	1406	库存商品		
商品入库	1401	材料采购		

票号日期		数量单价		合计：	¥0.00	¥0.00
备注	项　目客　户	部　门业务员	个　人			

记账：　　　　审核：　　　　出纳：　　　　制单：

图 10-51　记账凭证三

（4）输入借贷方金额。借方"库存商品"的金额为售价"112000 元"，贷方"材料采购"
的金额为"104000"，"商品进销差价"为"8000 元"，随即会自动显示借贷方金额的"合计"
值，如图 10-52 所示。

记 账 凭 证

凭证号：　0004　　　　制单日期：　2022/1/7　　　　附单据数：　1

摘　　要	科目代码	科 目 名 称	借方金额	贷方金额
商品入库	1406	库存商品	¥112,000.00	
商品入库	1401	材料采购		¥104,000.00
商品入库	1410	商品进销差价		¥8,000.00

票号日期		数量单价		合计：	¥112,000.00	¥112,000.00
备注	项　目客　户	部　门业务员	个　人			

记账：　　　　审核：　　　　出纳：　　　　制单：

图 10-52　记账凭证四

(5)输入采购材料这一经济业务的补充信息和备注,如图10-53所示。

记 账 凭 证

凭证号:	0004		制单日期:	2022/1/7		附单据数:	1

摘　要	科目代码	科　目　名　称	借方金额	贷方金额
商品入库	1406	库存商品	¥112,000.00	
商品入库	1401	材料采购		¥104,000.00
商品入库	1410	商品进销差价		¥8,000.00

票号	入库单 0001						
日期	2022/1/9	数量	20台	合计:	¥112,000.00	¥112,000.00
		单价	5600			

备注	项　目		部　门		个　人	
	客　户		业务员			
	记账:		审核:	出纳:	制单:	

图 10-53　记账凭证五

(6)切换到"记账凭证(打印格式)"工作表,此时该工作表中会自动显示"通用记账凭证"工作表中输入的记账信息,如图10-54所示。

记 账 凭 证

凭证号:	0004		制单日期:	2022/1/7			附单据数:	1	

摘　要	科　目　名　称	借 方 金 额 亿 千万 百万 十万 万 千 百 十 元 角 分	贷 方 金 额 亿 千万 百万 十万 万 千 百 十 元 角 分
商品入库	库存商品	¥ 1 1 2 0 0 0 0 0	
商品入库	材料采购		¥ 1 0 4 0 0 0 0 0
商品入库	商品进销差价		¥ 8 0 0 0 0 0 0

票号	入库单 0001				
日期	2022/1/9	数量	20台	合计:	¥ 1 1 2 0 0 0 0 0	¥ 1 1 2 0 0 0 0 0
		单价	5600		

备注	项　目	部　门	个　人
	客　户	业务员	
	记账:	审核: 出纳:	制单:

图 10-54　"记账凭证(打印格式)"工作表

(7)切换到"记账凭证汇总表"工作表,将审核无误的记账凭证登记到"记账凭证汇总表",如图10-55所示。具体的操作步骤请参考"记账凭证.xlsx"中的"记账凭证汇总表"操作步骤。

记账凭证汇总表

日期	凭证号	摘　要	科目代码	账户名称	总账代码	总账科目	借方金额	贷方金额
2022/1/1	0001	提取备用金	1001	库存现金	1001	库存现金	¥2,000.00	
2022/1/1	0001	提取备用金	100201	银行存款――建设银行	1002	银行存款		¥2,000.00
2022/1/3	0002	报销招待费	6601	销售费用	6601	销售费用	¥750.00	
2022/1/3	0002	报销招待费	1001	库存现金	1001	库存现金		¥750.00
2022/1/7	0003	采购联想天开电脑	1401	材料采购	1401	材料采购	¥104,000.00	
2022/1/7	0003	采购联想天开电脑	22210101	应交税费――应交增值税（进项税额）	2221	应交税费	¥13,520.00	
2022/1/7	0003	采购联想天开电脑	100202	银行存款――工商银行	1002	银行存款		¥117,520.00
2022/1/9	0004	商品入库	1406	库存商品	1406	库存商品	¥112,000.00	
2022/1/9	0004	商品入库	1401	材料采购	1401	材料采购		¥104,000.00
2022/1/9	0004	商品入库	1410	商品进销差价	1410	商品进销差价		¥8,000.00

图 10-55　记账凭证汇总表

2.货款未付、验收入库的账务处理

例如,企业在 2022 年 1 月 10 日收到来购的 EPSON 打印机 20 台,共计 49000 元,已验收入库货款尚未支付,该业务的账务处理如下。

(1)收到物资时的账务处理

收到物资时进行账务处理的具体步骤如下:

①打开本实例的原始文件"记账凭证 3. xlsx",切换到"通用记账凭证"工作表,删除该工作表中除了"科目名称"和借贷方金额的"合计值"之外的数据,然后输入该业务的记账凭证,如图 10-56 所示。

图 10-56　记账凭证

②切换到"记账凭证(打印格式)"工作表,此时该工作表中自动显示"通用记账凭证"工作表中输入的记账信息,如图 10-57 所示。

图 10-57　"记账凭证(打印格式)"工作表

③切换到"记账凭证汇总表"工作表,将审核无误的记账凭证登记到"记账凭证汇总表",如图 10-58 所示。

(2)物资验收入库时的账务处理

物资验收入库时进行账务处理的具体步骤如下:

①打开本实例的原始文件"记账凭证 4. xlsx",切换到"通用记账凭证"工作表,删除该工作表中除了"科目名称"和借贷方金额的"合计值"之外的数据,然后输入该业务的记

图 10-58   记账凭证汇总表

日期	凭证号	摘 要	科目代码	账户名称	总账代码	总账科目	借方金额	贷方金额
2022/1/1	0001	提取备用金	1001	库存现金	1001	库存现金	¥2,000.00	
2022/1/1	0001	提取备用金	100201	银行存款－－建设银行	1002	银行存款		¥2,000.00
2022/1/3	0002	报销招待费	6601	销售费用	6601	销售费用	¥750.00	
2022/1/3	0002	报销招待费	1001	库存现金	1001	库存现金		¥750.00
2022/1/7	0003	采购联想天开电脑	1401	材料采购	1401	材料采购	¥104,000.00	
2022/1/7	0003	采购联想天开电脑	22210101	应交税费－－应交增值税（进项税额）	2221	应交税费	¥13,520.00	
2022/1/7	0003	采购联想天开电脑	100202	银行存款－－工商银行	1002	银行存款		¥117,520.00
2022/1/9	0004	商品入库	1406	库存商品	1406	库存商品	¥112,000.00	
2022/1/9	0004	商品入库	1401	材料采购	1401	材料采购		¥104,000.00
2022/1/9	0004	商品入库	1410	商品进销差价	1410	商品进销差价		¥8,000.00
2022/1/10	0005	商品入库	1406	库存商品	1406	库存商品	¥49,000.00	
2022/1/10	0005	采购EPSON打印机	22210101	应交税费－－应交增值税（进项税额）	2221	应交税费	¥6,370.00	
2022/1/10	0005	采购EPSON打印机	2202	应付账款	2202	应付账款		¥55,370.00

图 10-58   记账凭证汇总表

账凭证，如图 10-59 所示。

图 10-59   "通用记账凭证"工作表

②切换到"记账凭证（打印格式）"工作表，此时该工作表中会自动显示"通用记账凭证"工作表中输入的记账信息，如图 10-60 所示。

图 10-60   记账凭证（打印格式）

③切换到"记账凭证汇总表"工作表，将审核无误的记账凭证登记到"记账凭证汇总表"，如图 10-61 所示。

记账凭证汇总表

日期	凭证号	摘　要	科目代码	账户名称	总账代码	总账科目	借方金额	贷方金额
2022/1/1	0001	提取备用金	1001	库存现金	1001	库存现金	¥2,000.00	
2022/1/1	0001	提取备用金	100201	银行存款——建设银行	1002	银行存款		¥2,000.00
2022/1/3	0002	报销招待费	6601	销售费用	6601	销售费用	¥750.00	
2022/1/3	0002	报销招待费	1001	库存现金	1001	库存现金		¥750.00
2022/1/7	0003	采购联想天开电脑	1401	材料采购	1401	材料采购	¥104,000.00	
2022/1/7	0003	采购联想天开电脑	22210101	应交税费——应交增值税（进项税额）	2221	应交税费	¥13,520.00	
2022/1/7	0003	采购联想天开电脑	100202	银行存款——工商银行	1002	银行存款		¥117,520.00
2022/1/9	0004	商品入库	1406	库存商品	1406	库存商品	¥112,000.00	
2022/1/9	0004	商品入库	1401	材料采购	1401	材料采购		¥104,000.00
2022/1/9	0004	商品入库	1410	商品进销差价	1410	商品进销差价		¥8,000.00
2022/1/10	0005	商品入库	1406	库存商品	1406	库存商品	¥49,000.00	
2022/1/10	0005	采购EPSON打印机	22210101	应交税费——应交增值税（进项税额）	2221	应交税费	¥6,370.00	
2022/1/10	0005	采购EPSON打印机	2202	应付账款	2202	应付账款		¥55,370.00
2022/1/10	0006	商品入库	1406	库存商品	1406	库存商品	¥56,000.00	
2022/1/10	0006	商品入库	1401	材料采购	1401	材料采购		¥49,000.00
2022/1/10	0006	商品入库	1410	商品进销差价	1410	商品进销差价		¥7,000.00

图 10-61　记账凭证汇总表

10.3.5　按商品类别分析采购数据

对采购明细数据按商品进行分类汇总,有助于企业管理者及时、准确地了解每种商品在一定期间内的采购数量、金额、平均单价等信息。对于调整采购方式、寻找更好的采购渠道等决策提供基础信息,在 Excel 中可以通过创建数据透视表来满足。

下面介绍编制"采购——商品分析"表的方法。

某公司管理层要求按商品类别编制如图 10-62 所示的采购数据分析表,以了解每种商品的采购情况。

商品采购分析

2022年1月

商品名称	规格	数量	采购金额	采购平均单价
⊞ 打印机	Epson	20	49000	2450
⊞ 电脑	开天	20	104000	5200
总计		40	153000	3825

图 10-62　"进销存管理"工作簿

1. 创建数据透视表

(1)打开"第 10 章.xlsx"工作表,单击工作表标签插入按钮,插入一张工作表,双击该工作表标签,重命名为"采购——商品分析",如图 10-63 所示。

基本信息	采购申请单	采购记录单	采购——商品分析

图 10-63　重命名工表作"采购——商品分析"

(2)在单元格 B1 中输入"商品采购分析",合并并居中区域 B1:F1,设置字体为"华文中宋",字号为"20",字体颜色"深蓝色",设置行高为"40",添加双底框线;选择区域 B2：F2,合并并居中,设置字体为"Arial",字号为"12",行高为"20",输入"2022-1"。

(3)选择区域 B2:F2,按〈Ctrl〉+〈I〉组合键,打开"设置单元格格式"对话框,转到"数字"选项卡,在"分类"列表框中选择"日期",在"类型"列表框中选择"2012 年 1 月"格式,

如图 10-64 所示,单击"确定"按钮,关闭对话框,完成对日期格式的设置,日期显示为
"2022 年 1 月"。

图 10-64 "设置单元格格式"对话框

(4)选择单元格 H2,选择"插入"→"表格"→"数据透视表"命令,打开如图 10-65 所示
的"创建数据透视表"对话框。

(5)在"请选择要分析的数据"中勾选"选择一个表或区域",在其后的公式栏内输入
"采购明细",单击"确定"按钮,弹出如图 10-66 所示的"数据透视表字段列表"对话框。

图 10-65 "创建数据透视表"对话框

图 10-66 "数据透视表字段列表"对话框

（6）在"选择要添加到报表的字段"列表中将"商品名称""规格"字段拖动到"行标签"区域，将"采购数量""金额"字段拖动到"数值"区域，在工作表中显示如图 10-67 所示的界面。

图 10-67　"选择要添加到报表的字段"列表

（7）单击数据透视表中的任一单元格，选择"数据透视表工具"→"设计"→"布局"→"报表布局"命令，打开如图 10-68 所示的下拉菜单。

（8）选择"以表格形式显示"选项，数据透视表显示如图 10-69 所示的效果。

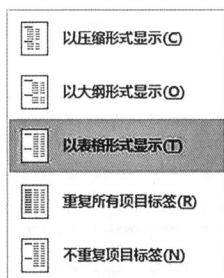

图 10-68　"报表布局"下拉菜单

图 10-69　以表格的形式显示数据透视表

（9）单击数据透视表中的任一单元格，选择"数据透视表工具"→"设计"→"布局"→"分类汇总"→"不显示分类汇总"命令，数据透视表显示如图 10-70 所示的效果。

图 10-70　不显示分类汇总后的数据透视表

（10）选择"数据透视表工具"→"分析"→"计算"→"字段、项目和集"→"计算字段"命令，显示如图 10-71 所示的"插入计算字段"对话框。

图 10-71 "插入计算字段"对话框

(11)在"名称"文本框中输入"平均单价",在"公式"文本框中输入"＝金额/销售数量",单击"确定"按钮,返回工作表界面,完成对数据透视表的创建,工作表中显示如图 10-72 所示的效果。

图 10-72 插入"采购平均单价"字段

(12)将单元格 D4、E4、F4 中的标题分别改为"数量""采购金额""采购平均单价",完成对数据透视表的创建。

2.优化数据透视表

创建上述数据透视表后,可以对其进行进一步的优化和数据格式设置,具体步骤如下:

(1)选择"数据透视表工具"→"设计"→"数据透视表样式"命令,如图 10-73 所示,在样式功能组中选择合适的表样式;选择区域 B3:F10,转到"开始"选项卡,单击"字体"功能区中的"居中显示"按钮,居中显示数据透视表内的内容。

(2)选择 D 列至 F 列,转到"开始"选项卡,单击"数字"功能区中"千分位分隔符"按钮,如图 10-74 所示,设置所选区域内的数据格式。

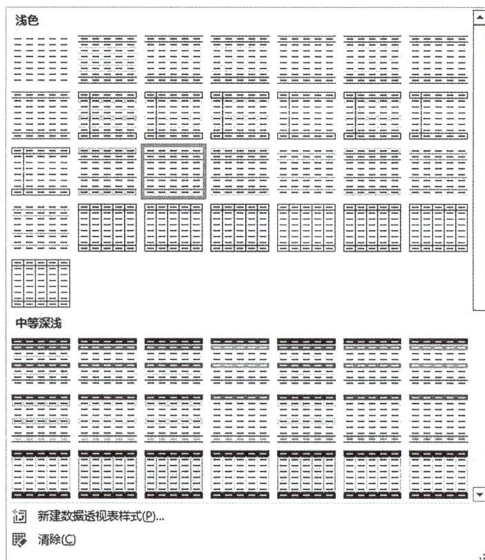

图 10-73 "数据透视表样式"命令

图 10-74 设置数据格式

284

（3）将单元格指针移动到 B 列至 F 列的列字母之间，变成左右拉伸形状之后，单击并拖动，将单元格区域 B 列至 F 列调整到合适的宽度。完成对数据透视表的优化，显示如图 10-75 所示的效果。

	商品采购分析			
	2022年1月			
商品名称	规格	数量	采购金额	采购平均单价
⊟打印机	Epson	20.00	49,000.00	2,450.00
⊟电脑	开天	20.00	104,000.00	5,200.00
总计		40.00	153,000.00	3,825.00

图 10-75 "商品采购分析"表

提示：更改公式的重新计算、迭代或精度

若要有效地使用公式[公式：单元格中的一系列值、单元格引用、名称或运算符的组合，可生成新的值。公式总是以等号（＝）开始]，需要了解以下三个重要事项：

①计算就是先计算公式，然后在包含公式的单元格中显示结果值的过程。为避免不必要的计算，只有在公式所依赖的单元格发生更改时，Microsoft Office Excel 才会自动重新计算公式。第一次打开工作簿以及编辑工作簿时，都会默认执行重新计算。但是，可以控制 Excel 重新计算公式的时间和方式。

②迭代就是对工作表进行重复的计算，直到满足特定的数字条件为止。Excel 不能自动计算这样一个公式，该公式直接或间接引用了包含该公式的单元格，这叫作循环引用。如果一个公式引用了自身所在的某个单元格，那么必须确定该公式应该重新计算多少次。循环引用可以无限迭代。但是，可以控制最大迭代次数和可接受的改变量。

③精度是对计算值精确度的度量。Excel 采用 15 个有效数字的精度进行存储和计算。但是，可以更改计算的精度，以使 Excel 在重新计算公式时使用显示值而不是存储值。

10.3.6 使用图形分析采购数据

为了将采购金额按商品类别分类，并以更直观的方式反映出来，可以使用 Excel 中的图形来表示。下面介绍创建"采购商品占比分析"饼图的方法。

公司管理层要求编制的图形能反映各类商品采购比例，因此编制如图 10-76 所示的饼图。

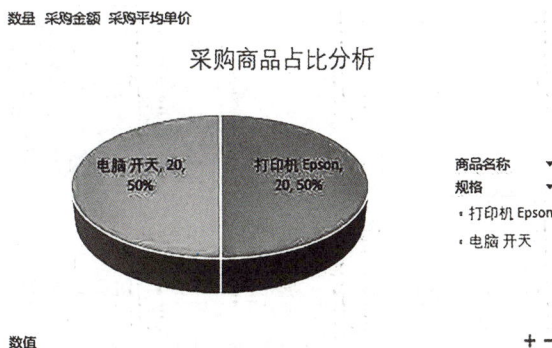

图 10-76 "采购商品占比分析"饼图

具体制作步骤如下。

（1）激活"采购—商品分析"工作表，单击数据透视表的任一单元格，选择"插入"→"图表"→"饼图"命令，插入如图 10-77 所示的图形。

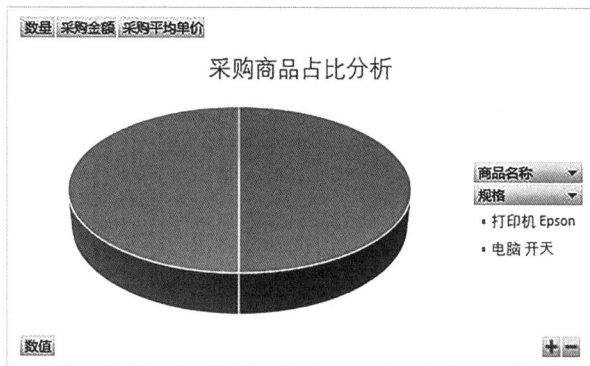

图 10-77　"采购商品占比分析"饼图

（2）单击图表，点击"＋"，勾选"数据标签"，如图 10-78 所示，在饼图内添加数据标签。

（3）单击饼图内的任一数据标签，右键单击，在打开的快捷菜单中选择"设置数据标签格式"命令，打开如图 10-79 所示的"设置数据标签格式"对话框。

图 10-78　"数据标签"命令

（4）在"标签选项"选项卡的"标签包括"功能组中选择"类别名称""百分比""显示引导线"复选框，单击"关闭"按钮，关闭对话框，返回工作表界面，饼图显示如图 10-80 所示的效果。

图 10-79　"设置数据标签格式"对话框

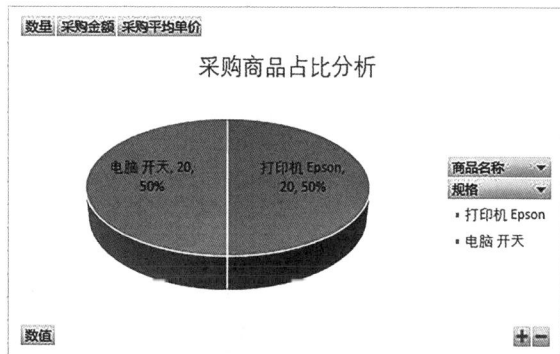

图 10-80　饼图添加数据标签后的效果

（5）选中图表，单击"数据透视图工具"→"格式"选项卡，在"形状样式"功能组中选择"形状填充"命令，在下拉菜单中选择"纹理"→"纸莎草纸"命令；选择"形状效果"命令，在下列菜单中选择"发光"组中的合适样式。对图表进行优化后的效果如图 10-81所示。

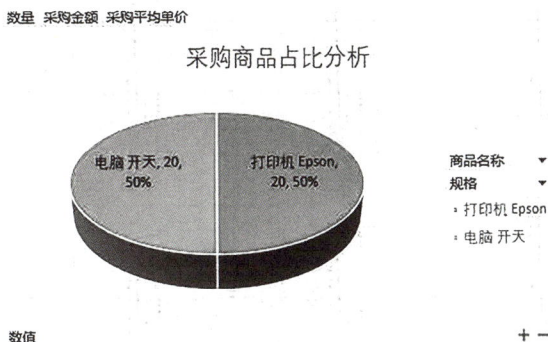

数量　采购金额　采购平均单价

采购商品占比分析

电脑 开天, 20,
50%

打印机 Epson,
20, 50%

商品名称　▼
规格　　　▼

‧打印机 Epson
‧电脑 开天

数值

图 10-81　优化后的饼图效果

10.4　销售管理

10.4.1　创建销售记录单

一般情况下,企业中的销售数据主要是以流水账的形式记录的,因此可以创建销售记录单以便于管理,如图 10-82 所示。

	A	B	C	D	E	F	G	H	I
1	销售记录单								
2	销售日期	商品名称	规格	单位	销售数量	单价	金额	销售员	供应商
3	2022/1/10	打印机	Epson	台	20	2,450.00	49,000.00	李小七	美灵公司
4	2022/1/5	电脑	开天	台	10	5,200.00	52,000.00	陈十一	晓晓便利店
5	2022/1/5	电脑	开天	台	5	5,200.00	26,000.00	陈十一	南宝打印店
6	1900/1/5	电脑	开天	台	5	5,200.00	26,000.00	陈十一	美祥广告店

图 10-82　采购记录单

创建销售记录单的具体步骤如下:

(1)打开本实例的“第 10 章.xlsx”,使工作表“采购记录单”处于激活状态,在其工作表标签上按住鼠标左键不放,同时按住〈Ctrl〉键不放,此时指针变成“井”形状,同时工作表标签的左上角会出现一个黑色的小三角符号。

(2)拖动鼠标到工作表标签“采购记录单”的后面释放鼠标,然后松开〈Ctrl〉键,即可将“采购记录单”工作表复制到原工作表的后面,系统默认其名称为“采购记录单(2)”,如图 10-83 所示。

(3)清除单元格内容,将“采购记录单(2)工作表”重命名为“销售记录单”,选择单元格区域 A3:J4,单击鼠标右键,在弹出的快捷菜单中选择“清除内容”菜单项(或者按〈Delete〉键),如图 10-84 所示。

图 10-83　采购记录单(2)

图 10-84　清除内容操作

（4）随即系统会自动清除单元格内容，但保留用户设置的单元格格式，在 A1 单元格中填充标题"销售记录单"和列标题，如图 10-85 所示。

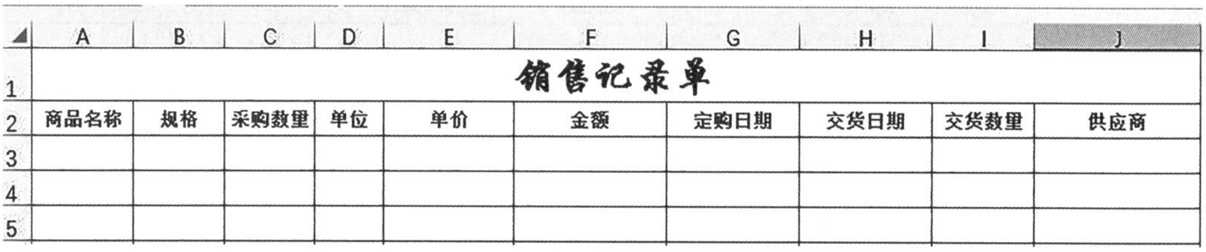

图 10-85　销售记录单

（5）删除多余的列。选中 I 列中任何一单元格，单击鼠标右键，在弹出的快捷菜单中选择"删除"菜单项，如图 10-86 所示。

（6）随即选中的 I 列被删除，其右侧的列则依次左移。

（7）拆分单元格。选中后合并的单元格 A1，切换到"开始"选项卡，在"对齐方式"组中单击"合并后居中"按钮，如图 10-87 所示。

图 10-86　删除多余的列

图 10-87　拆分单元格

（8）返回工作表,此时合并的单元格已被拆分为多个单元格,效果如图 10-88 所示。

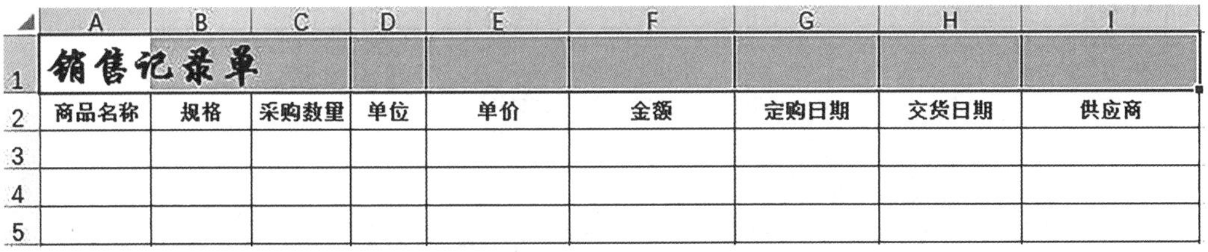

图 10-88　拆分单元格

（9）使用快捷菜单改变列的次序。选中要调整的列,例如选中 D 列,按〈Ctrl〉＋〈X〉组合键,然后选中 C 列,单击鼠标右键,在弹出的快捷菜单中选择"插入剪切的单元格"菜单项,如图 10-89 所示。

（10）即可在 C 列前面插入原来的 D 列,原来的列则依次右移,列次序改变操作完成,效果如图10-90 所示。

图 10-89　"插入剪切的单元格"菜单项

	A	B	C	D	E	F	G	H	I
1	销售记录单								
2	商品名称	规格	单位	采购数量	单价	金额	定购日期	交货日期	供应商
3									
4									
5									

图 10-90 调整列的次序

(11)使用鼠标拖动改变列的次序。选中要调整的 G 列,将鼠标指针移动到 H 列左侧的边框上,当指针变成实形状时按住鼠标左键不放,同时按住〈Shift〉键,然后向目标位置移动。

(12)拖动鼠标指针到 A 列前释放,然后松开〈Shift〉键,随即原来的 G 列变为 A 列,原来的 A 列则向右移变成了 B 列,列次序改变完成。同时,将“定购日期”改为“销售日期”、“采购数量”改为“销售数量”、“交货日期”改为“销售员”,如图 10-91 所示。

	A	B	C	D	E	F	G	H	I
1		销售记录单							
2	销售日期	商品名称	规格	单位	销售数量	单价	金额	销售员	客户
3									
4									
5									
6									

图 10-91 调整列的次序

(13)设置“金额”列公式。在单元格 G3 中输入以下公式:“=IF(AND(B3="",E3="",F3=""),"",E3*F3)”,按〈Enter〉键完成输入,并将公式不带格式填充到下面的单元格,如图 10-92 所示。

G3 =IF(AND(B3="",E3="",F3=""),"",E3*F3)

	A	B	C	D	E	F	G	H	I
1		销售记录单							
2	销售日期	商品名称	规格	单位	销售数量	单价	金额	销售员	供应商
3									
4									

图 10-92 销售记录单

(14)选择 A 列至 H 列,单击“开始”→“对齐方式”→“合并并居中”。根据企业销售的实际情况,依次填写销售记录,如图 10-93 所示。

	A	B	C	D	E	F	G	H	I
1	销售记录单								
2	销售日期	商品名称	规格	单位	销售数量	单价	金额	销售员	供应商
3	2022/1/10	打印机	Epson	台	20	2,450.00	49,000.00	李小七	美灵公司
4	2022/1/5	电脑	开天	台	10	5,200.00	52,000.00	陈十一	晓晓便利店
5	2022/1/5	电脑	开天	台	5	5,200.00	26,000.00	陈十一	南宝打印店
6	1900/1/5	电脑	开天	台	5	5,200.00	26,000.00	陈十一	美祥广告店

图 10-93 销售记录单

(15)选择单元格区域 A2:I6,在名称框中输入"销售明细"。

10.4.2　按商品类别分析销货数据

对销货数据按照商品类别分类汇总,有助于管理者了解在一定时期内每种商品销量的数量、金额、平均单价,对于做出调整销售结构、销售价格等销售决策有重要用途。在 Excel 中,可以通过创建数据透视表来满足这一要求。

公司管理层要求按商品分类编制如图 10-94 所示的销货数据分析表,以了解每种商品的销货情况。

	商品销售分析				
		2022年1月			
商品名称 ▼	规格 ▼	销货数量	销货金额	销货平均售价	
⊟打印机	Epson	20.00	49,000.00	2,450.00	
⊟电脑	开天	20.00	104,000.00	5,200.00	
总计		40.00	153,000.00	3,825.00	

图 10-94　商品销货分析表

1.创建数据透视表

(1)打开"进销存管理 2.xlsx"工作簿,单击工作表标签插入按钮,插入一张工作表,双击该工作表标签,重命名为"销售－商品分析",如图 10-95 所示。

销售记录单	销售-商品分析

图 10-95　重命名工作表

(2)在单元格 B1 中输入"商品销货分析",合并并居中区域 B1:F1,设置字体为"华文中宋",字号为"20",字体颜色"深蓝色",设置行高为"40",添加双底框线;选择区域 B2:F2,合并并居中,设置字体为"Arial",字号为"12",行高为"20",输入"2022-1"。

(3)选择区域 B2:F2,打开"设置单元格格式"对话框,转到"数字"选项卡,在"分类"列表框中选择"日期",在"类型"列表框中选择"2012 年 3 月"格式,如图 10-96 所示,单击"确定"按钮,关闭对话框,完成对日期格式的设置,日期显示为"2022 年 1 月"。

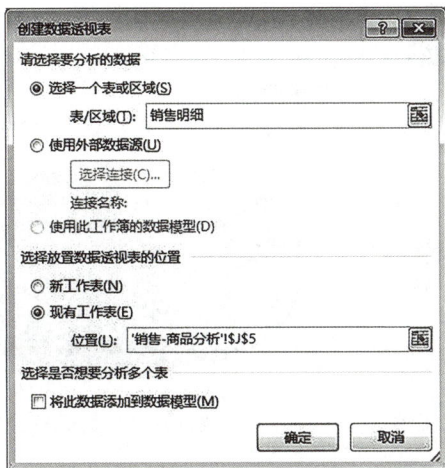

图 10-96　设置日期格式

（4）单元格 B3，选择"插入"→"表格"→"数据透视表"→"数据透视表"命令，打开如图 10-97 所示的"创建数据透视表"对话框。

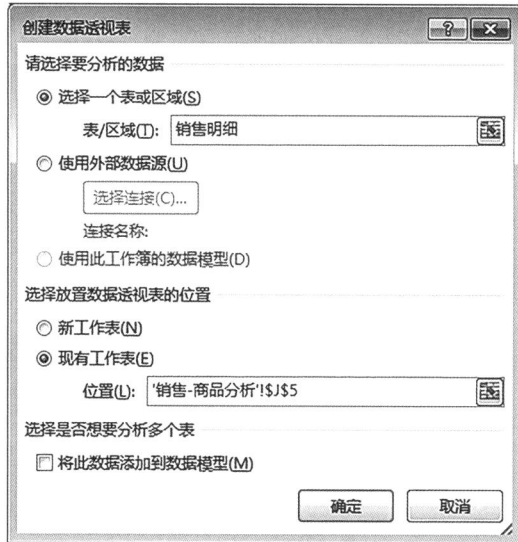

图 10-97 "创建数据透视表"对话框

（5）在"请选择要分析的数据"中勾选"选择一个表或区域"单选按钮，在其后的公式栏内输入"销售明细"，单击"确定"按钮，弹出"数据透视表字段列表"对话框。

（6）选择要添加到报表的字段，列表中将"商品名称""规格"字段拖动到"行标签"区域，将"销售数量""金额"字段拖动到"数值"区域，在工作表中显示如图 10-98 所示的界面。

图 10-98 拖动字段后的界面

（7）单击数据透视表中的任一单元格，选择"数据透视表工具"→"设计"→"布局"→"报表布局"→"以表格形式显示"命令，如图 10-99 所示。数据透视表效果如图 10-100 所示。

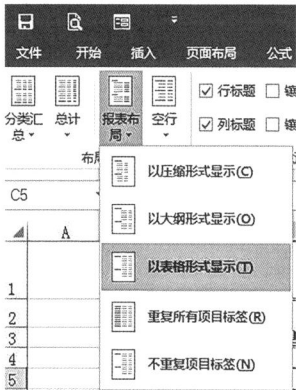

图 10-99 "以表格形式显示"命令

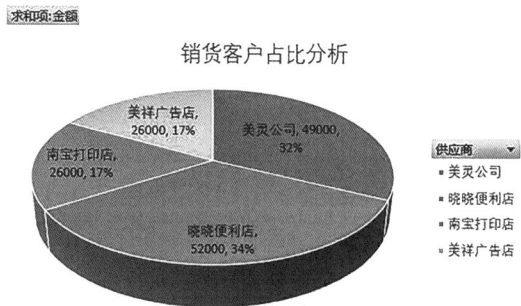

图 10-100 数据透视表效果

（8）单击数据透视表中的任一单元格，选择"数据透视表工具"→"设计"→"布局"→"分类汇总"→"不显示分类汇总"命令，数据透视表显示如图 10-101 所示的效果。

商品销售分析			
2022年1月			
商品名称	规格	求和项:销售数量	求和项:金额
⊟打印机	Epson	20	49000
⊟电脑	开关	20	104000
总计		40	153000

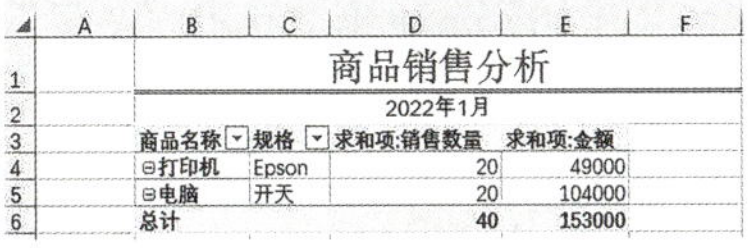

图 10-101　“不显示分类汇总”后的数据透视表

(9)选择“数据透视表工具”→“分析”→“计算”→“公式”→“字段、项目和集”→“计算字段”命令，显示如图 10-102 所示的“插入计算字段”对话框。

(10)在“名称”文本框中输入“平均售价”，在“公式”文本框中输入“=金额/销售数量”，单击“确定”按钮，返回工作表界面，完成对数据透视表的创建；将单元格 D3、E3、F3 中的标题分别改为“销货数量”“销货金额”“销货平均售价”，完成对数据透视表的创建。

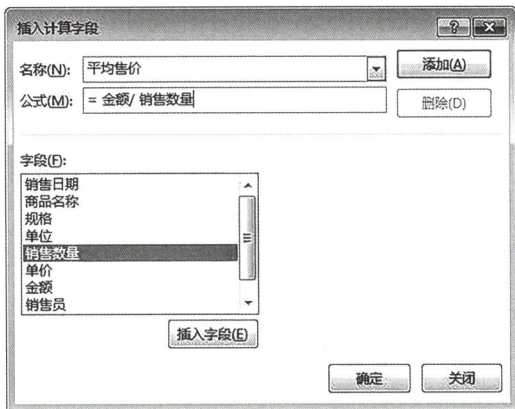

图 10-102　“插入计算字段”对话框

2. 优化数据透视表

创建上述数据透视表后，可以对其进行进一步的优化和数据格式设置，具体操作步骤如下：

(1)选择“数据透视表工具”→“设计”→“数据透视表样式”命令，如图 10-103 所示，在样式功能组中选择“数据透视表样式中等深度 13”，选择区域 B3:F6，转到“开始”选项卡，单击“字体”功能区中的“居中显示”按钮，居中显示数据透视表的内容。

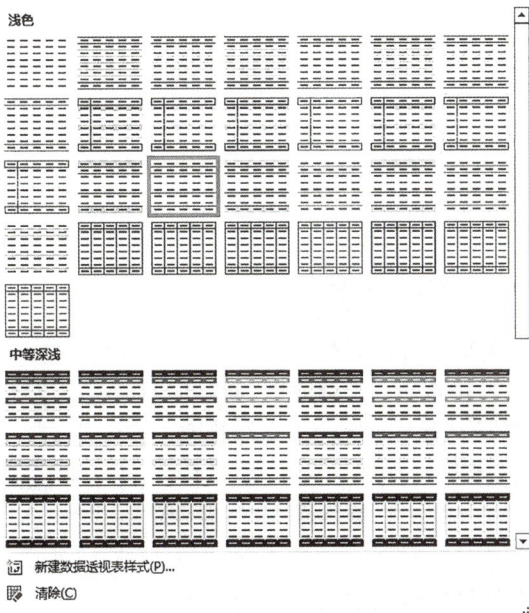

图 10-103　“数据透视表样式”命令

（2）选择 D 列至 F 列，转到"开始"选项卡，单击"数字"功能区中"千分位分隔符"按钮，设置所选区域内的数据格式。

（3）选择 B 列至 F 列，将单元格指针移动到 B 列至 F 列的列字母之间，变成左右拉伸形状之后，单击并拖动单元格区域 B 列至 F 列调整到合适的宽度。完成对数据透视表的优化，显示如图 10-104 所示的效果。

商品销售分析

商品名称	规格	2022年1月		
		销货数量	销货金额	销货平均售价
⊟打印机	Epson	20	49000	2450
⊟电脑	开天	20	104000	5200
总计		40	153000	3825

图 10-104 "商品销货分析"表

10.4.3 使用图形分析每个客户的销售额

销售明细按时间顺序记录了每笔销售的详细信息，管理层若想从客户的角度了解每个客户的销售情况，可以创建数据透视表，也可以直接使用数据透视图，以图表的方式更形象地显示出来。

公司管理层想了解每个客户在当期的销售情况，要求财务部编制饼图。下面介绍创建"销货客户占比分析"饼图的方法。

（1）打开"第 10 章.xlsx"工作簿，插入一张工作表，双击该工作表标签，重命名为"销货－客户占比分析"，选择单元格 B3，选择"插入"→"表格"→"数据透视表"→"数据透视图"命令，打开如图 10-105 所示的对话框。

（2）在"请选择要分析的数据"中勾选"选择一个表或区域"单选按钮，在其后的公式栏内输入"销售明细"，单击"确定"按钮，弹出如图 10-106 所示的"数据透视表字段列表"对话框和数据透视图筛选窗口。

图 10-105 创建数据透视表及数据透视图

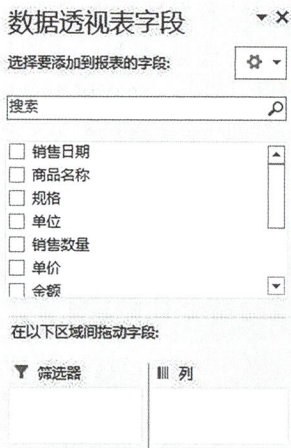

图 10-106 "数据透视表字段列表"对话框

（3）打开"数据透视表字段列表"对话框，将"供应商"字段拖动到"行字段"区域，将"金额"字段拖动到"数值"区域，工作表区域显示如图 10-107 所示的数据透视表。

（4）选择单元格区域"B4:C7"，单击"插入"→"图表"→"插入饼图或圆环图"命令，创建的数据透视图显示如图 10-108 所示的效果。

	A	B	C	D
1				
2				
3		行标签	求和项:金额	
4		美灵公司	49000	
5		晓晓便利店	52000	
6		南宝打印店	26000	
7		美祥广告店	26000	
8		总计	153000	
9				

图 10-107 数据透视表和数据透视图

求和项:金额

汇总

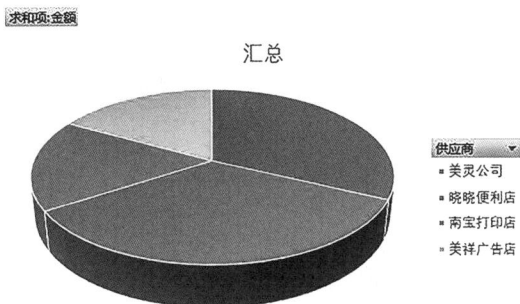

供应商

- 美灵公司
- 晓晓便利店
- 南宝打印店
- 美祥广告店

图 10-108　更改为饼图后的数据透视表

(5)更改图表标题为"销货客户占比分析",选择"数据透视图工具"→"设计"→"图表布局"→"添加图表元素"→"数据标签"→"数据标签内"命令,效果如图 10-109 所示。

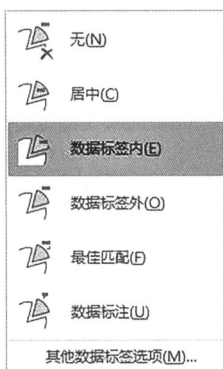

无(N)

居中(C)

数据标签内(E)

数据标签外(O)

最佳匹配(F)

数据标注(U)

其他数据标签选项(M)…

图 10-109　"数据标签内"命令

(6)选中图表内的数据标签,右键单击,在打开的快捷菜单中选择"设置数据标签格式"命令,打开"设置数据标签格式"对话框。

(7)在"标签选项"选项卡的"标签包括"功能组中,选择"类别名称""百分比""显示引导线"复选框,单击"关闭"按钮,关闭对话框,返回工作表界面,饼图显示如图 10-110 所示的效果。

求和项:金额

销货客户占比分析

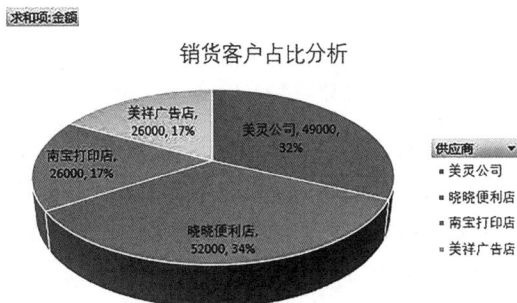

美祥广告店,
26000, 17%

南宝打印店,
26000, 17%

美灵公司, 49000,
32%

晓晓便利店,
52000, 34%

供应商

- 美灵公司
- 晓晓便利店
- 南宝打印店
- 美祥广告店

图 10-110　饼图添加数据标签后的效果

(8)选中图表,单击"数据透视图工具"→"格式"选项卡,在"形状样式"功能组中选择"形状填充"命令,在下拉菜单选择"纹理"→"纸莎草纸"命令,如图 10-111 所示;选择"形状效果"命令,在下拉菜单中选择"发光"组中的合适样式。

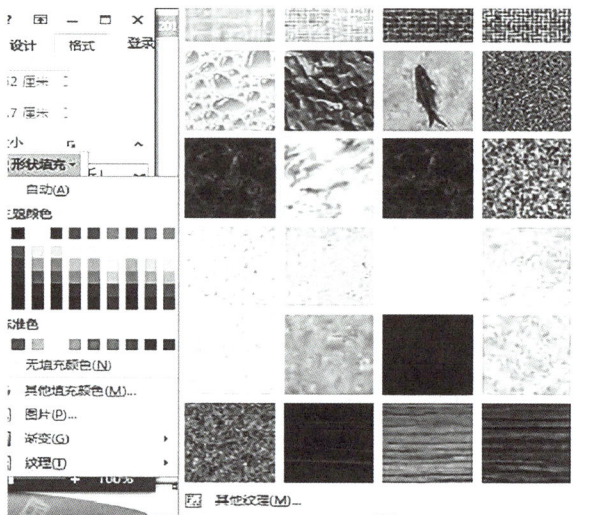

图 10-111 "纸莎草纸"命令

对图表进行优化后的效果如图 10-112 所示。

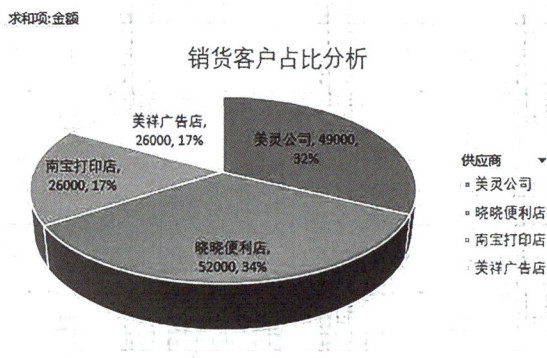

图 10-112 优化后的图表效果

10.4.4 记账技巧——销售商品的财务处理

企业销售商品应及时确认收入,并结转相关的销售成本。确认收入实现时,按照应收取的款项金额,贷记"应收账款"科目,贷记"主营业务收入"等科目,按照专用发票上注明的增值税税额,贷记"应交增值税(销售税额)"科目。结转销售成本时,按照商品的成本,借记"主营业务成本"科目,贷记"库存商品"科目。

例如,企业在 2022 年 1 月 10 日销售 30 台联想开天电脑,价值 168000 元,使用的增值税税率为 17%,该业务账务处理如下。

1. 确认收入现金时的账务处理

企业销售商品并确认收入实现时,进行账务处理的具体步骤如下:

（1）打开"进销存管理 5.xlsx"工作簿，切换到"通用记账凭证"工作表，删除该工作表中除了"科目名称"和借贷方金额的"合计值"之外的数据，然后输入该业务的记账凭证，如图 10-113 所示。

记 账 凭 证

凭证号：　　0007　　　制单日期：　　2022/1/10　　　附单据数：　　　1

摘　要	科目代码	科　目　名　称	借方金额	贷方金额
销售联想开天电脑	1122	应收账款	¥189,840.00	
销售联想开天电脑	6001	主营业务收入		¥168,000.00
销售联想开天电脑	22210102	应交税费－－应交增值税（销项税额）		¥21,840.00

票号	入库单 0002				
日期	2022/1/10	数量	30台	合计：	¥189,840.00　¥189,840.00
		单价	6328		
备注	项　目 客　户		部　门 业务员	个　人	
	记账：	审核：	出纳：	制单：	

图 10-113　记账凭证

（2）切换到"记账凭证（打印格式）"工作表，此时该工作表中会自动显示"通用记账凭证"工作表中输入的记账信息，如图 10-114 所示。

记 账 凭 证

凭证号：　0007　　　制单日期：　2022/1/10　　　附单据数：　　　1

摘　要	科　目　名　称	借方金额 亿 千 百 十 万 千 百 十 元 角 分	贷方金额 亿 千 百 十 万 千 百 十 元 角 分
销售联想开天电脑	应收账款	¥ 1 8 9 8 4 0 0 0	
销售联想开天电脑	主营业务收入		¥ 1 6 8 0 0 0 0 0
销售联想开天电脑	应交税费－－应交增值税（销项税额）		¥ 2 1 8 4 0 0 0

票号	入库单 0002					
日期	2022/1/10	数量	30台	合计：	¥ 1 8 9 8 4 0 0 0	¥ 1 8 9 8 4 0 0 0
		单价	6328			
备注	项　目 客　户		部　门 业务员		个　人	
	记账：	审核：	出纳：	制单：		

图 10-114　记账凭证（打印格式）工作表

（3）切换到"记账凭证汇总表"工作表，将审核无误的记账凭证登记到"记账凭证汇总表"，如图 10-115 所示。

记账凭证汇总表

日期	凭证号	摘　要	科目代码	账户名称	总账代码	总账科目	借方金额	贷方金额
2022/1/1	0001	提取备用金	1001	库存现金	1001	库存现金	¥2,000.00	
2022/1/1	0001	提取备用金	100201	银行存款－－建设银行	1002	银行存款		¥2,000.00
2022/1/3	0002	报销招待费	6601	销售费用	6601	销售费用	¥750.00	
2022/1/3	0002	报销招待费	1001	库存现金	1001	库存现金		¥750.00
2022/1/7	0003	采购联想天开电脑	1401	材料采购	1401	材料采购	¥104,000.00	
2022/1/7	0003	采购联想天开电脑	22210101	应交税费－－应交增值税（进项税额）	2221	应交税费	¥13,520.00	
2022/1/7	0003	采购联想天开电脑	100202	银行存款－－工商银行	1002	银行存款		¥117,520.00
2022/1/9	0004	商品入库	1406	库存商品	1406	库存商品	¥112,000.00	
2022/1/9	0004	商品入库	1401	材料采购	1401	材料采购		¥104,000.00
2022/1/9	0004	商品入库	1410	商品进销差价	1410	商品进销差价		¥8,000.00
2022/1/10	0005	商品入库	1406	库存商品	1406	库存商品	¥49,000.00	
2022/1/10	0005	采购EPSON打印机	22210101	应交税费－－应交增值税（进项税额）	2221	应交税费	¥6,370.00	
2022/1/10	0005	采购EPSON打印机	2202	应付账款	2202	应付账款		¥55,370.00
2022/1/10	0006	商品入库	1406	库存商品	1406	库存商品	¥56,000.00	
2022/1/10	0006	商品入库	1401	材料采购	1401	材料采购		¥49,000.00
2022/1/10	0006	商品入库	1410	商品进销差价	1410	商品进销差价		¥7,000.00
2022/1/10	0007	销售联想天开电脑	1122	应收账款	1122	应收账款	¥189,840.00	
2022/1/10	0007	销售联想天开电脑	6001	主营业务收入	6001	主营业务收入		¥168,000.00
2022/1/10	0007	销售联想天开电脑	22210102	应交税费－－应交增值税（销项税额）	2221	应交税费		¥21,840.00

图 10-115　"记账凭证汇总表"工作表

2. 结转销售成本时的账务处理

结转销售成本时进行账务处理的具体步骤如下：

(1)打开"记账凭证6.xlsx"文件,切换到"通用记账凭证"工作表,删除该工作表中除"科目名称"和借贷方金额的"合计值"之外的数据,然后输入该业务的记账凭证,如图10-116所示。

图 10-116　记账凭证

(2)切换到"记账凭证(打印格式)"工作表,此时该工作表中自动显示"通用记账凭证"工作表中输入的记账信息,如图10-117所示。

图 10-117　"记账凭证(打印格式)"工作表

(3)切换到"记账凭证汇总表"工作表,将审核无误的记账凭证登记上去。"记账凭证总表"工作表如图10-118所示。

记账凭证汇总表

日期	凭证号	摘要	科目代码	账户名称	总账代码	总账科目	借方金额	贷方金额
2022/1/1	0001	提取备用金	1001	库存现金	1001	库存现金	¥2,000.00	
2022/1/1	0001	提取备用金	100201	银行存款——建设银行	1002	银行存款		¥2,000.00
2022/1/3	0002	报销招待费	6601	销售费用	6601	销售费用	¥750.00	
2022/1/3	0002	报销招待费	1001	库存现金	1001	库存现金		¥750.00
2022/1/7	0003	采购联想天开电脑	1401	材料采购	1401	材料采购	¥104,000.00	
2022/1/7	0003	采购联想天开电脑	22210101	应交税费——应交增值税(进项税额)	2221	应交税费	¥13,520.00	
2022/1/7	0003	采购联想天开电脑	100202	银行存款——工商银行	1002	银行存款		¥117,520.00
2022/1/9	0004	商品入库	1406	库存商品	1406	库存商品	¥112,000.00	
2022/1/9	0004	商品入库	1401	材料采购	1401	材料采购		¥104,000.00
2022/1/9	0004	商品入库	1410	商品进销差价	1410	商品进销差价		¥8,000.00
2022/1/10	0005	商品入库	1406	库存商品	1406	库存商品	¥49,000.00	
2022/1/10	0005	采购EPSON打印机	22210101	应交税费——应交增值税(进项税额)	2221	应交税费	¥6,370.00	
2022/1/10	0005	采购EPSON打印机	2202	应付账款	2202	应付账款		¥55,370.00
2022/1/10	0006	商品入库	1406	库存商品	1406	库存商品	¥56,000.00	
2022/1/10	0006	商品入库	1401	材料采购	1401	材料采购		¥49,000.00
2022/1/10	0006	商品入库	1410	商品进销差价	1410	商品进销差价		¥7,000.00
2022/1/10	0007	销售联想天开电脑	1122	应收账款	1122	应收账款	¥189,840.00	
2022/1/10	0007	销售联想天开电脑	6001	主营业务收入	6001	主营业务收入		¥168,000.00
2022/1/10	0007	销售联想天开电脑	22210102	应交税费——应交增值税(销项税额)	2221	应交税费		¥21,840.00
2022/1/10	0008	结销售成本	6401	主营业务成本		主营业务成本	¥189,840.00	
2022/1/10	0008	结销售成本	1406	库存商品		库存商品		¥189,840.00

图 10-118　"记账凭证汇总表"工作表

10.4.5　销售数据分析

1.简单排序

简单排序是最常用的一种排序方法,即对数据列表中的某一列数据按照升序或者降序方式排序。

对"销售记录单"进行简单排序的具体操作步骤如下:

(1)使用按钮进行简单排序。打开本实例的原始文件"第 10 章.xlsx",切换到"销售记录单"工作表,选中"单价"列中的任意一个单元格,然后切换到了数据选项卡,在排序和筛选组中单击"降序排序"按钮(或者"升序排序"按钮),如图 10-119 所示。

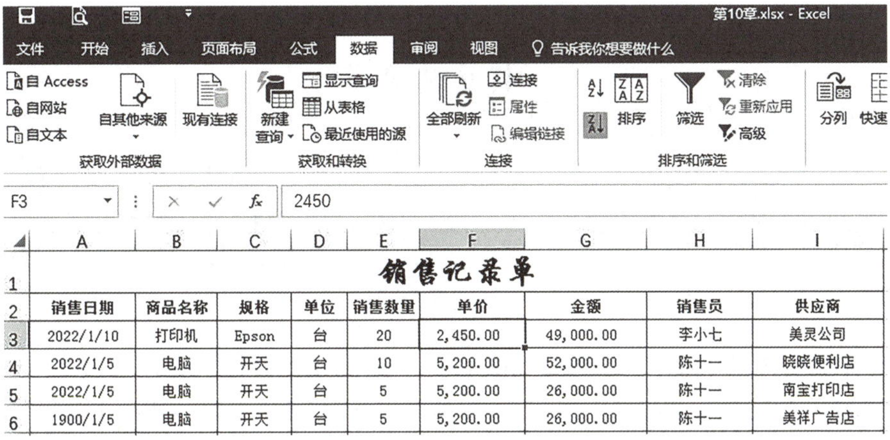

图 10-119　对"销售记录单"进行简单排序

(2)随即系统会自动地对"销售单价"进行升序排序(或者降序排序),如图 10-120所示。

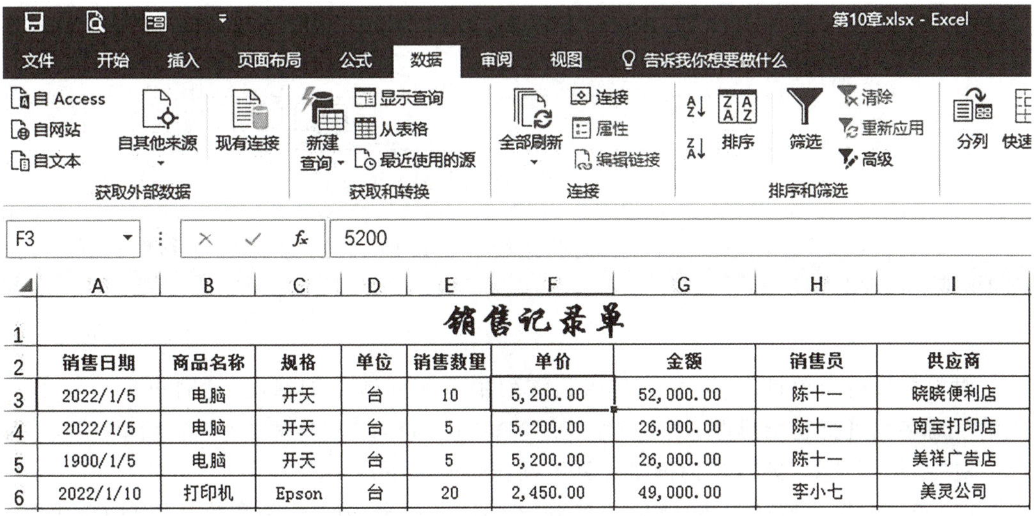

图 10-120　对"销售单价"进行降序排序(或者升序排序)

（3）使用对话框进行简单排序。这里对"金额"进行简单排序。选中数据区域中的任意一个单元格，然后切换到"数据"选项卡，在"排序和筛选"组中单击"排序"按钮，如图10-121所示。

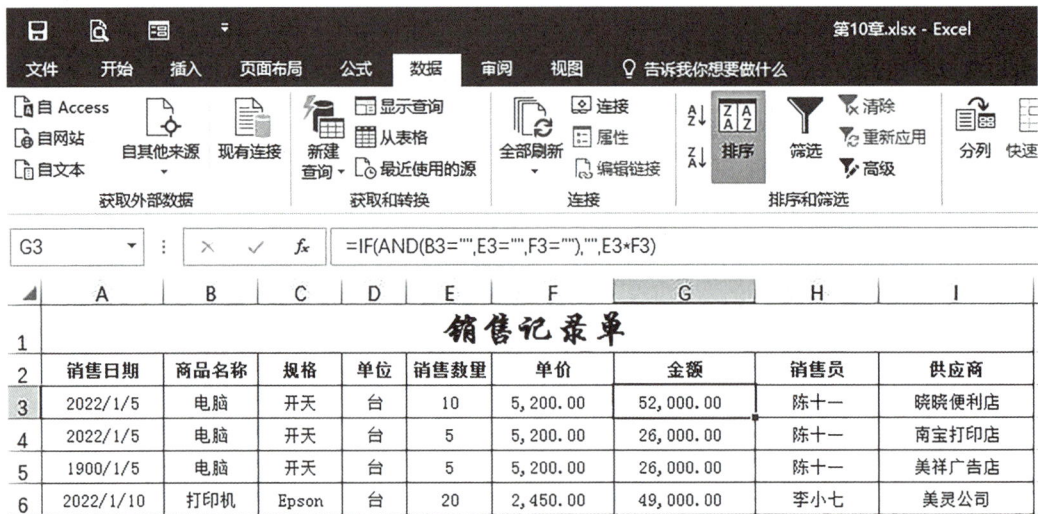

图 10-121　对"金额"进行简单排序

（4）弹出"排序"对话框，在"主要关键字"下拉列表中选择"金额"选项，在"排序依据"下拉列表中选择"数值"选项，在"次序"下拉列表中选择"升序"选项，如图10-122所示。

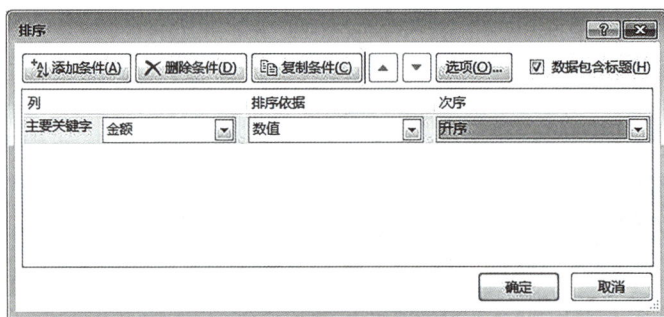

图 10-122　对"金额"进行简单排序

（5）单击"确定"按钮返回工作表，此时系统会自动地对"销售金额"进行升序排序，如图 10-123 所示。

2.复杂排序

对数据进行简单排序时，可能会遇到该列中有相同数据的情况，这时可以设置多个关键字对多列进行复杂排序。

对"销售记录单"进行复杂排序的具体操作步骤如下。

（1）选中数据区域 A2:I6，然后切换到"数据"选项卡，在"排序和筛选"组中单击"排序"按钮，如图 10-124 所示。

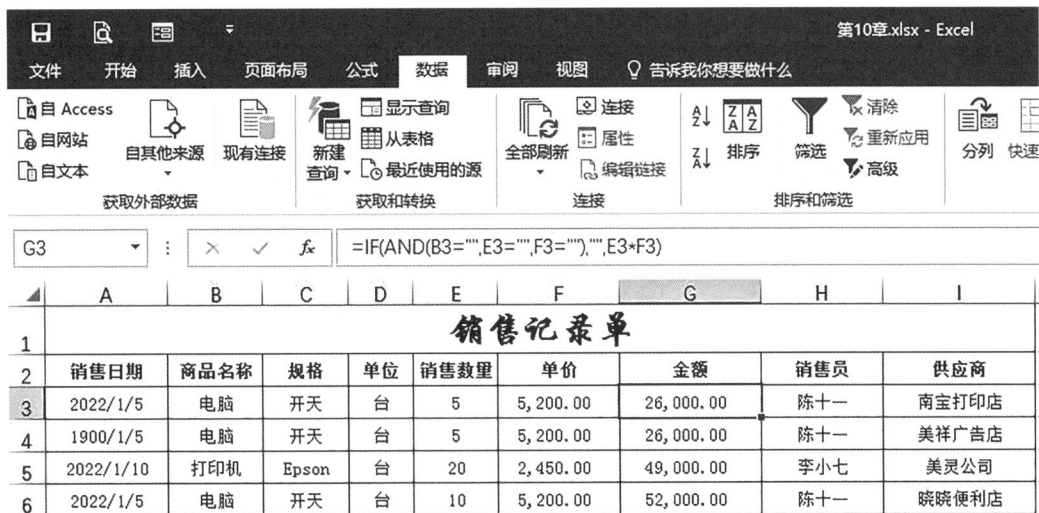

图 10-123　对"金额"进行升序排序

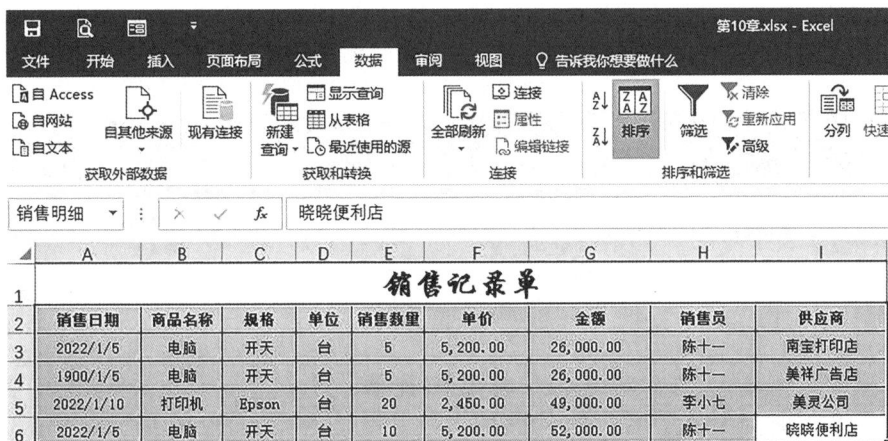

图 10-124　对"销售记录单"进行复杂排序

（2）弹出"排序"对话框，在"主要关键字"下拉列表中选择"单价"选项，在"排序依据"下拉列表中选择"数值"选项，在"次序"下拉列表中选择"升序"选项，如图 10-125 所示。

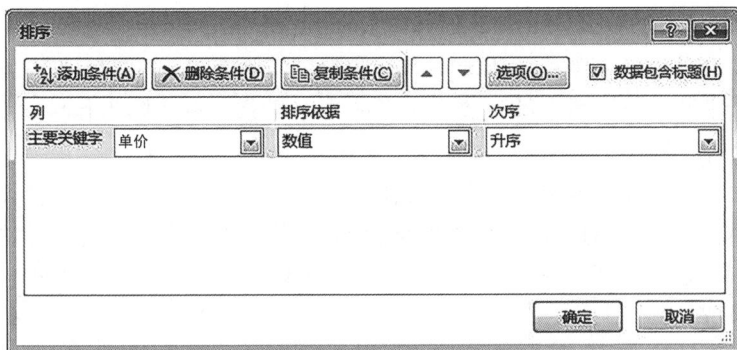

图 10-125　对"销售记录单"进行复杂排序

（3）单击添加条件按钮，即可在"主要关键字"下方添加"次要关键字"。在"次要关键字"下拉列表中选择"金额"选项，在其右侧的"排序依据"下拉列表中选择"数值"选项，在"次序"下拉列表中选择"降序"选项，如图10-126所示。

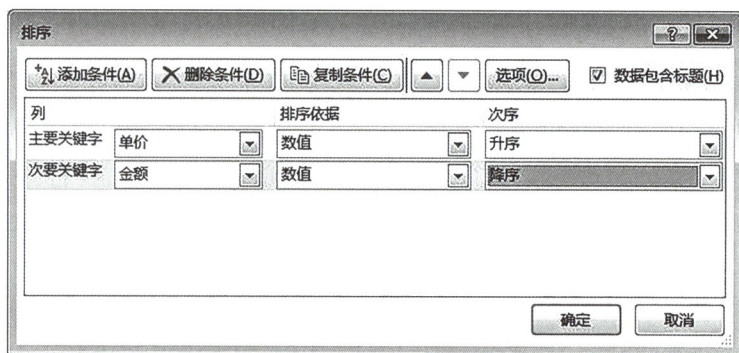

图10-126　对"销售记录单"进行复杂排序

（4）单击"确定"按钮，返回工作表，此时系统会自动地先对"单价"进行升序排序，如果"单价"相同，则对"金额"进行降序排序，如图10-127所示。

图10-127　对"销售单价"进行升序排序

3. 自定义排序

如果用户觉得简单排序和复杂排序都不能满足实际需要，可以自定义排序。系统默认的自定义排序是一种按照字母和数字顺序的排序方式。在实际工作中，用户也可以创建新的自定义排序以便于应用。

对"销售记录单"进行自定义排序的具体操作步骤如下：

（1）选择数据区域内的任何一个单元格，然后切换到"数据"选项卡，在"排序和筛选"组中单击"排序"按钮，弹出"排序"对话框，选中"次要关键字"行，单击"删除条件"按钮，如图10-128所示。

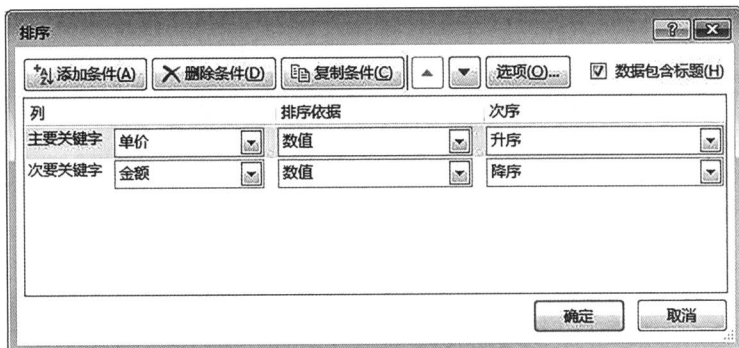

图 10-128　对"销售记录单"进行自定义排序 1

（2）随即"次要关键字"行被删除，然后在"主要关键字"下拉列表中选择"商品名称"选项。在"次序"下拉列表中选择"自定义序列"选项，如图 10-129 所示。

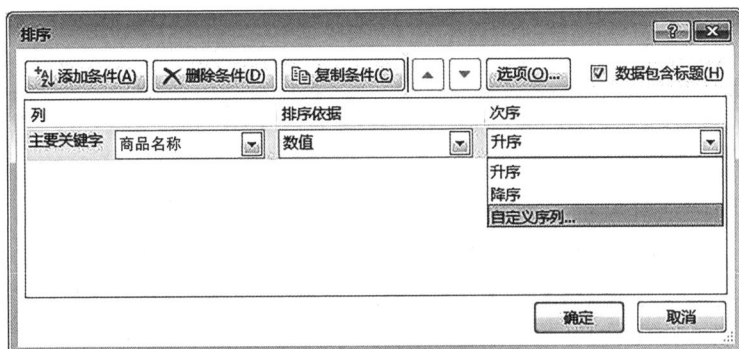

图 10-129　对"销售记录单"进行自定义排序 2

（3）弹出"自定义序列"对话框，在"自定义序列"列表框中选择"新序列"选项，在"输入序列"文本框中按所需顺序输入序列中的各个项目，各项目之间使用英文状态下的逗号隔开，或者按〈Enter〉键换行，以分隔各个项目，如图 10-130 所示。

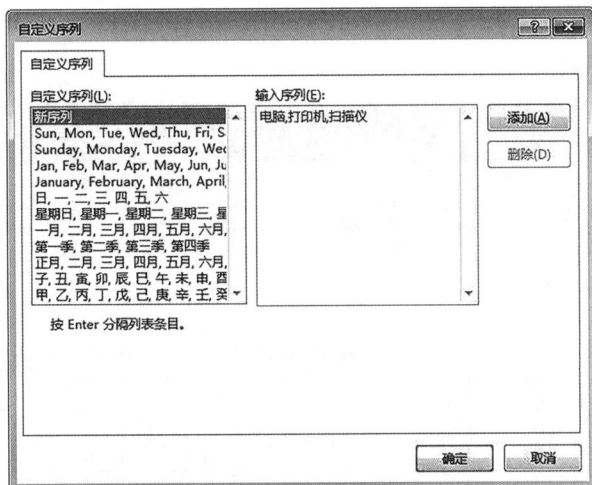

图 10-130　对"销售记录单"进行自定义排序 3

（4）单击"添加"按钮,系统会自动地将输入的序列添加到"自定义序列"列表框中,同时"输入序列"文本框中会以列的形式显示输入的序列,如图 10-131 所示。

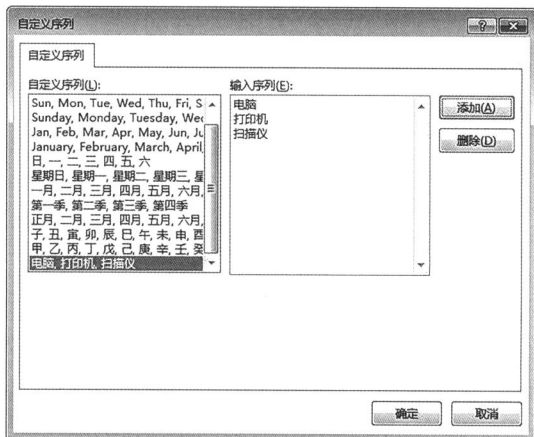

图 10-131　对"销售记录单"进行自定义排序 4

（5）单击"确定"按钮返回"排序"对话框,在"次序"下拉列表中显示"电脑,打印机,扫描仪",如图 10-132 所示。

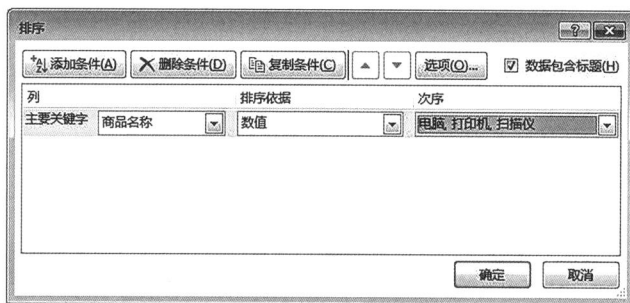

图 10-132　对"销售记录单"进行自定义排序 5

（6）单击"确定"按钮返回工作表,此时系统就会自动地对"商品名称"按自定义序列进行排序,如图 10-133 所示。

图 10-133　对"商品名称"按自定义序列进行排序

10.5　库存管理

案例背景　库存管理是企业进销存管理中不可缺少的重要环节,与采购管理和销售管理是紧密相连的,无论是采购的原材料或者商品,还是生产的产品,都需要进行入库和出库的统计。本节就来介绍如何使用 Excel 来完成商品的入库和出库统计,以及对库存量的控制。

10.5.1　制作商品代码表

商品代码化在库存的系统化管理中起着关键性作用,其既便于查找商品代码对应的商品名称、规格型号、供应商等信息,又可以实现个别计价,对发生价格变化的商品重新编码,以新代码识别新的商品入库价格。

制作"商品代码表"的具体操作步骤如下:

(1)打开本实例的原始文件,插入一个新的工作表并重命名为"商品代码表"。在"商品代码表"工作表中输入表格标题和相应的列标题,并进行简单的格式设置,如图 10-134 所示。

图 10-134　制作"商品代码表"

(2)设置文本型数字。选中 B 列,然后单击鼠标右键,在弹出的快捷菜单中选择"设置单元格格式"菜单项,如图 10-135 所示。

图 10-135　设置文本型数字

（3）弹出"设置单元格格式"对话框，切换到"数字"选框，在"分类"列表框中选择"文本"选项，如图 10-136 所示。

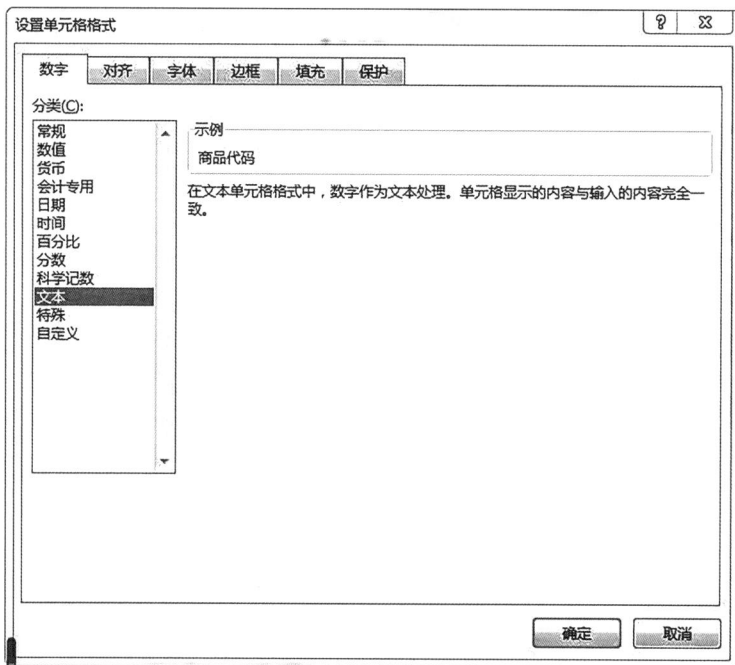

图 10-136　设置文本型数字

（4）单击"确定"按钮返回工作表，输入"商品代码"和相应的商品信息，然后对其进行简单的格式设置，并适当地调整各列的列宽，如图 10-137 所示。

	A	B	C	D	E	F	G	H
1		商品代码表						
2		商品代码	供应商	商品名称	规格型号	单位	成本单价	
3		001001	联想公司	电脑	扬天	台	¥4,500.00	
4		001002	联想公司	电脑	小新	台	¥5,200.00	
5		001003	联想公司	电脑	开天	台	¥5,200.00	
6		002001	惠普公司	电脑	Compaq	台	¥5,000.00	
7		003001	瑞光电子公司	打印机	Epson	台	¥2,450.00	
8		003002	瑞光电子公司	扫描仪	Canon	台	¥2,150.00	
9								
10								

图 10-137　输入"商品代码"和相应的商品信息

（5）使用条件格式自动添加边框。选中单元格区域 A3：G10，切换到"开始"选项卡，在"样式"组中单击"条件格式"按钮，在弹出的下拉列表中选择"新建规则"选项，如图 10-138所示。

（6）弹出"新建格式规则"对话框，在"选择规则类型"列表框中选择"使用公式确定要设置格式的单元格"选项，在"为符合此公式的值设置格式"文本框中输入以下公式："＝$C4<>$C3"，输入完成后单击"格式"按钮，如图 10-139 所示。

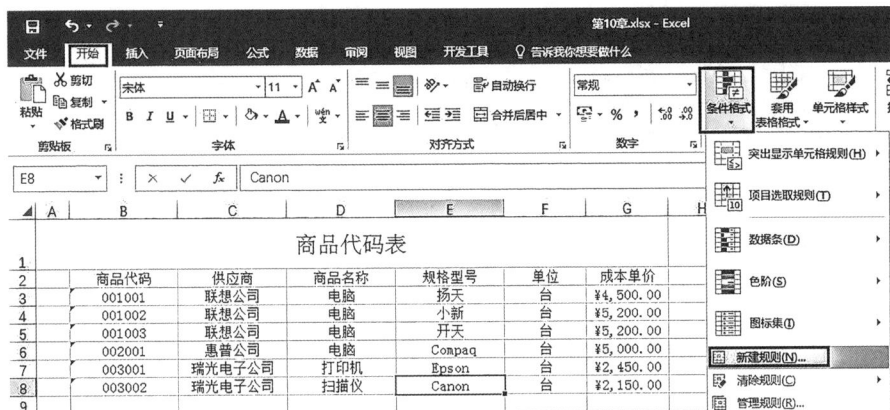

图 10-138　创建商品代码表 1

图 10-139　创建商品代码表 2

（7）弹出"设置单元格格式"对话框，切换到"边框"选项卡，在"线条"组合框的"样式"列表框中选择一种合适的线条样式，在"颜色"下拉列表中选择一种合适的线条颜色，然后在"边框"组合框中单击"下框线"按钮，如图 10-140 所示。

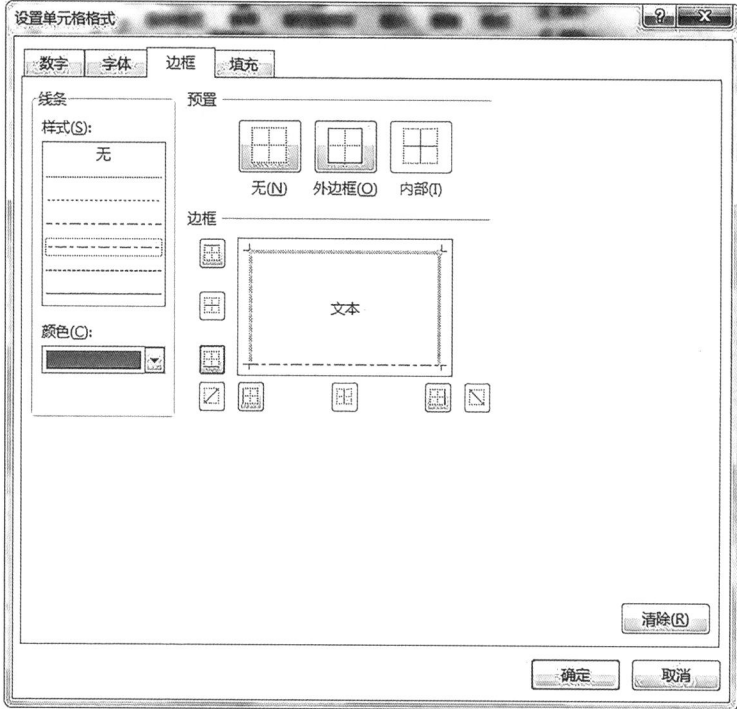

图 10-140　创建商品代码表 3

（8）单击"确定"按钮，返回"新建格式规则"对话框，即可在"预览"文本框中看到条件为真时的格式设置效果，如图 10-141 所示。

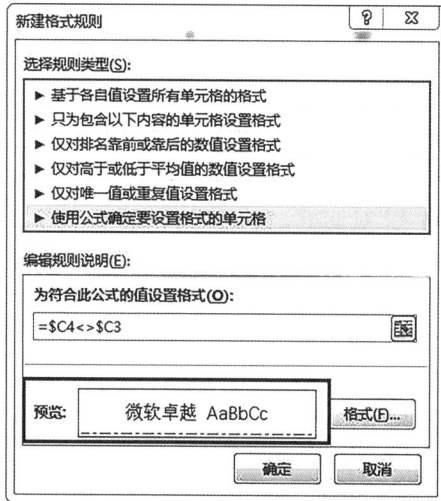

图 10-141　创建商品代码表 4

（9）单击"确定"按钮返回工作表，此时在不同的供应商之间会出现一条底部框线，用于区分开不同的供应商，如图 10-142 所示。

图 10-142　创建商品代码表

（10）隐藏网格线。为了使不同供应商之间的间隔线看起来更加明显，用户可以隐藏表格的网格线。切换到"页面布局"选项卡，在"工作表选项"组中撤选"网格线"组合框中的"查看"复选框，如图 10-143 所示。

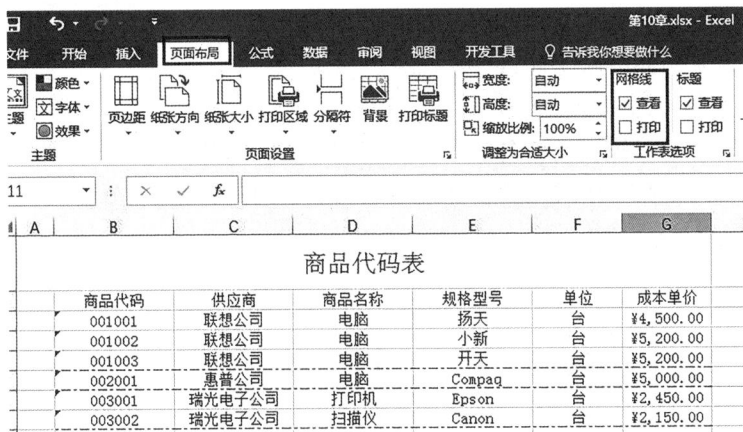

图 10-143　隐藏网格线

（11）此时，在原有记录下面添加一条新的记录，由于添加的新记录与上一条记录的供应商不同，所以系统会自动在新记录的下方添加框线，如图 10-144 所示。

图 10-144　添加新商品记录

（12）用户可以按照"商品代码"对工作表进行升序排序，此时不同供应商之间的分隔线会自动调整位置，如图 10-145 所示。

商品代码表

商品代码	供应商	商品名称	规格型号	单位	成本单价
001001	联想公司	电脑	扬天	台	¥4,500.00
001002	联想公司	电脑	小新	台	¥5,200.00
001003	联想公司	电脑	开天	台	¥5,200.00
002001	惠普公司	电脑	Compaq	台	¥5,000.00
002002	惠普公司	电脑	战66	台	¥4,800.00
003001	瑞光电子公司	打印机	Epson	台	¥2,450.00
003002	瑞光电子公司	扫描仪	Canon	台	¥2,150.00

图 10-145 按照"商品代码"对工作表进行升序排序

10.5.2 制作出入库单据

出入库单据是常用的记录存货收发的原始凭证。制作出入库单据的具体操作步骤如下：

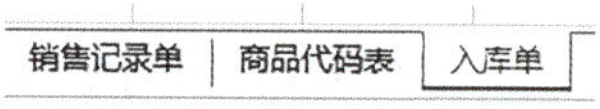

图 10-146 重命名工作表

（1）打开本实例的原始文件，单击"插入工作表"按钮为工作簿插入一个新的工作表，如图 10-146 所示。

（2）将新插入的工作表重命名为"入库单"，并输入"入库单"的相关项目，然后对其进行单元格格式（包括数字格式）设置，并适当地调整各列的列宽，如图 10-147 所示。

图 10-147 设置入库单基本格式

（3）导入入库商品信息。在单元格 C5 中输入以下公式："＝IF（$B5＝""，""，VLOOKUP（$B5，商品代码表！$B:$G，COLUMN()－1，0)）"，按〈Enter〉键完成输入，随即返回引用结果，然后将该单元格中的公式不带格式地分别向右和向下填充，填充到单元格区域 C5:G8 中，如图 10-148 所示。

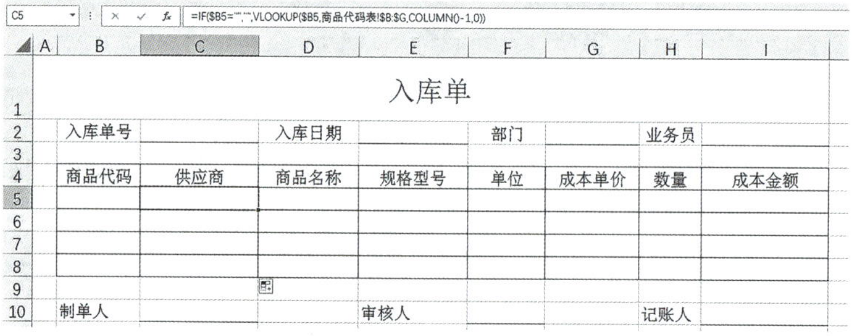

图 10-148 导入入库商品信息

（4）设置"成本金额"列公式。在单元格 I5 中输入以下公式："＝IF(B5＝"","",G5 ∗ H5)"，按〈Enter〉键完成输入，随即返回计算结果，然后将该单元格中的公式不带格式地填充到该列的其他单元格中，如图 10-149 所示。

A	B	C	D	E	F	G	H	I
			入库单					
1								
2	入库单号		入库日期		部门		业务员	
3								
4	商品代码	供应商	商品名称	规格型号	单位	成本单价	数量	成本金额
5								"","",G5*H5)
6								

图 10-149　设置"成本金额"列公式

（5）复制"入库单"，将复制后的工作表重命名为"出库单"，然后将该工作表中的"入库"更改为"出库"，将"供应商"更改为"客户"，并删除"客户"列中的公式，其余内容和单元格中的公式保持不变，如图 10-150 所示。

出库单

入库单号		入库日期		部门		业务员	
商品代码	客户	商品名称	规格型号	单位	成本单价	数量	成本金额
制单人		审核人			记账人		

图 10-150　复制"入库单"1

（6）填制"入库单"。例如，企业在 2022 年 1 月 15 日收到采购部门采购的联想开天电脑 20 台，验收入库填写"入库单"时，只需填写"入库单号""入库日期""部门""业务员""商品代码""数量"等信息，其他内容将由单元格中的公式自动引用和计算。填制"入库单"的最终效果如图 10-151 所示。

入库单

入库单号	0001	入库日期	2022/1/15	部门	采购部	业务员	宋宏涛
商品代码	供应商	商品名称	规格型号	单位	成本单价	数量	成本金额
001003	联想公司	电脑	开天	台	¥5,200.00	20	¥104,000.00
制单人	崔涛	审核人			记账人		

图 10-151　填制"入库单"2

（7）填制"出库单"。例如，企业在 2022 年 1 月 5 日销售 10 台联想开天电脑，单价 5200 元，商品出库填写"出库单"时，只需填写"出库单号""出库日期""部门""业务员""商品代码""客户""数量"等信息，其他内容将由单元格中的公式自动引用和计算。填制"出库单"的最终效果如图 10-152 所示。

图 10-152　填制"出库单"

10.5.3　入库信息设置

为了方便处理商品入库和退库等商品行为,可以对入库信息进行设置。具体的操作步骤如下:

(1)复制"入库单",将复制后的工作表重命名为"入库明细表",并将其移到工作表的最后位置,然后选中整个工作表,切换到"开始"选项卡,在"编辑"组中单击"清除"按钮。在弹出的下拉列表中选择"全部清除"选项,如图 10-153 所示。

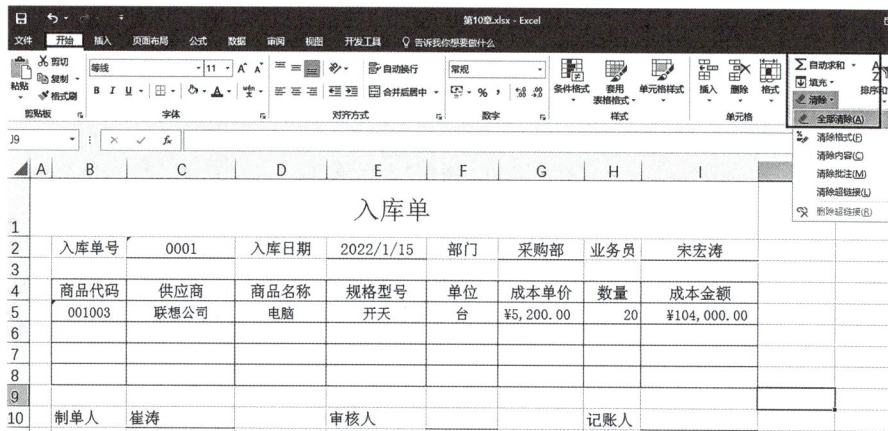

图 10-153　将复制后的工作表重命名为"入库明细表"

(2)在该工作表的相应位置输入表格标题和相应的列标题,然后进行单元格格式设置,并适当地调整各列的列宽,如图 10-154 所示。

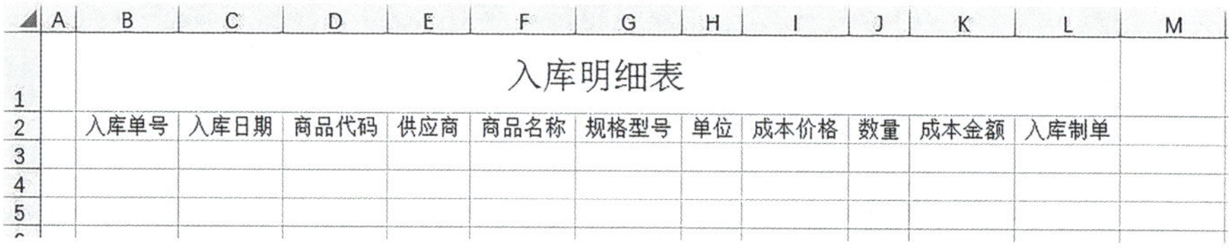

图 10-154　输入表格标题及列标题

(3)导入入库商品信息。在单元格 E3 中输入以下公式:"=IF(OR($B3="",$D3="",""),"",VLOOKUP($D3,商品代码表!$B:$G,COLUMN()-3,0))",按〈Enter〉键完成输

入,随即返回引用结果,然后将该单元格中的公式分别向右和向下填充,如图 10-155 所示。

图 10-155　导入入库商品信

(4)设置"成本金额"列公式,在单元格 K3 中输入以下公式:"＝IF(B3＝"","",I3＊J3)",按〈Enter〉键完成输入,随即返回计算结果,然后将该单元格中的公式填充到该列的其他单元格中,如图 10-156 所示。

图 10-156　设置"成本金额"列公式

(5)将 B 列和 D 列单元格的数字格式设置为文本格式,将 I 列和 K 列单元格的数字格式设置为保留两位小数的货币格式,然后根据"入库单"输入商品入库信息,如图 10-157 所示。

图 10-157　将数字格式设置为文本格式

(6)使用条件格式自动添加边框,同时选中 B 列至 L 列,切换到"开始"选项卡,在"样式"组中单击"条件格式"按钮,在弹出的下拉列表中选择"新建规则"选项,如图 10-158 所示。

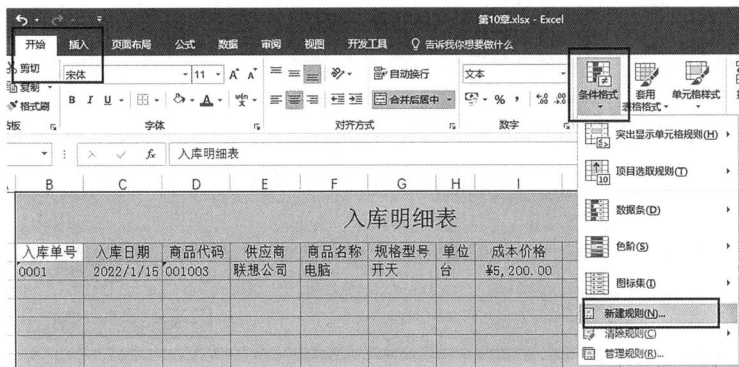

图 10-158　选择"新建规则"条件格式

313

(7)弹出"新建格式规则"对话框,在"选择规则类型"列表框中选择"使用公式确定要设置格式的单元格"选项,在"为符合此公式的值设置格式"文本框中输入以下公式:"＝$B2<>""",然后单击格式按钮,如图 10-159 所示。

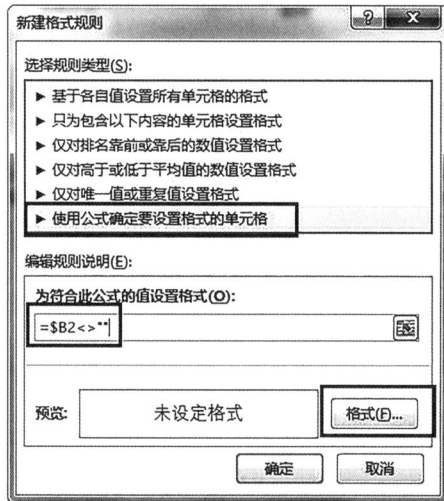

图 10-159 "新建格式规则"对话框

(8)弹出"单元格格式"对话框,切换到"边框"选项卡,在"线条 1 组合框"的"样式"列表框中选择细实线样式,然后在"预置"组合框中单击"外边框"按钮,如图 10-160 所示。

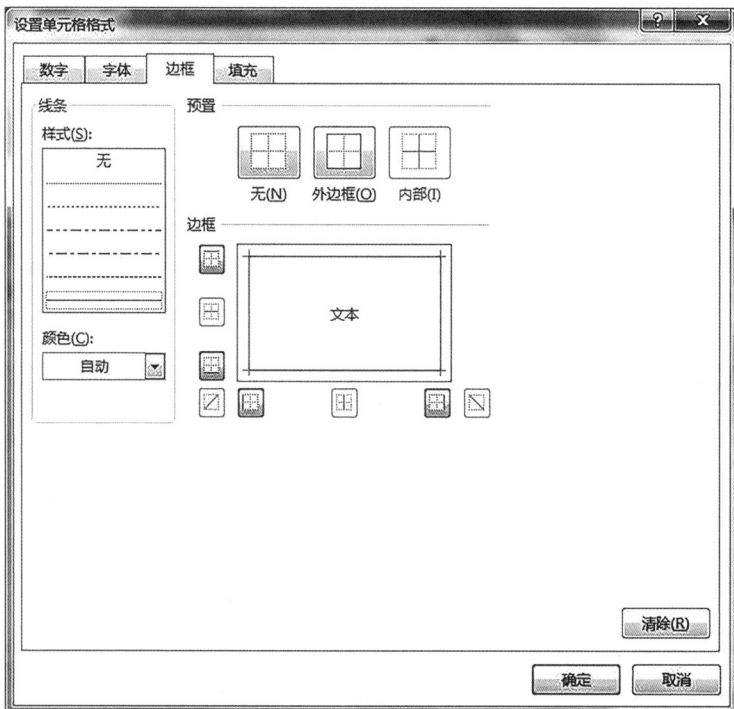

图 10-160 "单元格格式"对话框

(9)确定"按钮"返回"新建格式规则"对话框,即可在"预览"文本框中看到条件为真时的格式设置效果,如图 10-161 所示。

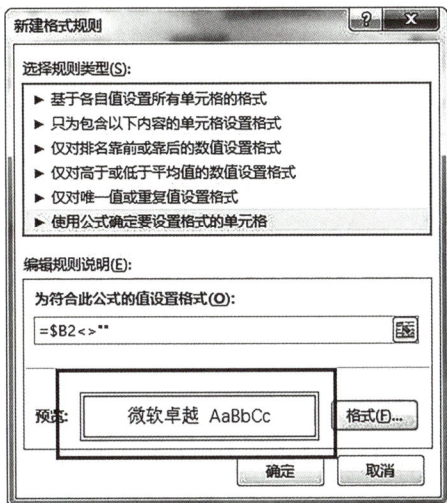

图 10-161　"预览"对话框

(10)单击"确定"按钮,返回工作表,此时 B 列有数据的行会自动添加边框,如图 10-162所示。

B	C	D	E	F	G	H	I	J	K	L
				入库明细表						
入库单号	入库日期	商品代码	供应商	商品名称	规格型号	单位	成本价格	数量	成本金额	入库制单
0001	2022/1/15	001003	联想公司	电脑	开天	台	¥5,200.00	20	¥104,000.00	崔涛

图 10-162　入库明细表

(11)添加"0002"号"入库单"的入库记录,随着记录的增加,记录行会自动添加边框,如图 10-163 所示。

B	C	D	E	F	G	H	I	J	K	L
				入库明细表						
入库单号	入库日期	商品代码	供应商	商品名称	规格型号	单位	成本价格	数量	成本金额	入库制单
0001	2022/1/15	001003	联想公司	电脑	开天	台	¥5,200.00	20	¥104,000.00	崔涛
0002	2022/1/25	003001	瑞光电子公	打印机	Epson	台	¥2,450.00	20	¥49,000.00	崔涛

图 10-163　添加"0002"号"入库单"入库记录

10.5.4　出库信息设置

为了方便处理商品销售出库,可以对出库信息进行设置。具体操作步骤如下:

(1)复制"入库明细表",将复制后的工作表重命名为"出库明细表",如图 10-164 所示。

图 10-164　复制"入库明细表",重命名为"出库明细表"

将该工作表中的"入库"更改为"出库",将"供应商"更改为"客户",并删除"客户"列表中的公式,接着删除表中的两条入库记录(只删除不含公式的单元格内容),其余内容单元格中的公式保持不变。如图10-165所示

	出库明细表									
出库单号	出库日期	商品代码	客户	商品名称	规格型号	单位	成本价格	数量	成本金额	入库制单

图10-165　清除两条入库记录

(2)根据"出库单"添加出库记录,随着记录的增加,记录行会自动添加边框,如图10-166所示。

	出库明细表									
出库单号	出库日期	商品代码	客户	商品名称	规格型号	单位	成本价格	数量	成本金额	出库制单
0001	2022/1/5	001003	晓晓便利店	电脑	开天	台	¥5,200.00	10	¥52,000.00	陈十一

图10-166　根据"出库单"添加出库记录

(3)在"成本单价"列后面插入一列,在"成本金额"列后面插入两列,然后分别输入列标题"销售单价""销售金额""毛利",如图10-167所示。

	出库明细表												
出库单号	出库日期	商品代码	客户	商品名称	规格型号	单位	成本价格		数量	成本金额			出库制单
0001	2022/1/5	001003	晓晓便利店	电脑	开天	台	¥5,200.00		10	¥52,000.00			

图10-167　增加三列

(4)在单元格J3中输入出库商品的"销售单价",然后在单元格M3和N3中分别输入以下公式:"M3=IF(B3="","",J3*K3),N3=IF(B3="","",M3-L3)",按〈Enter〉键完成输入,随即返回计算结果,然后将单元格区城M3:N3中的公式向下填充,如图10-168所示。

	出库明细表												
出库单号	出库日期	商品代码	客户	商品名称	规格型号	单位	成本价格	销售单价	数量	成本金额	销售金额	毛利	出库制单
0001	2022/1/5	001003	晓晓便利店	电脑	开天	台	¥5,200.00	¥5,600.00	10	¥52,000.00	¥56,000.00	¥4,000.00	陈十一

图10-168　输入出库商品的"销售单价"

10.6　库存统计

库存统计是对商品的出入库情况的综合统计,包括期初库存、本期入库、本期出库和期末库存等信息。

10.6.1　相关函数介绍

在进行库存统计时会涉及 ISNA 函数和 SUMIF 函数，下面介绍这两个函数的语法和功能。

1. ISNA 函数的语法和功能

函数语法：ISNA(value)

函数功能：检验数值的类型是否为错误值 ♯NA(值不存在)，返回 TRUE 或 FALSE。当它与函数 IF 结合在一起使用时，可以提供一种方法用来在公式中查出错误值。

value：需要进行检验的数值，分别为空白(空白单元格)、错误值、逻辑值、文本、数字、引用值或对以上任意参数的名称引用。

2. SUMIF 函数的语法和功能

函数语法：SUMIF(range,criteria,sum_range)

函数功能：根据给定的条件对指定单元格求和。也就是说，在用于判断的 range 数据区域内查找与 criteria 匹配的单元格，对 sum_range 中与此单元格对应的单元格求和。

函数中各参数的含义如下。

range：用于条件判断的单元格区域。

criteria：为确定哪些单元格将被相加求和的条件，其形式可以是数字、表达或者文本。

sum_range：需要求和的实际单元格。如果省略 sum_range，则当区域中的单元格符合条件时，它们既按条件计算，也进行相加计算。

10.6.2　库存统计表制作

制作库存统计表的具体操作步骤如下：

(1)打开本例的原始文件，插入一个新的工作表，并将其重命名为"库存统计"。在"库存统计"工作表的相应位置输入表格标题和相应的列标题，然后进行单元格格式设置，并适当地调整各列的列宽，如图 10-169 所示。

A	B	C	D	E	F	G	H	I	J	K	L	M	N
							库存统计表						
					期初库存		本期入库		本期出库		期末库存		
	商品代码	商品名称	规格型号	单位	数量	成本金额	数量	成本金额	数量	成本金额	数量	成本金额	

图 10-169　新建"库存统计"

(2)在"商品代码"列输入文本型的数值代码，然后在单元格 C4 中输入以下公式："=IF(ISNA(VLOOKUP($B4,商品代码表! $B:$G,COLUMN(),0)),"",VLOOKUP($B4,商品代码表! $B:$G,COLUMN(),0))"，按〈Enter〉键完成输入，随即返回引用结果，然后将该单元格的公式向右和向下填充(不带格式)，如图 10-170 所示。

B	C	D	E	F	G	H	I	J	K	L	M
						库存统计表					
商品代码	商品名称	规格型号	单位	期初库存		本期入库		本期出库		期末库存	
				数量	成本金额	数量	成本金额	数量	成本金额	数量	成本金额
001001	电脑	扬天	台								
001002	电脑	小新	台								
001003	电脑	开天	台								
002001	电脑	Compaq	台								
003001	打印机	Epson	台								
003002	扫描仪	Canon	台								

图 10-170　在"商品代码"列输入文本型的数值代码

（3）在单元格区域 F4:F9 中输入期初库存数量,然后在单元格 G4 中输入以下公式:"=IF(ISNA(VLOOKUP($B4,商品代码表! $B:$G,6,0)),0,VLOOKUP($B4,商品代码表! $B:$G,6,0)＊F4)",按〈Enter〉键完成输入,随即返回计算结果,然后将该单元格的公式填充到该列的其他单元格中,如图 10-171 所示。

图 10-171　计算期初库存成本

（4）导入本期商品入库的数量。在单元格 H4 中输入以下公式:"=SUMIF(入库明细表! D:D,库存统计! B4,入库明细表! J:J)",按〈Enter〉键完成输入,随即返回计算结果,然后将该单元格中的公式填充到该列的其他单元格中,如图 10-172 所示。

图 10-172　导入本期商品入库的数量

（5）导入本期商品入库的成本金额。在单元格 I4 中输入以下公式:"=SUMIF(入库明细表! D:D,库存统计! B4,入库明细表! K:K)",按〈Enter〉键完成输入,随即返回计算结果,然后将该单元格中的公式填充到该列的其他单元格中,如图 10-173 所示。

318

图 10-173　导入本期商品入库的成本金额

(6)导入本期商品出库的数量。在单元格 J4 中输入以下公式："＝SUMIF(出库明细表！D:D,库存统计！B4,出库明细表！K:K),"按〈Enter〉键完成输入,随即返回计算结果,然后将该单元格中的公式填充到该列的其他单元格中,如图 10-174 所示。

图 10-174　导入本期商品出库的数量

(7)导入本期商品出库的成本金额。在单元格 K4 中输入以下公式："＝SUMIF(出库明细表！D:D,库存统计！B4,出库明细表！L:L),"按〈Enter〉键完成输入,随即返回计算结果,然后将该单元格中的公式填充到该列的其他单元格中,如图 10-175 所示。

图 10-175　导入本期商品出库的成本金额

(8)计算期末库存的数量。在单元格 L4 中输入以下公式："＝F4＋H4－J4,"按〈Enter〉键完成输入,随即返回计算结果,然后将该单元格中的公式填充到该列的其他单元格中,如图 10-176 所示。

图 10-176　计算期末库存的数量

319

（9）计算期末库存的成本金额。在单元格 M4 中输入以下公式："＝G4＋I4－K4，"按〈Enter〉键完成输入，随即返回计算结果，然后将该单元格中的公式填充到该列的其他单元格中，如图 10-177 所示。

图 10-177　计算期末库存的成本金额

（10）按照前面介绍的方法为表格添加边框，最终效果如图 10-178 所示。

图 10-178　为表格添加边框

（11）计算"期初库存总成本"。将单元格区域 D10：F10 合并为一个单元格，输入"期初库存总成本"，然后在单元格 G10 中输入以下公式："＝SUM（G4：G9），"按〈Enter〉键完成输入，随即返回计算结果，如图 10-179 所示。

图 10-179　计算"期初库存总成本"

（12）计算"期末库存总成本"。将单元格区域 K10：L10 合并为一个单元格，输入"期末库存总成本"，然后在单元格 M10 中输入以下公式："＝SUM（M4：M9），"按〈Enter〉键完成输入，随即返回计算结果，如图 10-180 所示。

图 10-180　计算"期末库存总成本"

(13)隐藏网格线和零值。单击"文件"按钮,在弹出的界面中选择"选项"选项,如图
10-181所示。

图 10-181　选择"选项"按钮

(14)弹出"Excel 选项"对话框,切换到"高级"选项卡,在"此工作表的显示选项"组合框
中,撤选"在具有零值的单元格中显示零"复选框和"显示网格线"复选框,如图 10-182 所示。

图 10-182　隐藏网格线和零值

（15）单击"确定"按钮,返回工作表,"库存统计"工作表的设置效果如图 10-183 所示。

库存统计表

商品代码	商品名称	规格型号	单位	期初库存		本期入库		本期出库		期末库存	
				数量	成本金额	数量	成本金额	数量	成本金额	数量	成本金额
001001	电脑	扬天	台	10	¥45,000.00					10	¥45,000.00
001002	电脑	小新	台	30	¥156,000.00					30	¥156,000.00
001003	电脑	开天	台	20	¥104,000.00	20	¥104,000.00	20	¥104,000.00	20	¥104,000.00
002001	电脑	Compaq	台	10	¥50,000.00					10	¥50,000.00
003001	打印机	Epson	台	20	¥49,000.00	20	¥49,000.00	20	¥49,000.00	20	¥49,000.00
003002	扫描仪	Canon	台	10	¥21,500.00					10	¥21,500.00
期初库存总成本					¥425,500.00			期末库存总成本			¥425,500.00

图 10-183　"库存统计"工作表

10.6.3　库存预警设置

为了不影响企业的经营,同时又不会造成库存的负担,企业需要对库存量进行控制。

在 Excel 中,可以使用条件格式进行库存量控制,当库存量低于或者高于某个数值时,则以特殊格式示警。具体的操作步骤如下:

（1）新建规则。打开本实例的原始文件,切换到"库存统计"工作表,选中单元格区域 L4:L9。

（2）切换到"开始"选项卡,在"样式"组中单击"条件格式"按钮,在弹出的下拉列表中选择"新建规则"选项,如图 10-184 所示。

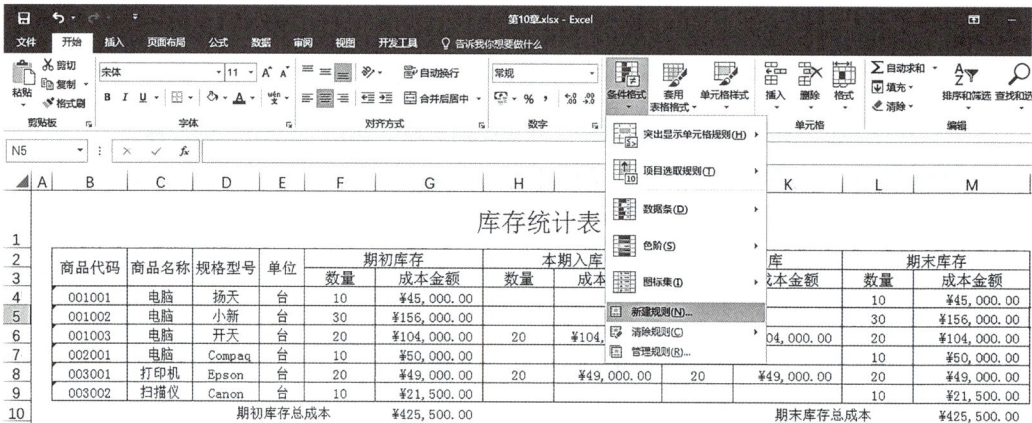

图 10-184　新建规则

（3）弹出"新建格式规则"对话框,在"选择规则类型"列表框中选择"只为包含以下内容的单元格设置格式"选项,在"编辑规则"组合框的第 1 个下拉列表中选择"单元格值"选项,在第 2 个下拉列中选择"大于或等于"选项,然后右侧的文本框中输入最高年存量"30",如图 10-185 所示。

（4）单击"格式"按钮,弹出"设置单元格格式"对话框,切换到"字体"选项卡,在"字形"列表框中选择"加粗"选项,在"下划线"下拉列表中选择"双下划线"选项,然后在"颜色"下拉列表中选择"橙色"选项,如图 10-186 所示。

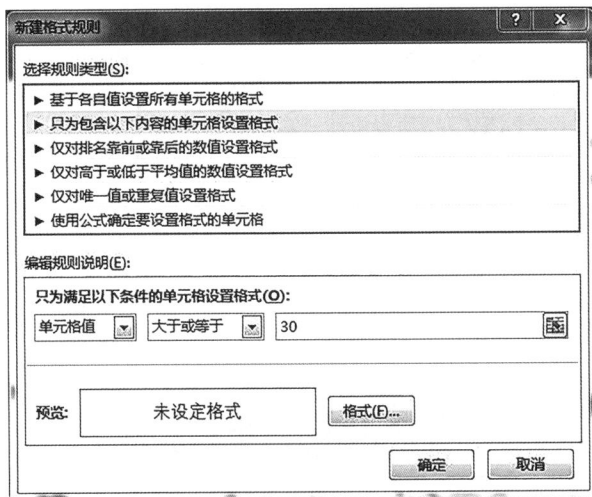

图 10-185　新建格式规则对话框

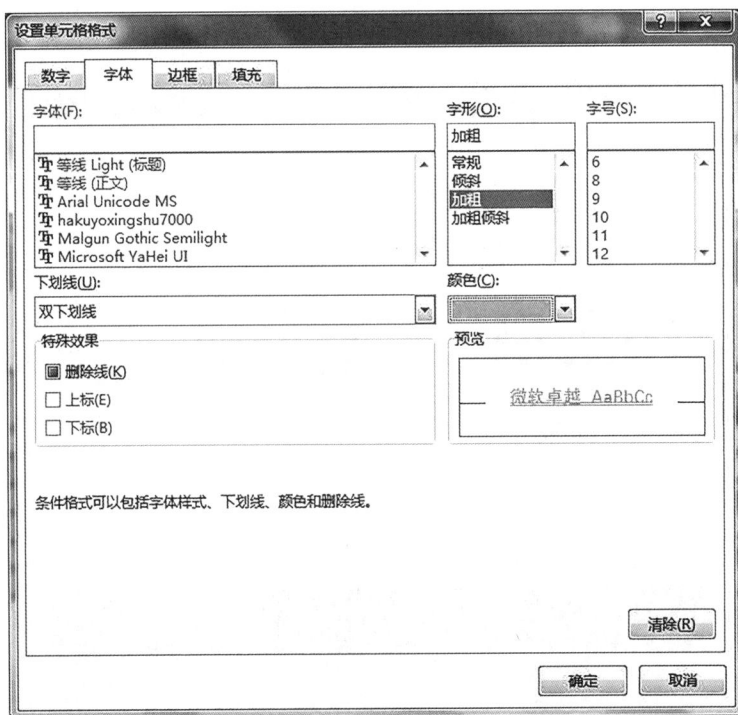

图 10-186　"设置单元格格式"对话框

(5)切换到"填充"选项卡,在"背景色"颜色库中选择"红色"选项,如图 10-187 所示。

(6)单击"确定"按钮,返回"新建格式规则"对话框,即可在"预览"文本框中看到预览条件为真时的格式设置效果,如图 10-188 所示。

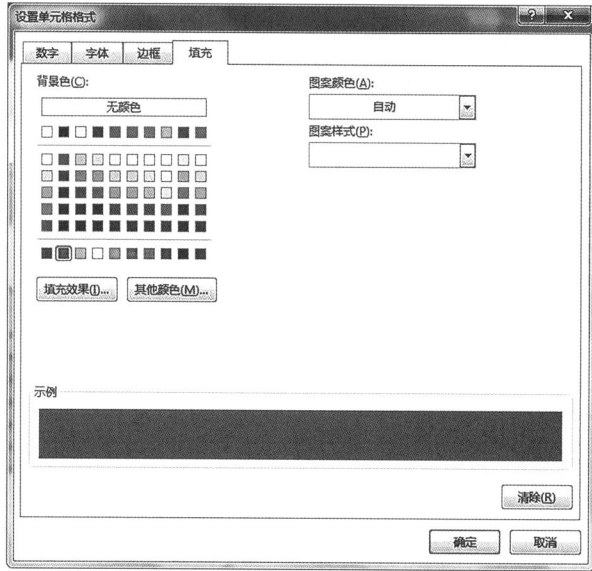

图 10-187　颜色选项卡

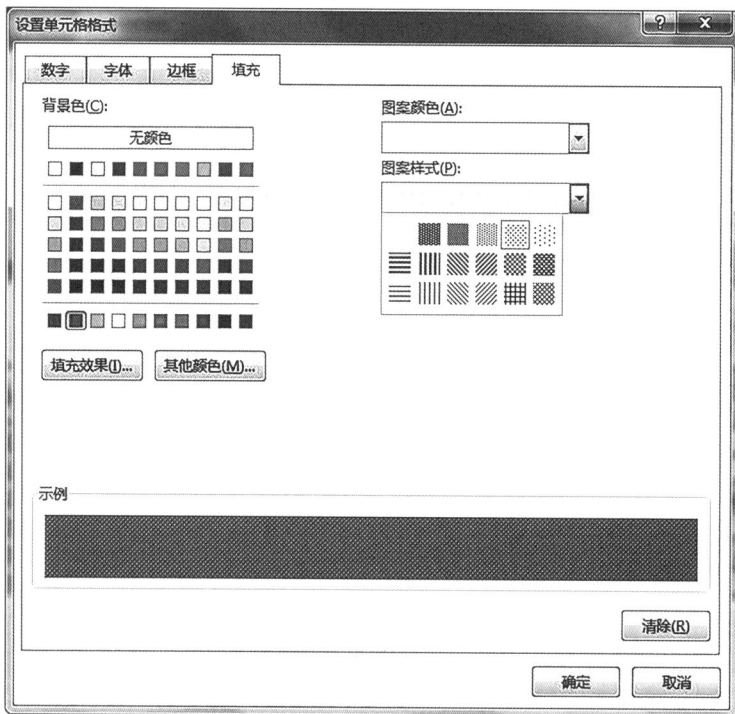

图 10-188　预览新建格式规则

（7）单击"确定"按钮返回工作表，此时单元格区域中满足条件的单元格即可显示为特殊的格式，如图 10-189 所示。

库存统计表

商品代码	商品名称	规格型号	单位	期初库存		本期入库		本期出库		期末库存	
				数量	成本金额	数量	成本金额	数量	成本金额	数量	成本金额
001001	电脑	扬天	台	10	¥45,000.00					10	¥45,000.00
001002	电脑	小新	台	30	¥156,000.00					30	¥156,000.00
001003	电脑	开天	台	20	¥104,000.00	20	¥104,000.00	20	¥104,000.00	20	¥104,000.00
002001	电脑	Compaq	台	10	¥50,000.00					10	¥50,000.00
003001	打印机	Epson	台	20	¥49,000.00	20	¥49,000.00	20	¥49,000.00	20	¥49,000.00
003002	扫描仪	Canon	台	10	¥21,500.00					10	¥21,500.00
			期初库存总成本		¥425,500.00				期末库存总成本		¥425,500.00

图 10-189　新建规则

（8）编辑规则。切换到"开始"选项卡，在"样式"组中单击"条件格式"按钮，在弹出的下拉列表中选择"管理规则"选项，如图 10-190 所示。

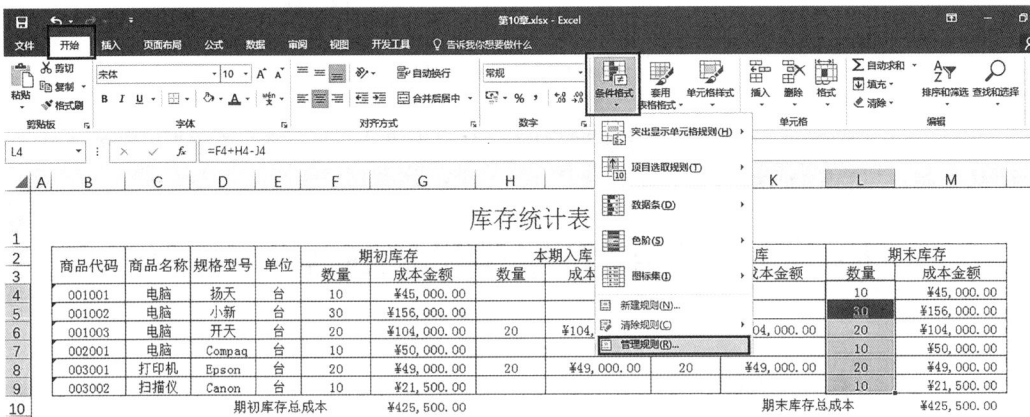

图 10-190　编辑规则

（9）在"条件格式规则管理器"对话框中，输入规则，如图 10-191 所示。

图 10-191　"条件格式规则管理器"对话框

（10）弹出"编辑格式规则"对话框，单击"格式"按钮，如图 10-192 所示。

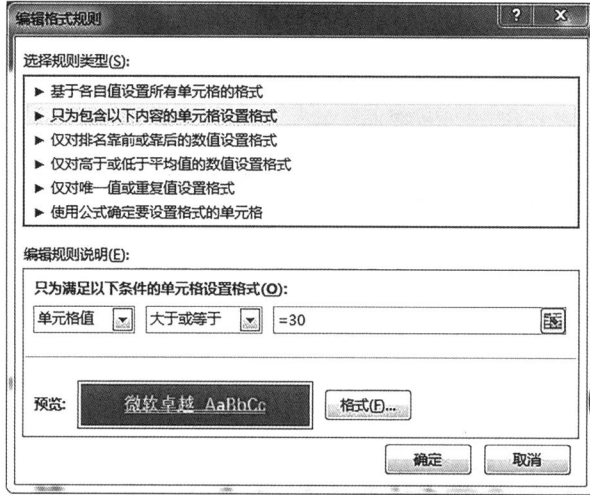

图 10-192 "编辑格式规则"对话框

（11）弹出"设置单元格格式"对话框，切换到"字体"选项卡，在"颜色"下拉列表中选择"其他颜色"选项，如图 10-193 所示。

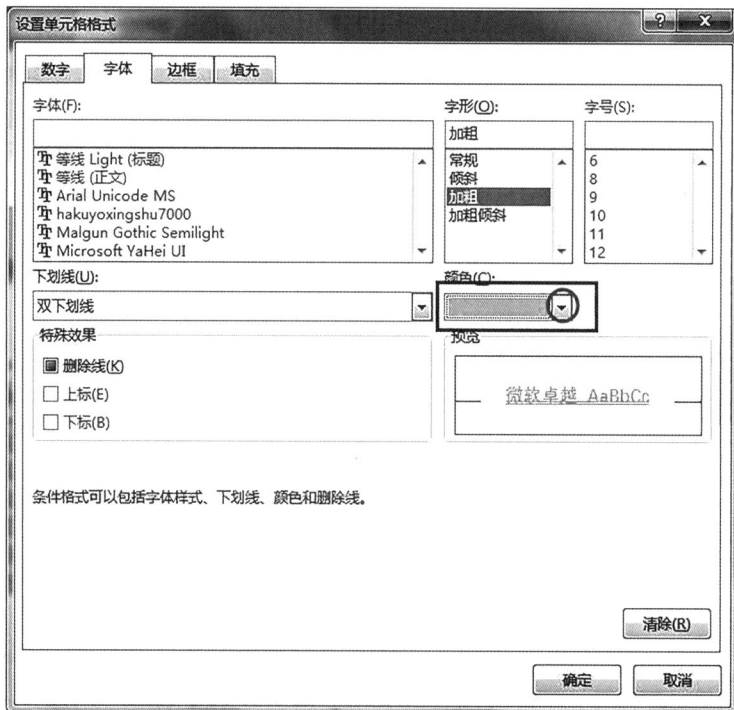

图 10-193 "设置单元格格式"对话框

（12）弹出"颜色"对话框，切换到"标准"选项卡，在颜色库中选择一种合适的颜色，如图 10-194 所示。

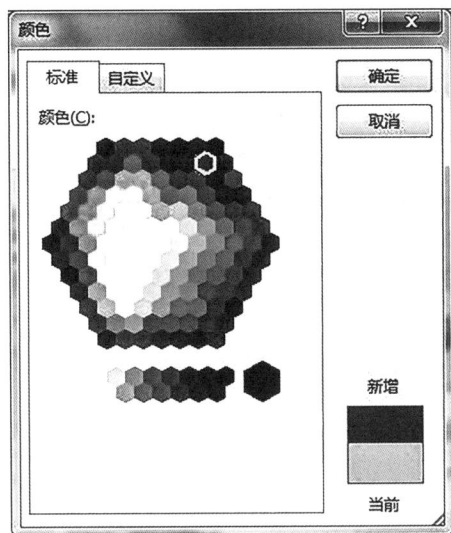

图 10-194　"颜色"对话框

（13）单击"确定"按钮，返回"设置单元格格式"对话框，切换到"填充"选项卡，在"图案颜色"下拉列表中选择"黄色"选项，在"图案样式"下拉列表中选择"12.5％灰色"选项，如图 10-195 所示。

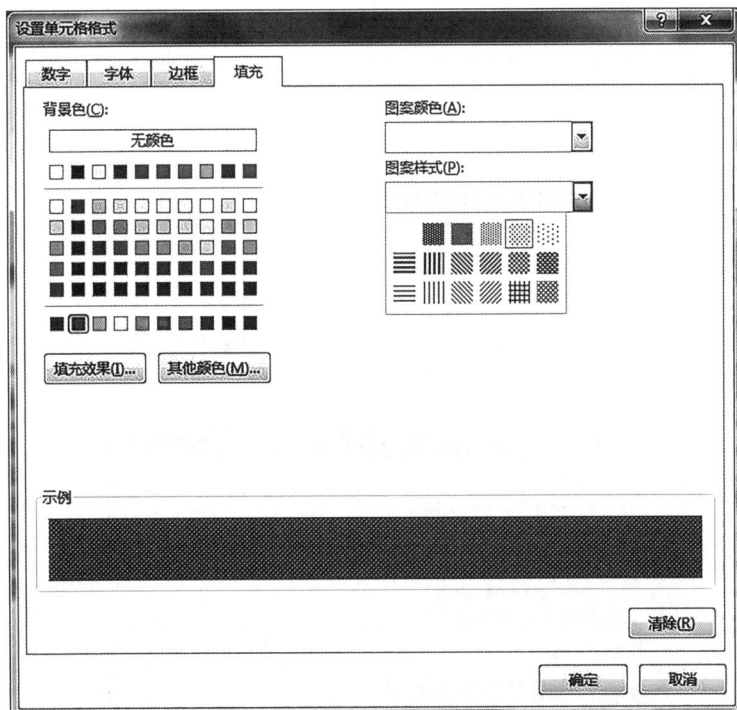

图 10-195　"设置单元格格式"对话框

（14）单击"确定"按钮，返回"编辑格式规则"对话框，用户即可在"预览"文本框中看到修改后的格式设置效果，如图 10-196 所示。

图 10-196　"编辑格式规则"对话框

(15)单击"确定"按钮,返回"条件格式规则管理器"对话框,此时,用户单击"确定"按钮,即可返回工作表。如果用户想要继续添加新的规则,则可以单击"新建规则"按钮,如图 10-197 所示。

图 10-197　"条件格式规则管理器"对话框

(16)弹出"新建格式规则"对话框,用户可以按照前面介绍的方法设置一个新规则,如图 10-198 所示。

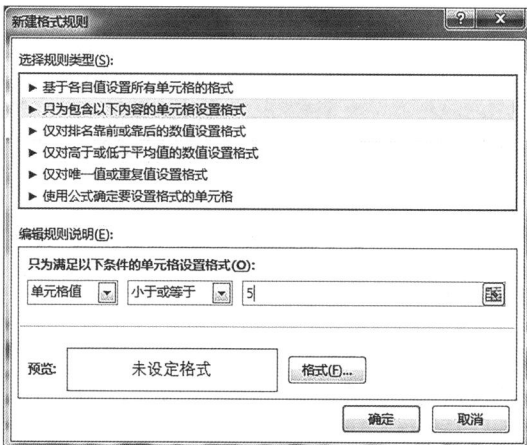

图 10-198　"新建格式规则"对话框

(17)设置完毕单击"确定"按钮,返回"条件格式规则管理器"对话框。如果用户想要删除某个规则,可以选中该规则,然后单击"删除规则"按钮,如图 10-199 所示。

图 10-199　"条件格式规则管理器"对话框——删除规则

(18)随即选中的规则即可被删除,如图 10-200 所示。

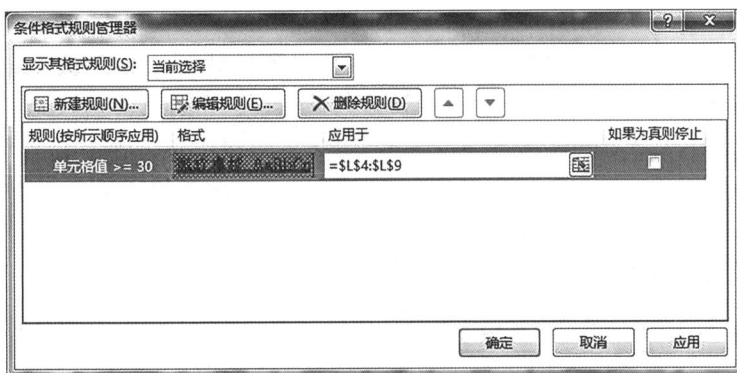

图 10-200　选中的规则即可被删除

(19)单击"确定"按钮,返回工作表,如图 10-201 所示。

库存统计表

商品代码	商品名称	规格型号	单位	期初库存		本期入库		本期出库		期末库存	
				数量	成本金额	数量	成本金额	数量	成本金额	数量	成本金额
001001	电脑	扬天	台	10	¥45,000.00					10	¥45,000.00
001002	电脑	小新	台	30	¥156,000.00					30	¥156,000.00
001003	电脑	开天	台	20	¥104,000.00	20	¥104,000.00	20	¥104,000.00	20	¥104,000.00
002001	电脑	Compaq	台	10	¥50,000.00					10	¥50,000.00
003001	打印机	Epson	台	20	¥49,000.00	20	¥49,000.00	20	¥49,000.00	20	¥49,000.00
003002	扫描仪	Canon	台	10	¥21,500.00					10	¥21,500.00
	期初库存总成本				¥425,500.00			期末库存总成本			¥425,500.00

图 10-201　编辑规则成功

【课外思政】

让中文车标中文按键成为流行

他1995年辞职,创办比亚迪公司,在电池领域短短几年就做到了全球第二,他在汽车领域打破了固有认知,让中文车标中文按键成为流行,他在电子代加工生产方面敢于和富士康匹敌,在智能手机领域,拿下了华为、小米等企业订单,甚至苹果都找他们代加工!

他就是比亚迪创始人王传福,在我的印象里,在传统汽车产业当中,很多创始人年纪应该很大了,估计都是满头白发的样子,但是他很年轻,1966年人看起来还是精神小伙!但如此年轻就能让一个国产汽车品牌成为知名汽车品牌,而且还横跨这么多领域!真的令人敬佩!

在电池方面做到了全球知名企业后,开始进军汽车产业,才开始进入汽车产业,比亚迪的股价一路下跌,但是在电池方面为王传福累积了信息,在比亚迪汽车也很成功,如今在汽车方面还打造了比亚迪唐、汉、秦、元富有中国特色文化的汽车品牌,而且还将汽车内饰按键设计成为了中文标签,新东方的俞敏洪采访他,很多汽车品牌都喜欢用上英文显得洋气,你为何这样做?王传福是这样说的:我们早期创业是为了脱贫,当真正有了一定的规模后脱贫的动力就没有了,剩下的动力就是骨气!因为他有两段出国的经历很不愉快,去美国的时候,他们老是要看返程机票,好像害怕赖在那里不走了一样!去英国的时候遭到很多次的盘问,这是一种人格性的侮辱!王传福表示我是来你们这里做生意的,并不是赖着不走的,为了中国的面子!开始着手比亚迪特色化标签汽车!

王传福通过技术建立了民族自信心,在后来面对任何的挑战问题都不怕,在电池方面、汽车方面、口罩方面,甚至芯片方面都敢去闯一闯!王传福说:我们这样的制造业站出来,什么都可以造!

10.7 习 题

一、单选题

(1)函数 TODAY()返回的结果是   (   )

    A. 返回当前日期的序列号   B. 返回当前日期的年份

    C. 返回当前日期的月份   D. 返回当前日期的天数

(2)下列选项中不属于函数 SUMIF()参数的是   (   )

    A. range   B. criteria   C. sum_range   D. value

(3)进销存管理的核算不包括   (   )

    A. 采购数据的录入   B. 采购数据的分析

    C. 销货数据的录入   D. 货物的盘点

(4)"条件格式"按钮,属于   (   )

    A. "开始"选项卡   B. "插入"选项卡

C. "数据"选项卡　　　　　　　　　　　D. "视图"选项卡

(5) 入库明细表中不应该有的信息是　　　　　　　　　　　　　　　(　　)

A. 入库单号　　　　B. 商品代码　　　　C. 商品名称　　　　D. 客户

二、判断题

(1) 为了将采购金额按商品类别分类,并以更直观的方式反映出来,可以使用 Excel 中的图形来表示。　　　　　　　　　　　　　　　　　　　　　　　　(　　)

(2) 商品代码化在库存的系统化管理中的作用不是很重要。　　　　　　(　　)

(3) 在 Excel 中,可以使用条件格式进行库存量控制,当库存量低于或者高于某个数值时,则以特殊格式示警。　　　　　　　　　　　　　　　　　　　　(　　)

(4) 为了方便处理商品入库和退库等商品行为,可以对入库信息进行设置。　(　　)

(5) 在"样式"组中单击"条件格式"按钮,在弹出的下拉列表中选择"新建规则"选项。

(　　)

三、填空题

(1) 检验数值的类型是否为错误值♯NA(值不存在),返回_____或_____。

(2) _____是最常用的一种排序方法,即对数据类表中的某一列数据按照升序或者降序方式排序。

(3) 销售明细按时间顺序记录了每笔销售的详细信息,想从客户的角度了解每个客户的销售情况,可以创建_____或_____。

(4) 在"样式"组中单击_____按钮条件格式,在弹出的下拉列表中选择"新建规则"选项,单击"确定"按钮,返回"新建格式规则"对话框,即可在"预览"文本框中看到条件为真时的格式设置效果。

(5) 为了使不同供应商之间的间隔线看起来更加明显,用户可以隐藏表格的网格线。切换到"页面布局"选项卡,在_____组中撤选"网格线"组合框中的"查看"复选框,可以隐藏网络线。

四、简答题

(1) 进销存管理的核算的组成部分包括哪些?请描述一下数据处理的基本流程。

(2) 企业库存统计有何意义?

第 11 章　Excel 在打印工作表表单中的运用

11.1　打印会计凭证

会计人员经常需要打印会计凭证,将其作为记账依据的书面说明进行存档,并定期将会计凭证装订成册,严格按照会计制度的有关规定进行保管。如图 11-1 所示为设置后的会计凭证打印预览效果图。

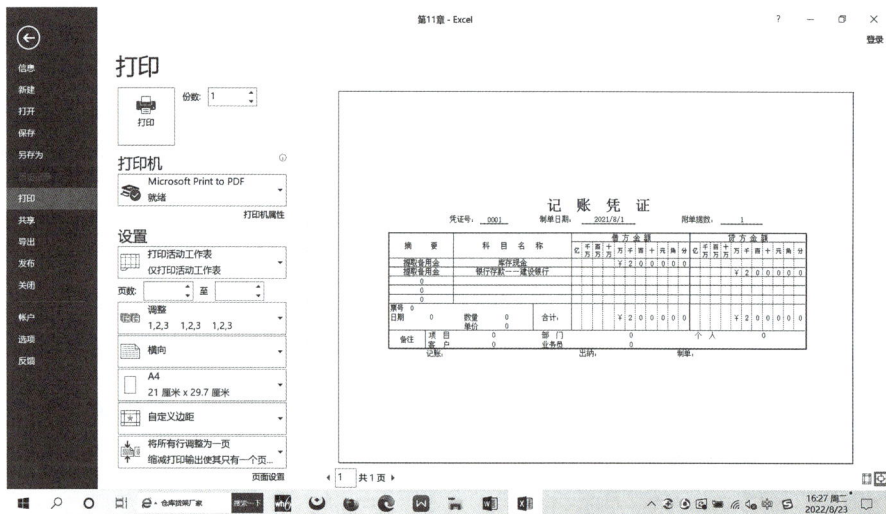

图 11-1　记账凭证打印预览效果

11.1.1　会计凭证的页面设置

在打印会计凭证前首先要对其进行页面设置。

具体的操作步骤如下:

(1)打开"第 11 章.xlsx"文件,切换到"记账凭证(打印格式)"工作表,再切换到"页面布局"选项卡,单击"页面设置"功能区右下角的"对话框启动器"按钮,如图 11-2 所示。

(2)单击"横向"单选按钮,其他选项保持默认设置,如图 11-3 所示。

(3)预览打印效果。单击"打印预览"按钮,即可在弹出的窗口中预览打印效果,此时可以看到记账凭证未能在 1 页中完整地显示出来,如图 11-4 所示。

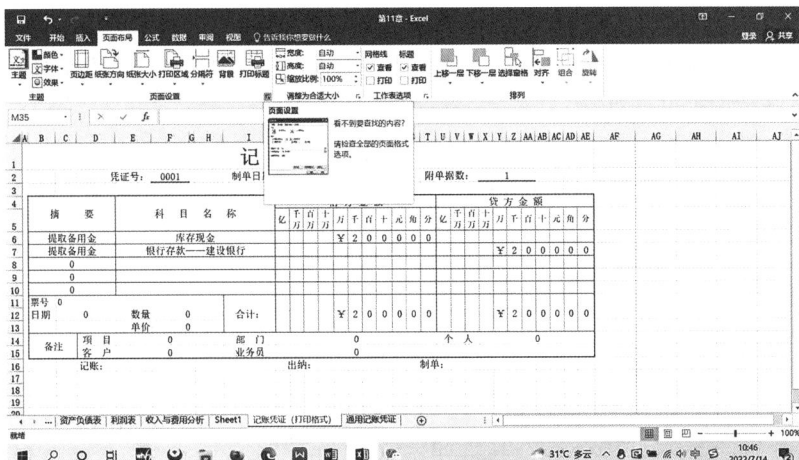

图 11-2　"对话框启动器"显示图

图 11-3　页面设置

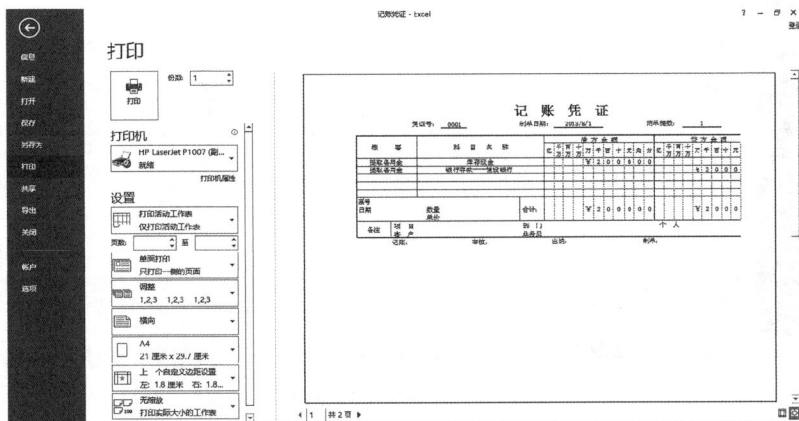

图 11-4　"打印预览"对话框

（4）单击"页面设置"按钮，弹出"页面设置"对话框，切换到"页面"选项卡，然后在"缩放"组合框中选中"调整为"单选按钮，在其右侧的微调框中均选择"1"选项，即调整为"1"页宽、"1"页高，如图11-5所示。

图 11-5　页面设置——调整页面

（5）单击"确定"按钮返回打印预览窗口，此时系统会自动地对"记账凭证"进行调整，使其在1页中完整地显示出来，如图11-6所示。

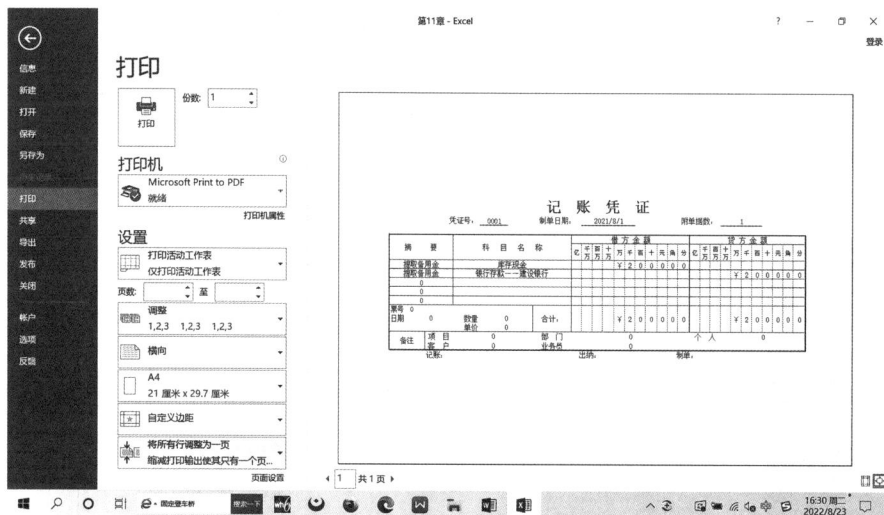

图 11-6　完整显示预览内容

（6）单击"缩放到页面"按钮，可以调整打印预览的比例，此时是放大预览比例，如图 11-7 所示。

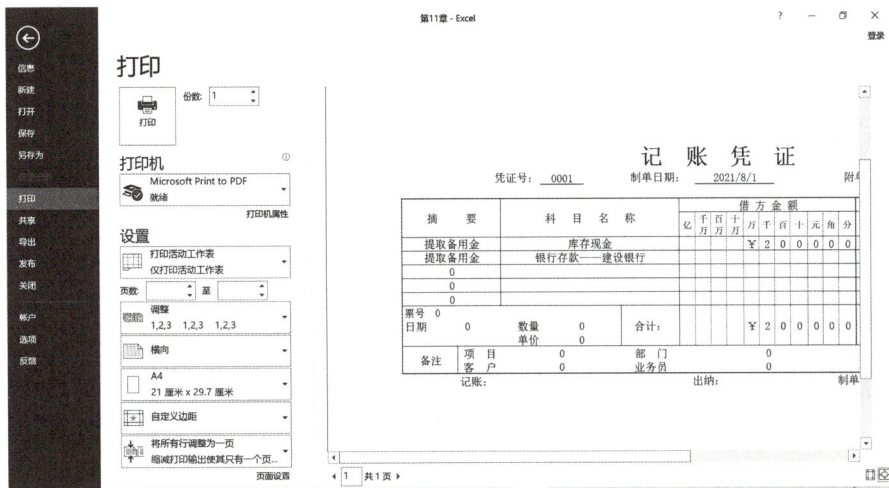

图 11-7　放大预览比例

（7）再次单击"缩放到页面"按钮，即可将打印预览的比例缩小到放大前的比例，如图 11-8 所示。

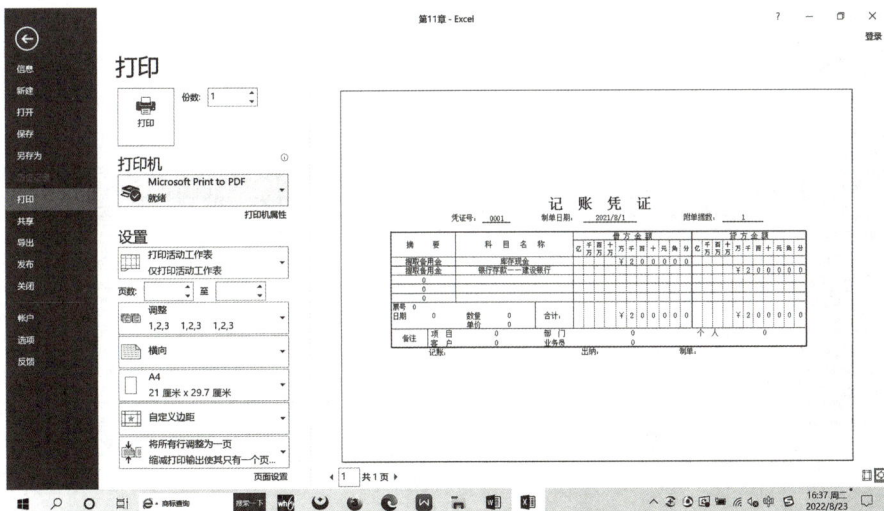

图 11-8　缩放页面

11.1.2　打印会计凭证

设置会计凭证的页面并预览后，如果对设置的效果满意就可以打印了。

（1）在"打印机"组合框中的打印机下拉列表中选择一台合适的打印机，如图 11-9 所示。

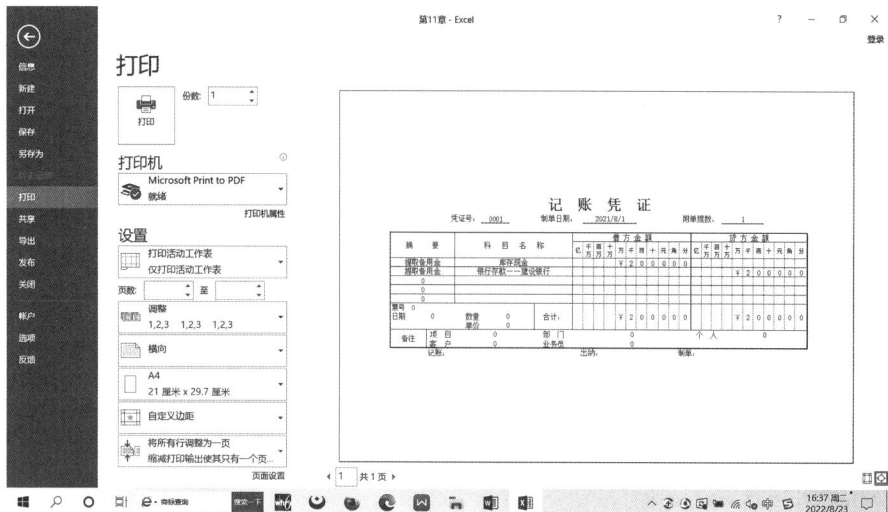

图 11-9　选择打印机

（2）在"设置"组合框中的打印区域下拉列表中选择"打印活动工作表"选项，如图11-10所示。

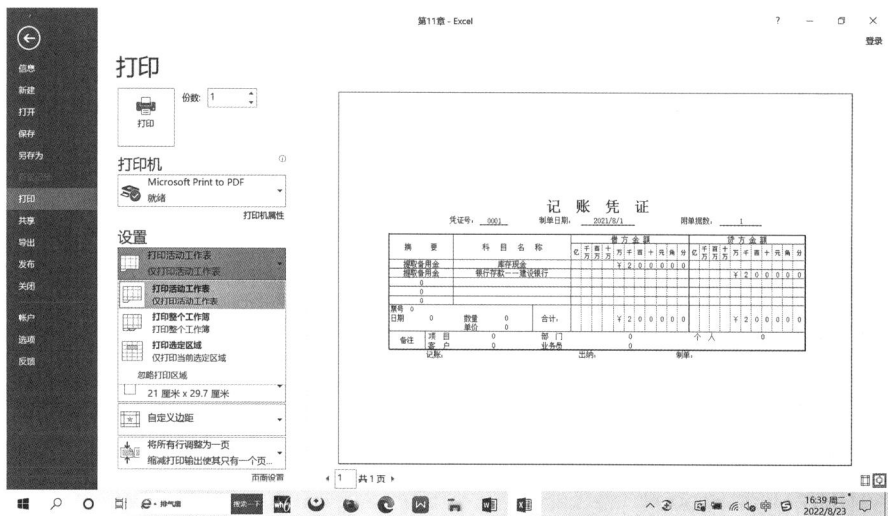

图 11-10　设置打印活动工作表

提示：

"打印活动工作表"是打印当前活动工作表中的所有内容。

"打印整个工作簿"是打印当前工作簿中所有工作表中的内容。

"打印选定区域"是指打印当前活动工作表中选中的区域。

（3）设置完毕，如图 11-11 所示。单击"打印"按钮，即可打印当前会计凭证。

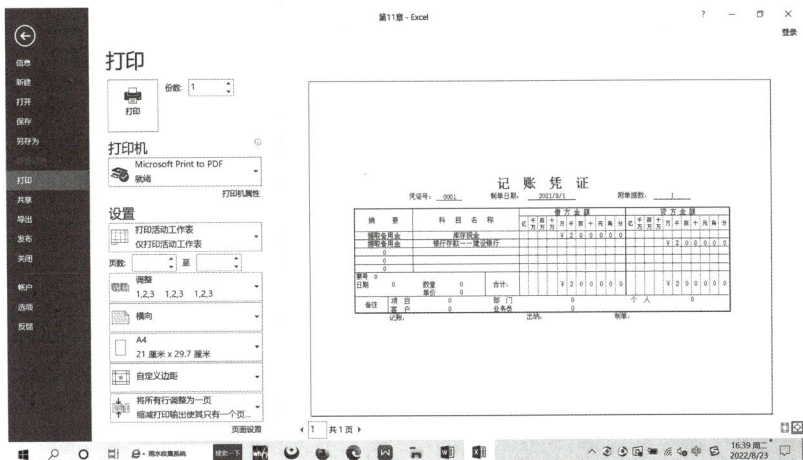

图 11-11　打印当前记账凭证

11.2　打印工资条

企业在发放员工工资的同时,还需要将工资条打印出来发到员工手中,由员工签字确认工资已发放,也有的企业直接向员工发放个人的工资条信息。

11.2.1　设置工作条的打印区域

设置打印区域的方法有多种,下面介绍常用的 3 种设置打印区域的方法。

1.使用"设置打印区域"菜单项

使用"设置打印区域"菜单项设置打印区域的具体操作步骤如下:

(1)打开"第 11 章.xlsx"文件,切换到"工资条"工作表,选中单元格区域 A2:AE39,切换到使用"页面设置"选项卡,在"页面设置"功能区中,单击"打印区域"按钮,在弹出的下拉列表中选择"设置打印区域"选项,如图 11-12 所示。

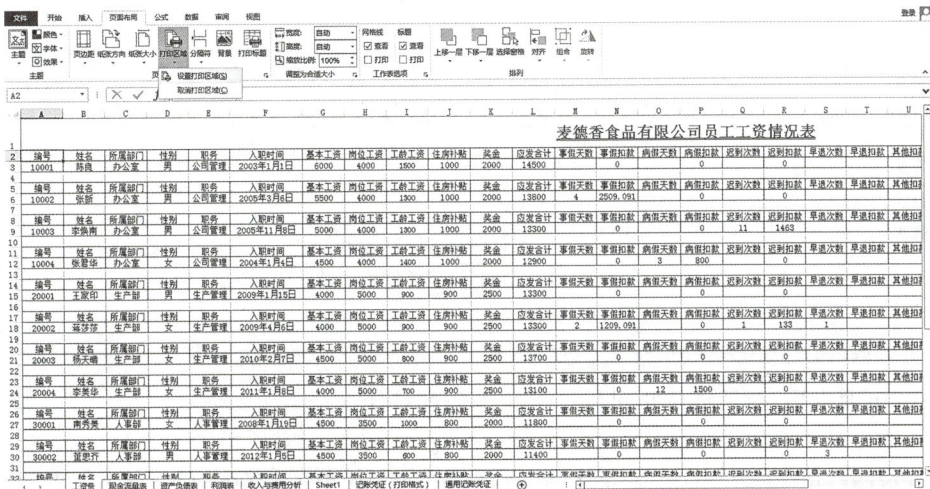

图 11-12　设置打印区域

（2）此时用户可以看到名称框显示了"Print-Area"，然后单击"文件"菜单，如图 11-13 所示。

图 11-13　选择打印设定区域

（3）在弹出的界面中选择"打印"选项，即可在窗口中预览打印效果，然后单击"打印"按钮即可，如图 11-14 所示。

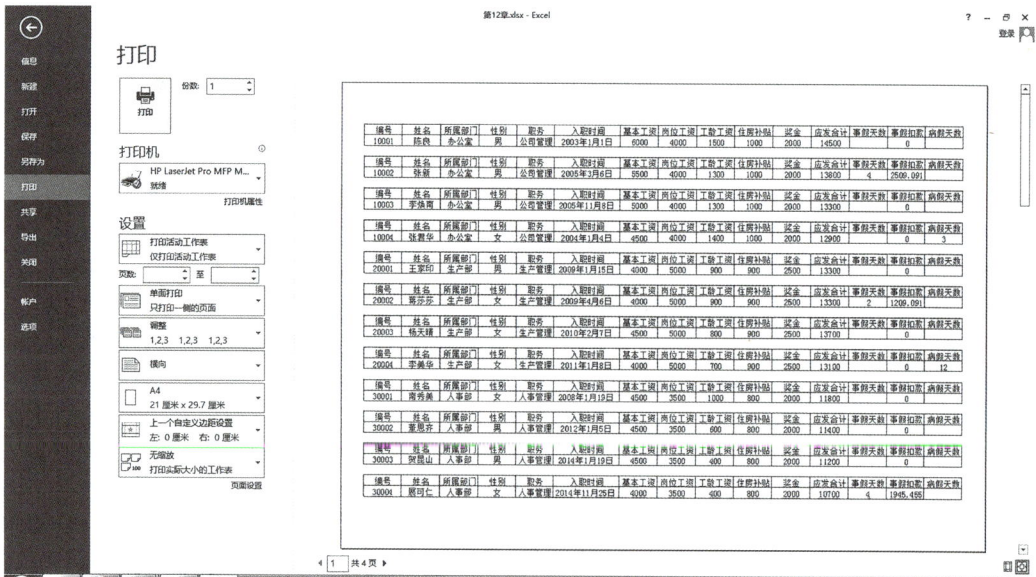

图 11-14　待打印区域预览效果

2.使用"页面设置"对话框

在"页面设置"对话框中也可以设置工作表的打印区域。

具体的操作步骤如下：

（1）打开"第 11 章.xlsx"文件，切换到"工资条"工作表，再切换到"页面布局"选项卡，单击"页面设置"功能区右下角的"对话框启动器"按钮，如图 11-15 所示。

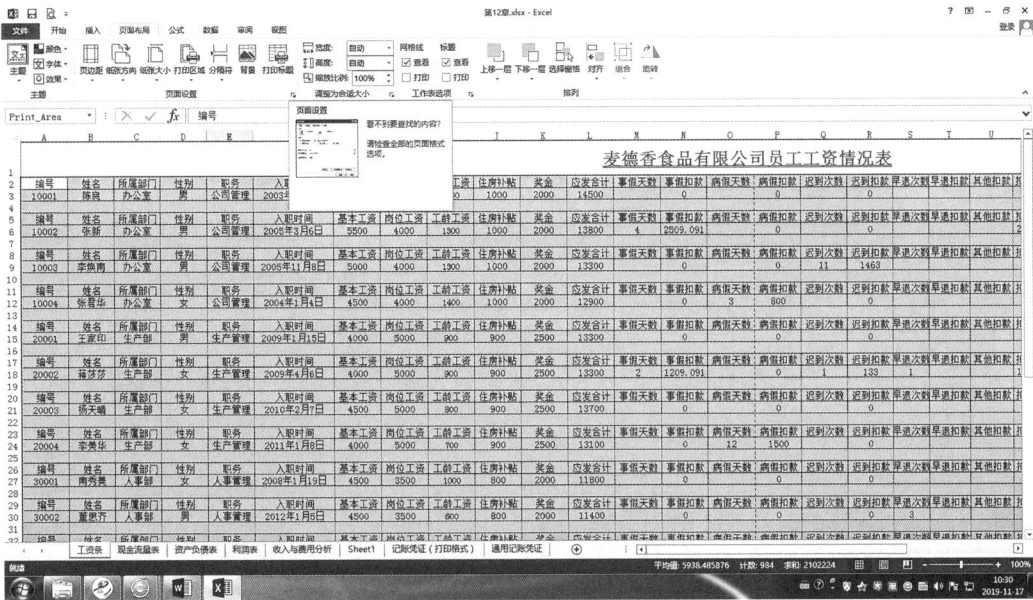

图 11-15　页面布局——对话框启动器

（2）弹出"页面设置"对话框，切换到"工作表"选项卡，单击"打印区域"文本框右侧的"折叠"按钮，如图 11-16 所示。

图 11-16　页面设置——工作表选项卡

（3）弹出"设置——打印区域"框，然后选中单元格区域 A2：AE39，如图 11-17 所示。

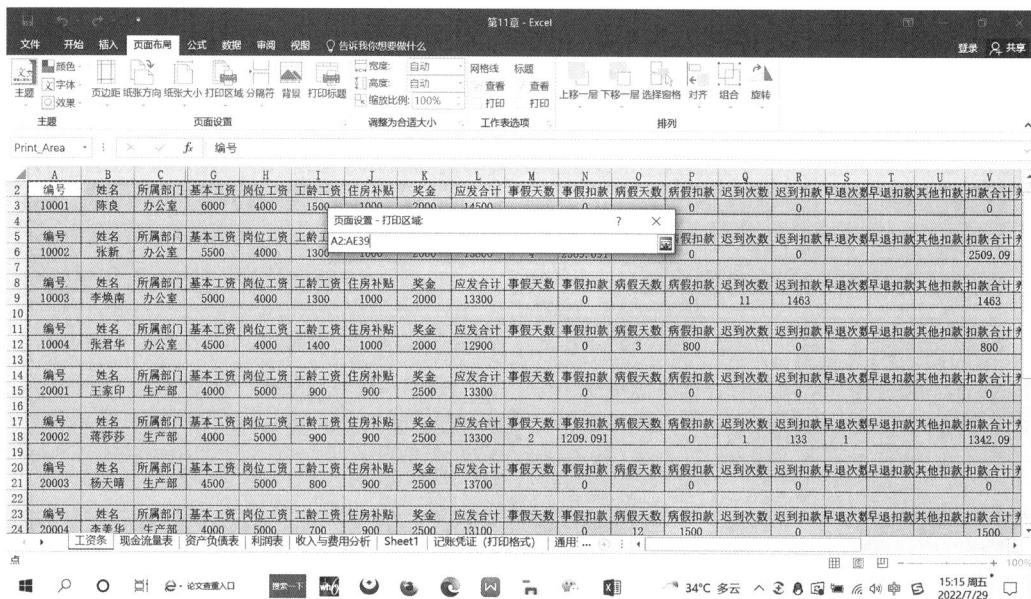

图 11-17　设置打印区域

（4）单击"展开"按钮返回"页面设置"对话框，此时"打印区域"文本框中显示出用户选中的单元格区域，如图 11-18 所示。

图 11-18　页面设置——选定打印区域

提示：选择打印区域按住〈Ctrl〉键选择多个区域，或者在"打印区域"文本框中输入多个单元格区域（每个单元格区域之间用逗号隔开），就可以设置多个打印区域，但打印时每个区域都是单独打印的。单击"打印预览"按钮，即可在弹出的窗口中预览打印效果，此时预览的打印内容就是用户设置的打印区域，如图 11-19 所示。

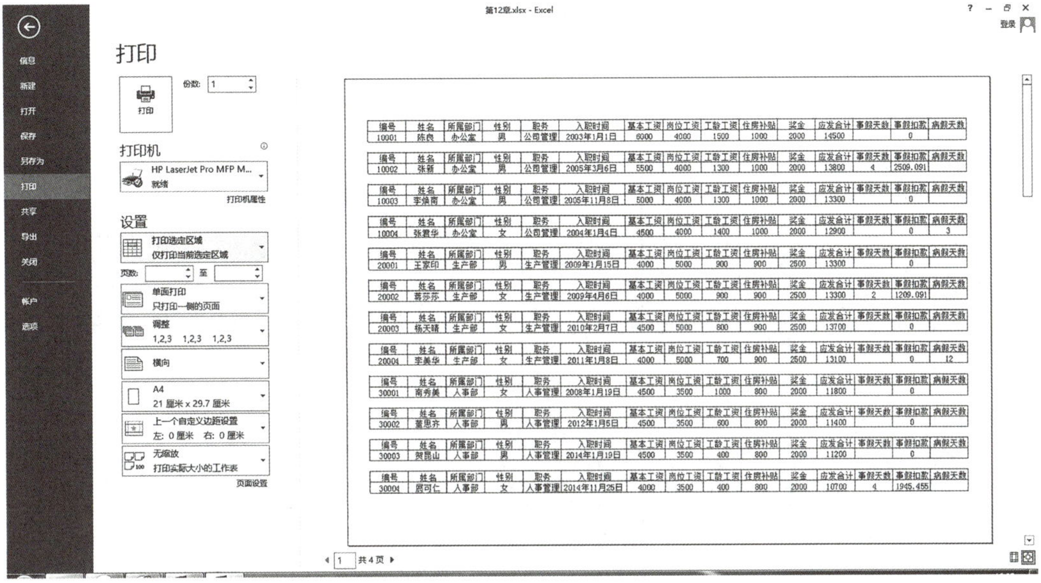

图 11-19　打印预览

提示：对上述两种方法设置的打印区域，可以切换到"页面布局"选项卡，在"页面设置"功能区中，单击"打印区域"按钮，在弹出的下拉列表中选择"取消打印区域"选项，来取消设置的打印区域，如图 11-20 所示。

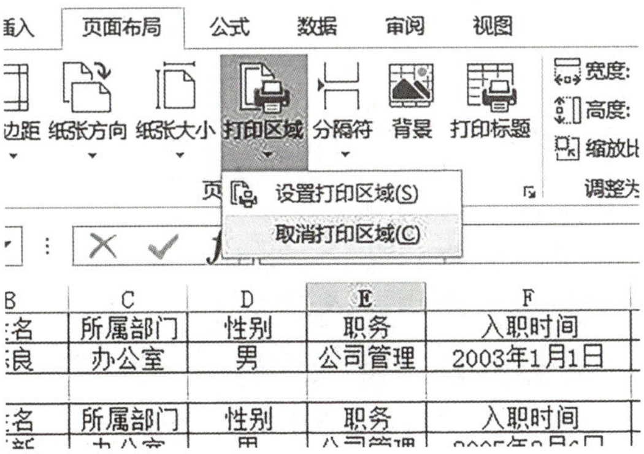

图 11-20　页面布局——打印区域

3.隐藏非打印区域

如果将工作表中的部分数据隐藏起来，剩余部分就是用户要打印的区域。

（1）打开"第 11 章.xlsx"文件，切换到"工资条"工作表，同时选中 D 列、E 列和 F 列，单击鼠标右键,在弹出的快捷菜单中选择"隐藏"菜单项,如图 11-21 所示。

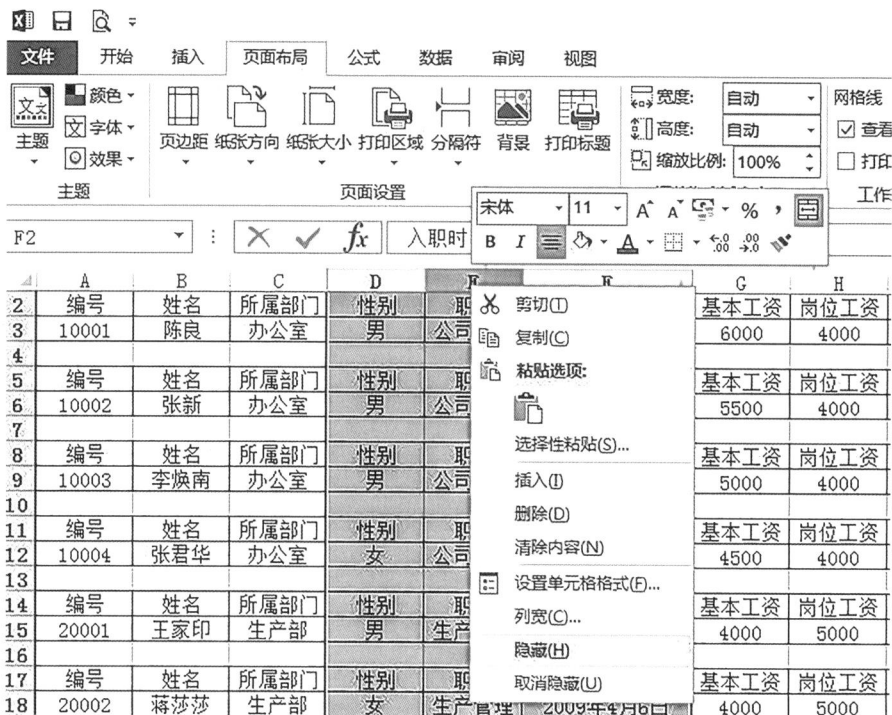

图 11-21　隐藏非打印区域

(2)随即可将选中的 D 列、E 列和 F 列隐藏起来,如图 11-22 所示。

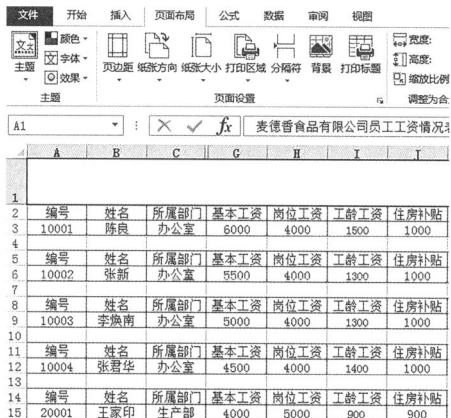

图 11-22　隐藏非打印列后的效果

(3)单击"文件"菜单,在弹出界面中选择"打印"选项,即可在窗口中预览打印效果,此时可以看到被隐藏的数据没有显示在打印预览窗口中,如图 11-23 所示。

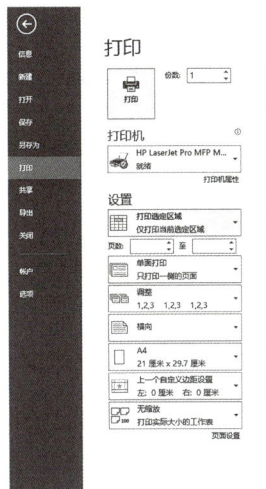

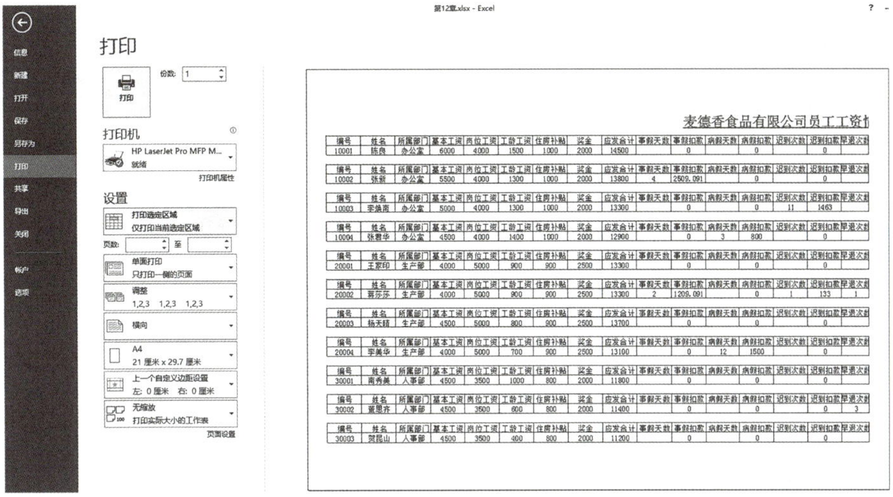

图 11-23　打印效果预览

11.2.2　工资条的页面设置

对“工资条”进行页面设置的具体操作步骤如下：

(1)打开“第 11 章. xlsx”文件，切换到“工资条”工作表，然后对每个工资条的题头重新进行单元格合并，以便完整地显示单元格中的内容，如图 11-24 所示。

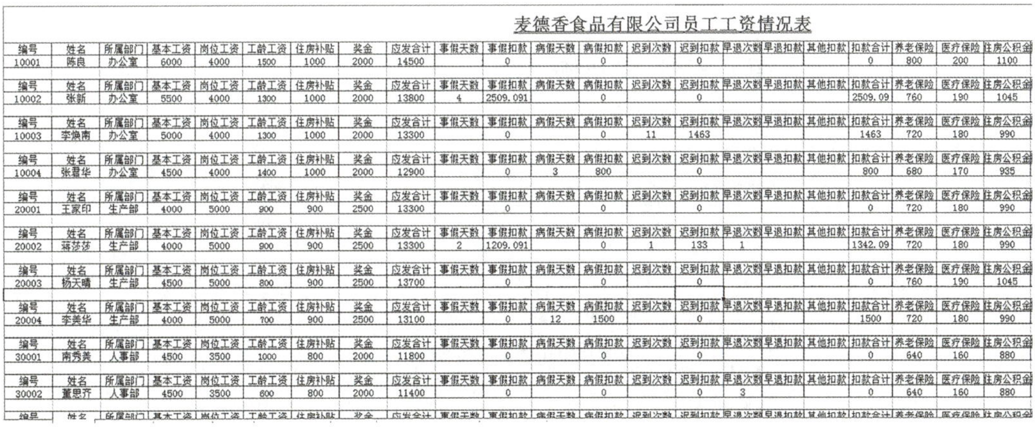

麦德香食品有限公司员工工资情况表

编号	姓名	所属部门	基本工资	岗位工资	工龄工资	住房补贴	奖金	应发合计	事假天数	事假扣款	病假天数	病假扣款	迟到次数	迟到扣款	早退次数	早退扣款	其他扣款	扣款合计	养老保险	医疗保险	住房公积金
10001	陈良	办公室	6000	4000	1500	1000	2000	14500		0		0		0				0	800	200	1100
10002	张新	办公室	5500	4000	1300	1000	2000	13800	4	2509.091		0		0				2509.09	760	190	1045
10003	李焕南	办公室	5000	4000	1300	1000	2000	13300		0		0	11	1463				1463	720	180	990
10004	张君华	办公室	4500	4000	1400	1000	2000	12900		0	3	800		0				800	680	170	935
20001	王家印	生产部	4000	5000	900	900	2500	13300		0		0		0				0	720	180	990
20002	蒋莎莎	生产部	4000	5000	900	900	2500	13300	2	1209.091		0	1	133	1			1342.09	720	180	990
20003	杨天晴	生产部	4500	5000	800	900	2500	13700		0		0		0				0	760	190	1045
20004	李美华	生产部	4000	5000	700	900	2500	13100		0	12	1500		0				1500	720	180	990
30001	南秀美	人事部	4500	3500	1000	800	2000	11800		0		0		0				0	640	160	880
30002	董思齐	人事部	4500	3500	600	800	2000	11400		0		0		0	3			0	640	160	880

图 11-24　工资条的初始界面

(2)切换到“页面布局”选项卡，单击“页面设置”功能区右下角的“对话框启动器”按钮，如图 11-25 所示。

(3)弹出“页面设置”对话框，切换到“页面”选项卡，然后在“方向”组合框中选中“横向”单选按钮。

(4)切换到“页边距”卡，在“上”、“下”、“左”和“右”等微调框中分别输入“1.9”、“1.9”、“0”和“0”，在“页眉”和“页脚”微调框中分别输入“0.8”和“0.8”，然后在“居中方式”组合框中选中“水平”复选框，如图 11-26 所示。

图 11-25　设置"页面设置——页面"　　　　图 11-26　设置"页面设置——页边距"

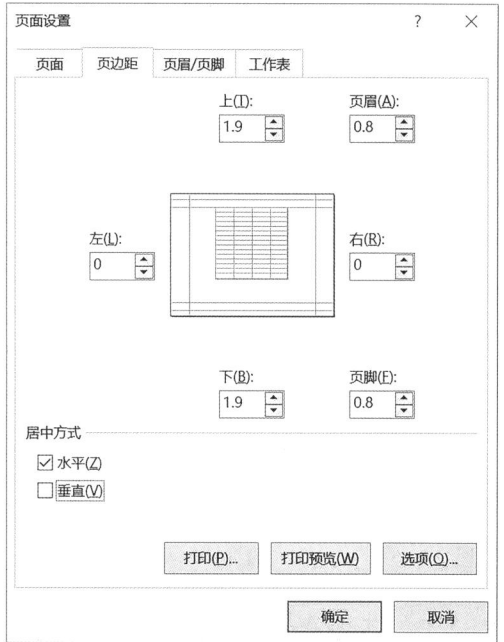

（5）切换到"工作表"选项卡，在"打印区域"文本框中输入 A2：AE39，如图 11-27
所示。

图 11-27　设置"页面布局——工作表"

（6）单击"打印预览"按钮，即可在弹出的窗口中预览打印效果，如图 11-28 所示。

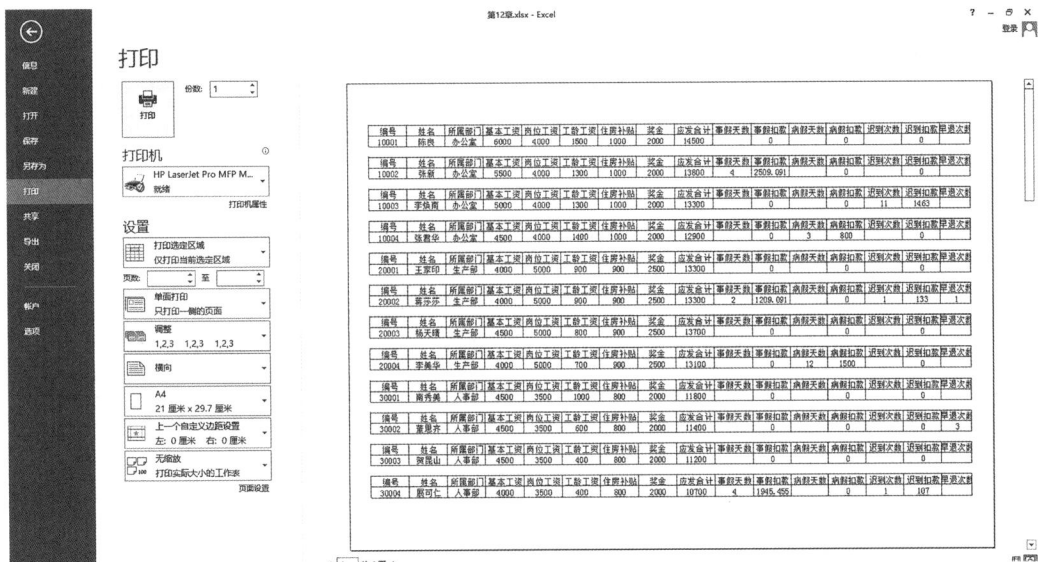

图 11-28　打印预览效果

（7）单击"下一页"按钮，可以预览其他页面的打印效果，若存在最后一页只有一条记录的情况时，可以通过微调边距的操作来预览，如图 11-29 所示。

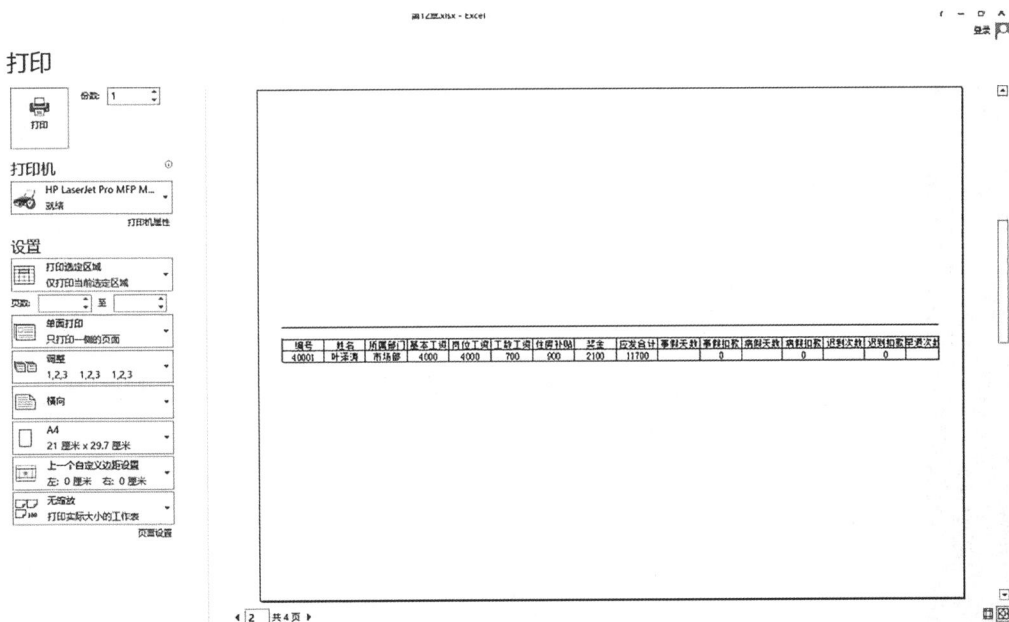

图 11-29　打印预览效果

（8）单击"显示边距"按钮，此时预览窗口的四周出现了多条虚线，如图 11-30 所示。

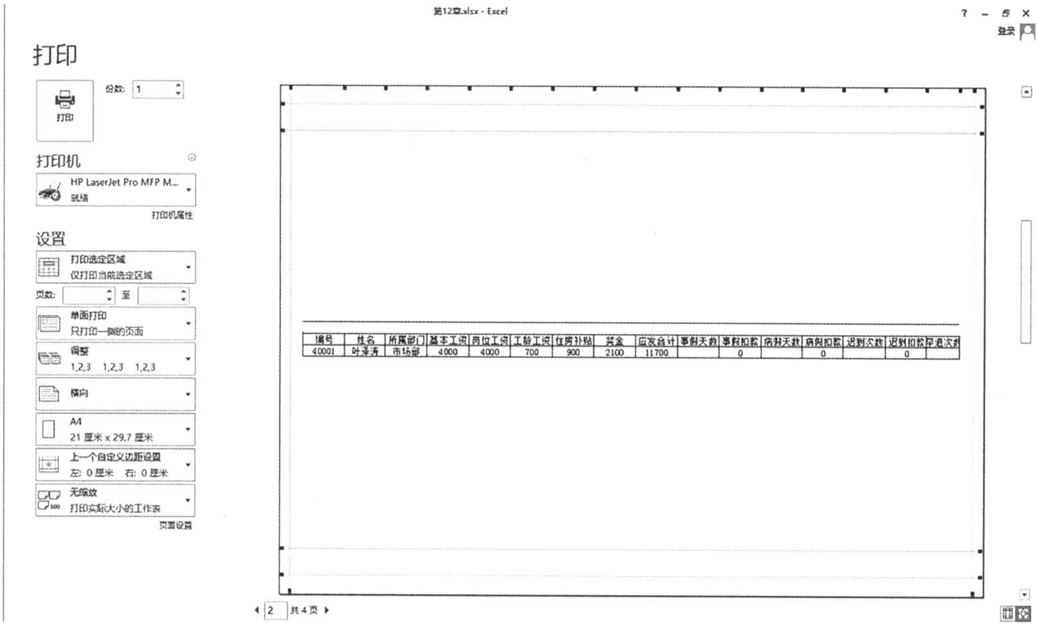

图 11-30　启用"显示边距"功能

（9）将鼠标指针移到上边距的虚线上，当指针变成一个双向箭头时按住不放向上拖曳，如图 11-31 所示。

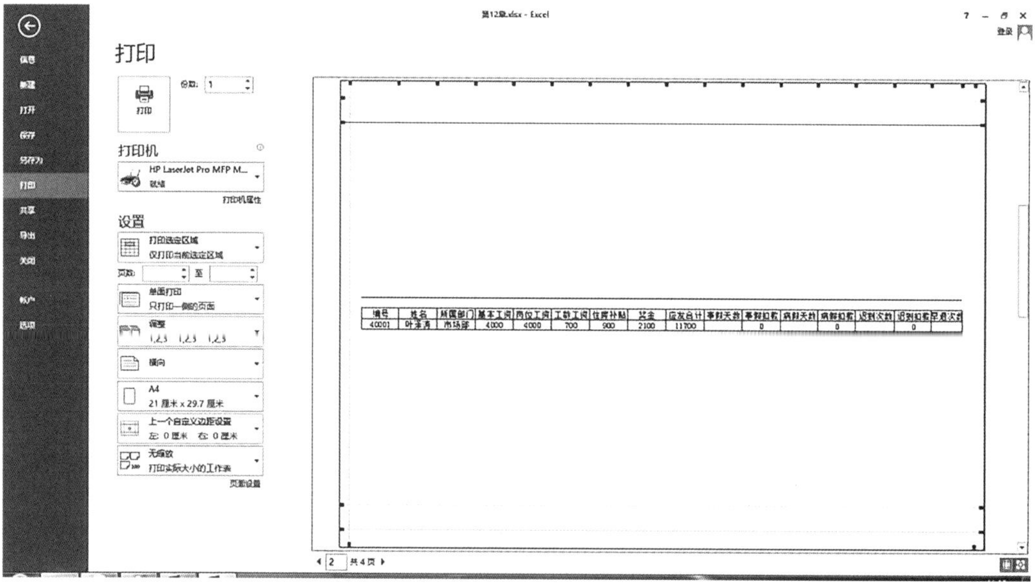

图 11-31　调整上边距虚线

（10）拖曳到合适的位置后释放，即可将上边距调整到当前位置，如图 11-32 所示。

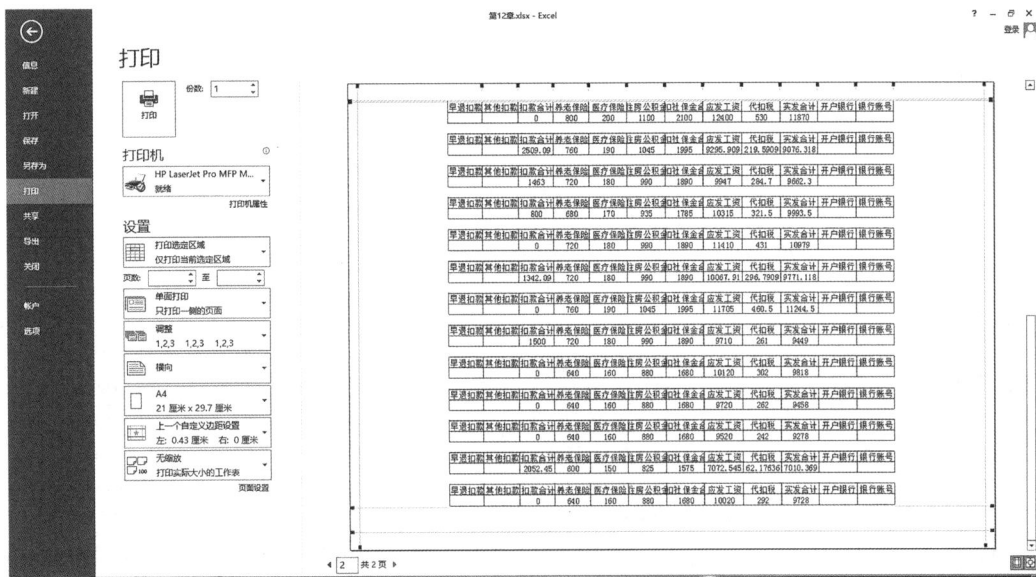

图 11-32　调整上边距虚线效果

（11）按照同样的方法调整下边距、左边距和右边距的位置，如图 11-33 所示。

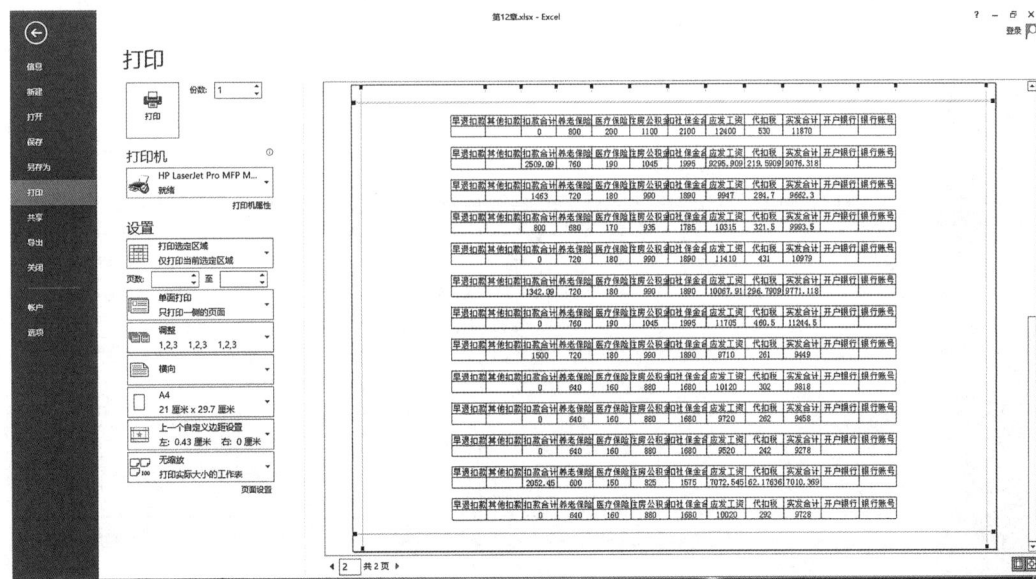

图 11-33　调整下边距虚线

（12）当前预览的是第 2 页的内容，单击"上一页"，即可预览上一页（即第 1 页）的内容，如图 11-34 所示。

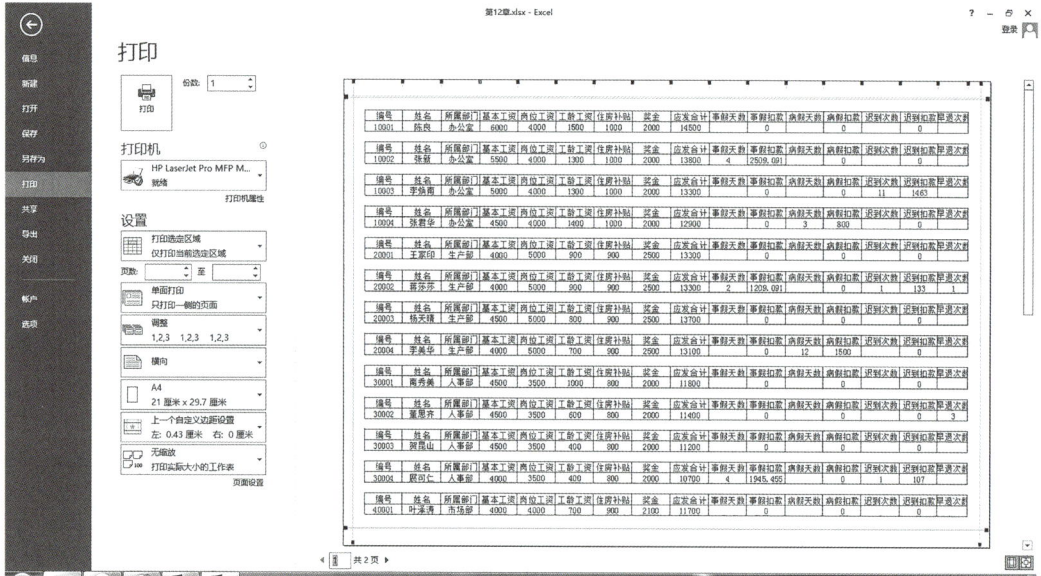

图 11-34　调整边距后的页面

（13）再次单击"显示边距"按钮，即可隐藏预览窗口四周的虚线，如图 11-35 所示。

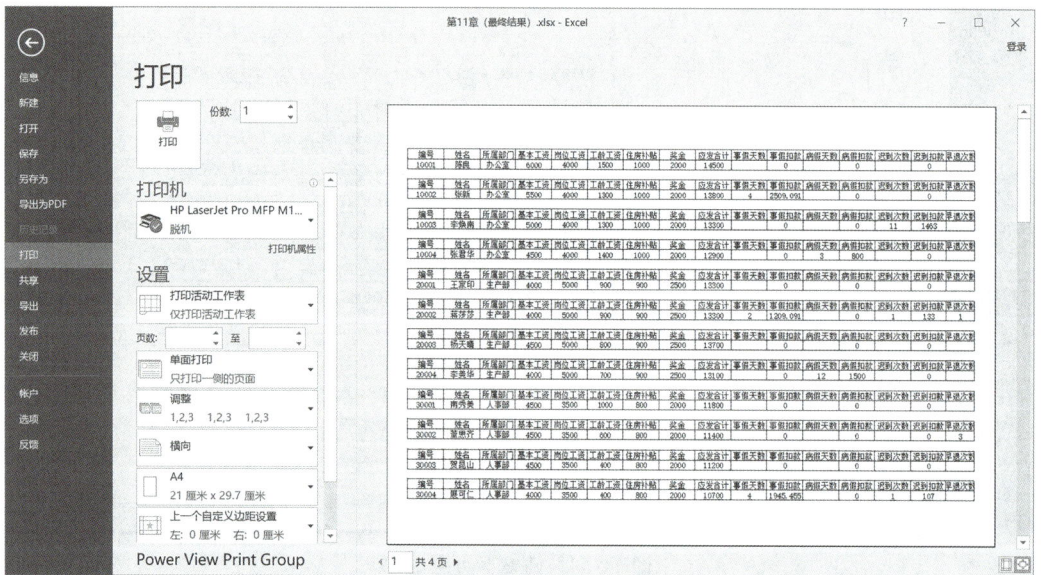

图 11-35　隐藏边距的虚线

11.2.3　打印多份工资表

打印多份工资条的具体操作步骤如下：

（1）打开"第 11 章.xlsx"文件，切换到"工资条"工作表，选中单元格区域 A2：AE39，如图 11-36 所示，然后单击快速访问工具栏中的"打印预览"按钮。

图 11-36　工资条初始页面

（2）在弹出的界面中选择"打印"选项，在"打印机"下拉列表中选择一台合适的打印机，如图 11-37 所示。

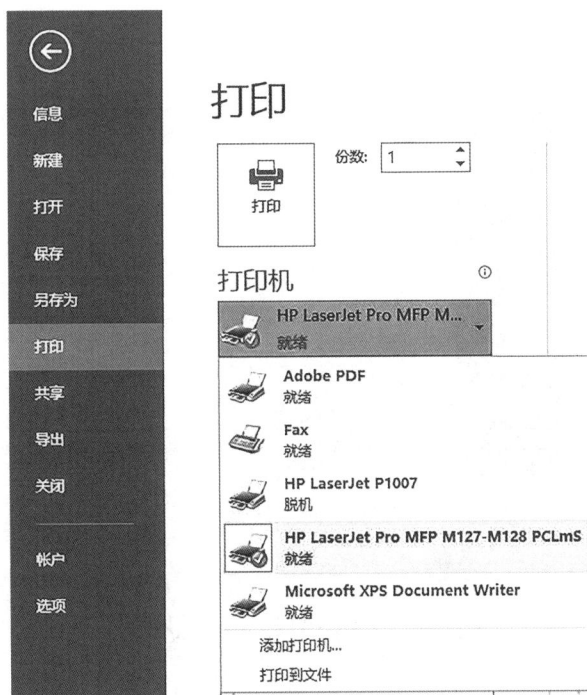

图 11-37　打印预览

（3）在"设置"组合框中的打印区域下拉列表中选择"打印选定区域"选项，如图 11-38 所示。

图 11-38　选择"打印选定区域"

（4）在"打印份数"微调框中输入"2"，其他值保持不变，用户可以在右侧的预览框中看到预览效果，如果用户对预览效果比较满意，就可以单击"打印"按钮开始打印了，如图 11-39 所示。

图 11-39　输入打印份数

11.3　打印会计报表

每年年底，无论是企业的投资者、债权人、管理人员，还是财税部门人员，都要求企业提供会计报表,因此会计人员需要将会计报表打印出来提交给相关人员。

11.3.1　会计报表的页面设置

在打印会计报表之前,首先需要对会计报表进行页面、页边距、页眉/页脚和工作表等设置,使打印出来的报表既美观又实用。

1.资产负债表的页面设置

对资产负债表进行页面设置的具体操作步骤如下:

(1)打开“第 11 章.xlsx”文件,切换到“资产负债表”工作表,再切换到“页面布局”选项卡,单击“页面设置”功能区右下角的“对话框启动器”按钮,如图 11-40 所示。

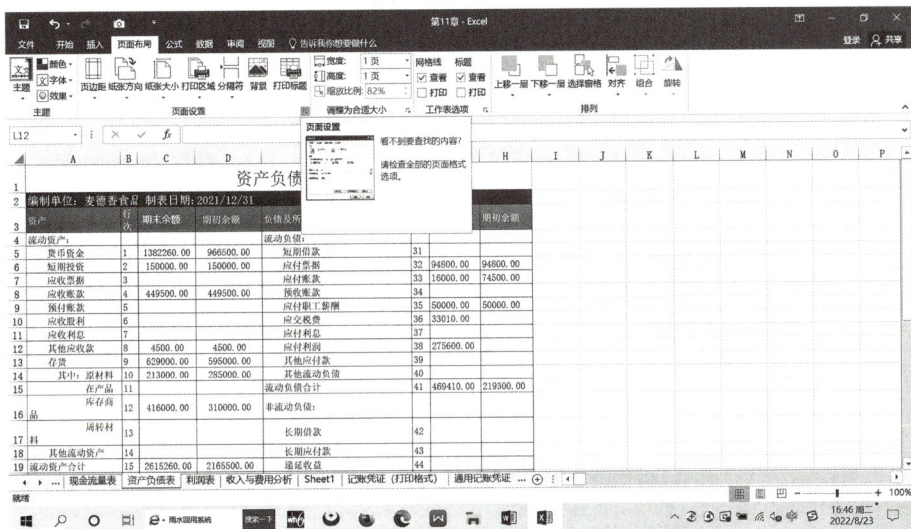

图 11-40　启用“对话框启动器”

（2）弹出“页面设置”对话框,切换到“页面”选项卡,在“方向”组合框中选中“横向”单选按钮,然后在“缩放”组合框中选中“调整为”单选按钮,其他选项保持默认设置,如图 11-41 所示。

图 11-41　“页面设置”对话框——页面

（3）切换到"页边距"选项卡，在"居中方式"组合框中选中"水平"复选框，如图 11-42 所示。

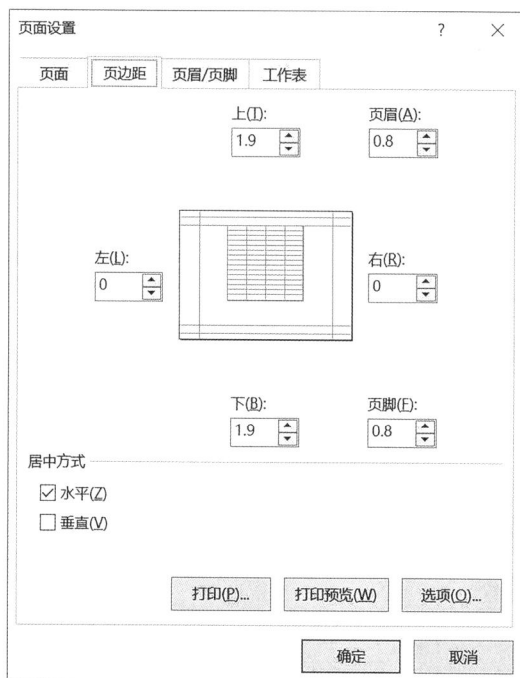

图 11-42 "页面设置"对话框——页边距

（4）切换到"插入"→"页眉/页脚"选项卡，在"页眉"下拉列表中选择"资产负债表"选项，如图 11-43 所示。

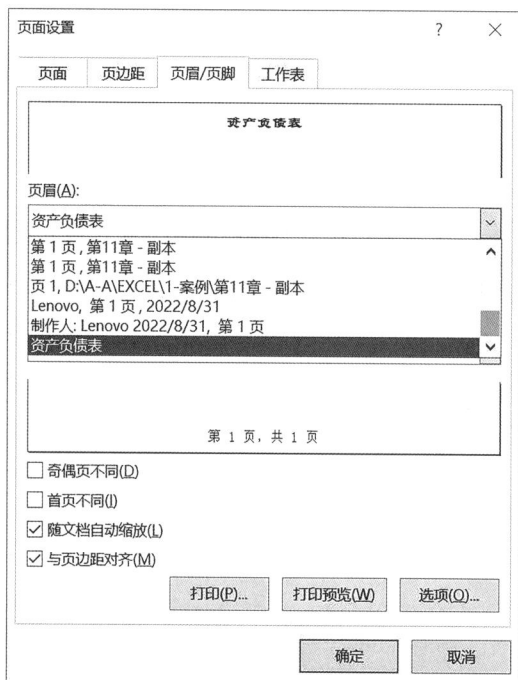

图 11-43 "页面设置"对话框——页眉页脚

（5）单击"自定义页眉"按钮，弹出"页眉"对话框，单击"自定义页眉"出"&[标签名]"字样，选中该文本，然后单击"格式文本"按钮，如图 11-44 所示。

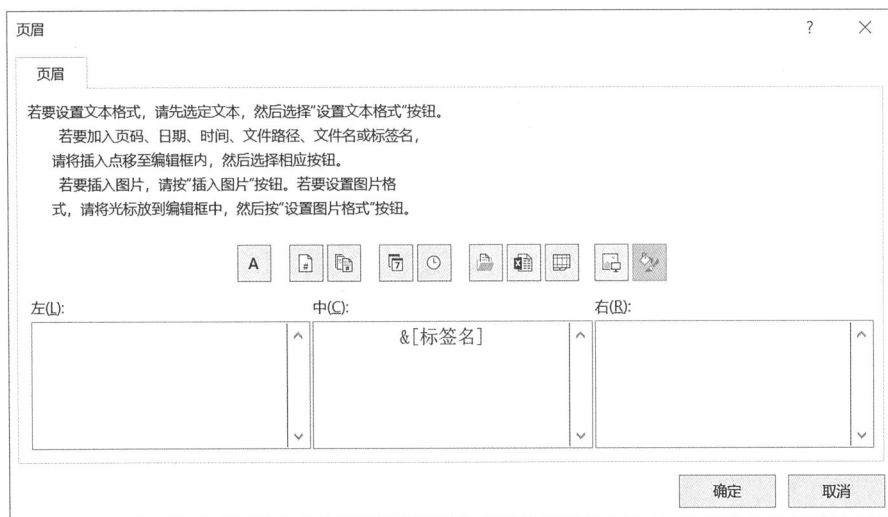

图 11-44　"页眉设置"对话框

（6）随即弹出"字体"对话框，从中设置字体格式，字体为"华文隶书"，字形为"加粗"，字号为"11"，如图 11-45 所示。

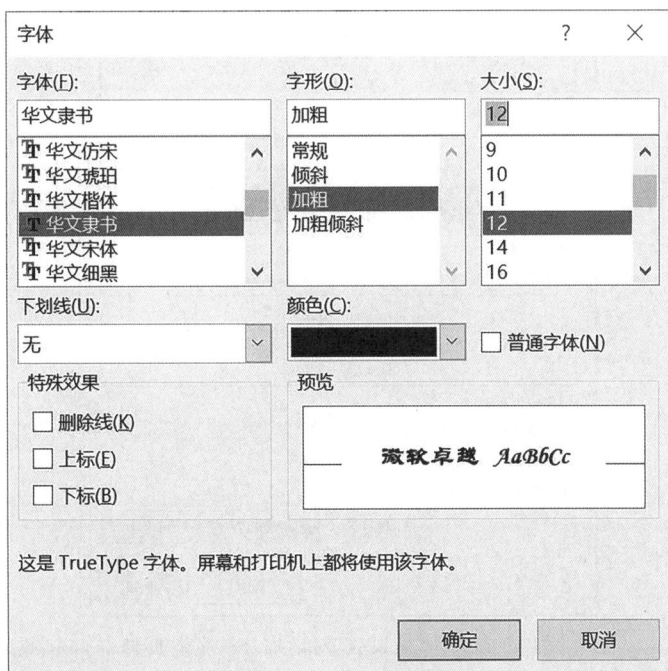

图 11-45　字体格式设置

（7）单击"确定"按钮，返回"页眉"对话框，此时文本框中文本的字体已经发生了变化，如图 11-46 所示。

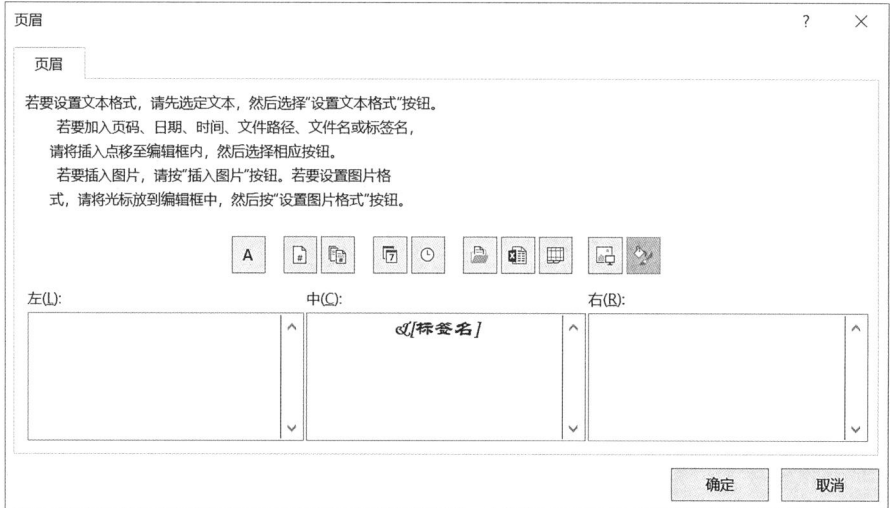

图 11-46 "页眉"对话框

(8)单击"确定"按钮,返回"页面设置"对话框,此时即可在页眉预览框中预览页眉的设置效果,如图 11-47 所示。

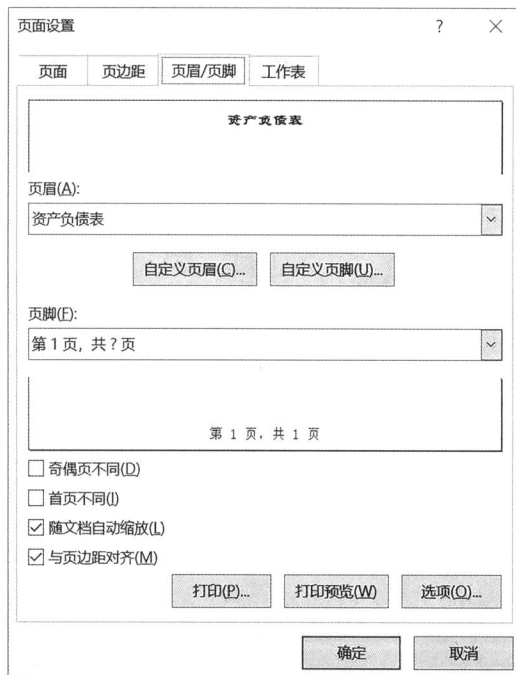

图 11-47 "页面设置"对话框——页眉页脚

（9）在"页脚"下拉选择"第Ⅰ页，共？页"选项，随即页脚预览框中显示设置的页脚效果，如图 11-48 所示。

图 11-48　设置"页脚"选项

（10）切换到"工作表"选项卡，在"打印区域"文本框中输入 A1：H35，如图 11-49 所示。

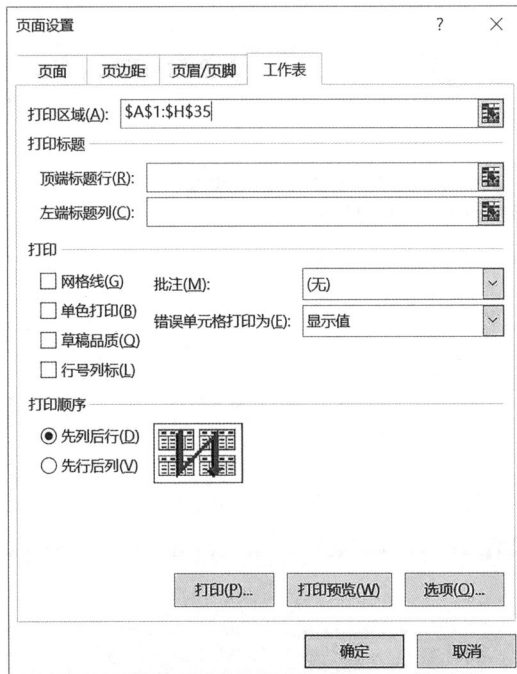

图 11-49　"页面设置"对话框——工作表

（11）单击"打印预览"按钮，即可在弹出的窗口中预览打印效果，如图11-50所示。

图11-50　打印预览

（12）分页预览。单击"返回"按钮返回工作表中，切换到"视图"选项卡，在"工作簿视图"组中，单击"分页预览"按钮，如图11-51所示。

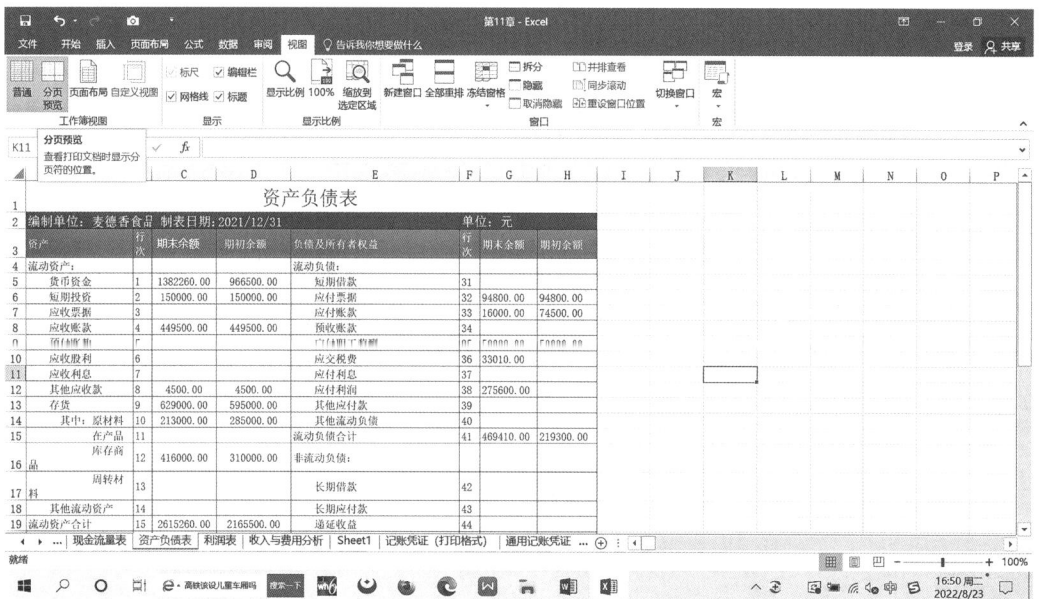

图11-51　分页预览

（13）此时进入分页预览状态，如图 11-52 所示。

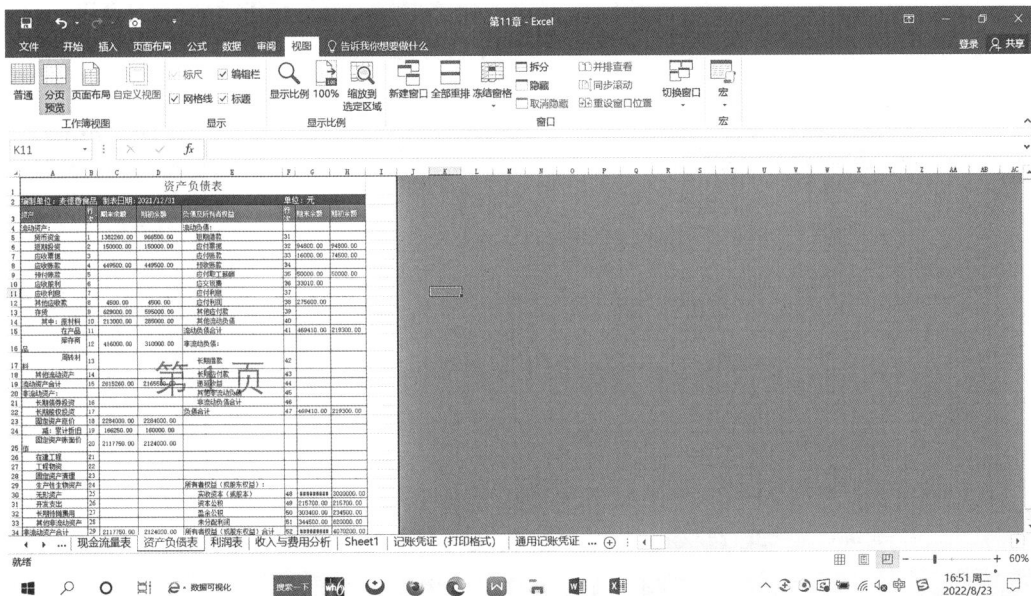

图 11-52　分页预览状态

（14）将鼠标指针移到表格的上下边框和左右边框，当指针变成上下或左右双向箭头时按住不放，向下或向右拖动至合适的位置后释放，即可将分页符调整到当前位置，如图 11-53 所示。

图 11-53　调整分页符的位置

（15）切换到"视图"选项卡，在"工作簿视图"功能区中，单击"普通"按钮，如图 11-54 所示。

图 11-54 启用"普通"视图

（16）即可退出分页预览状态，恢复到普通视图状态，如图 11-55 所示。

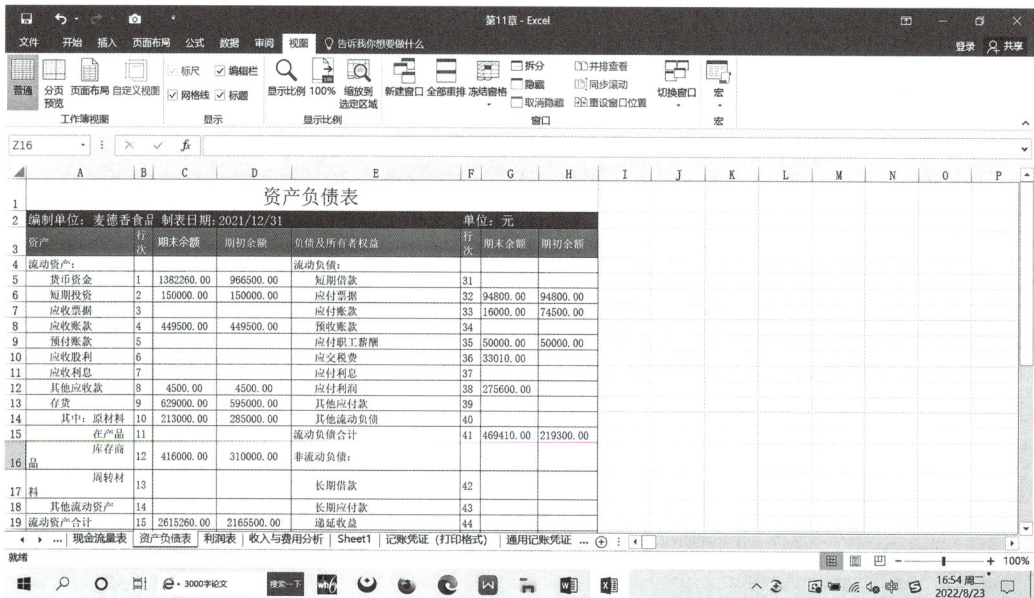

图 11-55 "普通"视图效果

2.利润表的页面设置

对利润表进行页面设置的具体操作步骤如下：

（1）打开"第 11 章.xlsx"文件，切换到"利润表"工作表，选中单元格区域 A1：D36，切换到"页面布局"选项卡，在"页面设置"功能区中，单击"打印区域"按钮，在弹出的下拉列表中选择"设置打印区域"选项,如图 11-56 所示。

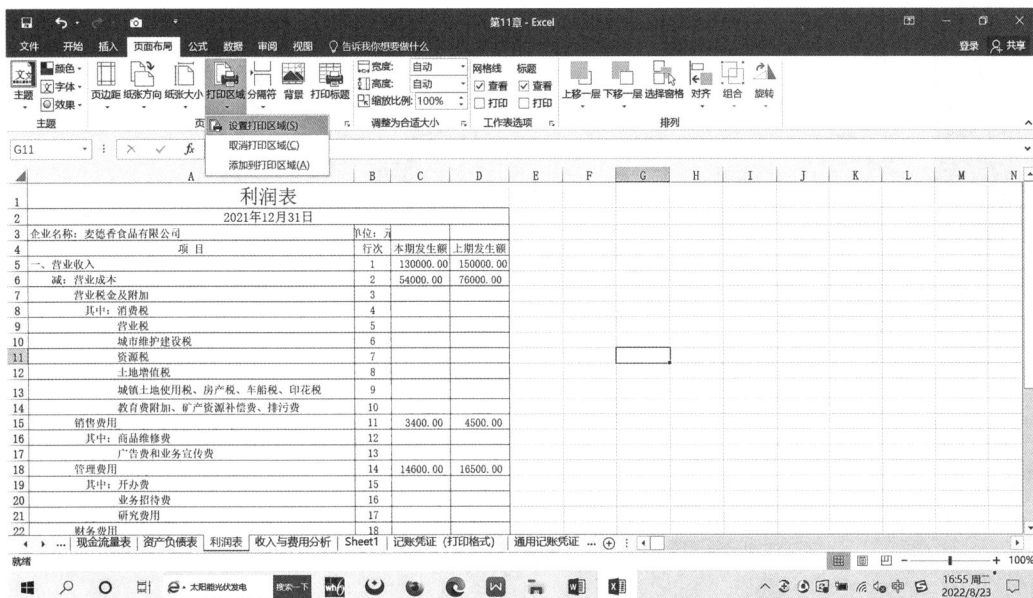

图 11-56　启用"设置打印区域"选项

(2)随即可将选中的单元格区域设置为打印区域,此时该区域的四周会出现绿色实线框,名称栏中显示"Print_Area",如图 11-57 所示。

图 11-57　设置打印区域

(3)单击快速访问工具栏中的"打印预览"选项,即可在窗口中预览打印效果,如图 11-58 所示。

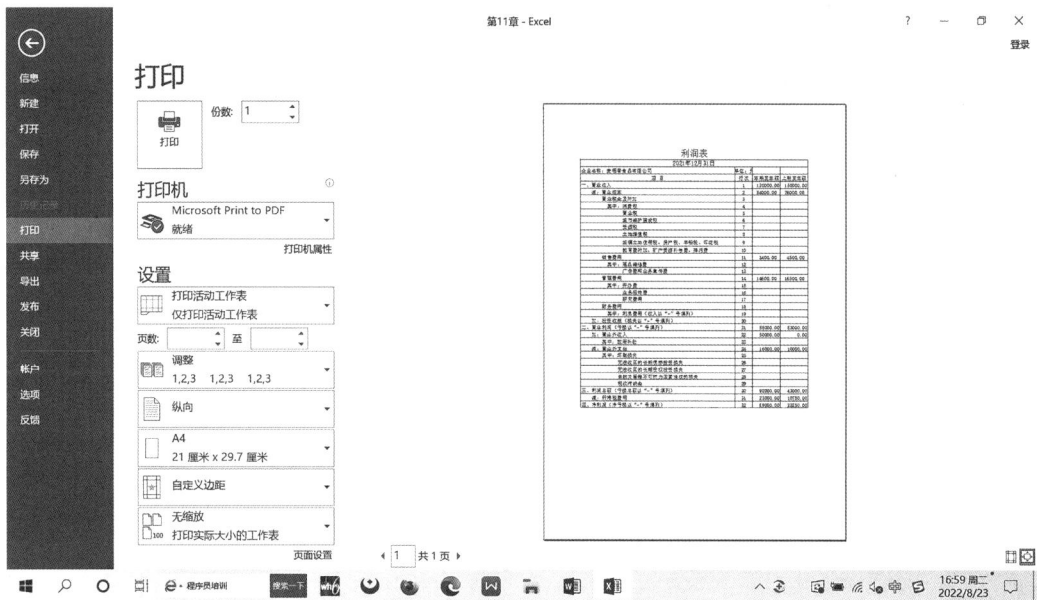

图 11-58　打印效果预览

（4）单击"页面设置"按钮，弹出"设置"对话框，切换到"页边距"选项卡，在"上"和"下"微调框中均输入"3"，然后在"居中方式"组合框中选中"水平"选框，如图 11-59 所示。

（5）切换到"页眉/页脚"选项卡，单击"自定义页眉"按钮，如图 11-60 所示。

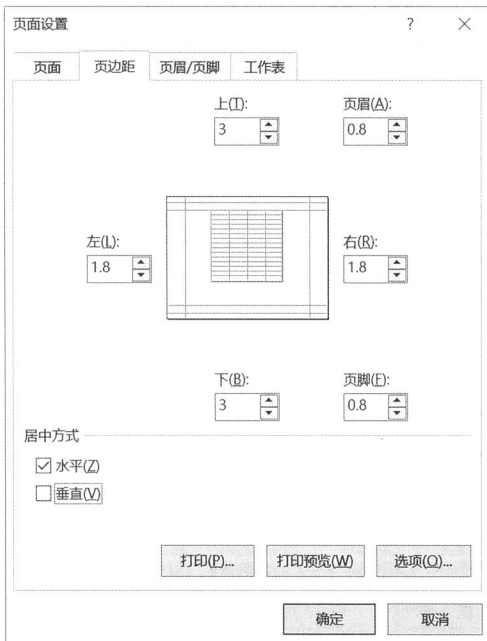

图 11-59　微调页边距

图 11-60　"自定义页眉"对话框

（6）弹出"页眉"对话框，将鼠标指针定位在"左"文本框中，然后单击"插入数据表名称"按钮⊞，此时"左"文本框中显示出"& 标签名"字样，如图 11-61 所示。

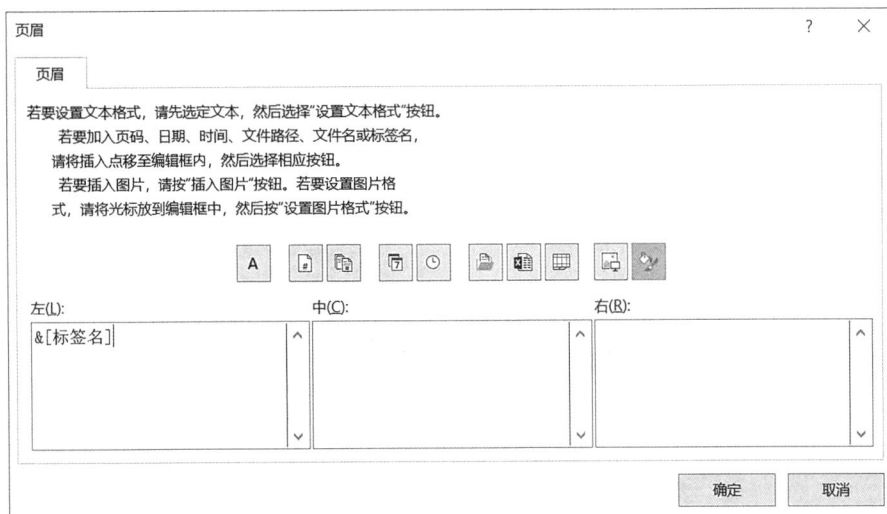

图 11-61 设置页眉信息

(7)单击"确定"按钮,返回"页面设置"对话框,此时即可在页眉预览框中预览页眉的设置效果,如图 11-62 所示。

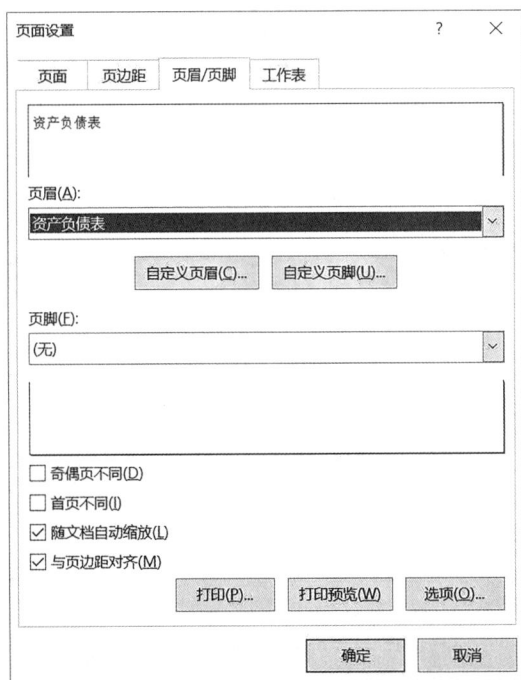

图 11-62 页眉设置的效果

(8)单击"自定义页脚"按钮,弹出"页脚"框,在"右"文本框中输入"第页",然后将鼠标指针定位在"第"和"页"之间,如图 11-63 所示。

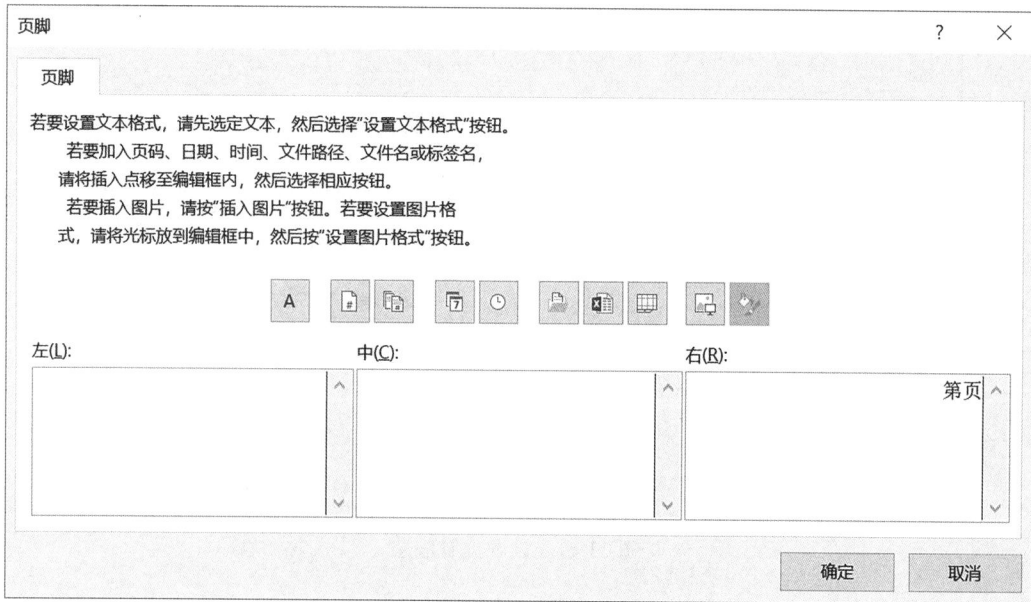

图 11-63　"页脚"对话框

(9)单击"插入页码"按钮![按钮],此时"右"文本框中显示出"第 &[页码]页"字样,如图 11-64 所示。

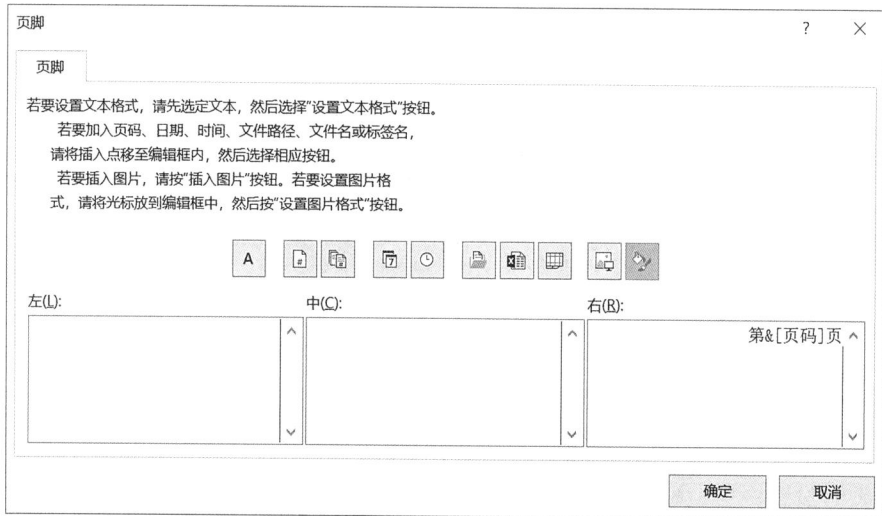

图 11-64　在页脚插入页码

(10)单击"确定"按钮,返回"页面设置"对话框,此时即可在页脚预览框中预览页脚的设置效果,如图 11-65 所示。

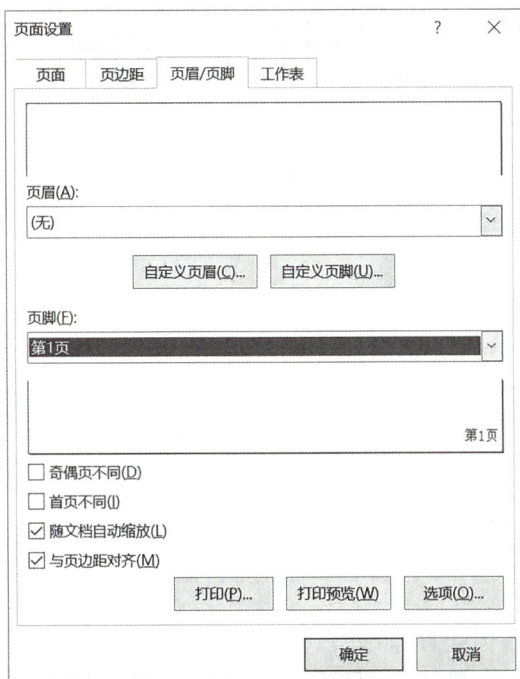

图 11-65　页脚预览效果

(11)单击"确定"按钮,返回预览窗口即可预览打印效果,如图 11-66 所示。

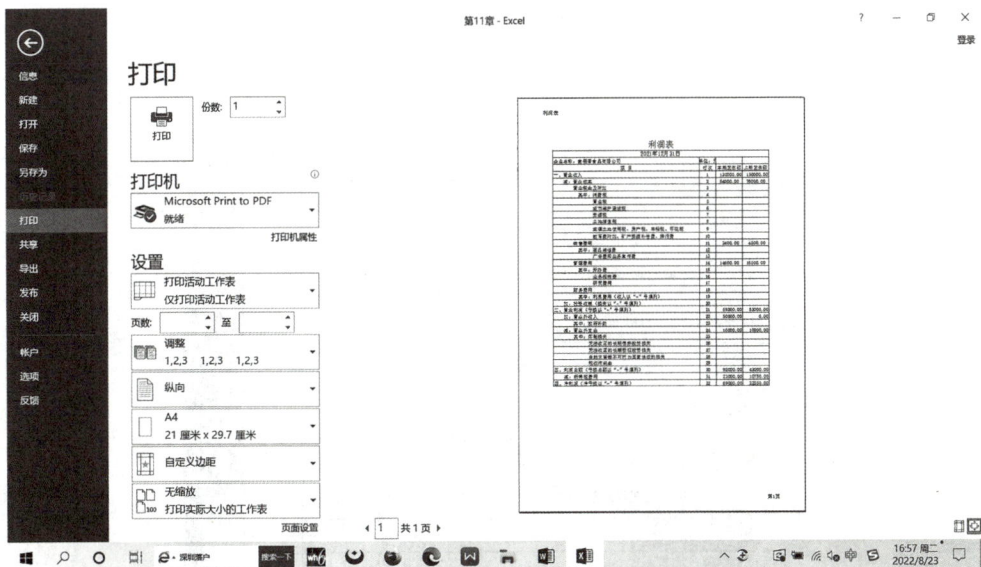

图 11-66　打印效果预览

3.现金流量表的页面设置

对现金流量表进行页面设置的具体操作步骤如下:

(1)打开"第 11 章.xlsx"文件,切换到"现金流量表"工作表,再切换到"视图"选项卡,在"工作簿视图"功能区中,单击"分页预览"按钮██,如图 11-67 所示。

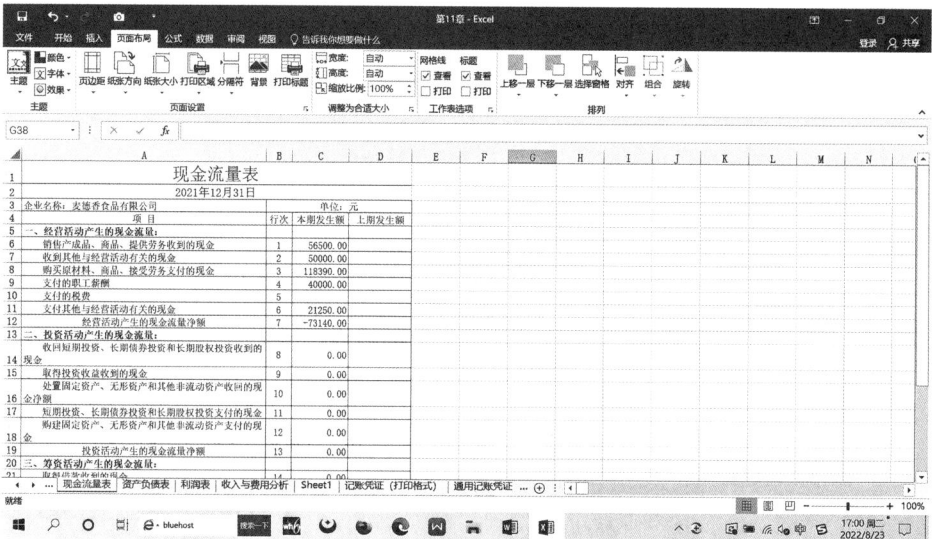

图 11-67　启用分页预览

（2）随即进入分页预览状态，如图 11-68 所示。

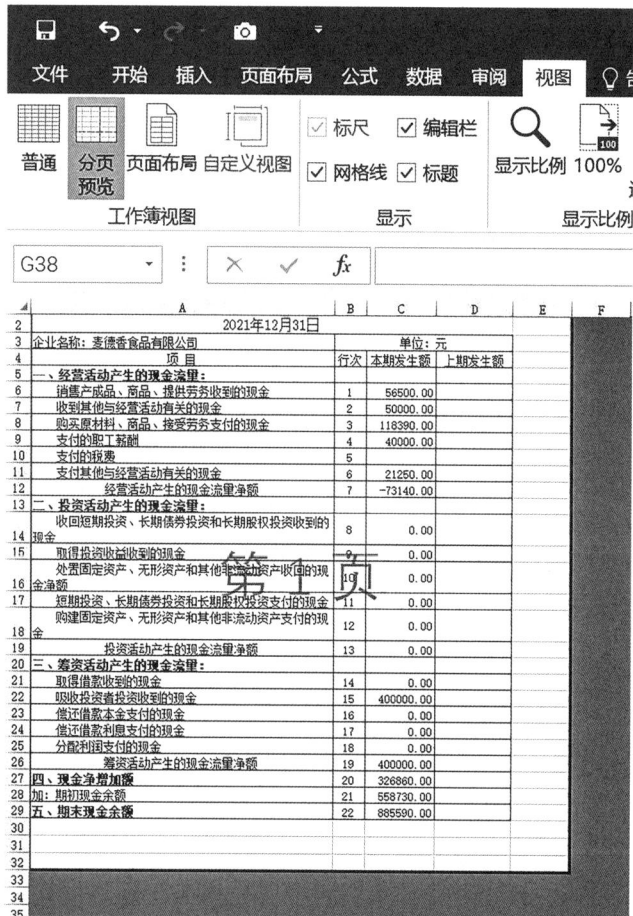

图 11-68　分页预览状态

（3）将鼠标指针移到表格的左侧边框上，当指针变成◇◇形状时按住不放，向右拖动至合适的位置后释放，即可将"分页符"调整到当前位置，如图 11-69 所示。

图 11-69　调整分页符位置

（4）按下〈CTRL〉+〈P〉组合键打开打印窗口，即可在预览窗口中预览打印效果，如图 11-70 所示。

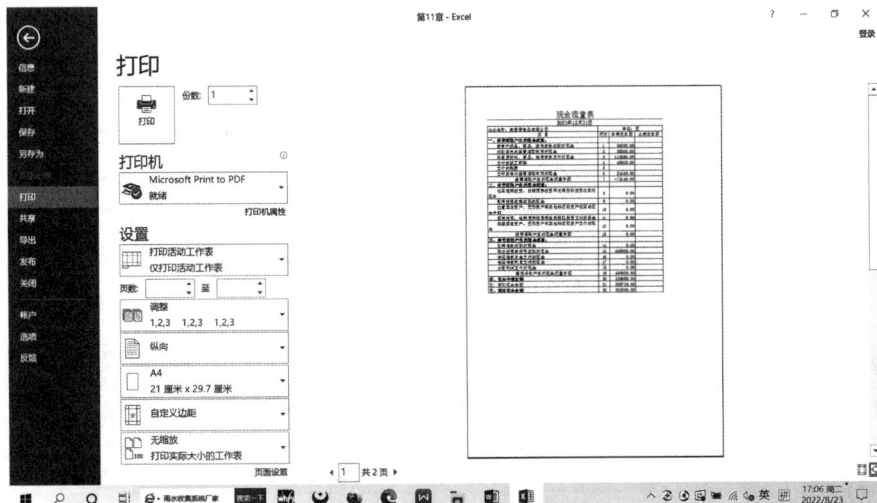

图 11-70　打印效果预览

（5）单击"页面设置"按钮，弹出"页面设置"对话框，切换到"页边距"选项卡，然后在"居中方式"组合框中选中"水平"复选框，如图 11-71 所示。

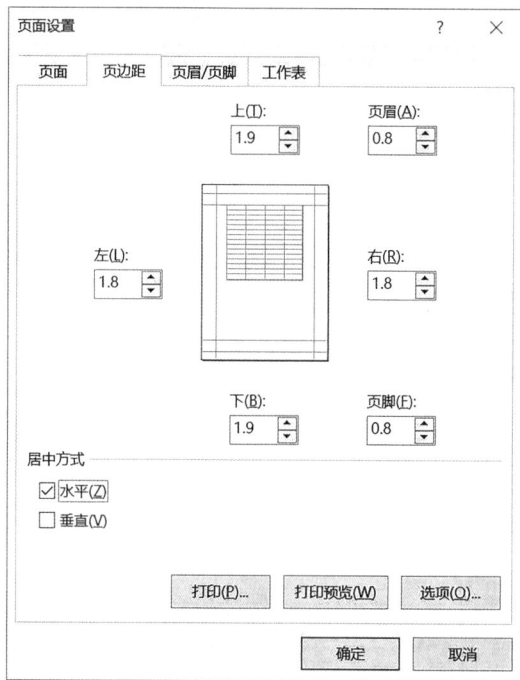

图 11-71　"页面设置"对话框——页边距设置

（6）切换到"页眉/页脚"选项卡，单击"自定义页眉"按钮，如图 11-72 所示。

图 11-72　自定义页眉

（7）随即弹出"页眉"对话框，系统会自动将鼠标指针定位在"左"文本框中，然后单击"插入图片"按钮，如图 11-73 所示。

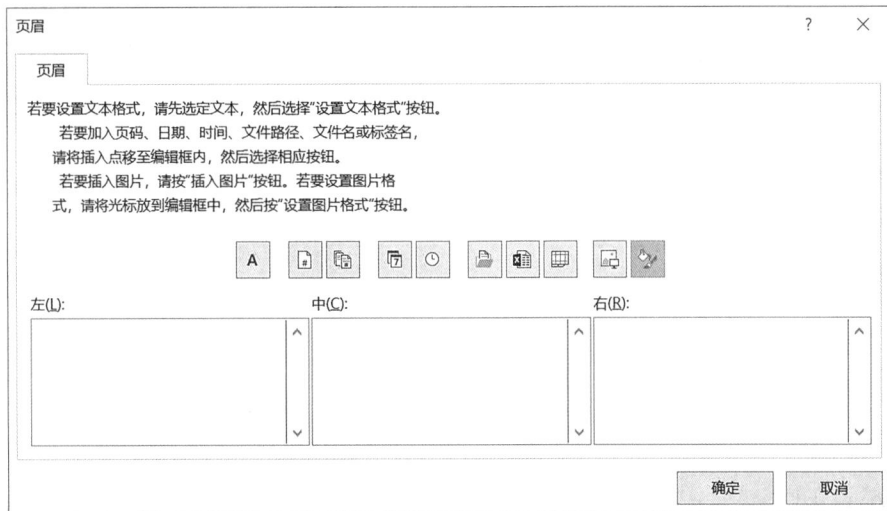

图 11-73　设置页眉

（8）如果用户电脑没有连接网络，会出现"脱机工作"的对话框，此时单击"脱机工作"即可。随即弹出"插入图片"对话框，从中选择"从文件"中的"浏览"链接，要插入的素材图片"logo.jpg"，如图 11-74 所示。

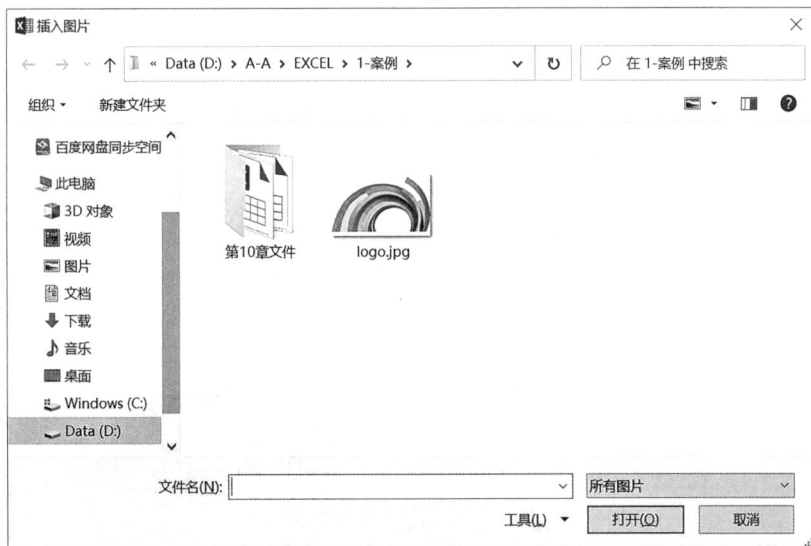

图 11-74　在页眉中插入图片

（9）单击"插入"按钮，返回"页眉"对话框，此时"左"文本框中显示"&[图片]"字样，如图 11-75 所示。

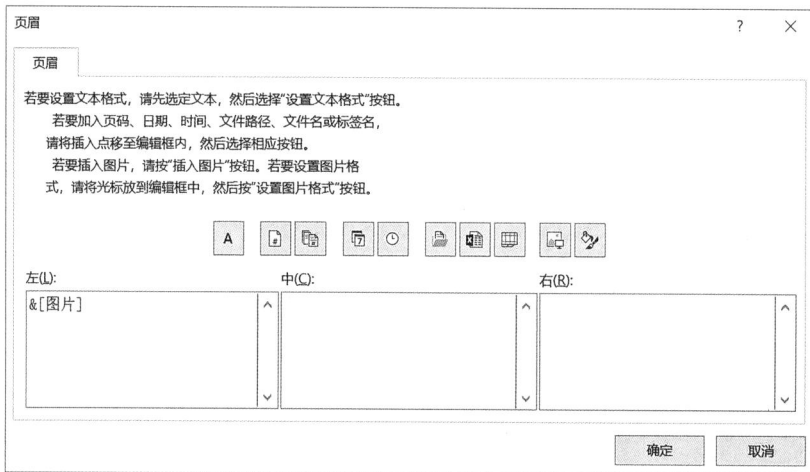

图 11-75　插入图片后的页眉

（10）单击"设置图片格式"按钮 ，弹出"设置图片格式"对话框，切换到"大小"选项卡，然后在"比例"组合框中的"高度"微调框中输入"100％"，如图 11-76 所示。

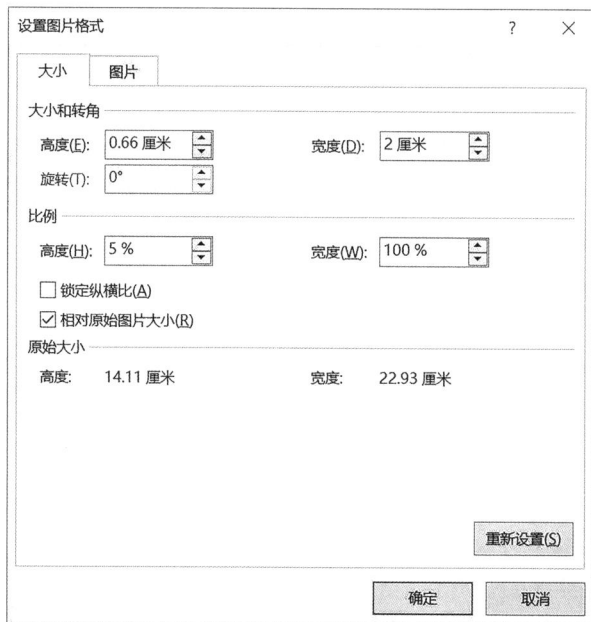

图 11-76　设置图片格式

（11）单击"确定"按钮，返回"页眉"对话框，然后单击"确定"按钮返回"页面设置"对话框，此时即可在页眉预览框中预览页眉的设置效果，如图 11-77 所示。

图 11-77　预览页眉效果

（12）单击"确定"按钮返回打印窗口，预览打印效果，如图 11-78 所示。

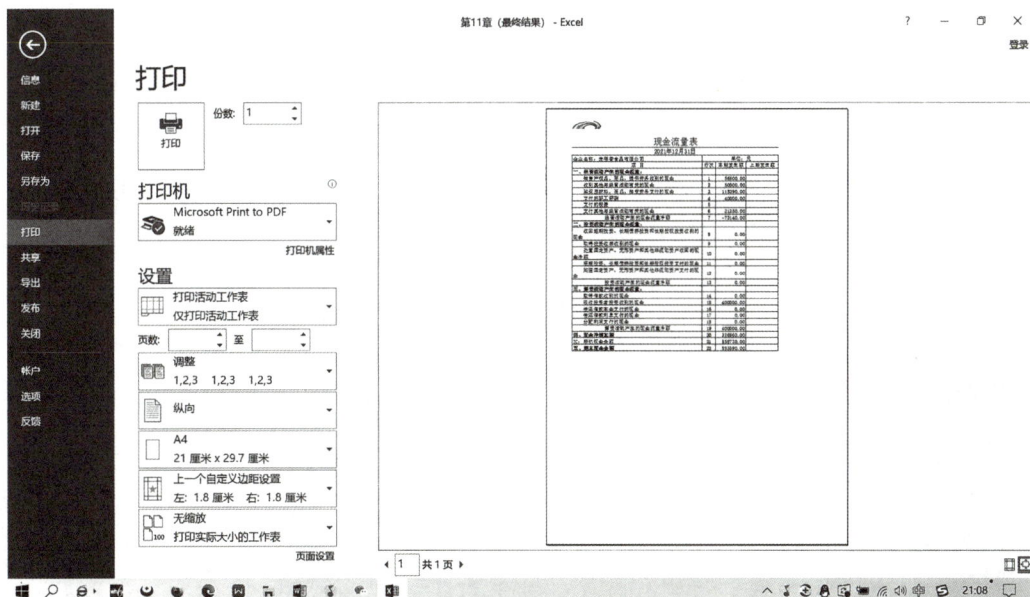

图 11-78　打印效果预览

11.3.2　打印会计报表

　　由于资产负债表、利润表和现金流量表分别位于不同的工作表中，因此用户可以按照前面介绍的方法分别打印这 3 个工作表，除此之外还可以一起打印这 3 个工作表。

1. 打印多个工作表

如果用户要打印工作簿中的多个工作表，可以同时选中多个工作表后再打印，此时多个工作表可分别打印在单独的页面上。

打印会计报表的具体操作步骤如下：

（1）打开"第 11 章.xlsx"文件，切换到"资产负债表"工作表，按住〈CTRL〉键不放依次单击工作表标签"利润表"和"现金流量表"，如图 11-79 所示。

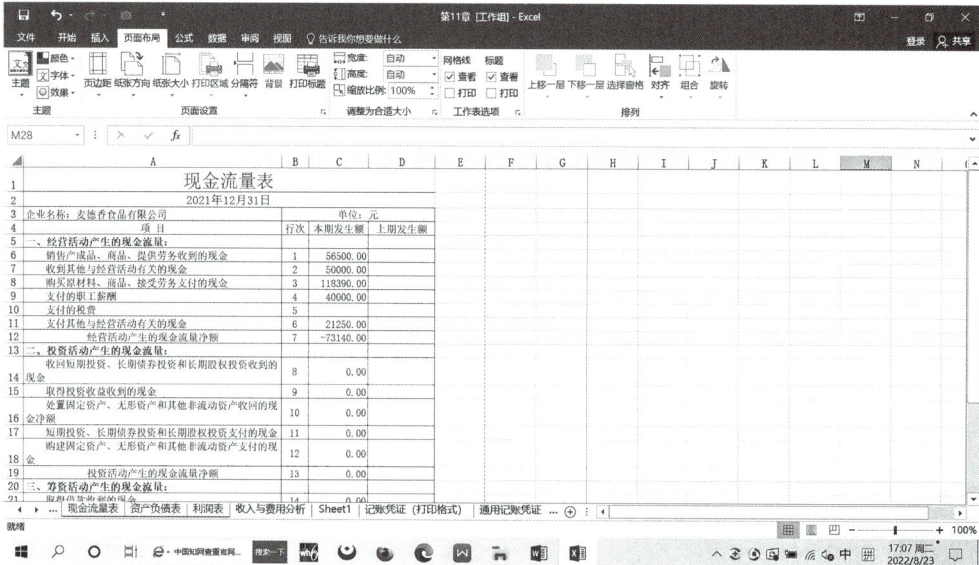

图 11-79　选中三个工作表

（2）按下〈CTRL〉＋〈P〉组合键打开打印页面，用户可以通过单击"下一页"按钮，在预览窗口中预览 3 个工作表的打印效果，如图 11-80 所示。

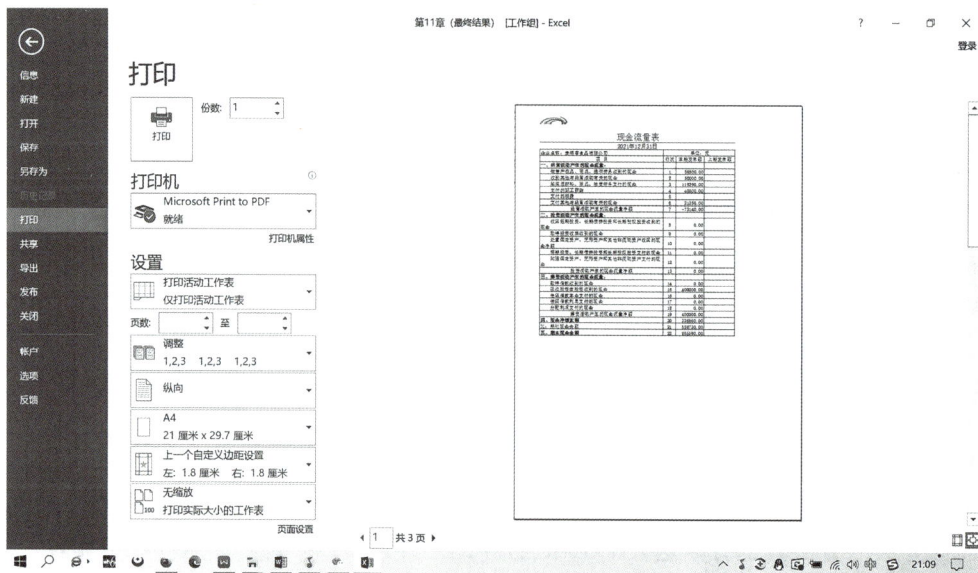

图 11-80　打印效果预览

（3）如果用户对预览的打印效果比较满意，就可以单击"打印"按钮开始打印了。

2.合成打印 3 个工作表

使用 Excel 的拍摄功能，将不同工作表（甚至不同工作簿）中的内容"拍摄"下来，排列在一个工作表中，然后再打印这张工作表，即可将不同工作表中的内容打印在同一页上。

使用 Excel 的拍摄功能打印会计报表的具体操作步骤如下：

（1）打开"第 11 章.xlsx"文件，插入一个工作表，系统会自动将其命名为"Sheet1"，切换到"视图"选项卡，在"显示"功能区中，撤销选择"网格线"复选框，如图 11-81 所示。

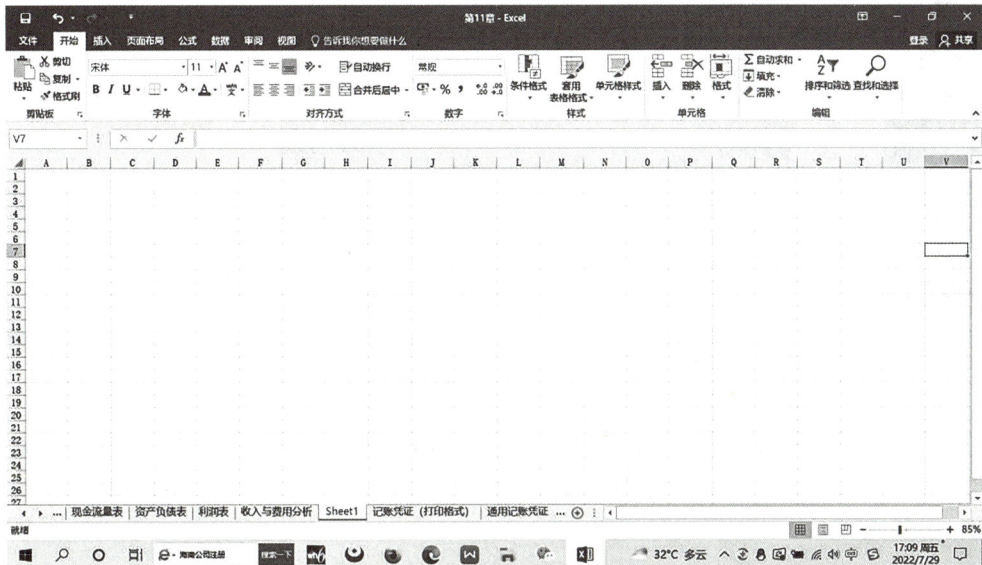

图 11-81　插入一个 Sheet1 工作表

（2）随即当前工作表中的网格线就被隐藏起来了，如图 11-82 所示。

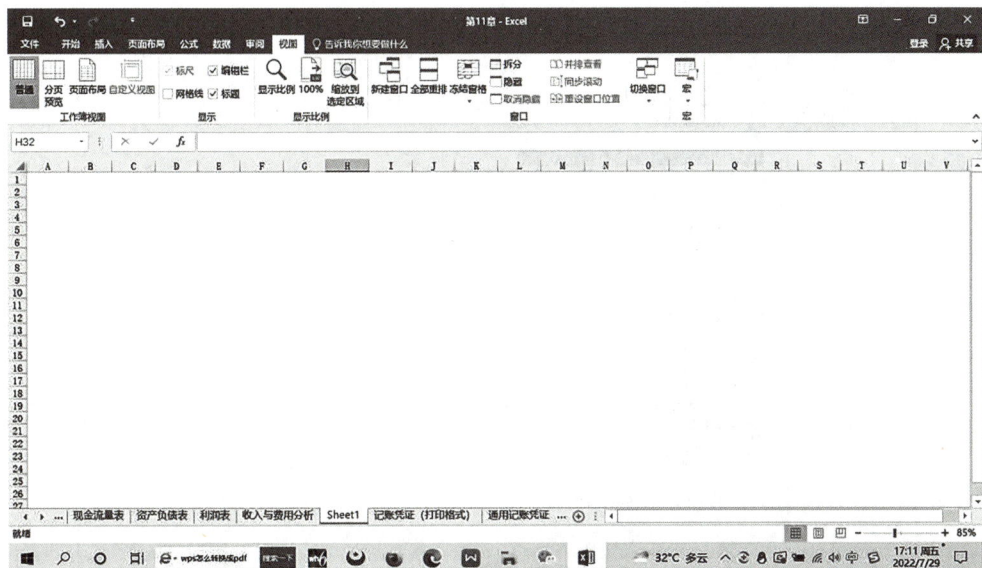

图 11-82　隐藏网格线

(3)在快速访问工具栏中添加"照相机"命令按钮，单击"文件"按钮，在弹出的界面中选择"选项"菜单项，如图11-83所示。

图11-83　打开文件菜单

(4)弹出"Excel选项"对话框，切换到"快速访问工具栏"选项卡，在"从下列位置选择命令"下拉列表中选择"不在功能区中的命令"，然后在其下面的列表框中选择"照相机"，如图11-84所示。

图11-84　"自定义快速访问工具栏"对话框

（5）单击"添加"按钮，即可将"照相机"添加到"自定义快速访问工具栏"列表框中，如图 11-85 所示。

图 11-85　选择并添加照相机

（6）单击"确定"按钮返回工作表，即可看到"照相机"功能已经添加到快速访问工具栏中，如图 11-86 所示。

（7）使用"照相机"进行拍摄。切换到"资产负债表"工作表，选中单元格区域 A1：H35，然后单击"照相机"按钮。此时选中的单元格区域 A1：H35 的四周会出现闪烁的虚线框，如图 11-87 所示。

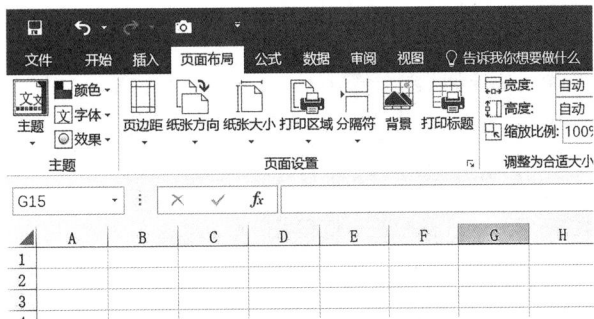

图 11-86　添加"照相机"到快速访问工具栏

（8）切换到工作表 Sheet1，然后单击目标区域单元格，即可将拍摄的图片粘贴到目标位置，同时拍摄的图片与原始区域保持同步变化，即原始区域发生任何变动（无论是内容还是格式），拍摄的图片都会随之变动，如图 11-88 所示。

（9）切换到"利润表"工作表，选中单元格区域 A1：D36，然后按下〈CTRL〉＋〈C〉组合键复制，如图 11-89 所示。

（10）切换到工作表 Sheet1，选中目标区域单元格，切换到"开始"选项卡，在"剪贴板"功能区中，单击"粘贴"按钮，在弹出的下拉列表中选择"图片"选项，如图 11-90 所示。

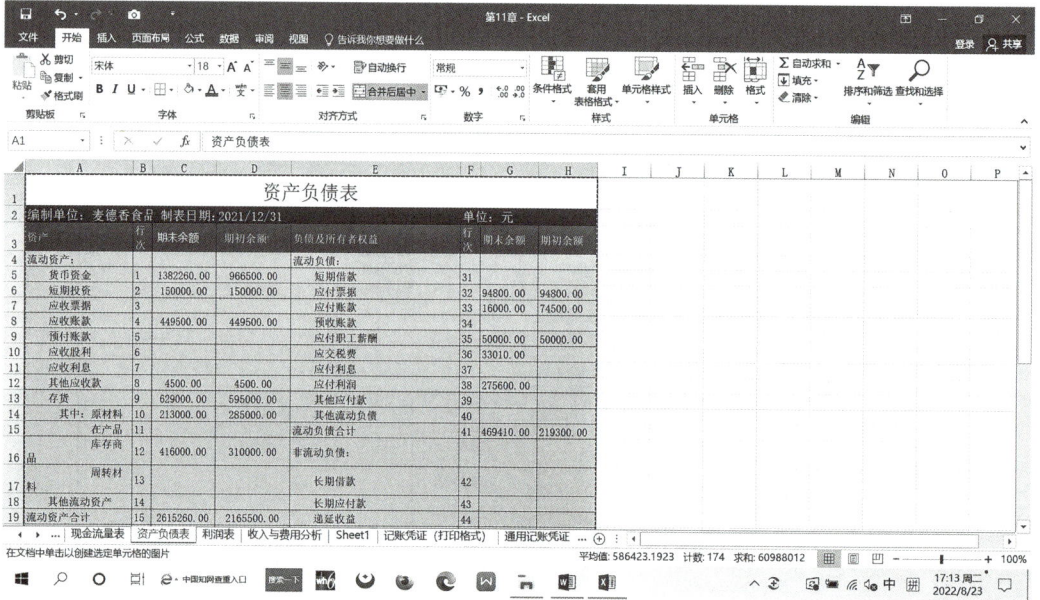

图 11-87　使用"照相机"进行拍摄

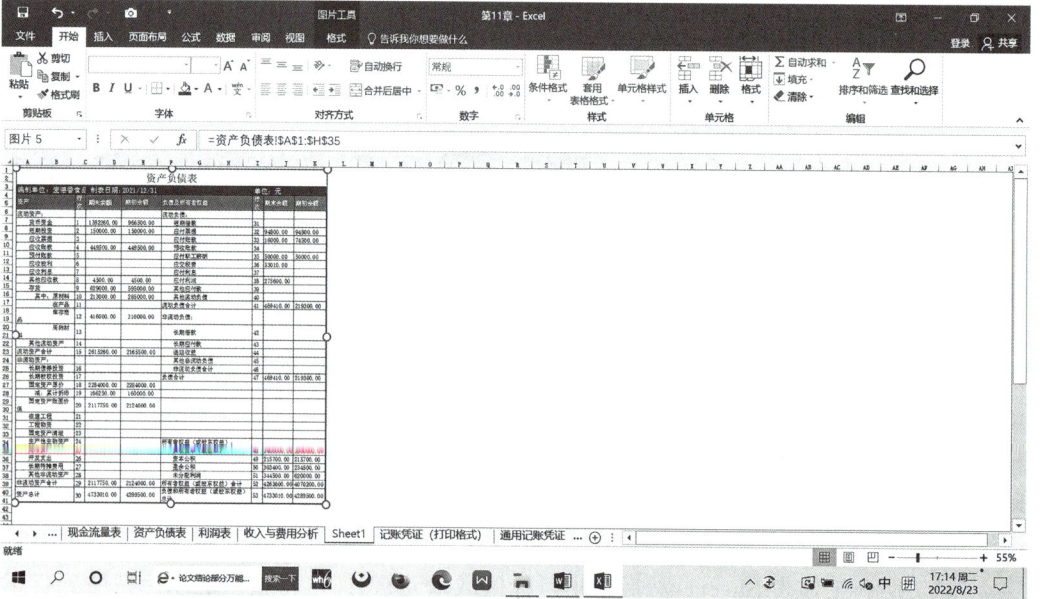

图 11-88　粘贴资产负债表图片

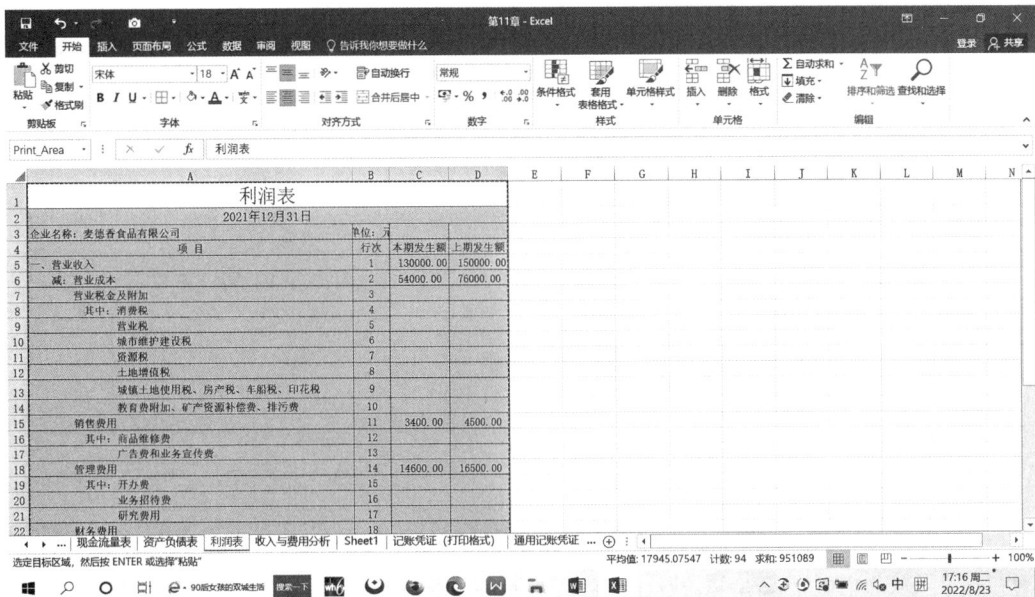

图 11-89　拍摄利润表

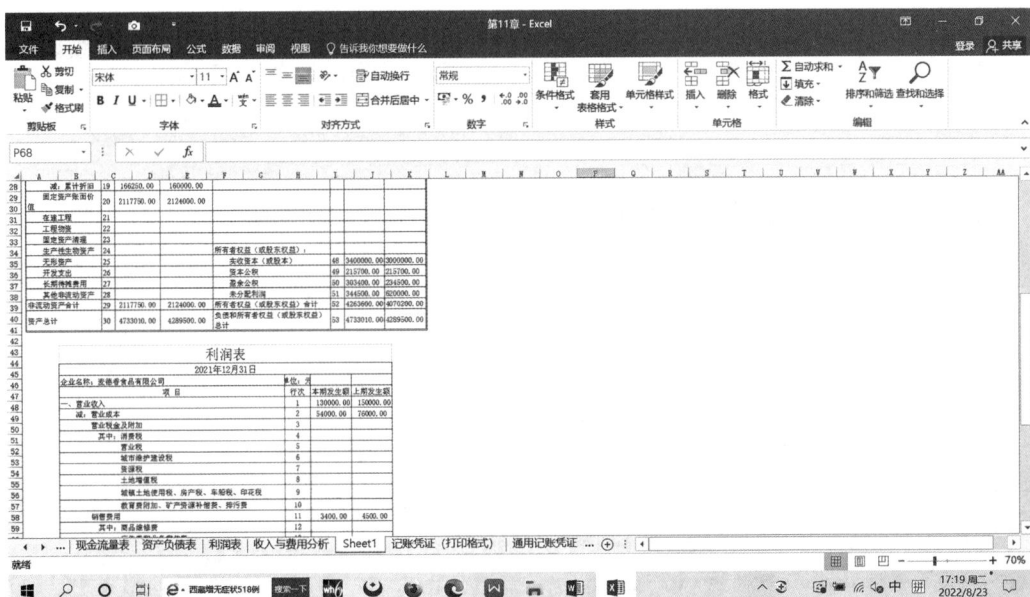

图 11-90　粘贴利润表到 Sheet1

（11）随即可将复制的内容作为图片插入到当前工作表中，同时该图片与源区域不保持同步，即源区域中的任何变动（无论是内容还是格式），不会在该图片上体现出来，如图 11-91 所示。

（12）使用"照相机"对"现金流量表"中的单元格区域 A1:D29 进行拍摄，并将拍摄的图片粘贴到 Sheet1 中的目标位置，如图 11-92 所示。

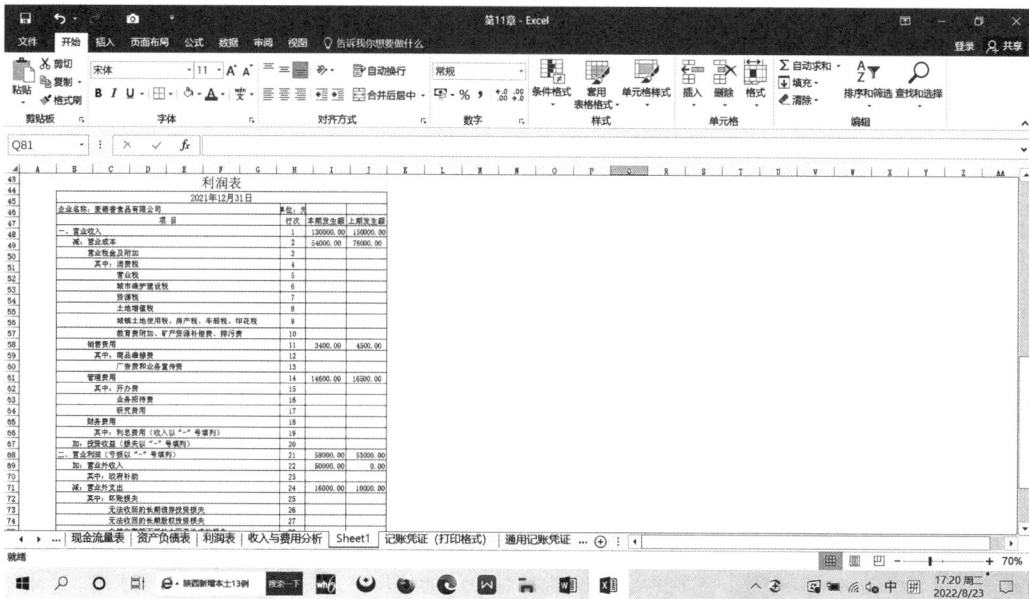

图 11-91　粘贴利润表图片

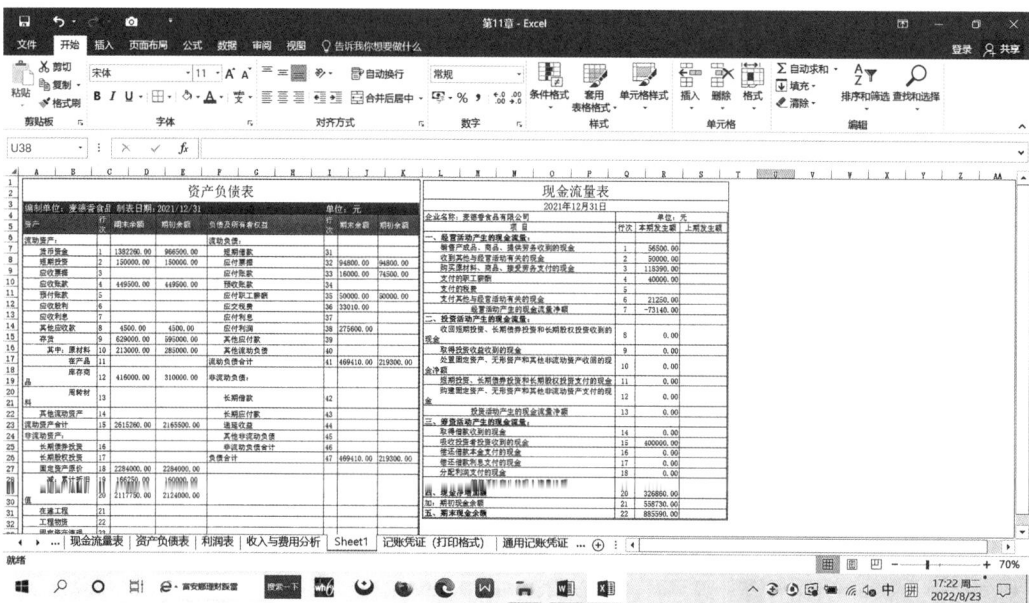

图 11-92　粘贴现金流量表到 Sheet1

（13）适当地调整这 3 张图片的位置，然后切换到"页面布局"选项卡，单击"页面设置"功能区右下角的"对话框启动器"按钮，如图 11-93 所示。

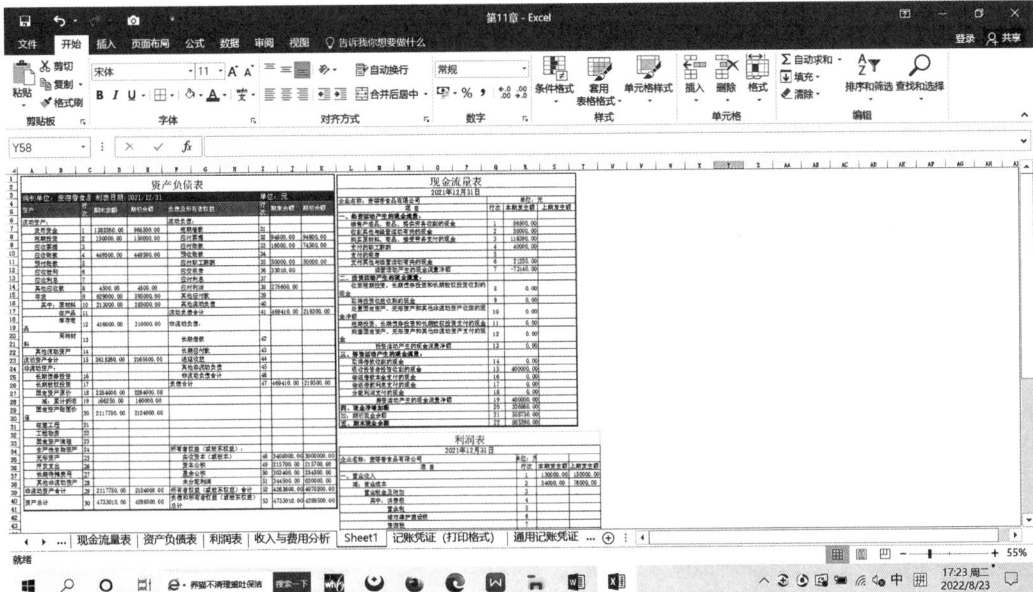

图 11-93　调整图片位置

（14）随即弹出"页面设置"对话框，切换到"页面"选项卡，在"方向"组合框中选中"横向"单选按钮，然后在"缩放"组合框中选中"调整为"单选按钮，如图 11-94 所示。

图 11-94　"页面设置"对话框——页面

（15）切换到"页边距"选项卡，然后在"居中方式"组合框中选中"水平"和"垂直"两个复选框,如图 11-95 所示。

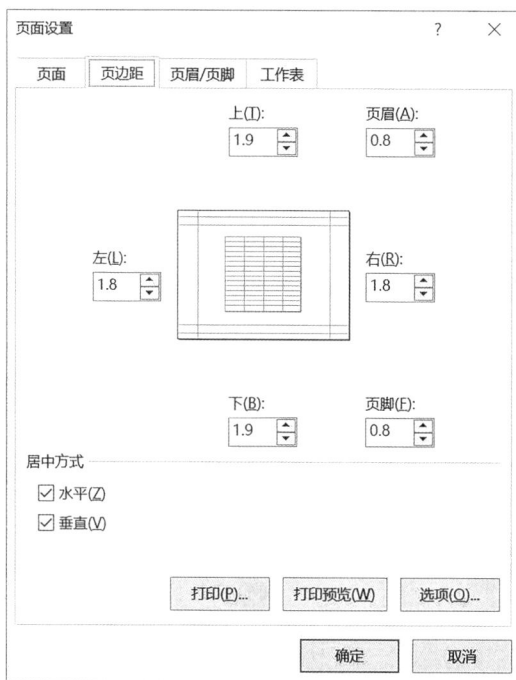

图 11-95 "页面设置"对话框——页边距

(16)单击"打印预览"按钮,弹出"打印"选项卡,用户可以预览打印效果,如果用户对打印效果比较满意,就可以单击"打印"按钮🖶开始打印了,如图 11-96 所示。

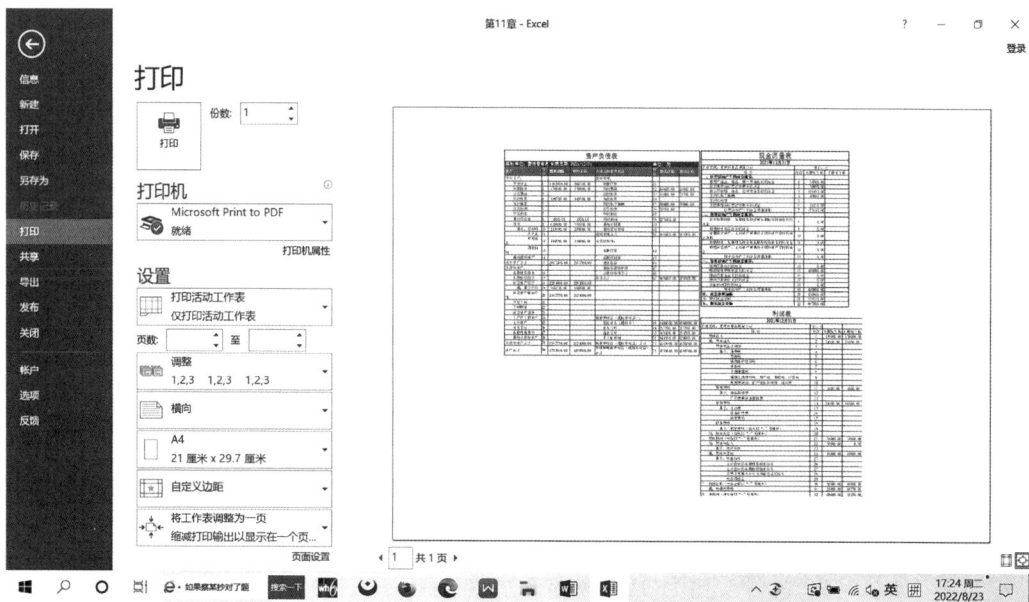

图 11-96 打印效果预览

11.3.3　打印整个工作簿

打印整个工作簿的具体操作步骤如下：

（1）打开"第 11 章.xlsx"文件，按下〈CTRL〉＋〈P〉组合键，随即弹出打印窗口，在"设置"组合框中的打印区域下拉列表中选择"打印整个工作簿"选项，如图 11-97 所示。

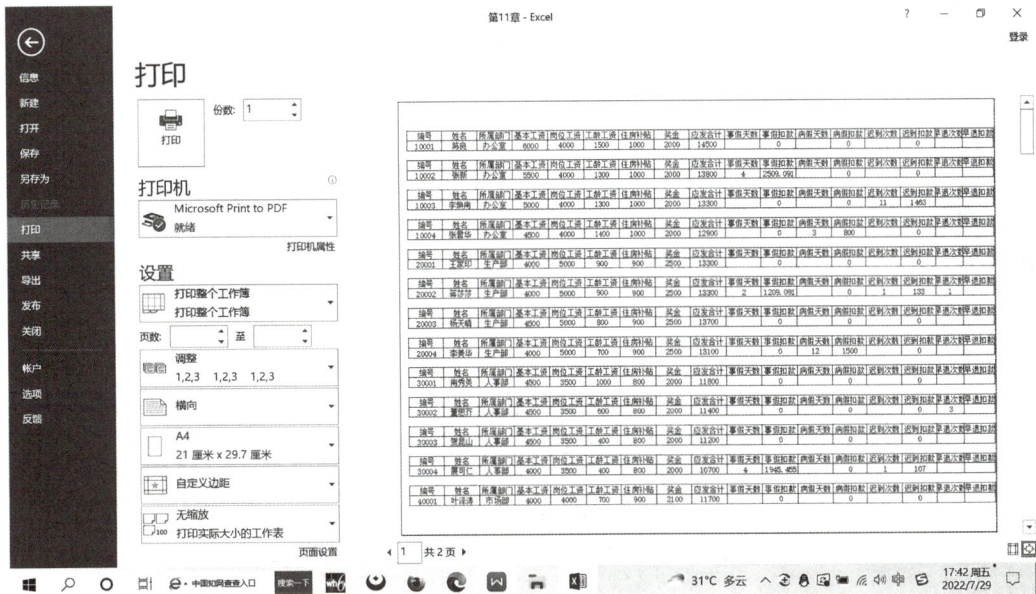

图 11-97　打印效果预览

（2）用户可以在右侧的预览窗口中预览整个工作表，用户在预览第 8 页和第 9 页的打印内容时，发现图表分别打印在了两页上，如图 11-98 和图 11-99 所示。

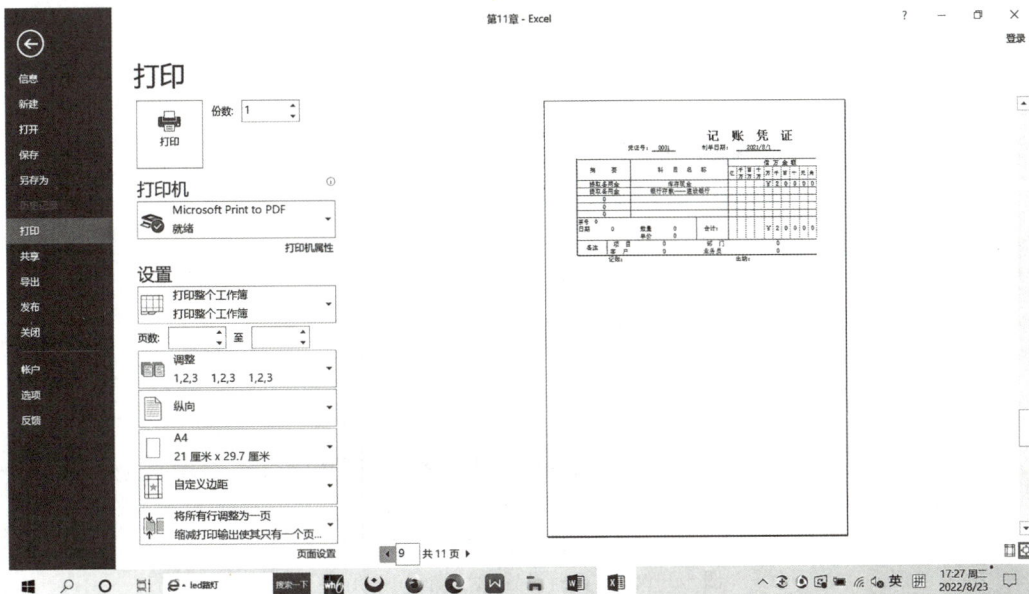

图 11-98　预览整个工作表之第 9 页

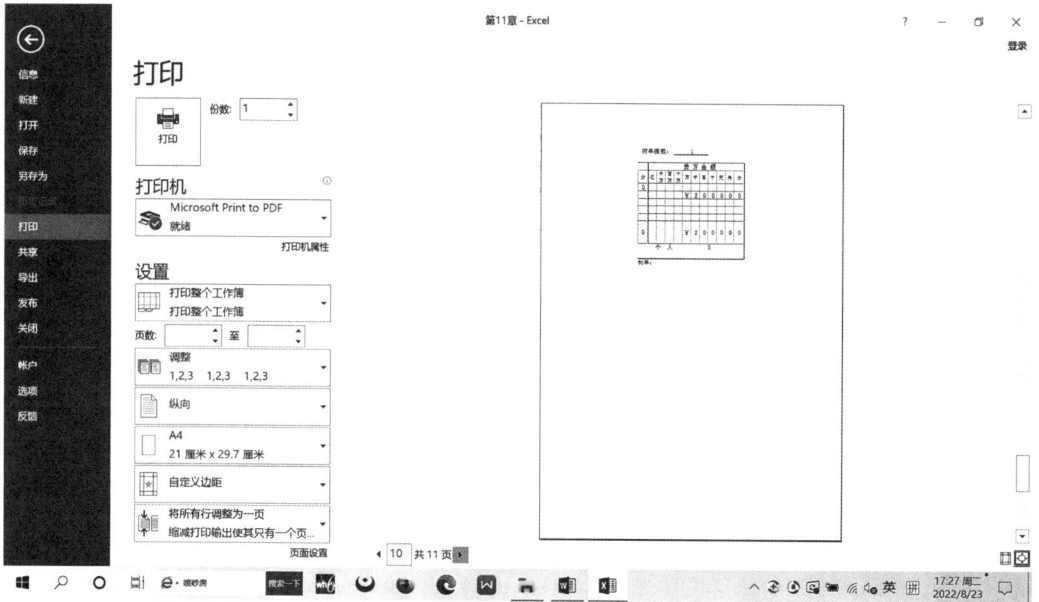

图 11-99　预览整个工作表之第 10 页

（3）单击"页面设置"按钮,弹出"页面设置"对话框,切换到"页面"选项卡,在"方向"组合框中选中"横向"单选按钮,然后在"缩放"组合框中选中"调整为"单选按钮,如图 11-100 所示。

图 11-100　"页面设置"对话框——页面

（4）切换到"页边距"选项卡，然后在"居中方式"组合框中选中"水平"和"垂直"两个复选框，如图 11-101 所示。

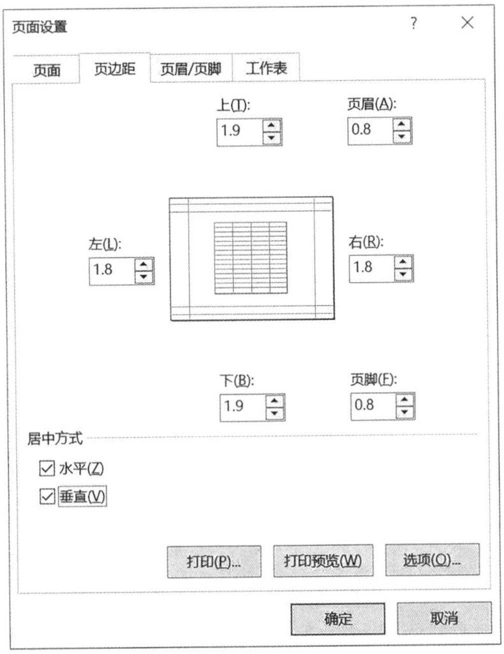

图 11-101　页面设置——调整页边距

（5）单击"确定"按钮返回预览窗口，此时图表已经被调整到一个页面上，如图 11-102所示。

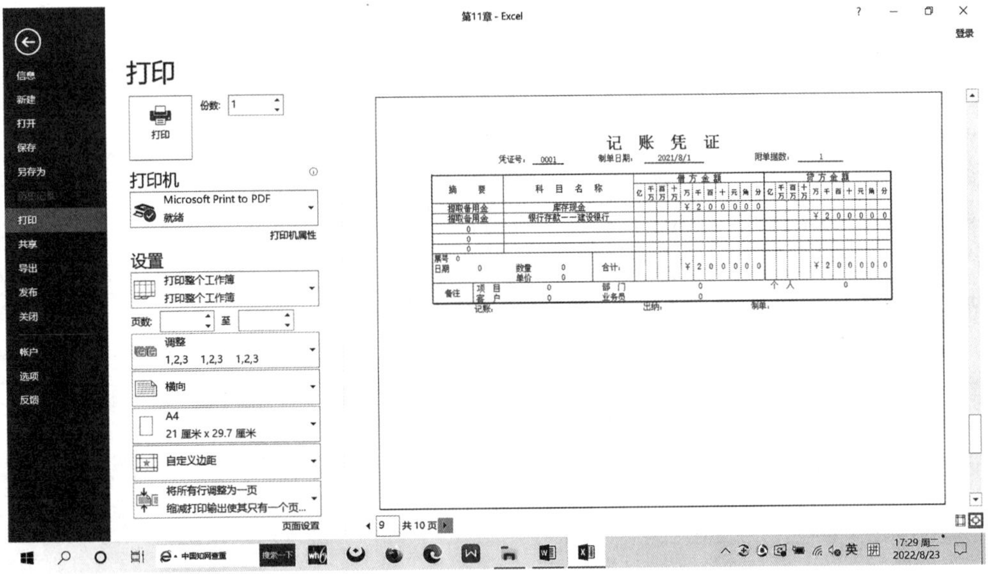

图 11-102　打印效果预览

（6）用户若对预览的效果比较满意，就可以单击"打印"按钮打印整个工作簿的内容。

【课外思政】

中国 3D 打印之父——卢秉恒

随着科技的不断进步,3D 打印作为一种颠覆性技术,正在悄然改变着人类的生活。这一新技术不但可以打印与我们息息相关的生活用品,而且还可以打印高精尖的载人飞船、宇宙卫星,把人类的诸多幻想一一变为现实。

3D 打印技术诞生于 1986 年,已经有 30 多年的历史。1988 年,Charles Hull 开发了第一台商业 3D 印刷机。1993 年,麻省理工学院获得 3D 印刷技术专利。1995 年,美国 ZCorp 公司从麻省理工学院获得唯一授权,并于 2005 年成功研制出市场上首个高清晰彩色 3D 打印机 Spectrum Z510。2010 年 11 月,使用 3D 打印机打印出第一辆汽车 Urbee。

我国 3D 打印技术起步较晚,20 世纪 90 年代,在国家相关部门的支持下,清华大学、西安交通大学等多所大学和科研机构开启了 3D 打印技术研究。3D 打印技术在我国得到快速发展,这离不开一个人的贡献,他就是卢秉恒。西安交通大学教授,全国 3D 打印领域唯一的院士,被誉为"中国 3D 打印之父"。

卢秉恒大学毕业后被分配到一间工厂做车床工人,一干就是十一年,直到改革开放之初,他顶着生活的压力,考取了西安交通大学研究生,师从顾崇衔教授,博士毕业后,卢秉恒作为访问学者前往国外交流学习,在参观一家汽车企业的时候,他注意到一台 3D 打印设备,只需要将 CAD 模型输进去就可以把原型做出来,这在中国没见过,这让他感到很新奇。当即决定将自己的研究方向转向这个新兴领域,他认为这是发展我国制造业的一个好契机。

回国后,起初卢秉恒想引进这种机器,然而价格昂贵,光是一个激光器就需要十几万美元。由于资金紧缺,他不得不打消这个念头。面对"技术+资金"的双壁垒,卢秉恒决心靠自己的力量"破壁",从头开始研究这项技术。

起初不知道该技术的工作原理,他就自己一步一步通过实践探索出来;买不起昂贵的零件和原材料,就联合其他科技工作者自己花小成本制作出来。终于,在他和团队的共同努力下,不仅制造出来了原型机,还获得了科技部的资助,从此,卢秉恒顺利开展了增材制造技术的探索,并且让这项技术在中国的土地上"生根发芽"。

如今,他研究的 3D 打印技术为我国航空航天事业做出了贡献,如 C919 国产大飞机的那个将翅膀和机身连接起来的"大梁"就是 3D 打印出来的。

卢秉恒院士在一次学术讲座中说道:"我希望年轻人在实现科技强国、制造强国宏伟的蓝图和计划之中,发挥聪明才智,脚踏实地解决我们国家需要解决的工程问题,同时在这当中发展自己。"

(资料来源:http://www.people.com.cn/n1/2021/0625/c32306-32141065.html)

11.4　习　题

一、单选题

(1)下列属于页面设置选项卡的是　　　　　　　　　　　　　　　　　　　　(　　)

　　A.页面、页边距、页眉/页脚　　　　　　　　B.页边距、页眉/页脚、工作表

　　C.页面、页眉/页脚、工作表　　　　　　　　D.页面、页边距、页眉/页脚、工作表

(2)在 Excel 2016 中打印记账凭证时,要快速打开打印窗口可使用快捷键　　(　　)

　　A.Alt＋P　　　　　　B.Ctrl＋P　　　　　　C.Fn＋P　　　　　　D.Shift＋P

(3)Excel 2016 默认的打印对象是　　　　　　　　　　　　　　　　　　　　(　　)

　　A.选定的工作表　　　　　　　　　　　　　B.选定的区域

　　C.整个工作簿　　　　　　　　　　　　　　D.工作表的前 10 行

(4)Excel 2016 打印工资条时,要打印出行号和列标,应该设置"页面布局"中的　(　　)

　　A.页面　　　　　　　B.页边矩　　　　　　C.页眉/页脚　　　　D.工作表

(5)在打印会计凭证前就看到实际打印效果的操作是　　　　　　　　　　　　(　　)

　　A.仔细查看工作表　　B.F8　　　　　　　　C.打印预览　　　　　D.分页预览

(6)用 Excel 2016 打印记账凭证过程中,在预览窗口不能完成的操作是　　　(　　)

　　A.执行打印输出　　　　　　　　　　　　　B.重新设置页边距

　　C.将预览表放大　　　　　　　　　　　　　D.修改表中内容

二、判断题

(1)即使利润表设置了背景,在打印时背景也不会被打印上去。　　　　　　　(　　)

(2)在打印工资条时,可采用在"打印区域"文本框中输入多个单元格区域,每个单元
格区域之间用逗号隔开的方式设置多个打印区域。　　　　　　　　　　　(　　)

(3)要使打印出的资产负债表有页码,可通过"插入"→"页码"操作插入页码。(　　)

(4)在 Excel 2016 中,可以使用打印预览命令实现对会计凭证进行最后的编辑。(　　)

(5)Excel 2016 使用照相机功能可将资产负债表转成图片格式,类似于"长截图"。(　　)

三、填空题

(1)在 Excel 2016 中设置的打印方向有＿＿＿＿和＿＿＿＿两种。

(2)在 Excel 2016 打印选项卡中,单击"设置"下的＿＿＿＿可以不打印已经设置的打
印区域,只打印工作表。

(3)使用 Excel 2016 打印现金流工作表时,需要表格在纸上的居中位置,应该在页面
设置对话框中,选择＿＿＿＿标签。

(4)使用 Excel 2016 打印工资条时,可在页面设置对话框的＿＿＿＿标签中设置顶端
标题行和左端标题行。

(5)在 Excel 2016 中,按住＿＿＿＿键可以同时选择工资条的多个区域进行打印。

四、简述题

(1)打印 Excel 工作表时,在每一页都显示题目,需要打印标题行,应如何设置?

(2)如何设置员工工资条的打印区域?

(3)如何打印多个工作表?

参考文献

陈焕东,郭学品、曾祥燕,等.大学计算机基础实训教程(Windows 7+Office 2016)[M].3 版.北京:高等教育出版社,2021.

陈焕东,林加论,等.大学计算机基础(Windows 7+Office 2010)[M].北京:高等教育出版社,2017.

蔡素兰.Excel 在会计和财务管理中的应用[M].上海:立信会计出版社,2016.

崔杰,姬昂,崔婕.Excel 财务会计实战应用[M].5 版.北京:清华大学出版社,2018.

邢海花,陈焕东,等.大学计算机基础实训教程(Windows 7+Office 2010)[M].北京:高等教育出版社,2017.

施金妹,陈焕东,蒋永辉,等.大学计算机基础(Windows 7+Office 2016)(第 3 版)[M].3 版.北京:高等教育出版社,2021.

神龙工作室.Excel 2016 在会计与财务管理日常工作中的应用[M].北京:人民邮电出版社,2015.

王晓民,陈晓暾.Excel 会计实务[M].北京:人民邮电出版社,2015.

赵艳莉,耿聪慧.Excel 2010 在会计工作中的应用[M].北京:中国水利水电出版社,2014.